페미니즘과 기독교

개정판

개정판 페미니즘과 기독교
ⓒ 강남순

개정판 1쇄 펴낸날 2017년 10월 20일
개정판 2쇄 펴낸날 2018년 3월 15일

지은이 강남순
펴낸이 이건복
펴낸곳 도서출판 동녘

등록 제311-1980-01호 1980년 3월 25일
주소 (10881) 경기도 파주시 회동길 77-26
전화 영업 031-955-3000 편집 031-955-3005 **전송** 031-955-3009
블로그 www.dongnyok.com **전자우편** editor@dongnyok.com

ISBN 978-89-7297-893-0 03200

- 잘못 만들어진 책은 바꿔드립니다.
- 책값은 뒤표지에 쓰여 있습니다.
- 이 도서의 국립중앙도서관 출판시도서목록(CIP)은 서지정보유통지원시스템 홈페이지(http://seoji.nl.go.kr)와 국가자료공동목록시스템(http://www.nl.go.kr/kolisnet)에서 이용하실 수 있습니다.(CIP제어번호: CIP2017020058)

FEMINISM

개정판 페미니즘과 기독교
— 강남순 지음 —

CHRISTIANITY

동녘

일러두기

1. 맞춤법과 띄어쓰기는 '한글맞춤법'을 따랐다. 그러나 외국어는 관행상 굳어진 경우를 제외하고는, 국립국어원 외래어 표기법을 따랐다.
2. 국내에서 출간된 단행본·신문·잡지에는 겹꺽쇠(《 》)를, 단편·논문에는 홑꺽쇠(〈 〉)를 사용했다. 국외에서 출간된 단행본·잡지에는 이탤릭체를, 단편·논문에는 따옴표(" ")를 사용했다.

개정판 머리말

1998년에 나온 《페미니즘과 기독교》의 개정판을 2017년에 낸다. 개정 작업을 하면서 나는 양가적 느낌이 들었다. 하나는 감격이고 또 다른 하나는 착잡함이다. 그 동안 나는 20여 년 전에 쓴 책을 아직도 교재로 사용하기 위해 찾는 이들이 있다는 이야기, 또는 여러 독서모임에서 공부를 하면서 절판된 이 책을 찾아낸 이들이 '인증사진'을 찍어 올리기도 한다는 이야기를 전해 듣곤 했다. 그렇기에 오래전 한국에서 쓴 책의 개정판 원고 작업은 한국을 떠나 미국의 대학에서 가르치는 일을 하는 내게 매우 특별한 감동을 주었다. 많은 이들이 20여 년 전에 쓴 이 책을 여전히 찾는다는 소식은 글을 쓴 사람에게는 기대하지 않은 아름다운 선물 같은 감동이었다.

그러나 동시에 오래전에 쓴 이 책이 여전히 유효하다는 사실에서 나는 깊은 착잡함을 느꼈다. 내가 이 책에서 다룬 한국사회나 종교계의 현실이 남성중심성과 가부장제적 구조에 있어서는 21세기에 들어선 지금과도 커다란 차이가 없기 때문이다. 이 때문에 개정판이 나오게 된다는 사실이 이렇게 내게 양가적 느낌으로 자리했다.

이 책은 내가 독일과 미국에서 오랜 유학 생활을 마치고 한국에 귀

국한 후 쓴 두 번째 책이다. 그 당시 나는 한국사회, 종교, 그리고 무엇보다도 대학이 얼마나 철저히 남성중심적인 방식으로 작동하는지를 보고 믿기 어려울 정도로 낯설어했다. 학계의 견고한 남성중심주의와 학연주의 그리고 기독교계의 배타적 교단주의는 불치병처럼 한국사회 곳곳에 자리 잡고 있어서 참으로 절망적으로 느껴지기까지 했다. 그런데 시간이 한참 흐른 지금도, 한국사회와 기독교계는 여전히 그러한 남성중심주의, 학연주의, 배타적 교단주의가 흔들리지 않는 터전으로 굳건히 자리잡고 있다. 현재의 모습을 들여다보고 분석하고 대안을 찾고자 하는 '이론'들과 치열하게 씨름해야 하는 이유이다. '좋은 이론'이란 중요한 '변혁운동'이라고 나는 본다. '좋은 이론'은 현재 상황에서 무엇이 문제인지, 그 문제를 넘어서기 위해 어떠한 관점과 가치가 개입되어야 하는지, 어떠한 대안적 세계를 꿈꾸어야 하는지를 보게 하는 '도구' 역할을 하기 때문이다.

이론서에는 대개 두 가지 부류의 책이 있다. 하나는 한 주제를 전체에서 다루는 책이고, 또 다른 하나는 각기 다른 정황에서 쓴 글을 한 권으로 묶어내는 책이다. 이 책은 후자로, 각기 다양한 정황에 개입하고 그 정황에 관해 쓴 글의 모음집이다. 각기 다른 정황에서 썼지만, 모든 글이 담고 있는 주제가 있다면 담론과 운동으로서의 페미니즘, 그리고 일반적으로는 종교, 특별히 기독교이다.

그렇다면 '페미니즘과 기독교의 양립은 가능한가.' 이 질문은 1960년대 중반 소위 제2기 페미니즘이 출현하면서 기독교계에 논쟁적 주제로 등장했다. 제2기 페미니즘의 등장 이후 21세기에 들어선 현재에도 이 질문은 여전히 유효하다. 페미니즘이 등장한 서구사회에서 기독교는 서구문명의 기조를 이루는 매우 중요한 종교이며 사상적 틀이었다. 종교 영역만이 아니라 인문과학, 자연과학, 예술, 문학, 정치, 사회 등 모든 영역에서 기독교는 지대한 영향을 미쳤다. 21세기의 서구는 이제 지리적으로 서구에만 제한되지 않는다. 세계 곳곳에 서구는 '무소 부재'하기 때문이다. 지리적 구분을 넘어선 서구의 영향력을 고려해볼 때, 세계화 시대 이전처럼 서구와 비서구의 고정된 경계 긋기는 이제 거의 불가능해졌다. 이러한 세계적 정황에서 보자면, 서구문명의 구성에서 핵심을 차지하는 기독교와 페미니즘의 공존 가능성에 대한 질문은 매우 의미심장하다고 할 수 있다.

이 질문에 대한 페미니스트들의 답은 크게 보면 두 가지, 즉 부정적 입장과 긍정적 입장으로 나뉜다. 페미니즘과 기독교의 공존 가능성이 없다고 보는 페미니스트들은 여타의 제도화된 종교, 특히 기독교는 가부장제적 틀 안에서 형성되었으므로 남성중심주의를 벗어나는 것은 불가능하다고 본다. '기독교'라는 종교의 틀 자체가 가부장제적이므로 아무리 그 안에서 여성과 남성의 평등을 이루고자 한다 해도, 진정한 평등주의를 구현하는 일은 불가능하다고 보는 입장이다.

반면, 기독교와 페미니즘의 공존 가능성에 대해 긍정적 입장을 내는 페미니스트들도 있다. 이들에 따르면 기독교에는 하나의 단일한 집합체가 아니라 다양한 종류의 '기독교들Christianities'이 있다. 또한 기독교는 고정된 틀 속에 갇힌 종교가 아니며 무수한 개혁과 갱신을 거듭해왔기에 여전히 '형성 중'에 있다. 따라서 '어떠한' 기독교인가에 따라서 페미니즘과의 양립 가능성은 긍정적일 수 있다고 본다.

그런데 '페미니즘과 기독교의 양립은 가능한가'라는 질문에 답하고자 하는 이들이 먼저 해야 하는 일이 있다. 질문에 대해 질문하는 일이다. 이 질문이 담고 있는 세 가지 핵심어인 페미니즘, 기독교 그리고 양립compatibility에 대해 '나'는 어떻게 이해하는가를 우선 조명해야 비로소 자신의 답변을 만들어갈 수 있기 때문이다. 예를 들어 페미니즘의 경우를 보자면 페미니즘은 매우 다양한 이론적 줄기와 운동의 방향성을 지니고 있다. 그 다양성으로 인해 각기 다른 페미니즘의 입장에 서 있는 페미니스트들은 특정한 문제에 대해 상충적 입장을 지니고 있기도 하다. 또한, 기독교 역시 여성의 목사 안수를 허용하는 교회와 불허하는 교회가 있다. 성소수자들과 연대하는 기독교회가 있는가 하면, 그들을 저주받을 존재로 간주하는 기독교회도 있다. 여성의 안수를 허용한다고 해서 또는 성소수자와 연대한다고 해서 '모든' 부분에서 평등성을 실현하고 제도화하는 것은 아니다. 따라서 어떠한 '기독교'와 어떠한 '페미니즘'을 연계시키는가를 생각해봐야 한다. 더 나아가서 '양립'한다는 것은 과연 어떤 상태를 의미하는가도 생각해봐야 한다.

이러한 맥락에서 보자면 이 질문에 대한 답변은 긍정과 부정의 나선형적 구조에서만 가능하다. 특정한 페미니즘과 기독교가 함께 어우러져 존재하는 것은 가능할 수도 있지만, 어떤 다른 페미니즘과 특정한 기독교의 공존 가능성은 불가능할 수도 있다. 이렇게 여전히 지속되는 근원적 물음에 대한 다양한 시도가 현대세계에서 '페미니즘'과 '기독교'에 대해 각기 따로 그리고 함께 논의되고 있다고 할 수 있다.

최근 몇 년 동안 한국의 기독교는 한국사회에 여성 혐오와 성소수자 혐오에 매우 노골적으로 앞장서고 있다. 그래서 '개독교'라는 신조어가 나올 정도로 갖가지 불신과 냉소의 대상이 되고 있다. 여성 혐오와 성소수자 혐오가 표면적으로는 다른 것 같지만, 출발점은 남성중심적androcentric 또는 남근중심phallocentric 가치관이다. 전통적인 가족의 구성, 결혼, 출산과 양육 등의 영역은 여전히 가부장제적이며 남성중심적이다. 이러한 가족주의와 인류의 종족 보존이라는 가치는 여성의 인간으로서의 자유와 평등을 요청하는 페미니즘이나 전통적인 가족과 결혼의 구성을 전복하는 탈이성애적 섹슈얼리티를 전통적 가치에 대한 근원적 도전으로 간주하게 된다. 기독교는 이러한 남성중심주의와 '이성애중심주의'라는 전통적 가치를 창조 과정에서 부여된 '신적 질서Divine Order'로 절대화해왔다. 신적 권위가 그 혐오에 부여된다는 점에서 사회에서의 혐오보다 종교의 이름 하에 자행되는 혐오가 더욱 심각한 문제가 되는 이유이다.

종교가 지닌 권위를 정당화하고 확산하는 권력에는 두 가지가 있다. 바로 교수권teaching power과 강단권preaching power이다. 한국사회와 기독교에서 이 두 권력의 중심에는 여전히 남성이 있으며, 여성 혐오와 성소수자 혐오 역시 한국사회와 기독교가 함께 서 있다. 20여 년 전에 쓴 이 책 《페미니즘과 기독교》는 이러한 남성중심주의와 이성애중심주의적 사회와 종교가 사회의 주변부에 있는 이들에게 얼마나 심각한 인식론적·제도적 폭력을 행사하는지를 묻는다.

한국의 대학에서 가르치지 않는 사람이 대중서라기보다 교재로 많이 쓰이는 책을 출판하기란 참으로 어려운 일이라는 것을 나는 안다. 그런데 한국이 아닌 미국의 대학에서 일하는 사람이 한국 책의 개정판을 내게 되었다. 이 개정판이 나오도록 격려해주시고 출판을 적극 진행해주신 도서출판 동녘에 깊은 감사를 전한다.

우리가 지향해야 할 종교란, 이 세계에 존재하는 '모든' 개별적 생명이 성별, 인종, 계층, 성정체성 또는 장애 여부와 상관없이 인간으로서의 권리와 평등 그리고 자유를 보장받는 세계를 향한 '낮꿈daydreaming'을 꾸면서 타자에 대한 책임성과 환대를 확장할 때 그 존재 이유가 있다. 그러한 종교를 구성하기 위해 구석구석에서 작은 변화를 만들어가야 할 것이다. 이 작은 책이 이러한 '낮꿈'을 꾸는 이들이 지치지 않고 꿈꾸는 여정을 이어가는 데 보이지 않는 동반자가 될 수 있기를 희망한다.

2017년 7월
강남순

초판 머리말

독일과 미국에서의 9년여의 긴 유학을 마치고 내가 한국에 돌아온 것은 1993년 1월이었다. 앞으로 있을 새로운 변화에 대한 기대와 그 변화를 창출하는 데 작은 몫이라도 해야 한다는 결의, 그리고 한편으로 생기는 두려움 등 갖가지 감정의 교차를 느끼며 유난히 춥고 잿빛 가득한 서울에 도착했다. 그 이후 여러 대학에서 강의하면서 가톨릭 단체와 개신교 모임 등 교파를 초월해 강연을 다녔으며, 세계교회협의회WCC: World Council of Churches, 아시아기독교협의회CCA: Christian Conference of Asia, 아시아신학과문화프로그램PTCA: Programme for Theology and Cultures in Asia, 한국 기독교교회협의회NCCK: National Council of Churches in Korea 등에서 바쁘게 에큐메니컬 활동을 했다. 또한 한국 YWCA 자문위원으로도 활동했다. 서로 각기 다른 활동 같지만 이 모든 일에서 내가 동일하게 추구하는 의미는 한 가지로, 바로 어떻게 이 현실에서 정의와 평등을 보다 확장하기 위한 구체적 변혁을 창출할 수 있는가이다.

인간의 일상적 삶이 아주 지극히 구체적이듯이 변혁의 추구는 구체적 실천의 문제라는 것이 나의 학문적이고 개인적 확신이었고 이러한 확신은 글쓰기에도 반영이 되어 있다. '앎과 삶'의 거리를 좁히는 일은 인류의 역사 속에서 무수한 사람들이 실현하고자 했던 끊임없는 과제이지만, 성차별주의적 인식과 제도를 변화시키고자 하는 일은 더욱더 그 이론과 실천, 앎과 삶의 거리를 용납하기 어려운 것이다. 그렇기 때문에 다양한 제한성을 지닌 인간이 완전한 상태를 전제로 한 이론으로 이 현실에서 변화를 추구하는 일은 고통스럽고 때로는 고독한 여정임을 한국에 돌아온 이후 절실히 느껴왔다. 이러한 변화를 추구하기 위한 작업의 결과로 쓴 논문들을 한 권으로 묶어 책으로 낸다. 이 책에 포함된 글은 대부분 첫 번째 책인 《현대여성 신학》(1994) 이후 쓴 것이며, 거기에서 한국의 사회적 또는 기독교적 상황에서 페미니즘과 관련되어 야기되는 주제들을 중심적으로 다루었다. 또한 페미니즘 담론에서 빈번히 사용해 명확한 개념규정이 필요한 몇 가지 용어들에 대한 해설을 첨부했다. 동일한 용어를 서로 다른 의미로 이해할 때 생기는 오해를 피하고, 그러한 용어에 익숙하지 않은 독자들에게는 개념을 더욱 분명하게 정리하는 데 도움이 될 것으로 생각한다.

책을 낸다는 것은 언제나 조심스럽고 망설여지는 일이다. 그럼에도 책을 내기로 결심한 것은 중간 정리가 필요하다는 생각에서이다. 한국에서 활동하면서 내가 가장 절실히 인식한 것은 성차별주의적 의식과 제도가 한국사회, 가정, 종교 속에 너무나 깊게 뿌리내리고 있으며, 그것을 바꾸는 일은 생각보다 훨씬 복합적이고 어려운 문제라는 사실이었다. 이는 삶의 어느 현장을 가도 언제나 직면하는 문제였고, 그럴 때마다 '지적 패배주의'의 유혹을 물리쳐야 하는 고통을 느꼈다: 도대체 우리 현실에서 무엇이 변화될 수 있는가? 이러한 지적 패배주의로부터 벗어나기 위해서라도, 또한 변화에의 희망을 더욱 단호하게 지니기 위해서라도 나름대로의 중간 정리를 해야 한다고 생각했다.

한국사회와 교회 그리고 신학계는 상호 연관되어 있다. 이러한 상호 연관성에 대한 인식 때문에 나의 학문적 분석의 틀은 이 범주를 포괄하려 해왔고, 앞으로도 그러하리라 생각한다. 신학계 개혁과 교회 개혁, 그리고 사회 개혁은 서로 맞물려 있어서 각 차원의 변혁은 각기 변화를 위한 필요조건이며, 또한 의식과 가치관 등 주관적 차원의 변화는 제도, 법 등의 객관적 차원의 변화와 마찬가지로 진정한 변화에 없어서는 안 되는 필수조건이다. 또한 개인과 집단의 변화, 여성과 남성의 변화 등 현실을 이루는 다양한 요소들의 작은 변화들이 모여야 비로소 큰 변화를 이룰 수 있음을 깨닫는 데 왜 그렇게 오랜 시간이 걸렸는지 모른다. 이제 어느 한 측면이 변화의 충분조건이 된다는 생각을 더 이상 하지 않는다. 그 대신 '모든 변혁의 상호연관성'에 대한 신념이 더욱 확실해졌다. 또한 성 정의gender justice를 포함한 다양한 정의 개념이 모두 부각되어야 하고, 페미니즘은 단지 여성에 대한 차별뿐 아니라, 모든 종류의 비인간적 차별의 극복을 지향해야 한다고 생각한다. 왜냐면 모든 종류의 차별은 하나의 동일한 원리, 즉 우월한 것은 열등한 것을, 강자는 약자를 지배해야 한다는 '지배의 논리logic of domination'에서 출발하기 때문이다.

이러한 의미에서 이 책의 전반에서 전제된 나의 입장을 굳이 규정하자면, '여성중심적 페미니스트gynocentric feminist'가 아닌 '휴머니즘적 페미니스트humanist feminist'이다. 성차별에 대한 인식은 나에게 인간의 현실과 세계를 전적으로 새로운 눈으로 들여다보게 만든 창문과도 같은 역할을 했다. 그 세계는 이전에 내가 알던 세계와는 너무나 달랐다. 인간의 현실과 세계를 새로운 눈으로 들여다보는 데 중요한 창문의 틀을 제공해 준 페미니즘과의 조우는 그러한 의미에서 나의 삶에 인식의 근원적 전환을 가져온 '인식론적 회심'과도 같은 의미로 남아 있다. 어떠한 근거에서든지 차별을 용납하는 것은 불의라는 사실 인식이 나에게는 오랜 과정을 거쳐서 비로소 가능했다. 그 때문에 성차별에 우선적으로 관심을 두지만, 나는 성차별만이 가장 중요한 차별구조라는 일련의 페미니즘과는 입장을 달리한다.

평등주의적 인식 구조를 개인이나 집단에 확산시키기 위한 방법론에 있어서 급진적 페미니스트에게서 볼 수 있는 충격적이거나 자극적인 방식은 위험하다. 동요와 분노, 그리고 열광을 야기시킴으로써 순간적으로 청중을 확보할 수는 있겠지만, 진지한 논의나 지속성 있는 관심을 불러일으키기는 어렵기 때문이다. 또한 그 주장의 논리가 실천과 관계되면, 그 충격적 효과가 반드시 지속되는 것은 아니기 때문이다. 결국 내가 택한 전달 방식은 인내심 있는 논쟁과 실천적 목표를 향한 '인식의 확장epistemological awakening'을 촉진시키는 것이다. 여성이나 남성 또는 개인이나 집단 모두 이러한 끊임없는 인식의 확장과 실천만이 보다 민주주의적 성숙을 향한 길이라고 믿는다. 이 책이 이러한 인식의 확장을 위한 아주 작은 통로가 될 수 있기를 바란다.

나는 한국사회와 종교계에 '중세 해체 작업'이 충실하게 이행될 때를 꿈꾼다. 또한 페미니즘이란 이러한 해체 작업을 통해 좀 더 아름답고 통전적인 가정, 종교, 사회를 지향할 때만 의미가 살아있다고 본다. 한 개인, 한 집단의 이기성만을 충족하고 지배적 권력을 지향하기 위한 페미니즘이라면, 그것은 인간의 자유를 억압하는 또 하나의 중세적 틀을 만드는 것이며 이미 변혁적 의미를 상실했기 때문이다. 간혹 사람들이 표현하는 페미니즘에 대한 다양한 왜곡과 불만은 이러한 폐쇄적 페미니즘에 대한 것이라고 나는 본다. 따라서 이 글을 읽는 독자들은 우선 페미니즘에 대한 이전의 선입견과 편견을 벗어버린 열린 마음과 새로운 눈, 그리고 통전적 삶에 대한 열정으로 이 책을 대해주기를 바란다. 이 책에서 만나는 페미니즘이 독자들의 인식 확장에 작은 도움이 되기를 바라기 때문이다.

　이 책을 내면서 마음의 빚을 진다. 강의실에서 다양한 물음을 던지고, 생생한 글을 통해서 학문적 이론과 실천의 문제를 늘 생각하게 해준 여러 대학의 학생들과 동료 학자들에게 감사를 전하고 싶다. 또한 학문의 세계에 개입해 살아가는 이들이 흔히 빠질 수 있는 추상적 세계에 잠기지 않고, 내가 끊임없이 두발로 땅을 디디고 있는 인간임을 다양한 방식으로 일깨워주는 지현, 성현과도 이 책이 나오기까지의 아픔과 기쁨을 함께 나누고 싶다.

　이 책의 출판을 준비할 때 어느 분으로부터 편지를 받았다: "해체의 방향을 정한 이상 그 방향으로 나가는 길, 꾸준하게 열심히 덤비거나 초조하지 않고 해 나가는 길밖에 없다고 생각합니다. 그 길은 고된 길이고 십자가의 길입니다. 십자가 그 자체가 해체의 심벌이고, 해체의 선물입니다. 부활과 승리는 반드시 해체 다음에 시간적으로나 논리적으로 따르는 것이라는 확신, 그것이 나의 신앙입니다. 그래서 해체를 믿고 십자가를 사랑하는 것입니다……."

　이 글을 읽고 한동안 가만히 앉아 나 자신에게 물었다. '나는 이 삶에 무엇을 기대하는가?' 그렇다, 비록 서투르게나마 삶에서 해야 할 일의 방향을 정했으며, 피곤하고 고독한 일일지라도, 때로는 배제됨의 아픔과 고통을 느낄지라도 이미 트랙에 들어선 선수마냥 그 방향을 향해 뛰어갈 수밖에 없다고 생각했다. 언제 이러한 해체 작업을 끝날지 모른다. 그러나 이렇게 씨름하는 여정 자체에 희망이 있음을 믿는다.

1998년 2월
강남순

차례

개정판 머리말 5
초판 머리말 11
용어 해설 23

서론: 여성혐오사상, 페미니즘의 도전과 기독교 30

제1장
새로운 희망의 신학으로서의 페미니스트 신학

1. 침묵을 깬 사람들 44
2. 페미니스트 신학의 출현: 그 역사적 과정과 의미 51
    1) 성차별과 성서의 관계에 대한 문제제기: 캐디 스탠턴 52
    2) 여성 경험의 중요성에 대한 문제제기: 발레리 세이빙 54
    3) 종교 상징의 남성중심성에 대한 문제제기: 메리 데일리 56
    4) 페미니스트 신학은 '제2격의 신학'으로서의 특수담론인가, '평등주의 신학'으로서의 보편담론인가 62
3. 페미니스트 신학적 담론의 전제 64
4. 기독교 전통의 페미니스트 신학적 재구성 69
5. 제3의 종교개혁의 요청성 74
    1) 기독교의 개념적 위기와 도덕적 위기에 대한 인식 74
    2) 여성의 불가시성에 대한 인식 76
    3) 제3의 종교개혁의 필요성 82
6. 새로운 희망의 신학: '동일성의 고향'을 향하여 86

제2장
유교와 기독교의 만남에 대한 비판적 고찰

1. 한국 기독교에 대한 실천적 논의 89
2. 유교와 기독교, 그 불행한 만남 92
3. 한국 기독교 안의 유교적 영향 97
   1) 가족주의와 교파주의 97
   2) 남성우월주의와 성차별주의 101
   3) 보수주의 104
4. 평등 공동체로서의 종교를 향하여 107

제3장
페미니스트 신학적 교회론: 이론과 실천

1. 무엇이 문제인가: 예수운동으로서의 교회와 제도로서의 교회 111
2. 전통적 교회 이해의 재조명 116
   1) 일치 118
   2) 거룩성 120
   3) 보편성 121
   4) 사도성 123
3. 교회의 세 가지 유형 125
   1) 가부장제적 교회 126
   2) 양성주의적 교회 127
   3) 해방적·개혁적 교회 130
4. 해방적·개혁적 교회의 창출을 위한 실천적 요소 133
   1) 해방적 성서 해석 133
   2) 나눔의 지도력 135
   3) 포괄적 언어 137
   4) 탈성직자중심주의 139
5. 페미니스트 교회론의 의미 142

제4장
한국 교회와 여성: 한국 교회 여성의 의식과 교회 내 위치

1. 문제제기: 교회의 남성중심성   145
2. 교회 현실의 조명   146
3. 신학적 의식   148
   1) 신 이해   148
   2) 예수 이해   151
   3) 성서 이해   152
4. 여성의 교회활동과 사회활동   153
5. 정책결정과 여성 목회자   156
   1) 정책결정 기구 참여도   156
   2) 예배와 교육 프로그램의 강사결정권   158
   3) 예배와 교육 프로그램의 여성 참여   159
   4) 여성 목회자에 대한 관점   160
6. 교회의 민주화   162
7. 교회 여성의 의식과 위치에 대한 종합평가   164

제5장
종교와 가족 그리고 페미니즘

1. '가정의 위기', 무엇이 문제인가   168
2. 페미니즘과 가족담론   171
   1) 제1기 페미니즘에서의 종교와 가족   173
   2) 제2기 페미니즘에서의 종교와 가족   177
3. 직업과 가정의 병행은 가능한가: 가족담론의 논쟁적 주제   182
4. 종교의 가족 이해와 페미니즘   189
   1) 기독교의 가족 이해와 페미니즘   189
   2) 유교의 가족 이해와 페미니즘   193
5. 페미니스트 비전과 종교의 역할   195

6. 가부장제를 넘어서 평등주의로　198

제6장
페미니스트 신학적 윤리

1. 페미니스트 윤리의 필요성　200
2. 전통적 기독교 윤리의 비판적 조명　201
   1) 결과론적 윤리　201
   2) 의무론적 윤리　205
   3) 완전주의적 윤리　207

3. 페미니스트 윤리의 전개　212
   1) 페미니스트 윤리의 개념　212
   2) 페미니스트 윤리의 주요 이슈　213
   3) 기독교 윤리의 새로운 지평으로서의 페미니스트 윤리　217
      (1) 돌봄의 윤리　217
      (2) 모험의 윤리　221
      (3) 정의의 윤리　225

4. 개혁을 위한 개입으로서의 윤리　229

제7장
여성운동의 의미와 과제

1. 가부장제적 사회에서의 여성　230
2. 여성운동이란 무엇인가: 여성운동에 대한 이해　232
3. 여성운동은 파괴적인가: 여성운동에 대한 오해　235
   1) 여성운동은 가정 파괴적인가　236
   2) 여성운동은 교회 파괴적인가　238

4. 여성운동의 성취와 과제　240
5. 여성운동, 평등과 정의의 지평으로　244

제8장
여성운동과 성서

1. 성서의 두 얼굴: 억압과 해방　248
2. 정치적 무기로서의 성서: 노예제도 폐지운동과 여성운동　250
3. 《여성의 성서》와 여성운동: 개혁의 상호 의존성　254
4. 성서적 해방 전통의 확산을 위한 과제　261

제9장
페미니즘과 해석학

1. 문제제기: 누가 헤르메스인가　266
2. 페미니스트 성서 해석학의 인식론적 출발점　272
   1) 타자성의 정치학　272
   2) 사회정치적 행위로서의 성서 해석　273
   3) 성서의 양면적 기능: 억압적 기능과 해방적 기능　276
3. 페미니스트 성서 해석학의 유형　279
4. 변혁의 원동력으로서의 성서 해석학　288

제10장
에큐메니컬 해석학

1. 해석과 권력의 상호 연관성　292
2. 에큐메니컬 해석학적 논의의 배경　294
3. 에큐메니컬 해석학의 주요 쟁점　297
   1) 에큐메니컬 해석학의 목표　298
   2) 에큐메니컬 해석학의 조건　299
   3) 에큐메니컬 해석학의 원리　303
4. 남아 있는 문제　304

제11장
에코페미니즘과 희년사상: 유토피아적 비전

1. 에코페미니즘의 출현과 의미　307
2. 에코페미니즘과 희년사상　312
3. 정의로운 세계의 실현을 위한 과제　317

제12장
아시아와 한국의 페미니스트 신학

1. 학문적 관대성: 문제인가 가능성인가　319
2. 아시아에서의 가부장주의　323
3. '위험한 기억'과 아시아 문화　326
   1) 생존의 문화　327
   2) 삼종지도의 문화　328
4. 신학계와 교회에서의 여성　331
   1) 종교 간 경쟁　333
   2) 교단 간 경쟁　335
   3) 페미니즘에 대한 적대감　336
5. 한국의 페미니스트 신학　337

제13장
페미니즘, 포스트모더니즘 그리고 포스트식민주의 시대의 신학

1. 모호성과 불확실성의 시대에 '타자화'된 존재로 신학하기　346
2. 현대의 변혁담론: 페미니즘, 포스트모더니즘, 포스트식민주의　348
   1) 페미니즘　349
   2) 페미니즘과 포스트모더니즘　352
   3) 페미니즘과 포스트식민주의 그리고 심층 포스트식민주의　358

3. 페미니즘, 포스트모더니즘 그리고 포스트식민주의 담론으로
   인식한 문제　364
   1) 타자화　364
   2) 허위보편주의　370
   3) 왜곡된 토착주의　372

4. 포스트모더니즘과 포스트식민주의적 관점에서 본
   페미니스트 신학　378
   1) '한국적' 페미니스트 신학은 가능한가: 왜곡된 토착주의와 보편주의의
      위험성　378
   2) 휴머니즘적 페미니스트 신학의 모색　390

5. 평등, 포괄, 정의의 신학의 구성　394

참고문헌　398

용어 해설

가모장제 | matriarchy

가모장제라는 용어는 두 가지 의미로 사용한다. 첫째, 여성이 남성을 지배하는 사회제도를 의미하며, 둘째, 가부장제에 대한 저항의 의미로서 조화와 연관성 그리고 상호성의 의미를 강조하는 사회제도를 함축하는 하나의 이념적 구성이다. 그런데 페미니스트 역사가들 대부분은 가부장제에 상응하는 '여성의 남성 지배'라는 의미의 가모장제가 역사에서 결코 존재하지 않았다고 주장한다. 가모장제에 대한 페미니스트의 입장은 두 가지로 나뉜다. 하나는 가모장제라는 용어의 수용을 부정적으로 보는 입장이다. 이에 따르면 가모장제는 듣는 이들이 결국 남성의 여성 지배를 지칭하는 가부장제의 대칭적 의미로 이해하기 때문에 페미니즘에서 수용하는 데 문제가 있다고 본다. 또 다른 입장은 가모장제를 좀 더 긍정적이고 적극적인 의미로 수용한다. 이러한 입장에 따르면 남성이 지배하는 사회가 아닌 여성이 지배하는 사회가 되면 가부장제와 같은 억압과 폭력, 위계적 관계가 아닌 질적으로 다른 가치가 우세한 사회가 된다. 즉 가모장제란 모든 이들을 돌보고 양육하는 일이 사회의 지배적 가치가 됨으로써 더 아름답고 평등한 사회구조라는 페미니스트적 이상과 비전을 담을 수 있는 용어라고 보는 것이다. 그러나 결국 이러한 이상적 해석과 비전에도 불구하고 가모장제를 페미니즘이 지향하는 사회적 모델로 제시할 때, 대부분은 가부장제의 대칭 구조로 이해할 수밖에 없는 한계와 위험성이 여전히 남아 있다. 따라서 페미니스트적 이상을 담은 사회를 지칭할 때 가모장제가 아닌 대안적 용어를 창출하는 것이 더 바람직하다.

가부장제 patriarchy

가부장제는 페미니스트 이론 분석의 핵심 용어이다. 가부장제는 우선 '여성과 아이에 대한 남성 지배의 제도화된 구조'를 의미한다. 가부장제적 사회는 '아버지의 지배'가 가정과 사회 등 모든 사회조직의 기본 원리이다. 가부장제에서 가정의 아버지는 모든 소유권과 지배권 그리고 결정권을 지니며, 이러한 권한과 힘은 정치, 경제, 사회, 종교 등 모든 차원에까지 확장된다. 사회적 생활양식으로서의 가부장제가 언제 어떻게 형성되었는가에 대해 학자들 간의 통일된 의견은 없다. 어떤 인류학자는 가부장제가 세계적 보편 현상이며 가장 원래적 형태의 사회구조로서 자연적이며 필연적이라고 주장하며, 또 다른 이는 가부장제는 특정한 때 토지의 사유화, 도시화, 사회의 계층화 같은 새로운 사회적 변화와 더불어 생겼다고 보기도 한다. 고대 근동에서 가부장제는 기원전 7000~4000년 사이에 형성되었다고 한다. 그러므로 기독교 사회와 신학적 형성 배경이 되는 히브리 세계와 그리스 로마 시대의 사회나 종교 문화는 가부장제적 이데올로기와 사회적 양식에 따라 구성되었다고 할 수 있다.

가부장제는 사회와 문화에 따라 다양한 양태로 나타나기도 하지만 몇 가지 공통된 특징이 있다. 가부장제의 일반적 특징은 여성이 스스로 어떤 법적 지위를 갖지 못하는 종속적 위치에 있다는 점이다. 여성의 종속적 위치는 다음과 같은 양상에서 확연히 드러난다. 첫째, 가계가 아버지를 중심으로 이어진다. 둘째, 남아선호사상이 강한 사회가 된다. 셋째, 부인에 대한 남편의 주권은 육체적 영역에도 확대되어 폭력 행사를 자연적인 것으로 간주한다. 넷째, 부인으로서의 여성의 몸, 성, 출산 능력은 남편에게 속한다. 다섯째, 여성이 정치와 문화에서 공적 역할을 하지 못하기 때문에 여성의 능력은 가사와 같은 사적인 일로 제한된다. 마지막으로 여섯째, 부인과 딸의 상속권이 남편과 아들에 비해 지극히 제한적이다.

이러한 가부장제의 일반적 특징을 살펴볼 때 한국사회는 여러 면에서 가부장제 사회의 특징을 확연히 지니고 있다. 물론 법적 측면에서는 현대사회의 많은 나라에서 가부장제적 불평등 구조를 수정해 표면적으로는 남성과 여성의 법적 평등을 이룬 것 같지만, 가부장제적 가치관은 아직도 다양하고 은밀한 양태로 강력한 영향을 미치고 있다. 여성은 여전히 공적 영역에서 배제되며, 종교·정치·경제·문화 분야 대부분에서 남성이 지도력을 독점하는 한국의 현실은 강력한 가부장제적 구조를 단적으로 보여주는 예라고 할 수 있다.

남성중심주의 androcentrism

남성중심주의는 플라톤과 아리스토텔레스 철학에서 연원을 찾을 수 있다. 또한 아우구스티누스나 아퀴나스 등이 집대성한 기독교 교리에서 구체화되었다. 남성중심주의는 남성을 인간의 결정인자로 간주하는 가치구조이기 때문에 여성을 과소평가하는 반면 남성을 과대평가함으로써 여성에게는 열등의식을 그리고 남성에게는 우월의식을 조장한다. 따라서 남성중심적 사회는 여성과 남성의 생물학적 '차이'를 '차별'로 왜곡함으로써 남성에게는 특권과 지배권을 부여하고 여성에게는 불이익과 종속적 구조를 자연스럽게 안긴다. 인류의 역사도 남성중심적 시각으로 형성되었으며, 학문적 방법론도 남성의 경험을 규범적인 것으로 간주하기 때문에 여성은 주체가 아닌 언제나 남성의 보조적이고 부차적인 존재였다. 남성중심주의적으로 형성된 인간 이해는 위계적이고 이원론적이며, 남성과 여성 사이의 불공정한 권력 분배와 조직적 불의를 야기한다. 여성중심주의 gynocentrism를 주장하는 소수를 제외한 페미니스트들 대부분은 이러한 남성중심주의를 극복하는 대안으로 포괄적 inclusive이고 통전적인 holistic 가치를 지향한다.

성 sex과 성별 gender

여성은 생물학적 구별성에서 남성과 다른 집단을 형성한다. 이렇게 구분한 여성과 남성은 우월이나 종속의 관계에 있지 않으며, 따라서 성 sex은 단순한 생물학적 차이에 따른 구분일 뿐이다. 문제는 이러한 생물학적 구분과 차이가 역사에서 여성에 대한 차별을 정당화하는 근거로 쓰였다는 점이다.

성별 gender은 문화적 개념으로서, 특정한 시대의 특정한 사회에서 생물학적으로 구분한 여성과 남성에게 각기 다른 특성을 부여한 것을 말한다. 이러한 문화적 구분에서 남성적 masculine이라 함은 이성적·능동적·적극적·공격적이며 타자를 지배하는 능력을 지닌 특성이고, 여성적 feminine이라 함은 감정적·수동적·소극적·수용적 특성으로 범주화되고 고정관념화되었다. 남성과 여성의 문화적 역할 구분과 고정관념화는 여성과 남성의 성 분업을 경직시켰으며, 특히 공적 영역에서 여성의 활동을 제한했다. 이러한 경우 남성은 사적 영역에서, 여성은 공적 영역에서 배제와 무능력을 각기 경험하게 되며, 결과적으로 남성과 여성 모두에게 통전적 인간으로서의 삶이 불가능해진다. 그러므로 생물학적으로 구분한 남성과 여성을 문화적 개념과 혼돈하는 것은 논점을 흐릴 수 있으므로 명확하게 규정된 개념을 써야 한다.

성차별주의sexism

성차별주의란 남성우월주의를 지속하고 강화하는 이데올로기를 말한다. 성차별주의는 생물학적 차이에 근거해 형성된 남성과 여성의 차이성을 사회·문화적으로 고정관념화해 여성을 열등한 존재로, 남성을 우월한 존재로 차별화·구분화하는 데서 출발한다. 성차별주의는 삶의 모든 영역에서 직·간접적으로 나타난다. 특히 문화 영역에서는 문학, 광고, 종교적 상징체계 등에서 나타나며, 가정, 학교, 교회 또는 다른 제도적 기구를 통한 여성과 남성의 사회화 과정에서 끊임없이 재생산된다. 이러한 과정에서 여성은 성적 대상물로 인식되며, 여성에 대한 언어적이며 육체적인 공격과 폭력이 강화된다. 전형적인 고정관념의 범주에서 벗어난 여성은 '비여성적'이며, 그러한 남성 역시 '비남성적'이라는 비난을 받는다. 또한 성차별주의는 여성을 지도적 위치와 역할에서 끊임없이 배제해왔으며, 여성이 동일한 일을 하는 남성보다 적은 임금을 받는 것을 당연시하는 데 일조했다. 성차별주의는 인류의 오랜 역사를 거쳐 개인적·사회적·문화적 차원, 정치·경제적 차원, 종교적 차원 등 사회문화 조직에서 총체적으로 나타나는 현상이다. 이러한 성차별주의와 남성의 여성 지배라는 가부장제는 각기 서로를 강화하는 역할을 한다. 제도화된 가부장제가 법적으로 폐지된 사회에서도 성차별주의는 심리학적·문화적 양태 속에 존재한다. 예를 들어 사회주의 국가나 민주주의 국가에서 가부장제는 법적·제도적으로 폐지되어 공적 영역에서 여성과 남성의 평등이 보장되는 것 같지만, 여성과 남성의 사회 관계나 가족 관계에서 언제나 남성이 여성에 대한 주도권을 행사하는 성차별주의는 여전히 존재한다. 그러므로 성차별주의가 하나의 이데올로기로서 의식구조 속에 존재하는 한 가부장제는 언제든 다시 등장할 수 있다. 페미니즘은 이러한 성차별주의의 부당성을 인식하고 극복하고자 하는 남성과 여성 모두가 지지하는 반反성차별주의anti-sexism이며, 성차별주의적 문화와 사회 관계를 넘어서는 평등성의 대안적 문화와 가치관을 지향한다.

억압oppression

억압은 페미니즘에서 가장 빈번히 쓰는 용어 중 하나이다. 이는 강요된 종속을 의미하며, 한 개인이나 집단의 종속적 상황을 말한다. 억압은 언제나 피억압자의 희생victimization을 함축한다. 이러한 억압의 개념을 여성에게 적용할 때 한 집단으로서의 여성은 '희생자victim'이다. 그러나 여성은 인종적·계층적 억압과 같은 다른 종류의 억압을 받는 계층보다 억압에 더 잘 순응하는 집단으로 존재해왔으며, 그러한 억압적 상황을 아이나 다른 여성에게 전달하기도 함으로써 억압을 억압으로 인식하지 못하는 경우가 많았다. 이러한 가부장제적 억압에 대한 순응은 생물학적 성sex과 사회문화적 성gender을 모두 본질적인 것으로 이해한 데서 기인한다. 또한 여성은 가부장제적 억압의 희생자인 동시에 다른 억압의 주체자 역할을 하기도 한다. 즉 어떤 여성은 아버지와 남성의 억압을 받기도 하지만, 또 다른 차원에서는 다른 여성과 남성을 억압하기도 한다. 따라서 '순수한 피해자'로서의 여성에 대한 논의만으로는 불충분하며, 억압의 문제는 복합적 접근과 분석이 필요한 주제이다. 그러나 다른 종류의 억압과 가부장제적 구조에 따른 여성의 억압은 동기와 전개 양식 그리고 결과에 있어서 분명한 차이가 있다. 또한 그러한 억압적 상황을 극복하는 전략도 다르기 때문에 일반적 개념으로 사용할 때는 세심한 주의가 필요하다. 인종차별이나 계층차별은 대부분 공적 영역에서 주로 경험할 수 있는 억압이다. 반면 가부장제에 의한 여성 억압은 공적 영역과 사적 영역에서 모두 경험할 수 있으며 동시에 개인적이며 집단적인 경험이다. 또한 정치·경제와 같은 사회제도적 영역뿐만 아니라, 심리적이며 종교적인 영역에서도 경험하는 다차원성을 지닌 억압이기 때문에 복합적 접근이 필요하다.

이원론 dualism

이원론이란 두 가지나 그 이상의 대상이 양쪽의 대립적 관계 속에 놓이는 세계관과 관계의 개념적 구조를 지칭한다. 히브리 사상과 기독교에서 형이상학적 이원론은 거부되었지만, 그리스 철학의 이원론적 경향은 기독교 신학에 막대한 영향을 주어 결과적으로 기독교 사상은 이원론적 구조를 담게 되었다. 그러한 이원론은 타자 the other와 대립적 관계에 놓인 존재로서 인간의 자기self 이해, 그리고 세계와 대립적으로 분리되어 있는 거룩한 초월적 존재로서의 신에 대한 이해를 형성했다. 더 나아가 서구철학과 기독교는 남성과 여성, 정신(영혼)과 육체, 초월적인 것과 자연적인 것의 대립적 이원론을 강조해왔다. 이러한 이원론적 구조는 두 축이 우월과 열등의 구조로 이해되는 위계주의적 특성을 강하게 지니며, 특히 남성과 여성의 이원론은 남성의 지배와 여성의 종속을 자연적 신적 질서로 이해했다. 페미니스트 이론에서는 이원론적 사고구조가 여성과 남성을 대립적 관계에 놓고 지배와 종속 관계로 이해한 것으로 보며, 이러한 남성중심적인 대립적 이원론을 근원적으로 비판한다. 또한 이원론은 이성과 감정, 정신과 육체 등 한 인간 속의 여러 요소를 대립적인 것으로 분류함으로써 인간의 통전성을 파괴하고, 나아가 인간과 자연의 관계도 대립적으로 설정해 자연의 지배와 정복 대상으로 만들어 결과적으로 인간의 자연에 대한 착취와 파괴를 야기했다고 페미니스트 이론가들은 본다.

현대에 이르러 서구사상의 대립적 이원론이 강한 비판을 받으면서, 아시아의 음양사상이 이러한 대립적 이원론을 넘어서는 대안적 사고구조로 제시되기도 한다. 그러나 페미니스트 관점에서 볼 때, 아시아의 음양사상은 우주론적 또는 형이상학적으로 대립적 이원론이 아닌 보충적complementary 이원론을 지향하며, 특히 남성과 여성의 보충적 이원론은 실천에 있어서 여전히 대립적 이원론의 범주를 벗어나지 못한다. 따라서 음양원리에서 '하늘'인 남성과 '땅'인 여성의 관계는 '높고 우월한 하늘'과 '낮고 열등한 땅'이라는 위계적 관계를 현실 속에서 구축한다. 결국 남성과 여성의 관계는 물론이고 인간과 자연의 관계, 그리고 다양한 인종적·사회계층적 관계를 지배와 종속의 논리로 왜곡하는 이원론의 극복은, 서구나 아시아를 막론하고 페미니즘 사상의 이론적 구성이나 현실적 대안 추구에서 가장 우선적으로 이루어야 할 과제이다.

자율성autonomy

자율성의 문자적 의미는 '스스로의 법이 되는 것'이다. 이는 '타자의 법에 종속되는 것'이라는 '타율성heteronomy'과 반대되는 의미이다. 계몽주의 이후 자율성은 도덕적 선택에 있어서 필수적인 것이 되었고, 도덕성과 마찬가지로 인간이 된다는 것은 무엇인가에 중심적 개념으로 이해되었다. 칸트는 합리성과 자율성을 인간을 이루는 가장 중요한 요소라고 보았고 도덕철학자들 대부분도 이에 동의했다. 그러나 그러한 철학자들에게서 여성은 합리성과 자율성이 결여된 존재였다. 초기 페미니스트들은 이러한 전제를 넘어서 여성의 자율적 능력을 추구하고자 투쟁했다. 최근에 와서 인간의 독립적 자율성을 넘어 인간들 사이의 '상호 관계성inter-relatedness'에 대한 인식의 중요성이 강조되면서, 전통적으로 자율성을 성숙한 인간의 척도로 보았던 전제들이 다양한 측면에서 근원적으로 도전받고 있다. 그러나 여기에서 우리가 경계해야 할 점은, 인간 개체성의 존엄성에 대한 인식이 결여된 낭만적 상호 관계성의 강조는, 권력을 지닌 자에 종속되는 불공평한 관계성에 기반한 상호 관계성으로 전락할 위험성이 있다는 점이다. 따라서 페미니즘에서 여성의 자율성 획득은 무엇보다 중요한 과제이지만, 독립적 자율성만을 최종 목표로 지향할 때 관계적 존재로서의 인간의 의미를 왜곡할 수 있다. 그러므로 독립적 자율성으로부터 한 단계 앞으로 나아가야 한다는 단계적 인식이 필요하다. 결국 자율성이 제거된 관계성이 아닌 자율성이 전제된 상호 관계성에 대한 인식을 모색해야 한다.

해방 liberation

여성 해방은 페미니즘의 주요한 목적이다. 이러한 해방에 대한 의식은 억압에 대한 인식으로부터 출발한다. 왜냐하면 억압자 스스로 해방이라는 용어를 사용하지는 않기 때문이다. 즉 해방은 억압된 집단이나 개인의 구체적 경험에서 출발하며, 그러한 억압 상황을 극복한 다른 차원의 현실을 지향한다. 전통적 신학에서 해방은 주로 개인적 죄와 죄책감으로부터의 자유를 말하는 내적 의식의 차원이었지만, 해방신학이나 페미니즘에서 해방은 개인적 차원과 집단적 차원을 모두 포괄한다. 또한 내면적이며 정신적인 차원뿐만 아니라 물적이고 육체적인 차원도 포괄한다. 가난으로부터의 해방, 성, 인종, 계층 등에 근거한 다양한 차별로부터의 해방 등 아주 구체적인 의미를 함축한다. 여성의 해방은 여성을 피해자로 만드는 상황과 그것을 바로잡고자 하는 주체적 의식이 있을 때 비로소 지향할 수 있다. 또한 여성의 인간으로서의 존엄성과 평등성에 대한 인식이 해방의 길로 인도하는 첫 걸음이다. 그러나 해방의 좀 더 구체적인 개념은 '집단으로서의 여성이란 누구인가'라는 정의에 따라 매우 복합적인 논의로 전개될 수 있다.

서론: 여성혐오사상, 페미니즘의 도전과 기독교

인류의 역사에서 '여성은 어떠한 존재인가'라는 물음에 대해서는 무수한 신학자와 철학자들이 규정해왔다. 그들의 여성에 대한 전통적 이해에는 두 가지 유사한 특성이 있다. 첫째, 여성은 남성보다 열등한 존재이다. 여성의 열등성은 삶의 다양한 차원과 모두 연관되어 있어서, 여성은 육체적·존재론적·인식론적·도덕적으로 남성보다 열등한 존재로 이해되었다. 이러한 여성의 열등성에 대한 이해의 근원은 서구 아리스토텔레스 철학에서 좀 더 구체적으로 경직화되었다고 할 수 있다. 아리스토텔레스는 여성이 존재론적으로나 생물학적으로 미성숙하고 열등한 존재임을 분명히 표면화했다.[1] 아리스토텔레스에 따르면 생명 창출의 과정에서도 여성은 남성 속에 있는 '극미인'을 일정 기간 동안 담아주는

---

1 아리스토텔레스의 여성에 대한 견해는 그의 《정치학Politics》 《동물의 발생에 관하여Generation of Animals》 《니코마코스 윤리학Nicomachean Ethics》 이 세 권에 대부분 나타나 있다. 더 상세한 내용은 다음을 참고하라. Aristotle, *Generation of Animal*, trans., A. L. Peck. *The Loeb Classical Library*, Harvard University Press, 1953 그리고 *Aristotle's Politics and Poetics*, trans., B. Jowett and T. Twining, Viking Press, Compass Books Edition, 1957.

인큐베이터 역할만을 할 뿐 적극적인 생명 창출의 주체적 역할을 하지 못한다. 그래서 태어난 남자아이는 규범적인 정상인간이 되며, '결함이 있고 잘못된 남자misbegotten, defective male'는 여자아이가 된다고 했다. 이러한 생물학적 결론의 오류에 근거해, 지금까지도 아리스토텔레스 사상은 서구문화 속에 자리잡고 있는 여성혐오사상의 배경이 되고 있다. 생명 창출의 과정에서 여성의 수동적 역할에 대한 아리스토텔레스의 단순한 주장을 넘어서는 더 발전한 생물학적 이론이 등장했음에도, 그러한 과학적 오류로 형성된 인식론적 이해는 수정되지 않았다. 아리스토텔레스는 "여성과 남성의 관계에 있어서 불평등은 영원한 것"[2]이며, "남자의 용기는 명령하는 것에서, 그리고 여자의 용기는 순종하는 것에서 나타난다"[3]라고 했다. 이러한 그의 말은 여전히 현대사회의 다양한 차원에서 근원적으로 변화하지 못했다.

여성이 어떠한 존재인가에 대한 두 번째 규정은, 여성은 악을 가져오는 '위험한 존재'라는 이해이다. '열등한 존재'라는 이해에서 한 단계 더 나아가 여성은 열등할 뿐만 아니라 남성을 유혹하고 이 세계에 악을 가져오는 위험한 존재라는 규정이다. 여성에 대한 부정적 이해가 한층 깊이를 더했는데 여기에 결정적 역할을 한 것은 기독교이다. 성서의 창조 이야기에서 금단의 열매인 선악과를 먹고 아담에게도 나누어준 이브는 여성 존재의 위험성을 나타내는 대표적 예로서 교부신학자들에게 규정되었다. 모든 여성 속에는 영원한 '이브성'이 있어서, 여성은 이브가 아담을 유혹했듯이 남성을 끊임없이 유혹해 죄에 빠뜨리는 존재이므로 남성보다 훨씬 더 죄인이라는 이해이다. 이는 기독교 신학을 조직화하기 시

---

2 Aristotle, *Politics*, Bk.1, ch.12. 21.
3 Aristotle, *Politics*, Bk.1, ch.13. 22.

작한 교부신학자들의 글에서 무수하게 찾아볼 수 있으며, 이러한 사상은 교부신학자들을 통해 지속적으로 후대의 신학자들에게 전수되었다.[4]

서구문명을 이루는 두 가지 커다란 메타포인 아리스토텔레스 철학과 기독교 사상으로부터[5] 표면화되기 시작한 여성에 대한 부정적 이해는 참으로 뿌리깊게 서구문명을 지배해왔다. 이를 한 용어로 '여성혐오 사상misogyny'[6]이라고 부르는데, 이는 중세 유럽에서 일어난 '마녀화형 Witch-burning' 사건에서 극단적으로 표면화되어 있다. 마녀화형의 대표 문서가 된 〈마녀를 잡는 문서Malleus Maleficarum: The Hammer Against Witch〉[7]는 1486년 하인리히 크래머Heinrich Kraemer와 제이콥 스프랭거Jacob Springer라는 도미니크 수도사 두 명이 작성했다. 왜곡된 논리와 증거에 근거한 이 문서에서 여성은 너무나 사악하고 죄에 잘 빠지는 본성을 지녔으며, 이 세계의 모든 악을 가져오는 장본인이었다.

마녀화형 사건은 13세기에 시작해 약 500여 년 동안 지속되었는데, 1500~1700년 사이에 가장 극심한 양태를 이루었다. 마녀 박해로 희생당한 여성의 수가 몇 명인가는 정확하게 알려져 있지 않다. 900만 명이 죽임을 당했다는 통계로부터 전형적인 보수적 통계로는 20만 명이 마녀로 몰려 죽었다는 통계도 있다.[8] 어쨌든 최소한 여성 수백만 명이 마녀로 몰려 화형이나 교수형을 당했다. 왜 이러한 일이 일어났을까. 여기에

---

4 교부신학자들의 극단적인 여성에 대한 부정적 이해에 대해서는 다음을 참조하라. 로즈마리 류터, 〈기독교는 여성혐오의 입장에 서 있는가?〉, 《여성들을 위한 신학》, 한국신학연구소, 1985.
5 Gerda Lerner, *The Creation of Patriarchy*, Oxford University Press, 1986, p.10.
6 Cf. Kang Nam-Soon, "Misogyny", *Dictionary of Feminist Theologies*, eds., Letty Russell & J. Shannon Clarkson, Westminster John Knox Press, 1996.
7 Cf. "Malleus Maleficarum", *Woman and Religion: A Feminist Sourcebook of Christian Thought*, eds., Elizabeth Clark and Herbert, Harper Collins Publishers, 1977.
8 Mary Daly, *Gyn/Ecology: The Metaethics of Radical Feminism*, Beacon Press, 1978, p.183.

는 흑사병, 종교개혁, 상업문명의 발전 등에 따른 사회적 대변동의 희생양이라는 해석도 있으나 분명한 것은 이러한 일의 저변에 여성을 위험한 존재로 보려는 여성혐오사상이 있다는 점이다. 〈마녀를 잡는 문서〉에 보면 여자는 경박하고 변덕스럽고 지적으로 약해서 신앙이 동요되기 쉽고 마귀의 유혹에 쉽게 넘어가는 존재이다. 목소리나 걸음걸이조차 남자를 유혹해 죄에 빠뜨리는 수단이며, 남자의 갈비뼈인 굽은 뼈로 창조되었기 때문에 애초에 결함이 있는 불완전한 동물로서 언제나 남자를 속이려 한다. 여자가 잘 우는 것 또한 남자를 속이려는 행동으로 해석한다. 세계는 여자의 악으로 고통당하며, 아담은 사탄의 유혹을 받은 것이 아니라 여자의 유혹을 받았으므로 여자는 적이며 악마의 올가미보다 더 위험하다고 해석한다. 이 문서는 노골적인 여성 비하를 서슴지 않으며, 모든 비하가 결국은 여성의 육욕과 연결된다. 따라서 이 문서의 가장 큰 특징은 성 기능에 대한 편견과 여성에 대한 철저한 공격이라고 할 수 있다.[9]

마녀화형이라는 극단적 형태로 여성에 대한 혐오가 나타났지만, 많은 경우 여성혐오사상은 다양한 형태로 남성만이 아니라 여성의 의식도 지배했다. 여성에 대한 이해가 사회에서 집단적 모습으로 도전받기 시작한 때는 유럽의 프랑스혁명 이후 인간의 개체적 존재로서의 존엄과 평등성에 대한 인식이 사회화되기 시작하면서부터라고 할 수 있다. 프랑스혁명은 혁명을 주도한 사람들이 의도하지는 않았지만, 의식 있는 여성에게 인간으로서의 자유와 평등 그리고 권리에 대한 인식의 촉발제가 되었다. 또한 산업혁명은 전통적인 성 분업에 새로운 변화 가능성을 시

---

9 Cf. "Malleus Maleficarum", pp.121~130.

사함으로써 여성에 대한 이해가 점차적으로 도전받는 계기를 마련했다. 물론 산업혁명이 여성에게 끼친 영향은 단순하게 긍정적이지만은 않다. 오히려 공적 영역에서 필요한 노동력을 남성이 주로 충당하고 경제적 보상을 받음으로써 임금노동자인 남성과 무임금노동자인 여성으로 양극화시켜 결과적으로 여성의 '사적 영역화'와 남성의 '공적 영역화'를 경직시켰다는 부정적 작용도 있다. 그러나 소수의 저변층 여성에 한정되긴 하지만 산업혁명은 경제적 독립 가능성과 성 역할 분담에 대한 변화 가능성을 시사했다. 이러한 다양한 사회·정치적 변화가 여성에 대한 전통적 이해에 집단적 이의를 제기하는 계기가 되었으며, 이를 통해 '여권운동 Women's Rights Movement' 또는 '여성 해방운동' 등으로 표현하는 페미니즘이 모습을 드러내기 시작했다.[10]

    페미니즘은 시대적으로 프랑스혁명 이후 1920년까지의 여성운동을 '제1기 페미니즘', 1960년대 이후에 다시 표면화되기 시작한 여성운동을 '제2기 페미니즘'으로 구분한다. 이러한 페미니즘으로 기독교는 직·간접적으로 변화했다. 이는 사회적 여성운동의 파급효과이기도 하고 교회 여성들이 자생적으로 일으킨 변화이기도 하다. 특히 다양한 종교가 공존하는 한국과 달리 서구사회는 유대-기독교 Judeo-Christianity적 전통을 배경으로 하는 사회여서, 사회 변화가 교회 안에 미치는 파급 효과가 훨씬 더 강력하고 직접적이라고 할 수 있다.

    현대 여성운동과 페미니스트 신학이 가장 활발하게 진행 중인 나라는 미국이다. 미국에서 여성운동이 공식 기구화 된 때는 1848년으로, 이 해에 뉴욕 세네카 폴즈 Seneca Falls의 웨슬리 교회 Wesleyan Church라는 감

---

10 이때 출현한 이른바 자유주의 페미니즘을 비롯한 다양한 페미니즘에 대해서는 다음을 참고하라. 강남순, 〈페미니즘 서설〉, 《현대여성신학》, 대한기독교서회, 1994.

리교회에서 열린 '전국여성권리대회'가 미국 여성운동의 공식 출발이다. 이 당시 여성운동가들에게 여성 평등과 권리에 대한 인식론적 근거는 "신에 의해 여성과 남성은 평등하게 창조되었다"는 기독교 창조론이었다. 그들은 정의justice에 대한 기독교적 개념에 고무되었고, 이러한 인식은 여성운동이나 노예제도 폐지운동 등에 활력소가 되었다. 그들은 사회적으로 여성 참정권운동을 하면서 교회 안에서 여성의 위치를 강조했고 여성의 신학대학 입학과 목회 허용 등을 주장했다. 안나 하워드 쇼Anna Howard Show와 같은 여성은 특출한 설교자 역할을 하기도 했다.[11] 이렇듯 초기 페미니스트의 관심은 가정, 사회, 교회구조, 교육, 사회생활 등 다양한 분야로 확산되었다. 그러나 이 관심은 곧 여성의 참정권 문제로만 좁혀지게 되는데, 구체적·객관적 조건의 변화라는 목표에 집중해야 한다는 의미였겠지만 이는 결국 초기 페미니즘의 더 넓은 비전을 상실하는 결과를 초래하고 말았다. 따라서 1920년에 '참정권 획득'이라는 제한된 목적을 이루자마자 그 이상의 비전을 제시하지 못한 제1기 여성운동에 공백기가 생기고 만다.

　19세기 여성운동이 확산하면서 교회 지도자 대부분은 성서에 근거하여 여성운동을 반대했다. 특히 바울 서신에 나오는 종속적이고 부차적인 여성의 위치에 대한 해석이 더욱 확대되어, 여성이 남성과 동등한 권리를 갖는 것은 성서적 가르침에 어긋난다고 주장했다. 또한 남성인 교회 지도자들과 일부 중산층 여성들이 이른바 '여성적 덕목feminine virtue'을 낭만화하고 이상화함으로써 여성의 권리나 평등을 위한 운동이 부질없음을 역설했다. 그들은 여성이 가정에서만 활동하는 것이 세상의

11　Cf. Alice S. Rossi, ed., *The Feminist Papers*, Bantam Books, 1974, pp.241~250.

타락에 물들지 않을 수 있는 가장 이상적인 길이며, 여성을 남성보다 더 고귀한 도덕성과 감수성을 지닌 존재라고 예찬함으로써 사실상 여성의 기존 상황을 더욱 견고히 지켜나갔다. 사회나 가정에서 종속되고 부수적인 위치에 놓여 인간으로서의 존엄성을 지닌 존재로 인식할 수 없었던 여성을 '가정의 천사angel-in-the-house'로 예찬함으로써 낭만적으로 왜곡한 것이다. 이러한 여성의 낭만화에는 신학자, 목회자, 남성뿐만 아니라 여성 당사자들도 동조했다. 그런데 여성의 낭만화는 '인간은 죄인'이라는 기독교의 가장 기본적 인간 이해에서 벗어난다. 여성도 남성과 마찬가지로 탐욕과 이기성을 지닌 존재라는 사실, 그리고 여성이 가정에서 느끼는 분노와 배제의 경험을 외면함으로써 인간으로서의 다층적 모습을 철저히 왜곡시킨 셈이다. 여성에 대한 이러한 낭만적 왜곡은 여성운동의 존재 이유를 제한했으며, 한 인간으로서의 존엄성과 평등에 대한 보편적 요청을 몇몇 특수한 여자들의 특수한 주장으로 만들고 말았다.[12]

1960년대에 들어와서 미국사회에서의 여성운동과 교회 여성운동은 거의 동시적으로 발생했다. 교회에서 여성은 여성의 안수와 목회 참여, 신학교육과 결정 과정에 대한 참여 등의 문제를 놓고 씨름했다. 1960년대 당시 감리교, 장로교, 침례교, 성공회 등 개신교 교회는 여성 안수를 이미 허용했으나 개체 교회에서의 여성 목회자 수용은 여전히 어려운 문제로 남아 있었다. 즉 19세기와는 달리 많은 교회들이 객관적·제도적으로는 여성의 지도력을 남성과 마찬가지로 공평하게 인정했으나, 의식

---

12 Cf. Ann Douglas, *The Feminization of American Culture*, Avon Books, 1974 그리고 Ann Taves, "Mothers and Children and the Legacy of Mid-Nineteenth Century American Christianity", *Journal of Religion* 67:2, April 1987, pp.203~219.

적 차원에서는 여전히 여성의 부차적 위치가 그대로 남아 있었던 것이다. 그러나 1960년대 이후 교회 여성들은 목회자와 학자, 평신도로 구분되어 각자의 영역에서 특성을 분명히 하면서 평등을 위한 다양한 운동을 전개해왔다. 여성 지도력의 수용을 거부하거나 여성을 차별하는 교회법이나 제도에 대한 개선을 요구했고, 성차별적 의식과 가치관을 형성할 수 있는 신학이나 기도문 속 요소에 대한 변화와 수정도 요구했다.

이러한 과정을 거쳐서 형성된 크리스천 페미니즘Christian feminism이 20세기에 들어와서 다양하게 전개되었다. 크리스천 페미니즘이 19세기의 페미니즘과 다른 점이 있다면, 가부장제와 위계주의, 성차별주의와 인종차별, 계층차별의 상호 연관성에 대해 인식한다는 점이다.[13] 크리스천 페미니즘이 관심을 갖는 주제를 몇 가지로 분류해보자면 다음과 같다. 첫째, 언어에 대한 문제이다. 기독교 전통이 수용하는 언어가 남성중심적 언어라는 사실은 그 자체가 지닌 문제보다는 그러한 언어가 주는 남성중심적 가치관이 문제가 된다. 왜냐하면 그러한 남성중심적 종교 언어는 역사 속에서 무수한 여성 배제의 현실을 정당화하는 인식론적 근거를 제공했기 때문이다. 기도문이나 찬송에서 '형제들'은 있지만 '자매들'이 없다든지, 신 상징이 상징symbol이 아닌 인간의 남성적 모습의 사실fact적 표현으로 왜곡되어 이해된다든지 하는 요소는, 의식적·무의식적으로 남성중심적 사회제도나 가치관을 당연한 것으로 만들었다. 둘째, 기독교의 근원적 메시지인 남성과 여성을 포함한 모든 인간의 평등성을 반영한 교회제도나 구조에 대한 문제이다. 교회 안에서 여성의 수가 남성보다 훨씬 많음에도 교회의 결정 과정이나 결정 기구에 여성이

---

13 Cf. Rosemary R. Ruether, *New Woman/ New Earth*, Seabury Press, 1975.

배제되는 문제가 부각되고, 신학대학에도 여성 교수가 점차 등장하면서 신학교육에서의 평등구조에 대한 문제도 제기되기 시작했다. 셋째, 교회의 전통이나 신학, 설교 등에 자리잡은 여성에 대한 고정관념 문제이다. 아무리 객관적 제도나 구조가 평등하게 바뀐다 해도 여성과 남성에 대한 전통적 고정관념이 바뀌지 못하면 실천적 평등으로 이어지기 어렵다는 점은 역사가 예증하고 있다. 예를 들어 정신과 육체에 대한 이원론적 사고는 기독교 전통에서 육체혐오사상anti-body을 낳았고, 육체혐오사상은 여성혐오사상anti-woman으로 귀결되었다. 남성은 정신적 영역에 속하는 존재이고, 여성은 육체적이고 자연적인 영역에 속하는 것이라는 인식론이 전제되어 있기 때문이다. 따라서 여성에 대한 이러한 이해가 우리의 의식보다 훨씬 더 미묘한 구조 속에 숨어 있기 때문에 평등을 실천하기 위해서는 제도나 구조 개선과 같은 객관적 차원의 변화뿐 아니라, 이원론적 가치관이나 여성에 대한 고정관념 개선과 같은 주관적 차원의 변화도 동시에 수반되어야 한다. 이러한 변화의 다차원성에 대한 인식을 크리스천 페미니즘이 제기하며, 이 여성들이 신학 현장, 목회 현장 등 다양한 장에서 활동하고 있다.

서구에서 등장한 페미니즘과 이 페미니즘이 기독교에 미친 다양한 변화의 물결은 종교와 사회의 밀접한 상호 연관성을 잘 말해준다. 그러나 어느 사회에서든 고등종교는 대부분 보수주의의 요새이다. 즉 사회 변화를 주도하는 것이 아니라 사회 변화에 제일 마지막으로 반응하는 것이 종교라는 말이다. 이는 다양한 이유로 설명할 수 있겠지만, 소종파형 종교가 아닌 조직화되고 안정된 구조를 확립한 종교일수록 기존 구조를 그대로 유지하려는 '현상유지적' 성향을 더욱 강하게 드러내며, 어떠한 변화 요구도 '위협'으로 간주하는 경향이 있다. 한국의 기독교도 초기 단계에서는 변혁적 성향을 강하게 띠었으나 점차 한국사회에 뿌리를 내린 안정된 종교로 자리잡아가면서 보수적 입장을 확고히 드러냈다.

더구나 기독교가 지배적인 서구와 달리 다양한 타 종교와 보이지 않는 경쟁구조에 있고, 같은 기독교 내에서도 타 교단과 경쟁구조에 있는 한국의 경우 기독교가 변혁의지가 있는 종교가 된다는 것은 소수의 의식 있는 교회 지도자들의 주도 하에서만 가능할 뿐이다. 그렇기 때문에 성차별의 문제는 대부분 '특수한 문제'로 간주될 뿐, 교회가 긴급히 인식해야 할 '보편적 문제'로 인식되지 못한다. 이러한 정황에서 여성의 배제와 차별을 넘어서기 위한 크리스천 페미니즘을 적극적으로 수용하기는 참으로 어렵다. 서구와 같이 교회 여성들이 목회자, 학자, 평신도 그룹으로 나뉘어져서 각기 자신의 장에서 필요한 변화를 위해 활발히 활동하는 단계도 아닌 상태에서 총체적 변화를 요구하는 페미니즘의 소리는 아직 한국의 기독교 안에 제대로 들리지 않는다.

앞서 논의한 바와 같이 서구의 초기 페미니즘은 기독교적 전통 안에서 촉발되었다. 창조론을 통해서 예시된 바, 기독교의 존재론적 평등성에 대한 이해는 사회에서 남성과 여성의 평등 주장을 정당화하는 강력한 근거가 되었으며, 따라서 페미니즘의 출현은 교회 안에 다양한 변화를 일으켰다. 그러나 1960년대 이후 등장한 제2기 페미니즘은 초기 페미니즘과 같이 강력한 기독교 정신에 근거하지는 않는다. 오히려 현대의 페미니즘은 종교의 강력한 가부장제적 구조 때문에 종교에 관심을 두지 않는 것이 일반적 현상이다. 그렇지만 사회의 페미니즘에 영향을 받기도 하고 자생적인 변화의 요구에도 응해 결국 1960년 이후 교회 현장과 신학계에서 일하는 여성들이 크리스천 페미니즘이라는 다양한 움직임을 촉발했으며, 그들의 적극적인 활동의 결과 기독교 안에서 많은 변화가 일어났다.

　한국의 기독교에 크리스천 페미니즘의 물결은 눈에 띄는 공식적 단계를 거치지는 않았지만, 의식 있는 교회 여성들의 주도 하에 교회 내 갱신에 대한 문제는 지속적으로 제기되어왔다. 그럼에도 교회 여성들이 시간을 내서 하는 활동인 만큼 기독교 안에서 실질적 변화는 적었다. 우선 목회자를 기르는 신학교육은 아직도 대부분 남성 교수의 주도 하에 남성중심적 커리큘럼으로 진행되고 있고, 신학을 공부하는 여학생의 수는 늘었지만 활동할 장이 극히 미약한 상황은 페미니즘의 등장 이전보다 크게 나아진 점이 없다. 이렇게 신학교육의 불균형 현상과 남성중심적 구조는 그대로 목회 현장으로 이어져 교회의 남성중심화는 당연한 '자연적인 것'이 되었다. 교단 기구에도 여성은 보조자 역할을 할 뿐이며 교회에서도 결정 기구와 과정의 핵심적 역할에서 배제되어 있다. 따라서 이러한 '신학계-목회계의 남성중심화'라는 악순환의 고리를 과감히 끊고자 하는 새로운 개혁의지를 갖고 신학교육 현장의 불균형을 시정할 수 있는 교계 지도자들이 참으로 절실히 필요하다.

　온전한 변화는 언제나 다차원적 특성을 지닌다. 여성의 변화와 개혁도 중요한 요소이지만 그것이 변화의 '충분조건'은 절대 아니다. 변화는 여러 가지 필요조건이 모일 때 비로소 온전히 가능해진다. 즉 여성의 변화뿐 아니라 남성의 변화가 절실하며, 또한 교회의 변화는 신학계의 변화를 상호 전제한다. 목회자는 지속적인 신학교육을 통해, 평신도는 의식 있는 목회자가 제공하는 교회 프로그램을 통해, 성차별의 불의성을 이해하고 이를 극복하기 위한 교회 갱신 요청성에 대해 교육을 받아 변화의 계기를 마련해야 한다. 신학자, 목회자, 평신도가 이러한 '인식의 확장'을 하지 않는다면, 한국의 기독교는 성차별의 불의함을 미처 인식하지도 못한 채 살아있는 생명력을 점차 상실할 위험에 빠질 것이다. 어떠한 종류든 배제와 차별을 묵인하는 종교는 이미 종교 창시자의 정신을 황폐화시키는 일을 하는 것이기 때문이다.

　서구에서 페미니즘이나 인간평등사상이 보편적으로 인식되기 시작한 계기는 인간이 '개체적 존재'로서의 존엄성을 지녔다는 인식론적 전환 때문이었다. 이러한 인간의 개체성individuality에 대한 인식은 한 개인의 도덕적 종합 판단을 존중하는 민주주의의 출발점이 되었으며, 서구사회에서 시민사회의 등장을 가능하게 했다. 즉 페미니즘은 물론이고 민주주의조차도 출발점은 개인주의 사상의 발달이다. 이렇듯 계몽주의 이후 민주주의를 향한 시민사회의 등장은 개인주의에서 출발했지만 분명히 기억해야 할 점은 개인주의는 이기주의와 다르며, 그 사상적 근거는 '모든 개인은 인간답게 살 권리를 지닌 존엄한 존재'라는 기독교적 천부인권설이라는 점이다. 따라서 한 개인의 자유와 권리 존중은 타인의 자유와 권리 존중까지를 전제하며, 이를 통해 합의에 토대를 둔 공동사회라는 공동체 의식이 가능해진다. 그래서 서구사회가 개별화되고 원자화된 사회 같지만 사람들 사이의 합의와 상식을 존중하는 합리적 공동체성이 존재하는 사회가 될 수 있는 것이다. 현대에 이르러서 서구인들이 개인주의의 한계를 지적하는데, 그러한 한계 지적을 한국사회에서 그대로 수용하는 것은 심각한 문제를 야기시킨다.

　한국사회는 인간의 개체성에 대한 인식이 아닌 가족, 친족, 학연, 지연 등 집단주의적 의식이 지배해왔다. 이른바 '줄서기 문화' '편짜기 문화' 또는 '패거리 문화'는 가능하지만, 다양한 개별인이 최소한의 합의를 형성해 그 합의에 기초를 둔 공동체 사회를 이룩하는 일은 참으로 어렵다. 이 집단의 대 원칙 앞에 개인의 자유나 평등, 존엄성의 문제는 거의 수용되기 어렵다. 결과적으로 한국사회가 그러한 집단주의적 의식을 벗어나지 못하는 한, 엄밀한 의미의 민주주의 의식이나 시민사회 형성, 그리고 여성의 개체적 존재로서의 인식인 페미니즘의 확산은 참으로 어려운 문제로 남게 될 것이다. 그렇기 때문에 한국사회에서 만연하는 고질적인 사회 병폐를 고치기 위해 인간을 어느 집단에 소속된 존재로만이 아니라 개체적 존재로서 인식하는 개인주의적 인간 이해가 필요하다. 서구사회의 병폐를 고치는 데 필요한 처방과 한국사회의 병폐를 치료하기 위한 처방이 똑같을 수는 없다는 말이다. 서구에서 지적하는 개인주의의 폐해는 그것이 지나칠 때 인간의 상호 관계성에 대한 인식으로 나아가지 않는다는 사실에 대한 인식에서부터 출발한다. 한 개인이 성숙한 인간으로 발전하기 위해서는 성장과정에서 의존적 단계dependent, 독립적 단계independent를 거쳐 상호 의존적 단계interdependent로 나아가야 한다. 이 맥락에서 서구사회는 인간의 독립성과 개체성을 인식하고, 그 다음 단계로 인간의 상호 의존성과 관계성에 대한 인식의 필요성을 이야기한다. 반면에 한국사회는 다양한 측면에서 인간 개인이 지닌 독립성과 개체적 존엄성에 대한 인식이 너무나 결여되어 있다. 그렇다고 해서 건강한 상호 의존성을 수용하는 사회도 아니다. 왜냐하면 진정한 의미의 '상호 관계성'이란 서로의 평등성과 존엄성에 대한 인정이 전제되기 때문이다. 이러한 인간에 대한 이해에 있어서 기독교는 천부인권설을 가능하게 한 철저한 개인주의적 이해를 전제로 하며, 거기에 머물지 않고 개인 간의 연대성과 나눔을 가능하게 하는 공동체적 상호 관계성interrelationality의 차원으로 나아갈 것을 요구한다. 나는 페미니즘의 기독교적 수용은 이러한 천부인권설에 근거한다고 보며, 이러한 천부인권에 대한 인식을 수용하는 데 한국의 혈연 중심 가족주의가 낳은 집단주의 의식이 분명 커다란 장애로 남아 있다고 생각한다.

    이 책은 각기 다른 정황에서 쓴 글의 모음이다. 그러나 이 책 전반에 흐르는 공통된 맥락이 하나 있다면, 그것은 기독교의 천부인권설에 근거한 페미니즘의 기독교적 수용이라는 전제이다. 이러한 의미에서 많은 페미니스트들이 묻는 질문, "페미니스트로서 크리스천이 되는 것이 가능한가?"라는 물음에 단순한 "예"나 "아니오"가 아닌 좀 더 복합적인 대답을 하고자 한다. 그 물음은 우선 "크리스천은 누구인가?"라는 물음과 연결 지어 답해야 하기 때문이다. 또한 "진정한 크리스천이 된다는 것이 무엇을 의미하는가?"는 과거와 전통 속에서 경직되어 이미 형성된 것이 아니라 끊임없는 과정 중에 있는 개념이어야 한다. 따라서 무엇이 기독교의 모습인가라는 정체성 문제는 이미 만들어진 것이 아닌 사회적 상황에 따라 지속적으로 추구해야 할 과제로 남아 있으며, 페미니즘과의 병행 가능성 여부는 이에 따라 대답해야 한다. 기독교가 차별과 배제의 종교가 아닌 '포괄과 평등 그리고 연대성의 종교'가 되어야 한다는 것은 이미 예수의 삶과 가르침에서 명시된 기독교의 핵심 메시지라고 나는 본다. 그렇지 않다면 기독교는 성, 인종, 사회적 계층을 초월해 모든 인간 개별인을 귀한 존재로 받아들인 예수정신을 상실하는 종교가 되고 말기 때문이다. 페미니즘이 이러한 예수정신을 실천하는 데 한 몫을 담당하는 운동과 이론이 되어, 페미니즘을 수용하는 한국 교회와 사회가 더욱 정의롭고 평등한 곳이 되기를 바란다.

제1장

새로운 희망의 신학으로서의 페미니스트 신학

1. 침묵을 깬 사람들

1960년대 이후 성gender 문제는 생태 문제와 함께 현대사회의 가장 중요한 이슈 중 하나로 등장한다. 오랫동안 침묵해온 성 문제가 이론 연구나 실천 분야에서 중요한 연구 주제가 된 것이다. 성의 문제란 우선적으로는 남성과 여성의 문제이며, 그 관계에서 '피해자' 위치에 있는 이들이 여성이기 때문에 여성이 주로 논의의 대상이 된다. 그러나 성 담론에서 여성에 대해 말한다는 것은 결국 언제나 남성에 대해 말하는 것이기도 하다. 인류의 긴 역사 속에서 불가시성invisibility의 삶과 주변화되고 종속된 존재로서의 삶을 경험한 여성이 오랜 침묵을 깨고 자신의 문제에 대해 소리내기 시작한 것이다. 여성이 더 이상 침묵하지 않고 자신의 목소리로 자신의 문제에 대해 말한다는 것은, 종교를 포함한 삶의 모든 영역에서 성gender의 문제가 중요한 변수가 되기 시작했음을 의미한다. 여성은 '역사적 문맹자'였다. 문맹자는 자유를 지키기 어렵다. 자유란 자아, 공동체 그리고 세계에 대한 비판적 지식으로 유지되는데, 여성은 이제까지 이러한 비판적 지식을 창출하는 과정에서 배제되었기 때문이다. 따라서 여성은 자신의 역사에 대한 의식도, 기록도 하지 못했다. 지식 창출 과정에서 배제되어 규정하지 못하고 규정되기만 하던 여성이 자신, 사회, 세계, 신에 대해 스스로 언술하기 시작한다는 것은 더 이상 역사의 문맹자로 남아 있지 않겠다는 의미이다. 신이 인간에게 부여한 '명명하는 힘naming power'을 회복하고자 하는 여성의 목소리 출현은 인간의 역사에서 일어난 가장 커다란 변화 중 하나이다. '언술의 객체spoken object'가 아닌 '주체speaking subject'로서 여성이 등장한다는 점이 바로 현대 페미니즘 출현의 중요한 의미이다.

인간으로서의 권리에 대해 말한다는 것이 여성에게 자신의 생명과 바꿀 정도로 절실한 문제였다면, 과연 그것을 아무것도 아닌 사소한 것으로 간주할 수 있을까. 실제로 인간의 자유와 평등을 이루기 위한 프랑스혁명이 일어난 시기인 1791년, 극작가이며 정치활동가인 올랭프 드 구즈Olympe de Gouges는 〈여성과 여성 시민의 권리선언The Declaration of the Rights of Woman and the Female Citizen〉이라는 팜플렛을 만들어 발표했다. 드 구즈는 1789년 나온 프랑스혁명 선언문인 〈인간과 시민의 권리선언The Declaration of the Rights of Man and of the Citizen〉이 '인간과 시민' 속에 여성을 포함하지 않았다는 점을 비판하면서 남성에게 부여하는 모든 권리가 여성에게도 주어져야 함을 강조했으나 결국 이를 계기로 길로틴에서 처형당했다. 이러한 현실적 억압과 같은 절실한 문제에 대해 '영적으로는 평등하다'며 종교적으로 외면한다면 이는 살아 있는 종교이기를 거부하는 행위이다. 역사에서 여성을 주변화하고 종속화한 성차별 증거를 연구해

보면 명시적으로 표면화된 성차별도 있지만, "생략에 의한 성차별sexism by omission"[1]이나 언급하지 않음에 의한 성차별도 심각하게 많다는 사실이 드러난다. 현대에서 신학을 한다는 것은 다양한 양태의 차별구조에 대한 예민성을 요구하며, 성차별은 인류의 반 이상을 차지하는 여성과 남성의 삶의 통전성을 깨는 심각한 죄라는 인식이 필요하다고 본다. 이러한 의식 변화가 집단화되고 사회적으로 가시화되어 이론과 운동으로 표면화된 것이 페미니즘이다.

따라서 페미니즘이란 역사에서 여성의 '인간으로서의 공통 경험'이 구조적으로 남성에 종속되는 경험이라는 인식에 근거해 형성되었다. 페미니즘에 대한 다양한 정의가 있으나 나는 이러한 사실을 인식하고 극복하고자 하는 다양한 시도를 페미니즘이라고 규정한다. 성차별주의가 인종차별주의, 계층차별주의, 제국주의 등 인간의 현실에 존재하는 다양한 '지배-종속' 관계와 동일한 논리, 즉 '지배의 논리logic of domination'에 존속되며, 이러한 차별구조가 상호 연관되어 있음을 인식하고 극복하고자 하는 의지가 있는 이들은 성에 관계없이 넓은 의미의 페미니스트라고 생각한다. 인간의 정체성은 다양한 요소로 구성되며, 성sex/gender은 그 중 하나이므로 성차별주의만을 여성이 경험하는 유일한 억압구조로 보는 일련의 급진주의 페미니스트 주장은 한계가 있다. 그러나 내가 성차별을 여성이 경험하는 '유일한' 억압구조는 아니지만 '근원적' 억압구조의 하나로 보는 이유는 성차별이 가장 다양하고 폭넓게 계층·인종·문화·시대를 초월한 차별이기 때문이다. 계층차별classism은 공적 영역에서의 경험이며, 계층은 고정불변이 아닌 가변적이다. 그리고 인종차별racism

---

1 Ursula King, ed., *Religion & Gender*, Blackwell, 1995, p.2. 좀 더 세부적 논의는 다음을 참조하라.
https://en.wikipedia.org/wiki/Declaration_of_the_Rights_of_Woman_and_of_the_Female_Citizen

역시 공적 영역에서의 경험이지 동일한 인종 간의 경험은 아니므로 계층차별이나 인종차별은 차별 경험의 범주가 특정하게 제한된다. 그러나 성차별sexism의 경우는 공적 영역에서뿐 아니라 사적 영역인 가정에서도 경험하는 차별이다. 동일한 인종, 계층 간에도 여전히 깊게 뿌리 박혀 있어서 사회·경제적 계층에 상관 없이 여성은 각기 다양한 양태의 성차별을 경험한다. 정치, 경제, 사회, 문화, 종교, 가정 등 삶의 다양한 영역과 차원에서 성차별은 끊임없이 경험하는 억압구조이다. 따라서 남성이든 여성이든 성차별주의에 관심 갖는 것은 아마 인간의 가장 근원적 차별구조를 비로소 인식하게 되는 일이라고 생각한다. 시대적으로도 인종이나 계층에 근거한 억압구조를 극복하고자 하는 노력은 18세기 프랑스 혁명 이후 오랫동안 가시화되어왔다. 하지만 그러한 노력을 하는 남성들에게서도 성에 근거한 억압과 차별구조가 불의라는 인식은 결여되어 있었음이 이미 역사적으로 밝혀진 사실이며 이는 지금도 제기되는 문제이다.[2]

그런데 이러한 여성 문제를 진지하게 보지 않으려는 경향은 다양하게 나타난다.[3] 첫째, 가장 일반적인 방식은 여성 문제를 '사소한 문제로 만드는 것trivialization'이다. 다시 말해 여성 문제보다 더 중요한 문제가 사회에 얼마든지 많다고 주장함으로써 진지하게 생각하지 않는 방식이다. 예를 들어 여성 문제는 서구 중산층 여성의 문제일 뿐 한국은 한국 나름의 중요한 다른 문제가 있다고 주장한다. 특히 한국사회에서는 오랫

---

[2] 예를 들어 노예제도 폐지론자들이 보여준 성차별주의적 의식이나 흑인 해방신학자 및 남미 해방신학자들이 보여준 남성중심적 사고는 빈번히 지적되는 문제이다.
[3] Cf. Mary Daly, *Beyond God the Father*, pp.5~6 그리고 Daly, *Pure Lust: Elemental Feminist Philosophy*, Beacon Press, 1984, pp.320~327.

동안 '선통일 후여권'이라는 공식이 사회운동 자체에 내재해 있어서 성차별주의의 심각성을 제대로 인지하지 못했다. 또한 미국 내에서도 이른바 '소수민족' 남성 신학자들이 인종차별 문제를 더욱 심각한 신학적 문제로 보고 여성 신학자들이 제기하는 여성 문제를 사소하고 덜 중요한 문제로 만드는 경향이 있었다.[4]

둘째, 여성 문제를 '영적 문제로 만드는 것spiritualization'이다. 이 방식은 종교 안에서 쉽게 찾아볼 수 있다. 예를 들어 '여성과 남성은 그리스도 안에서 하나이며 영적으로 평등하다'는 주장을 강조함으로써 사실상 현실에서 구체적으로 일어나는 성차별의 폐해를 보지 않으려는 방식이다. 표면적으로는 평등주의를 말하기 때문에 남성뿐 아니라 많은 여성들도 이 방식을 무비판적으로 수용하거나 반박할 수 있는 논지를 발견하기 어렵게 만든다. 사회적 불평등 구조가 '영적으로는 평등하다'는 주장 때문에 감추어지거나 간과되기 때문이다. 표면화된 성차별주의보다 '은닉된 성차별주의'가 더 위험한 이유가 바로 여기에 있다.

셋째, 여성 문제를 '특수한 문제로 만드는 것particularization'이다. 성차별 문제를 제기할 때 이를 중세적이라거나 어느 특정 교회나 교단의 문제라고 주장함으로써 여성의 성차별 경험을 '지금 여기'가 아닌 특정 시대나 정황에 해당하는 문제로 만드는 방식이다. 개신교는 가톨릭이 성차별주의적 교회라고 말하는가 하면, 개신교 내에서도 여성에게 목사 안수를 주는 교회는 그렇지 못한 교회에만 성차별주의가 있다고 말함

---

4 나는 1993년 5월 LA 미연합감리교 고등교육국에서 주관하는 소수민족 신학자 회의Ethnic Minority Theologians Roundtable에 참석했다. 그곳에서 남성 신학자들 대부분이 미국 내 인종차별 문제가 우선적으로 중요한 신학적 주제라고 주장하자 한 흑인 여성 신학자가 나와서 "나는 흑인으로 먼저 태어난 후에 여성으로 태어난 것이 아니라 흑인이며 동시에 여성으로 태어났다"고 선언하며 그 자리에 있던 사람들에게 인종차별과 성차별 문제가 여성에게는 동일하게 중요한 문제라는 사실을 인지시켰다.

으로써 여성의 성차별에 무관심하다.

넷째, 여성 문제를 '인간 보편의 문제로 만드는 것universalization'이다. 이는 성차별주의나 가부장주의에 대한 비판적 접근 없이 여성 해방을 인간 해방으로 봄으로써 오히려 구체적 성차별 문제에 대한 인식을 가로막는 결과를 야기한다. 여성운동의 모토 중 하나인 '여성 문제를 인간의 문제로!women's issue as human issues!'와 이러한 보편화 방식은 표면적으로는 동일한 주장 같지만 출발점과 문제해결 방식이 판이하게 다르다. 전자는 성차별 문제가 여성만의 문제가 아니라 여성과 남성 모두의 비인간화를 야기하는 심각한 문제로 인식해야 한다는 반反성차별주의 운동의 확산을 의도하지만, 후자는 성차별주의적 억압의 폐해에 대한 인식이 결여된 주장이다. 따라서 가부장주의의 억압성에 대한 비판이나 조명 없이 '여성 해방'을 '인간 해방' 문제로 흡수하려는 시도는 여성 문제를 진지하게 보기를 거부하는 결과를 낳는다.

이러한 맥락에서 페미니스트 신학적 분석과 비판에 대한 반응은 대략 세 가지로 나타난다. 첫 번째는 성차별주의에 대한 분석과 비판을 부정하는 반응이다. 이들은 여성이 결코 열등하거나 차별받지 않으며, 오히려 더 특권적 삶을 우월한 입장에서 살고 있다고 주장한다. 여성의 유일한 역할은 가사와 양육이라고 믿는 이른바 '여성적 신비feminine mystique'를 주장하면서 전통적 여성의 일을 이상화하고 고양시킨다. 그러므로 사실상 새롭게 제기하는 여성 문제가 실제 중요한 것은 아니라고 부정한다. 두 번째는 제기된 여성 문제의 일부분은 인정하지만 기존 제도나 성차별주의적 구조를 심각한 문제로 삼지 않는 반응이다. 이는 '페미니스트 지지자pro-feminist'처럼 보이지만, 대부분은 실질적 변화의 당위성에는 무관심한 립서비스에 그치는 경우가 많으므로 여전히 여성 배제의 현실을 지속시킨다. 세 번째는 거부와 저주의 반응이다. 이들은 여성 문제의 제기가 가정이나 기독교를 파괴한다고 결론 내리고 적대적 입장을 취하며, 페미니스트 신학을 '이단'이나 '반反기독교적인 것'으로 왜곡한다.[5] 이러한 반응은 남성뿐 아니라 여성에게도 보인다. 자신의 의식을 새롭게 변화시킬 기회를 갖지 못한 여성 대부분은 가부장주의적 교육과 가치관을 내면화함으로써 가부장제 구조를 비판하는 새로운 움직임이 안정을 깬다는 불안감을 느끼게 된다. 결과적으로 여성 스스로도 자신의 해방을 위한 페미니즘에 부정적 반응을 보일 수 밖에 없다. 특히 가부장주의적 여성 이해는 여성 스스로 자신에 대한 불신을 갖게 하고 더불어 다른 여성에 대해서도 신뢰하지 못하도록 만든다. 따라서 지도자를 선택할 때도 여성보다 남성을 더욱 지지하고 신뢰하게 된다. 여성은 남성보다 '열등한 존재'라는 가부장주의적 여성 이해는 남성뿐 아니라 남성의존적 삶을 살아온 여성에게 더욱 깊게 내면화되기 때문에 페미니즘을 올바로 인식하고 성차별주의에 의한 '통전적 삶'의 황폐화를 극복하기 위해서는 여성과 남성 모두의 인식론적 전환과 깨우침이 필요하다.

   이 글은 이러한 요청성을 실현하기 위한 시도이다. 여기서는 우선 성차별 문제를 어떻게 신학적 주제로 제기했으며, 신학적 담론에 어떠한 의미가 있는지 그리고 왜 페미니스트 신학에서 제기하는 문제가 '주변화'되지 않고 좀 더 정의로운 신학과 목회 창출을 위해 '주류화'되어야 하는지에 대해 총론적 논의를 하고자 한다. 이러한 논의를 통해 페미니스트 신학이 지향하는 새로운 희망으로서의 대안적 현실에 대한 비전

---

5 Cf. Elisabeth Schüssler Fiorenza, "Feminist Theology as a Critical Theology of Liberation", *Discipleship of Equals: A Critical Feminist Ekklesialogy of Liberation*, Crossroad, 1994, pp.58~61.

과 그 비전이 의미하는 바를 조명하고자 한다. 한국에서 페미니스트 신학적 담론 형성의 성격이나 과정에 대한 구체적 논의를 이해하는 데 도움이 되는 다양한 글이 이미 나왔으므로[6] 이에 대해서는 여기서 논의하지 않겠다. 이 글의 우선 독자인 한국 신학계에서 페미니스트 신학에 대한 다양한 논의가 전개된 것은 아니므로, 특정 주제나 상황에 대한 각론적 논의보다는 '페미니스트 신학'이라는 새로운 신학함에 대한 총론적 논의가 먼저 필요하다고 생각하기 때문이다.

2. 페미니스트 신학의 출현: 그 역사적 과정과 의미

'페미니스트 신학feminist theology'이라는 용어를 누가 제일 먼저 썼는지에 대해서는 분명한 기록이 없다. 또한 무엇이 페미니스트 신학의 최초 글인가에 대해서도 통일된 의견이 없다. 수전 앤서니Susan Anthony와 함께 미국 여성운동사에서 가장 중요한 사람 중 하나인 캐디 스탠턴Elizabeth Cady Stanton은 페미니스트 신학적 문제를 최초로 제기한 사람이다. 나는 1895년과 1898년 두 번에 걸쳐 그가 편집한 《여성의 성서The Woman's Bible》를 최초의 페미니스트 신학적 책이라고 본다. 두 번째로 언급해야 할 중요한 글은 1960년에 본격적인 신학적 문제를 제기한 발레리 세이빙Valarie

---

[6] 예를 들어 한국여성신학회에서는 《한국여성의 경험》, 대한기독교서회, 1995, 《성서와 여성신학》, 1996 그리고 《교회와 여성신학》, 1997 등 구체적 각론을 실은 연구서를 출판했다. 또한 박순경의 《한국민족과 여성신학의 과제》1983; 대한기독교서회, 1992, 손승희의 《여성신학의 이해》, 한국신학연구소, 1989, 안상님의 《이야기 여성신학》, 대한기독교서회, 1992, 정현경의 《다시 태양이 되기 위하여: 아시아의 여성해방신학》, 분도출판사, 1995, 김애영의 《한국여성신학의 지평》, 한울, 1995 그리고 이은선의 《포스트모던 시대의 한국 여성신학》, 분도출판사, 1997 등은 한국에서 페미니스트 신학이 어떻게 다양하게 전개될 수 있는지에 대한 각론적 논의를 보여준다.

Saiving의 논문이다. 세 번째로 논의해야 할 책과 신학자는 최초로 기독교 상징의 성gender에 대해 문제제기한 메리 데일리Mary Daly의 《교회와 제2의 성과 하나님 아버지를 넘어서》라고 할 수 있다. 서구에서 페미니스트 신학은 이러한 역사적 과정을 거치면서 괄목할 만한 발전을 이루었다. 특히 페미니즘과 여성학의 발전 그리고 정치·사회 영역에서의 성차별주의 인식 확산과 극복을 위한 정책 수립은 페미니스트 신학의 다양성과 발전에 직·간접적 영향을 미쳤다. 즉 성차별 문제에 대한 인지도가 학문 영역이나 구체적 사회 영역에서 비교적 확산해 있다는 여건이 페미니스트 신학의 다양성과 활성화에 유리한 역할을 했다. 이러한 전 이해를 바탕으로 페미니스트 신학의 출현 과정을 살펴보자.

1) 성차별과 성서의 관계에 대한 문제제기: 캐디 스탠턴

계몽주의 이후 인간의 개체성과 프랑스혁명의 평등, 자유 개념은 서구세계에서 남성뿐 아니라 여성에게도 인간의 존엄성에 대한 인식을 불러일으켰다. 이러한 영향으로 영국에서는 1792년 자유주의 페미니즘liberal feminism의 시조 격인 《여성권리의 옹호》[7]라는 책을 메리 울스톤크래프트Mary Wollstoncraft가 출판했고, 1896년에는 남성인 존 스튜어트 밀John Stuart Mill이 《여성의 종속》[8]을 출판했다. 이러한 움직임은 자유주의 페미니즘의 시초가 되었으며, 이를 통해 여성의 법적 평등과 교육 기회 균등이라는 두 가지 우선 목표 아래 이론적·실천적 작업을 진행했다. 미국의 여성운동은 독자 운동이 아닌 노예제도 폐지운동abolitionist movement에서 시

---

[7] Mary Wollstonecraft, *Vindication of the Rights of Woman*, ed., Carol H. Poston, 1792; W. W. Norton, 1975.
[8] John Stuart Mill, *The Subjection of Women*, 1896; J. M. Dent, 1965.

작되었다. 노예차별 구조가 폐지되면 여성에 대한 차별도 자연히 사라지리라는 희망으로 운동에 참여한 여성들은 1840년 사건을 계기로 1848년에 독자적인 여권운동을 조직한다.[9] 이는 당시 가장 급진적이고 개혁적인 남성들조차 남녀차별 문제는 여전히 당연할 것으로 본다는 사실을 깨달았기 때문이다. 이 과정에서 결정적 역할을 한 여성운동가이자 이론가가 캐디 스탠턴이다. 캐디 스탠턴은 80세 되던 해인 1895년과 1898년 두 번에 걸쳐서 《여성의 성서》[10]라는 책을 편집해 출판했다. 미국 여성 20명과 유럽 여성 5명으로 구성한 위원회에서 쓴 이 책은 성서에서 언급한 여성에 관한 구절을 여성의 시각으로 해석하고 있다. 그렇다면 왜 신학자도 아닌 여성운동가가 주변의 부정적 시선에도 불구하고 성서에 관한 책을 냈을까.

《여성의 성서》에서 캐디 스탠턴은 다음과 같은 두 가지 핵심 문제를 제기한다. 첫째, 성서는 중립적인 책이 아닌 여성 평등을 반대하는 '정치적 무기political weapon'이다. 둘째, 성서가 여성의 평등성을 반대하는 정치적 무기로 쓰인 이유는 신을 직접 보거나 만나지 못한 남성의 사고를 담고 있기 때문이다. 캐디 스탠턴은 여성 평등에 대해 말할 때, 남성 성직자 또는 여성을 포함한 평신도들의 반대에 부딪혔다. 그럴 때마다 그들은 여성 평등운동의 반대 근거로 성서를 제시했으며, 성서에 따라 여성은 남성의 보조자일 뿐 동등한 존재는 될 수 없다고 주장했다. 이러한 경험을 통해 캐디 스탠턴은 당시 여권운동의 가장 중요한 목표인 여성 참정권 획득이 여성차별 극복을 위한 본질적 해결책이 되지 못함을 인식하고 경험했다. 즉 종교적 가치구조 변화 없이 법적 조건의 변화만으

---

9 이에 대한 좀 더 상세한 논의는 8장을 참조하라.
10 Elizabeth Cady Stanton, ed., *The Woman's Bible*, Coalition on Women and Religion, 1974.

로는 실질적 평등을 얻지 못한다는 것이다. 왜냐하면 종교의 이름으로 무장한 왜곡된 인식은 훨씬 더 강력한 방어기제이기 때문이다. 따라서 법적·객관적 평등은 변화의 필요조건이지만 충분조건은 되지 못하며 그러한 변화만으로 실질적 평등은 불가능하다. 이렇게 정치적 변화와 종교적 변화의 상호 연관성을 보았기 때문에 캐디 스탠턴은 《여성의 성서》 서문에서 "모든 개혁은 상호 의존적이다all reforms are interdependent"라는 유명한 말을 남겼다. 《여성의 성서》는 성차별과 성서의 관계에 대한 문제를 제기함으로써 최초의 페미니스트 신학적 문제를 가시화했다.[11] 성서에 나타난 여성차별적 구절과 그에 대한 해석은 현재까지도 여전히 심각한 문제로 남아 있다. 따라서 캐디 스탠턴이 19세기에 이미 이 문제를 갈파했다는 사실은 중요한 페미니스트 신학적 동기를 제공한 것으로 평가할 수 있다.

2) 여성 경험의 중요성에 대한 문제제기: 발레리 세이빙

1920년 미국의 여성들이 참정권을 획득하고, 그 이후 세계대전을 겪으면서 1960년대까지 페미니즘은 휴지기를 맞는다. 그리고 1960년대에 이르러 다양한 사회 변화와 함께 이른바 제2기 페미니즘이 출현한다. 1960년대 첫 번째 변화는 1961년, 케네디 정부가 대통령 직속기구로 여성의 위치에 관한 위원회President's Commission on the Status of Women를 결성해 사회

---

11 성서에 대한 페미니스트 신학적 분석과 이해는 기독교 안에서 끊임없이 필요한 중요 작업이다. 한국에서 이 작업은 박준서과 장상의 《성서와 여성》, 감리교여선교회연합회, 1989, 이경숙의 《구약성서의 여성들》, 대한기독교서회, 1994, 최영실의 《신약성서의 여성들》, 대한기독교서회, 1997 등에서 이루어졌다.

적 여성차별 문제에 대한 관심을 구체화시킨 일이다. 두 번째 변화는 1963년, 미국 여성들을 의식화시키는 불씨 역할을 한 베티 프리단Betty Fridan의 《여성적 신비》[12] 출간이다. 세 번째는 흑인 시민권운동, 반전운동 등, 사회개혁 운동에 참여한 여성들이 그러한 운동 내에 여전히 성차별주의가 존재한다는 사실을 경험하고 심각성을 인식하면서 급진적 여성운동을 전개하기 시작했다는 점이다. 이러한 정치·사회적 변화가 시작된 1960년대에 현대 페미니스트 신학의 문을 연 발레리 세이빙의 〈인간의 상황: 여성적 관점〉[13]이라는 논문이 발표되었다.

시카고 대학교에서 철학박사 학위를 받은 세이빙은 "나는 신학도이며, 여성이다I am a student of theology, I am also a woman"라는 진술로 논문을 시작함으로써 '신학자'와 '남성'이 얼마나 밀접하게 연결되어 있는지 분명히 서술했다. 처음 신학을 시작했을 때 신학이 생물학적 성과 연관돼 있다는 사고를 거부했지만, 공부를 하면 할수록 신학 용어에서부터 전통적 신학 개념이 얼마나 남성의 경험만을 중심으로 형성돼 있는가를 여성의 시각으로 분석한 것이다. 대표적으로 앤더스 니그렌Anders Nygren과 라인홀드 니버Reinhold Niebuhr 신학의 '죄' 개념을 분석하면서, 세이빙은 남성중심적 신학이 이 두 신학자들만의 독특성이 아닌 대부분의 성향임을 밝혀냈다. 예를 들어 전통적으로 '자만pride으로서의 죄' 개념은 충분히 자아실현을 한 경험이 있는 남성에게는 적절하지만 올바른 정체성조차 가져보지 못하고 열등한 존재로 살아온 여성에게는 적용하기 어려

---

12 Betty Fridan, *The Feminine Mystique*, 1963; Dell, 1974.
13 Valarie Saving, "The Human Situation: A Feminine View", *Journal of Religion* 40, April 1960. 이 논문은 Carol Christ & Judith Plaskow, ed., *Womanspirit Rising: A Feminist Reader in Religion*, Harper & Row, 1979에도 실려 있으며 이를 참고하여 인용할 것이다.

운 신학적 개념이라고 분석하고, 오히려 여성에게 적절한 죄의 개념은 "자아의 부정 또는 저개발underdevelopment or negation of the self"[14]이라고 규정한다. 이 논문에서 세이빙은 남성의 경험과 관점으로 형성된 전통적 신학에서 죄와 구속의 범주를 여성의 눈으로 재고해야 한다고 요구함으로써 최초로 "여성의 경험"을 신학적 주제로 부각시키는 공헌을 했다. 이 논문은 개인의 주관적 경험에 바탕한다는 이유로 학문적인 글로 평가받지 못해 당시에는 큰 주목을 끌지 못했다. 그러다가 여성의 의식이 확산하면서 최초의 현대 페미니스트 신학적 글로 다시 주목을 받았다. 이 글이 나온 지 20년이 지난 후, 주디스 플라스코Judith Plaskow는 최초의 페미니스트 신학적 학위논문으로 평가받는 박사논문을 예일대학교에서 썼는데, 여기서 세이빙의 논문이 제기한 주제를 좀 더 분석적이고 포괄적으로 다루었다. 책으로도 출판한 이 학위논문에서 플라스코는 여성에게 죄를 "자아실현의 책임성을 실현하는 데 실패하는 것"[15]으로 좀 더 명확하게 규정한다.

3) 종교 상징의 남성중심성에 대한 문제제기: 메리 데일리

세이빙의 논문 이후 가장 괄목할 만한 페미니스트 신학적 저술은 메리 데일리의 책이다. 《교회와 제2의 성》[16]이라는 그의 첫 책은 바티칸 제2공의회가 끝난 이후인 1968년에 출판되었다. 또한 기독교에 대한 희망을

---

14 Saving, "The Human Situation", p.37.
15 Judith Plaskow, *Sex, Sin and Grace: Women's Experience and the Theologies of Reinhold Niebuhr and Paul Tillich*, University Press of America, 1983.
16 Mary Daly, *Church and the Second Sex*, Beacon Press, 1968.

포기하고 "탈기독교post-Christian 페미니스트"로서 자신의 신학적 입장을 분명히 밝힌 두 번째 책《하나님 아버지를 넘어서》는 1973년에 출판되었다. 이 두 책은 '전기 데일리'와 '후기 데일리'의 분명한 사상적·신학적 전이를 보여준다. 미국에서 종교학으로, 스위스에서 철학과 신학으로 각기 3개의 박사학위를 취득한 데일리는 이 책들에서 해박한 지식과 깊이 있는 분석력으로 기독교의 남성중심적 상징체계, 인간 이해, 전통적 철학과 신학의 남성중심적 세계관, 남성중심적 언어의 문제점을 최초로 제기함으로서 페미니스트 신학담론에서 가장 중요한 신학자 중 한 사람이 되었다. 가톨릭 신자였던 데일리는 교회 안에서 여성의 위치를 획기적으로 변화시킬 것이라는 기대로 바티칸 제2공의회를 참관한다. 그러나 제2공의회 역시 여성의 문제에 아무런 근원적 변화를 주지 못했다는 데 실망하고 공의회 직후인 1965년 철학과 신학 박사학위 공부를 위해 7년을 머물던 스위스의 중세풍 도시 프리보그Fribourg에서 "자부심과 분노 그리고 희망"[17]으로 집필을 시작해 1967년 미국 보스턴에서 책을 마친다.

페미니즘의 고전인 시몬느 드 보부아르Simone de Beauvoir의《제2의 성》[18]에서 통찰을 얻은 데일리는《교회와 제2의 성》에서 보부아르가 제기한 '제2의 성으로서의 여성' '타자로서의 여성'에 대한 문제를 기독교와 연관시켜 분석한다. 실존주의 철학자 보부아르는 이 책에서 '타자The other'로서의 여성에 대한 개념을 분석하고, 인간의 품성에는 고정된 본질이란 없으며 이른바 남성성과 여성성이란 사회문화적 산물임을 선언한 "여성은 태어난 것이 아니라 만들어지는 것"이라는 전제를 개념화한다는 점에서 중요한 공헌을 했다.

17　Daly, "Autobiographical Preface to the 1975 Edition", *The Church and the Second Sex*, p.5.
18　Simone de Beauvoir, *The Second Sex*, 1949; Penguin Books, 1972.

데일리는 《교회와 제2의 성》에서 기독교의 남성중심적 신 개념이 현실에서 남성 지배를 정당화하는 가부장주의적 기제 역할을 했다고 보면서, 새로운 대안적 신 상징이 형성되어야 한다고 밝혔다. 폴 틸리히Paul Tillich 신학에서 통찰을 얻어 역동적인 신 상징을 모색했으며, 신을 명사 Being가 아닌 동사Be-ing로서의 "존재의 힘들Powers of Be-ing"로 상징화하기도 했다. "아퀴나스의 놀라운 지식을 모르는 사람들은 얼마나 슬픈가"[19]라고 할 정도로 아퀴나스에 심취했던 데일리는, 기독교에 대한 희망을 포기한 시몬느 드 보부아르와 달리 첫 번째 책에서는 기독교가 아직도 여성에게 희망이 있음을 피력하고 오히려 보부아르가 "왜 교회에서의 가능성을 개발하지 않았는가?"[20]라고 묻기도 한다. 또한 두 번째 책인 《하나님 아버지를 넘어서》에서는 사고를 더욱 급진적으로 전개해, 사회의 가부장주의 구조가 제도화된 기독교의 남성중심적 상징구조의 영향을 받는다고 분석한다. 그리하여 남성중심적 상징구조가 여성에게 주는 가부장주의적 억압에서 해방되기 위해 여성은 '실존적 도약existential leap'을 통해 '실존적 무無, existential nothingness'와 만나야 하며, 이러한 과정에서 경직된 '명사로서의 신'이 아닌 역동적 '동사로서의 신'을 만나게 된다고 데일리는 보았다.

그렇다면 왜 페미니스트 신학은 기독교의 남성적 상징에 대해 이렇게 비판적일까. 에리히 프롬이 "인간은 반은 동물적이며 반은 상징적이다"[21]라고 한 바와 같이, 인간은 상징을 창출하는 존재라는 점에서 동물과 다르다. 누가 상징체계를 만들었는가는 누가 인간 역사에서 상징체

---

19 Mary Daly, *Outercourse: The Be-dazzling Voyage*, Harper San Francisco, 1992, p.51.
20 Daly, *The Church the Second Sex*, p.72.
21 Erich Fromm, *The Heart of Man: Its Genius for Good and Evil*, 1964, pp.116~117.

계를 만들 수 있는 '힘'을 가졌는가의 문제이며, '사물을 규정하는 일naming'과 지식 창출의 주체가 누구인가의 문제라는 점에서 참으로 중요한 물음이다. 왜냐하면 이러한 상징체계는 인간의 현실을 구성하는 데 중대한 영향을 미치기 때문이다. 또한 틸리히는 오직 상징적 언어를 통해서만 인간은 '궁극적 존재Ultimate Being'를 표현할 수 있기 때문에 인간의 궁극적 관심은 상징적으로 표현되어야 한다[22]고 함으로써 상징의 중요성을 강조한다. 인간은 유한하며 궁극적 존재자는 무한하기 때문에 유한한 인간이 유한한 존재를 표현할 방법은 상징을 통해서만이 가능하다는 것이다.

폴 리쾨르Paul Ricoeur는 단지 사회적 구조에 관한 진술이나 표지로서의 종교적 상징은 존재하지 않으며, 종교적 상징은 사회적 정황을 변화시키는 역할을 한다고 보았다.[23] 또한 클리포드 기어츠Clifford Geertz에 따르면, "종교는 상징체계이며, 그 상징은 지속적이고 강력한 분위기와 동기를 산출하는 힘을 지닌 것"으로서, 따라서 "종교적 상징은 인간의 행위를 위한 모델이기도 하고 신적 실재의 모델"[24]이라고 볼 수도 있다. 이렇게 각기 다른 측면에서 종교적 상징의 중요성이 강조되는 상황을 고려한다면, 종교적 상징은 종교 영역에서만이 아닌 일상의 경험에 의미를 부여할 뿐만 아니라 삶의 모델로서의 중요한 의미를 지닌다는 것을 알 수 있다.

더 나아가서, 종교적 상징체계에서 자신을 동일시할 수 있는 사람(예

---

22 Paul Tillich, *Dynamics of Faith*, Harper & Brothers Publishers, 1957, p.41.
23 Paul Ricoeur, "The Symbol Gives Rise to Thought", *Ways of Understanding of Religion*, ed., Walter H. Capps, Macmillan, 1972, pp.309~317.
24 Clifford Geertz, "Religion as a Cultural System", *The Interpretation of Cultures*, Basic Books, 1973, pp.87~125.

를 들어 '아버지'라는 남성적 '신 상징'과 일치되는 성을 지닌 남성)과 그렇지 못한 사람(남성적 신 상징에서 배제된 여성)이 종교 영역에서 또는 구체적인 삶의 영역에서 지니게 되는 자기정체성과 권력은 차이가 있다. 따라서 종교적 상징이 무엇인가에 따라서 가부장주의적 현실의 구성적 역할을 할 수도 있고, 그 반대로 그것을 넘어서는 평등주의적인 대안적 현실의 구성적 역할이 될 수도 있다. 이러한 의미에서 볼 때 종교적 상징을 분석하는 것은 종교 안에서 여성의 위치를 분석하는 일과 밀접한 연관이 있다. 데일리가 기독교의 남성중심적 상징체계에 대해 비판하고 이를 넘어서는 새로운 하나님 상징을 제시하는 점은 매우 중요한 페미니스트 신학적 의미를 지닌다고 할 수 있다.[25]

데일리 이후 서구, 특히 미국을 중심으로 페미니스트 신학적 관점으로 성서신학, 조직신학, 역사신학, 기독교 윤리 등의 전공 분야에서 다양한 책을 내는 신학자들이 증가하기 시작했다. 여성의 종교·사회·정치적 상황과 신학을 언제나 연결해야 하는 특성 때문에 페미니스트 신학자 대부분은 자신의 전공이 아닌 분야까지 관심의 폭을 넓히는 학문적 방식을 수용하게 되었다. 더 나아가서 성차별주의 자체나 그것이 지니는 억압구조와 다른 종류의 억압구조와의 연관성을 보면서 성차별주의를 자신의 신학적 주제로 삼는 남성 신학자의 수도 점차 증가했다. 〈예수는 페미니스트였다〉[26]라는 유명한 논문을 쓴 레오나르드 스위들러Leonard Swidler를 비롯한 많은 남성 신학자들이 성차별주의가 단순히 여성만의

---

25 왜 여성에게 남성적 상징이 아닌 대안적 상징이 필요한가에 대해서는 다음을 참고하라. Carol Christ, "Why Women Need the Goddess: Phenomenological, Psychological, and Political Reflections", *Womenspiritrising*, eds., Carol Christ and Judith Plaskow.
26 Leonard Swidler, "Jesus was a Feminist", *The Catholic World*, January 1971, pp.177~183.

문제가 아님을 밝히고, 이를 진지한 신학적 주제로 다루기 시작했다.[27]

캐디 스탠턴이 미국에서 최초로 페미니스트 신학적 문제를 제기했던 19세기에, 자의식 있는 한국의 여성들은 유교의 가부장주의적 생활양식이나 가치관으로부터 탈피하는 문제가 가장 커다란 과제였다. 19세기에 서구문명과 함께 들어온 기독교는 한국 여성들에게 가부장주의보다는 해방적·평등주의적 의미를 지닌 종교였다. 종교의 이데올로기적·억압적 기능과 유토피아적·해방적 기능이 다른 사회적 정황에서 각기 다르게 작용된 것이다. 기독교가 한국사회에 조직화된 종교로 뿌리내리기 전까지 여성들은 비교적 유교적 제한에서 자유로운 해방감을 느낄 수 있었다. 우선 표면적으로 여성들에게 교회와 학교를 통한 교육의 장이 열리기 시작했고, 누구든지 '예수 믿고 천당' 갈 수 있다는 단순하게 전달된 '구속론적 평등성'은 여성들에게 유교적 가부장주의로부터의 해방과 자유의 의미를 주기에 충분했다.

그러나 유교적 가부장주의는 한국의 교회 안에서 여전히 영향력을 미쳐서, 한국 여성들이 느꼈던 초기의 해방적 요소가 한국 기독교에서 심층적 영역까지 확대되지 못했다. 오히려 그 당시 서구 여성들이 느끼던 기독교 전통의 가부장주의적 구조에 유교적 가부장주의가 합쳐지면서 한국의 기독교는 점차 독특한 가부장주의적 종교로 굳어지기 시작했다. 이는 종교와 사회의 상호 연관성을 알 수 있는 예로, 한국사회의 가부장주의적 구조가 기독교에도 영향을 미치고 있음을 보여준다. 더욱이 새로운 것보다는 전통에서 의미를 찾고자 하는 종교의 특성상 고등종교는

---

27 브라이언 렌, 존 캅, 마크 테일러 등 성차별주의와 가부장주의적 구조에 대해 신학적으로 논의한 남성 신학자에 대해서는 다음을 참고하라. 강남순, 〈페미니즘과 남성〉, 《현대여성신학》, 대한기독교서회, 1994, pp.93~100.

대부분 보수주의의 요새이며, 따라서 사회보다는 새로운 변화의 물결에 미온적으로 반응한다. 그러므로 한국 기독교의 독특한 가부장주의적 구조는 한국사회와 상호 연관되어 새로운 변화에 훨씬 더 소극적이다.

이러한 상황에서 1970년대 이후 한국에 서구 페미니스트 신학자들의 글이 번역되면서 페미니스트 신학에 대한 관심이 형성되기 시작했다. 서구의 페미니스트 신학계가 여러 차원의 다양한 자원을 지니고 있고 신학적·교단적 기구에서 활동하는 페미니스트 신학자들이 많은 반면, 한국의 페미니스트 신학계는 자생적 인력 확보나 주류의 교단과 신학 기구에서의 수용도 미약했다. 따라서 새로운 총체적 변화를 가져오는 변혁적 힘을 형성하기 위해서는 제도적 장애를 해결해야 한다. 신학적 작업의 우선 목표가 '신학적 틀' 형성에 있다고 본다면, 페미니스트 신학자들의 학문적 작업이 다양하고 활발하게 전개될 수 있도록 하는 장을 마련하는 일은 중요하다. 이는 신학과 목회의 패러다임을 변화시킬 수 있는 기본 출발점이기 때문이다. 예비 목회자와 신학자들이 목회적·신학적 관점을 형성하는 신학교육에서 페미니스트 신학사들의 불가시성은 한국의 신학과 목회 현장에서의 새로운 변화 가능성 차단을 의미한다. 이 문제는 후에 다시 논의하겠지만, 한국 페미니스트 신학계의 성숙과 변혁적 힘을 배양하기 위한 교단과 신학계의 이론적·실질적 뒷받침이 절실히 필요하다.

4) 페미니스트 신학은 '제2격의 신학'으로서의 특수담론인가, '평등주의적 신학'으로서의 보편담론인가

이는 남성 신학자뿐 아니라 여성 신학자들도 공통된 동의점을 형성하

지 못하는 물음이다. 그러나 나는 페미니스트 신학의 전개 과정을 역사적·신학적으로 점검해봄으로써 이에 대해 대답할 수 있다고 본다. 페미니스트 신학은 발전 초기에는 '여성들의 신학'으로서의 '제2격의 신학 genetive theology'적 특성이 강했다. 18세기에 시작한 자유주의 페미니즘이 제도적·구조적 문제보다는 여성 개인의 법적·교육적 평등에만 관심을 둘 수밖에 없었던 것과 동일한 구조이다. 왜냐하면 성차별의 우선 피해자가 여성이었고, 그 여성들의 평등 이룩이 주된 관심사일 수밖에 없었기 때문이다. 이와 마찬가지로 초기 단계에서 페미니스트 신학은 '제2격의 신학'으로서의 특수담론적 특성을 강하게 지녔다. 그러나 페미니스트 신학이 다양하게 전개되면서 가부장주의적 패러다임은 여성뿐 아니라 남성의 통전적 삶에도 분열을 일으켰고 더 나아가 성차별을 독립되고 분리된 억압구조가 아닌 현대사회에 존재하는 다양한 차별구조와 상호 연관되어 있다고 인식함으로써 페미니스트 신학은 여성만의 특수담론이 아닌 남성과 여성 모두의 문제를 다루는 보편담론이 되기 시작했다.

따라서 여성만이 아니라 남성 신학자들도 페미니스트 신학을 신학적 논의의 주제로 삼기 시작한다. 여전히 여성의 주체적 경험에서 출발한다는 점에서 페미니스트 신학은 특수담론의 성격을 띠지만 그 경험은 사실상 남성과 연결돼 있으며, 무엇보다도 성차별주의 극복과 더불어 "다양한 양태의 차별적 인식과 관점의 해체를 통한 신학하기"라는 의미에서 보편담론의 특성이 점차로 확대되었다. 따라서 페미니스트 신학이 특수담론인가 보편담론인가라는 물음에 대한 답은 양자택일의 문제가 아닌 강조점의 차이에 따라 두 차원을 모두 지닌 문제로 이해해야 한다. 흔히 생각하듯이 페미니스트 신학을 특수한 여자들의 신학이나 비남성적인 신학자들만이 관심 갖는 신학이 아닌, '모든' 인간의 존엄성과 인간화의 요청성을 인식하는 신학자와 목회자가 수용해야 할 담론이며 관점으로 이해해야 한다.

3. 페미니스트 신학적 담론의 전제

페미니즘이나 변혁을 추구하는 여타의 이론과 마찬가지로 페미니스트 신학은 두 단계의 형성 과정을 거치는데 이에 대해서는 다음 장에 자세히 논의할 예정이므로 여기서는 간략하게만 설명하겠다. 첫 번째 단계는 '비판과 해체'의 과정이다. 이 단계는 페미니스트 신학이나 페미니즘이 우선적으로 논의하는 일상세계와 학문세계에 다양하게 존재하는 가부장주의에 대한 인식과 비판에서 출발한다. 가부장주의가 가정, 사회, 국가의 모든 제도와 기구 안에 다양한 방식으로 자리잡고 있다는 비판과 이를 해체하는 작업은 무엇보다 우선적으로 필요하다. 이러한 가부장주의적 구조에 대한 인식을 통해 여성은 스스로를 통전적으로 이해할 수 있는 기회를 갖게 되며, 가부장주의로 왜곡된 삶을 넘어서고자 하는 인식의 전환을 시도하게 된다. 남성들 또한 가부장주의적 구조를 통해 한 인간으로서의 통전적 삶이 '남성'이라는 생물학적 구분으로만 규정·강요되어왔음을 인식하게 된다. 페미니스트 신학은 억압으로부터 시작해, 프락시스에 대해 비판적으로 조명한다는 점에서 라틴 아메리카 해방신학이나 흑인 해방신학과 유사하다. 그러나 페미니스트 신학과 해방신학의 결정적 차이는 억압의 근원에 대한 분석이다. 그러므로 가부장주의에 대한 철저한 검증과 비판 과정 없이 억압의 해체만을 언급한다고 해서 페미니스트 신학과 동일선상에서 만나는 것은 아니다.

두 번째 단계는 '재구성reconstruction'이다. 즉 페미니스트 신학은 '부정의 언어'에 그치지 않고 '긍정의 언어' 창출 또는 대안적 담론 형성을 추구하며, 이러한 과정에서 페미니스트 신학자들은 다양한 입장을 지니게 된다. 페미니즘이 성차별주의적 억압의 원인과 이를 극복하기 위한 전략을 모색하는 과정에서 다양한 입장을 지니는 것처럼, 페미니스트 신학자들도 이 두 단계의 인식 과정을 거치면서 각기 상이한 입장으로 나뉘며, 특히 기독교 전통과 성서를 어떻게 보는가에 대한 관점의 상이성이 두드러진다.[28] 그러나 이 장에서는 이러한 상이한 페미니스트 신학적 입장보다는 페미니스트 신학이 지녀야 할 공동의 전제를 모색해보고자 한다. 페미니스트 신학을 전개하는 입장은 다양하지만 새로운 신학적 패러다임을 창출하기 위해 지녀야 할 전제는 필요하다고 생각하기 때문이다.

첫째, 학문적 '가치중립성'의 불가능성에 대한 이해이다. 가치중립성의 불가능성에 대한 인식은 지식사회학의 전제, 즉 인간의 지식(여기에서 지식이란 종교적 신념, 교리, 세계관, 철학, 속담, 유머, 예술 등 모든 종류의 지식을 지칭한다)은 사회·역사적 정황과 연관된 것이며, 존재론적으로 주어진 것이 아니라는 것과 맥을 같이한다.[29] 하나의 지식체계로서의 신학은 신학의 주체와 그 주체가 속한 사회·역사적 정황, 그리고 주체자의 가치관과 분리

---

28 성서와 기독교 전통을 어떻게 보는가에 따른 페미니스트 신학자의 분류에 대해서는 지면 제한상 이 장에서 논의하지 않는다. 더 자세한 논의는 다음을 참고하라. 강남순, 《현대여성신학》, 대한기독교서회, 1994, pp.124~134.

29 Cf. Robert A. Clark and S. D. Gaede, "Knowing Together: Reflections on a Holistic Sociology of Knowledge", *The Reality of Christian Learning: Strategies for Faith-Discipline Integration*, eds., Harold Heie and D. Wolfe, Christian College Constrium, 1987, pp.55~57.

될 수 없는 연관성을 지닌다. 즉 "사람들이 하나님, 예수 그리스도, 교회에 대해 생각하는 것은 그들이 속한 사회에서의 사회·정치적 위치와 분리될 수 없다."[30] 이러한 맥락에서, "신의 속임수 the godtrick"[31]라고도 명명하는 이제까지의 객관적이며 가치중립적인 지식으로서의 신학적 진술이란 사실상 이미 특정한 가치를 담고 있으며, 의식적이든 무의식적이든 억압자의 편이나 그 반대편의 입장에 서 있다. 따라서 어떠한 신학이라도 차별구조를 지속하고 강화하는 기능을 하든가, 아니면 그것을 극복하고자 하는 신학일 수밖에 없다. 전통 신학이 이제까지 성차별주의를 강화하고 합리화하는 구조였다는 페미니스트 신학적 비판은 이러한 전제에 기초하며, 이는 포스트모더니즘 담론[32]에서도 이미 지적한 바 있다. 이제 신학은 육체성으로부터 이탈된 신학, 구체적 삶으로부터 분리된 신학이 아니라, 인간의 구체적 상황과 연계한 '상황지워진 신학 situated theology'으로 나아가야 한다.

둘째, 신학은 인간의 경험과 분리되어서 존재하지 않는다. 이 두 번째 전제는 첫 번째 전제와 연관되어 있다. 신학은 인간의 신-경험의 산물이며, 이러한 의미에서 남성들이 형성한 전통적 신학이란 대부분의 경우 사실상 인간 보편의 경험이 아닌 남성의 경험만을 반영한다. 나는 급진주의 페미니스트의 주장과 같이 남성과 여성의 인식체계가 생물학적인 차이 때문에 존재론적으로도 상이하다는 데는 동의하지 않는다. 그러나 가부장주의적 가치구조가 강한 사회일수록 남성과 여성의 활동영역과 역할 분담이 극도로 분리되어 있기 때문에 동일한 경험체계를

---

30 James Cone, *Cod of the Oppressed*, The Seabury Press, 1975, p.45.
31 Cf. Donna Haraway, Simians, *Cyborgs and Women: The Re-invention of Nature*, Free Association Books, 1991.
32 페미니즘과 포스트모더니즘의 공통적 관점에 대해서는 이 책 13장을 참고하라.

가지기 어렵다는 것은 분명하다.

즉 가부장제적 사회일수록 남성적 삶의 경험과 여성적 삶의 경험이 차이가 크다. 가정, 직장, 교회, 사회에서 남성과 여성이 각기 상이한 역할 기대와 대우를 받고 있다면, 문화·사회적으로 여성과 남성의 경험은 달라질 수밖에 없기 때문이다. 이는 생물학적 결정론이나 본질주의 essentialism와는 전제가 다르다. 즉 가부장주의적 사회·문화적 정황 때문에 남성과 여성의 경험은 상이할 수밖에 없다. 따라서 페미니스트 신학은 남성중심적 신학이 인간 보편의 경험을 반영한다는 '잘못된 보편화'를 비판하고 여기에 근거해 '여성의 경험에서 출발한다'는 신학적 출발점을 형성하게 된다.

여기서 말하는 '여성의 경험'은 단순한 경험이 아니다. 가부장주의적 가치구조에 따라 남성뿐 아니라 여성도 그러한 가치관을 내면화하기 때문에, 단순히 여성이 경험한 것이라고 해서 모두 신학적 출발점이 될 수는 없기 때문이다. 신학적 출발점과 근거를 형성하는 의미의 '여성의 경험'은 두 가지의 변증법적으로 상호 연관된 측면을 지닌다. 첫째, 육체적으로나 이념적으로 사회를 지배해온 남성이 규정한 여성으로서의 경험과 둘째, 여성 스스로의 경험인데, 여기에는 '타자'로서의 소외 경험과 그러한 상황으로부터의 해방을 위한 투쟁의 여성 해방적 경험을 포함한다. 따라서 타자로서 가부장주의적 가치관에 대한 비판과 이를 넘어서고자 하는 의식화 과정에서 조직적으로 검증된 여성의 개인적·사회적·역사적 경험이 비로소 신학적 출발점이 될 수 있다. 가부장주의적 구조에 대한 비판적·조직적 분석이 결여된 단순한 '여성의 경험'의 신학적 구성은 자칫 가부장주의적 체계를 더욱 합리화시키는 위험성을 지니기도 한다.

셋째, 신학은 인간의 사회·정치적 정황과 연결되어야 한다. 1960년대 이후 페미니즘이 사회운동으로 확산될 때 가장 널리 알려진 모토는 "개인적인 것은 정치적인 것이다The personal is the political"이다. 이 모토는 페미니스트 신학적으로도 수용되는데, 기독교 전통이나 성서에 대한 개인주의적 또는 영적 이해만이 아니라 사회·정치적 정황과의 연관성 속에서 이해해야 한다는 의미이다. 페미니스트 신학의 인간 이해에서 인간을 단자적atomic 개체로만 이해한 근대주의적 이해로부터 '사회적 자아' 또는 '관계적 자아relational self/self in relations'로의 전이는 신학의 관심이 사회·정치적 정황과 연관되어야 한다는 전제로 이어진다. 특히 억압과 차별 경험은 개인적 차원과 집단적 차원이 상호 연결되기 때문에, 신학은 한 개인이 속한 사회·정치적 정황을 신학적 연관성을 갖고 조명해야 한다. 따라서 페미니스트 신학에서는 죄와 구원의 개인적이며 영적인 차원뿐만 아니라 사회·정치적 차원도 중요시한다.

넷째, 신학의 과제는 기독교 전통을 이해하고 해석할 뿐만 아니라 변화시키는 것이다. 즉 비인간화되고 주변화된 사람들의 구체적 삶의 자리를 좀 더 정의로운 곳으로, 좀 더 하나님 나라에 가까운 곳으로 만들기 위한 변화의 한 부분이 되어야 한다. 기독교 신앙의 의미는 신과 인간 관계의 추상적이며 보편적인 언술이 아니라 본래적으로 역사적이며 실제적인 것이다. 이러한 맥락에서 "기독교적 관점에서 볼 때, 이론과 프락시스는 하나로 이해되어야 하며, 진리는 우리가 발견하거나 발견되는 것이 아니라 우리가 진리로 만드는 어떤 것이다"[33]라는 도로테 죌레Dorothee Sölle의 말에 동의한다. 객관적이며 절대적인 진리에 대한 주장

---

33 Dorothee Sölle, *Political Theology*, Fortress Press, 1974, p.77.

이 이미 설득력을 잃었다면 우리는 어떻게 진리를 알 수 있는가. 진리에 대한 깨달음은 진리가 진리로 되는 데 필요한 구체적·실천적 관여를 통해서이다. 구원은 영적인 것만이 아니라 인간 삶의 모든 차원과 연관되기 때문에 인간의 평등성과 자유의 획득 과정은 중요하며, 신학의 과제는 평등과 자유를 파괴하는 비인간화의 현실을 변혁하는 데 있다. 이렇게 신학의 과제를 설정하는 것은 신의 과제의 다양성을 단일한 것으로 제한하거나 인간의 실존적 물음을 사회·정치적 관심만으로 대체하는 것이 아니라, 구체적 삶에 대한 조명 없이 사변적이기만 한 신학적 언술의 한계성을 강조하는 것이다. 쬘레의 "이론과 프락시스는 하나"라는 진술은 현재 상황이 아닌 신학의 요청성의 표현이라고 이해할 수 있다. 한편으로 이론과 프락시스의 거리를 좁히는 노력은 역사에서 끊임없이 있었지만, 또 다른 한편으로는 그러한 노력이나 요청성에 대한 인식 없이 프락시스에 무관심한 신학적 담론만을 형성하고자 하는 신학 또한 엄연히 존재한다는 사실에 대한 문제를 페미니스트 신학이 제기하는 것이다.

4. 기독교 전통의 페미니스트 신학적 재구성

페미니스트 신학자들이 모두 크리스천은 아니다. 유대교에 속한 페미니스트 신학자도 있고 여성신 종교 Goddess Religion 의 신학자도 있다. 그러나 이 모든 페미니스트 신학자들이 동의하는 점은 첫째, 전통적 신학은 가부장주의적이며, 둘째, 전통적 신학은 여성의 경험을 배제하고, 셋째, 전통적 신학의 가부장주의적 특성은 여성의 삶을 황폐화시켰으며, 넷째,

그러므로 여성은 신학의 주체로서 신학을 구성해야 하며, 마지막으로 다섯째, 여성의 경험이 현대 기독교 신학의 근거와 규범의 범주에 포함되어야 한다는 점이다.[34] 물론 기독교 전통 안에 머물면서 개혁을 할 것인가 아니면 떠날 것인가에 따라 각기 다른 신학적 입장을 형성한다. 따라서 나는 기독교 안에서 평등주의적 전통을 확립하기 위한 개혁을 하고자 하는 기독교 페미니스트 신학자들이 기독교 전통에 어떻게 접근하는가를 살펴보고자 한다. 페미니스트 신학이 기독교 전통에 접근하는 방식은 변증법적 구조를 지닌다고 할 수 있다. 즉 부정의 단계를 거치고 긍정의 단계를 거쳐서 다시 새로운 재구성의 단계로 나아간다. 이러한 전 이해를 바탕으로 살펴보자.

첫째, 기독교 전통에 대한 부정적 접근, 즉 기독교 전통의 남성중심주의에 대한 비판이다. 이 부정적 접근에서는 기독교 전통 안에 함축되어 있는 남성중심주의, 가부장주의 그리고 여성혐오사상을 드러내고 그것을 해체하는 작업을 하게 된다. 이러한 부정적 요소는 기독교와 서구문화 전반에 걸쳐 확산해왔으며, 특히 남성중심주의가 가장 큰 악으로 규정되었다. 왜냐하면 남성중심주의는 남성이 모든 존엄성, 덕, 권력을 소유하며, 여성은 열등하고 결함 있는 종속인간subhuman으로, 또는 타자로 존재하는 것을 정당하다고 보는 가치관이기 때문이다. 기독교가 '아버지와 아들'의 상징체계를 중심으로 하고, 그 상징체계를 신학과 실천을 형성하는 데 결정적인 것으로 간주하는 한 남성중심적[35]이라는 비

---

34 Cf. Pamela Dickey Young, *Feminist Theology/ Christian Theology: In Search of Method*, Fortress, 1990, pp.15~17.
35 Cf. Anne E. Carr, *Transforming Grace, Christian Tradition and Women's Experience*, Harper & Row, 1988, p.136.

판을 면하기 어렵다. 이러한 남성중심적 상징은 남성을 '규범적 인간'으로 만들며, 따라서 규범적 신의 이미지, 교회 전통 그리고 목회 영역에까지 남성을 중심으로 여성을 종속적이고 부수적인 존재로 만들기 때문이다.[36] 메리 데일리는 기독교의 이러한 남성중심적 상징성에 대한 논의에서 "만약 신이 남성이라면, 남성이 신이다"[37]라고 결론을 내린다. 신의 인종에 대해서는 흑인 신학이 백인 하나님이 아닌 '흑인 신Black God'을 제기했지만, 신의 젠더에 대해 최초로 문제를 제기한 것은 조직신학의 가장 중요한 기여라고 할 수 있다.[38]

상징체계로부터 시작해 기독교 전통에 스며 있는 남성중심주의는 사회적으로는 가부장주의 속에 명시되어 있다. 가부장주의는 협의로 보면 '여성의 남성 종속'이라는 생물학적 성에 근거한 지배양식이다. 하지만 넓게 보면 '아버지가 지배하는 사회의 전체 구조' 즉 주인과 노예, 왕과 신하, 식민종주국과 식민지 등 모든 종류의 지배와 종속 구조 속에 나타나며[39] '지배의 논리'에 따라 운용된다. 이러한 남성중심주의와 가부장주의의 실제적 결과는 기독교 전통에서 뿌리깊은 여성혐오사상으로 나타난다. 이러한 여성혐오사상은 여성의 역할을 억눌러 왔고, 죄를 여성성과 동일시한 성서와 교회 역사 속에 은닉되어 왔음을 페미니스트 신학은 지적한다. 앞서 논의한 바와 같이 아우구스티누스는 남성성을 신의 이미지와 동일시하였고, 아퀴나스는 여성을 '잘못된 남자'로

---

36 Rosemary Ruether, "Feminist Theology in the Academy", *Christianity and Crisis*, 45/3, March 4, 1985, p.59.
37 Mary Daly, *Beyond God the Father: Toward a Philosophy of Women's Liberation*, Beacon Press, 1973, p.19.
38 신 상징에 대한 대안적 논의는 다음을 참고하라. 강남순, 〈여성 신학과 하나님〉, 《현대여성신학》, 대한기독교서회, 1994.
39 피오렌자는 이러한 의미에서 '가부장주의patriarchy'와 함께, 성에 근거한 종속구조를 포함한 모든 양태의 지배-종속 구조를 의미하는 'kyriarchy'라는 용어를 쓴다. Cf. Elisabeth Schüssler Fiorenza, *Jesus: Miriam's Child, Sophia's Prophet*, Continuum, 1995.

보았으며, 종교개혁자들은 교회에 다양한 변화를 일으켰지만 정작 교회 내 여성의 위치에는 아무런 변화를 주지 못했다. 이러한 기독교 전통의 성차별주의적 구조를 비판하면서 페미니스트 신학은 기독교 전통을 유용하게 수용하기 전에 먼저 기독교 전통 속 성차별주의를 추방해야 한다고 주장했다.

둘째, 기독교 전통에 대한 긍정적 접근이다. 이는 기독교 전통의 평등주의적·해방적 전통 고양이라고 할 수 있다. 가부장주의적 언어, 전통, 상징구조를 지닌다는 비판을 받는 기독교 안에서 페미니스트로 남는다는 것을 무엇을 의미하는가. 무엇이 성차별주의로부터의 해방과 평등을 요청하는 여성을 기독교 안에 남아 있게 하는가. 이에 대해서는 다양하게 답할 수 있는데, 예를 들어 왜 가부장주의적 텍스트로 평가받는 성서적 증언을 버리지 않는가라는 물음에 엘리자베스 쉬슬러 피오렌자Elizabeth Schüssler Fiorenza는 다음과 같이 답한다. 첫째, 그것이 가부장주의를 강화하는 것으로만 쓰이지 않도록 하기 위해서이다. 둘째, 성서가 서구세계에 미치는 지속적 영향 때문이나. 셋째, 성서 속에서 많은 여성들이 긍정적인 자기정체성을 발견해왔고 앞으로도 그럴 것이기 때문에 페미니스트들은 단순하게 무시할 수 없으며, 그들과 연대성을 나누고 있기 때문이다.[40] 성서나 기독교 전통은 가부장주의적 구조와 평등주의적 전통을 동시에 지니고 있어서 여성에게 삶의 의미를 주는 기능을 한다. 이러한 맥락에서 기독교 전통에 대한 긍정적 접근 중 하나는 여성의 상실된 기억과 역사의 재발굴이다. 이러한 재발굴 작업에 철저한 신학자는 피오렌자로, 그는 초대 기독교 역사에서 여성의 활발한 활

---

[40] Elisabeth Schüssler Fiorenza, *Bread Not Stone: The Challenge of Feminist Biblical Interpretation*, Beacon Press, 1984, p.84.

동과 역할, 그들이 기독교 전통 형성에 공헌한 바를 발굴하는 작업을 했다. 피오렌자에 따르면 초대 기독교 전통은 평등주의적이었으며, 남성 지배의 가부장주의적 양식은 로마 문화와 동화 과정에서 1세기 교회에 들어오기 시작했다. 결과적으로 예수는 "평등의 제자직discipleship of equals"을 실천하고자 했으며, 오늘날에도 이러한 평등의 제자직을 남성과 여성이 발견하고 실현할 필요가 있다[41]고 밝힌다. 또한 역사신학을 하는 페미니스트 신학자는 기독교 전통에서 신앙과 용기를 지닌 위대한 여성의 이야기를 발굴해 가부장주의적 색조를 제거하고 좀 더 평등주의적인 전통을 재구성하고자 하는 도구로 썼다.[42] 이러한 작업을 통해 가부장주의적 편견을 검증하고 드러내며 동시에 기독교의 해방적 가능성을 고양할 수 있다는 점에서 기독교 전통에 대한 긍정적 접근은 페미니스트 신학의 과제가 된다.

페미니스트 신학은 기독교 교리와 전통을 철저히 재조명한다는 점에서 사실상 커다란 변혁적 의미를 지닌다. 이는 단지 가부장주의적 구조에 대한 비판이나 여성의 역사를 재발견하는 차원이 아니라, 이원론적 인간관과 세계관의 극복으로부터 출발하는 패러다임을 제시함으로써 이원론적 사고구조에 근거한 전통적 신학과 신앙체계 패러다임의 전적인 전이를 요구한다. 신학적 형성의 진리성은 그 결과에 있는데,[43] 지난 과거의 기독교 역사에서 기독교 전통의 억압적 결과를 보면 그 진리성을 긍정하기 어려우며 따라서 전적인 개혁과 수정이 필요하다. 이러한

---

41 Schüssler Fiorenza, *In Memory of Her*, p.154.
42 예를 들어 다음을 보라. Patricia Wilson-Kastner et al., *A Lost Tradition: Women Writers of the Early Church*, University Press of America, 1981.
43 Anne Carr, *Transforming Grace*, p.109.

성차별 관점뿐 아니라, 모든 지배-종속의 구조를 넘어서는 새로운 기독교 전통 형성의 패러다임은 더 이상 위계주의가 아닌 탈가부장주의적·평등주의적 구조를 지닌다.

5. 제3의 종교개혁의 요청성

1) 기독교의 개념적 위기와 도덕적 위기에 대한 인식

"의심의 대가들 Masters of Suspicion"이라고 하는 니체, 마르크스 그리고 프로이트[44]는 기독교 신앙과 신학에 대한 급진적 비판으로 기독교의 의미와 적절성에 대해 도전했다. 니체는 초월적인 것에 대한 인간의 생각을 강자에 대항한 약자의 '적대감(르상티망ressentiment)'이라고 했고, 프로이트는 '환상'이라고 말했다. 마르크스는 고통에 대한 '무력한 저항'이라고 했으며, 더 나아가 종교는 '억압의 합법화'라고 보았다.[45] 이어서 현대의 '의심의 대가'라고 할 수 있는 메리 데일리는 기독교 신앙과 신학은 신이나 궁극적 존재에 대한 것이 아니라 '생명의 부정denial of life'에 대한 것이라고 했다. 데일리는 기독교를 가부장주의의 종교로 보고, "가부장주의는 온 지구에 가장 널리 퍼져 있는 종교이며, 본질적 메시지는 '죽음사랑necrophilia'"[46]이라고 함으로써 기독교를 급진적으로 비판했다. 그런데 기

---

44 Paul Ricoeur, "Religion, Atheism, Faith", *The Conflict of Interpretations: Essays in Hermeneutics*, Northwestern University Press, 1974, p.148.
45 Paul Ricoeur, "Religion, Atheism, Faith", pp.440~459.
46 Mary Daly, *Gyn/Ecology: The Metaethics of Radical Feminism*, Beacon Press, 1978, p.39.

독교에 대한 비판은 이러한 개념적 차원에서만 끝나지 않는다. 역사에서 기독교의 이름으로 벌어진 수많은 일, 즉 혹독한 종교재판, 마녀화형, 십자군전쟁, 합리화된 제국주의와 식민주의, 나치의 유태인 학살에 대한 기독교인의 침묵과 동조, 기독교인이 주도한 노예제도, 미국의 원주민 인디언 학살과 제거 등 기독교와 연관된 역사적 사건을 보면서 많은 이들은 기독교의 도덕성에 물음을 갖기 시작했다. 어떻게 "진리가 너희를 자유케 하리라"는 성서의 말씀이 실천력을 가질 수 있다고 할 수 있는가. 어떻게 우리는 역사에서 우리를 자유하게 하는, 해방하게 하는 하나님을 만날 수 있는가. 기독교의 진리를 따른다는 사람들이 역사에서 지배와 억압의 구조를 강화하고 합리화하는 것을 보면서 기독교 신앙의 도덕적 위기를 생각하지 않을 수 없었다.

이러한 '의심의 대가들'의 기독교 비판은 사실상 기독교의 왜곡과 경직성에 대한 비판이다. 요한 밥티스트 메츠Johann Baptist Metz는 기독교의 위기와 실패에 대해 말하면서, 이론과 교리에서가 아니라 신앙이 요구하는 것을 실천하지 않는 데서 비롯되는 기독교의 위기와 실패에 대해 지적한다.[47] 또한 마르크스는 기독교의 사랑이 1800년 동안 증오를 넘어서지 못했으며, 사랑의 신 왕국을 건설하고 사회적 관계를 개선하는 데 실제적으로 효과가 없었음을 지적하면서 기독교적 사랑에 대한 주장은 실제적 조건을 변화시킬 수 없는 감상적 주장일 뿐이라고 비판한다.[48] 이러한 비판과 지적을 단순히 '비신앙적'이라고 외면할 수 있을까. 오히려 이러한 의심과 비판을 통해 기독교의 실패와 위기를 넘어설 수 있는

---

47 Johann Baptist Metz, *Faith and Society: Toward a Practical Fundamental Theology*, Seabury Press, 1980, p.45.
48 Karl Marx and Frederick Engels, "Circular Letter Against Kriege, May 11, 1846", Ernst Bloch, *On Karl Marx*, Herder & Herder, 1971, p.87에서 재인용.

과제를 찾아야 한다고 생각한다.

2) 여성의 불가시성에 대한 인식

"만약 지금 남성과 여성의 상황이 완전히 반대로 된다면 어떻게 느끼겠습니까?" "일반적으로 남성이 다루는 문제였던 주제를 여성이 다루면 어떤 생각이 드십니까?" 미국에서 처음으로 페미니스트 신학강좌를 개설한 드루 대학교 교수 넬 모턴Nelle Morton이 1973년 하버드 대학교 강연에서 청중에게 던진 물음이다.[49] 모턴은 여성과 남성의 역할이나 위치가 반대가 되었을 경우, 자기 자신이나 신학에 대해 어떻게 느끼게 될지를 상상해보라고 권했다. 만약 신학교에서 늘 들을 수 있는 목소리가 대부분 여성의 목소리이며, 남자 교수는 예외적 경우이고 대부분이 여자 교수이며, 교수뿐 아니라 학생 대부분이 여성이고, 쓰는 언어나 상징이 모두 여성적 언어이며, 모든 신학대학 총장과 학장이 여성이라면 남성인 당신은 어떻게 느끼겠는가. 남성이 신학교에 들어온 것은 결혼을 해서 목회를 하는 여성을 잘 돕기 위해서라고 대부분 생각한다면, 당신은 남성으로서 어떻게 느끼겠는가.

모턴은 이러한 '상상으로 하는 실험experiment in imagination'을 통해 언어, 신학, 제도 등에 내재한 남성중심적 구조가 얼마나 여성의 삶을 손상시키는지 잘 보여주었다. 실제로 그 자리에 있던 많은 남성들은 어느 강연보다도 더욱 생생하게 남성중심적 가치구조나 언어 그리고 제도와 기구가 얼마나 철저히 여성을 소외시키고 남성중심적으로 지속·유지돼 왔

---

[49] Nelle Morton, "1973: Preaching the Word", *The Journey Is Home*, Beacon Press, 1985.

으며, 여성의 삶을 얼마나 손상시키는지를 느낄 수 있었다고 한다.

　이러한 상상으로 하는 실험을 한국 상황에 적용해보자. 교회 구성원의 70퍼센트가 남성이고 교단의 감독이나 총회장 등 모든 지도자가 여성이라면, 신학대학에서 교육이나 상담 등 특수한 분야를 제외한 교수 대부분이 여성이라면, 당신이 목회를 하려고 하는데 단지 남성이라는 이유로 목회지 초빙이 거절된다면, 교회에서 여성과의 평등성을 주장한다고 해서 당신을 비성서적이거나 비신앙적이라고 여성 담임 목회자가 평가한다면, 이러한 상황이라면 남성은 어떠한 느낌으로 살아가게 될 것인가. 여성과 남성의 상이한 삶의 자리를 생물학적 몸의 차이로 정당화하기에는 너무나 분명한 자의식이 여성 개인적으로 또는 사회적으로 확산해 있다. 하지만 여성이 진출하지 못하는 영역이 거의 사라졌으며 철저히 남성의 영역이라고 생각했던 분야에서조차 여성이 두각을 나타내는 이 시대에, 생물학적 결정론으로 여성과 남성의 활동 영역을 불균형적으로 분재하는 문제를 합리화하기는 어렵다.

　한국 기독교계에서 남성과 여성의 '평등성'이 어떻게 실현되는가를 보고자 한다면 종교에서 권력이 집중되는 곳을 조명해야 한다. 대표적으로 '교수권'과 '강단권'을 행사하는 주체가 누구인가를 보자. 한국의 많은 신학대학과 교회에서 이러한 종교적 권위와 권력의 자리는 여전히 남성이 주류를 이룬다. 이러한 젠더 불균형성은 참으로 심각한 문제이다. 젠더 불균형의 원인은 물론 교단마다 또는 정황마다 매우 다양하다. 한국사회가 특유하게 지닌 교단 간 폐쇄성이 있고, 법적으로 안수를 허용해도 여성이 목회하기 어렵거나 안수 자체가 허용이 안된 상황을 고려하지 않고 많은 대학들이 여성에게 목회 현장이 열려 있는 남성과 동일하게 목사 안수와 목회 경력을 교수 채용의 필수 조건으로 내세우는 점, 또는 신학대학과 교단의 여성 신학자 양성에 대한 무관심 등[50] 이유는 다양하다. 그런데 이러한 다양한 원인의 공통점이 있다면 그것은 무엇보다도 한국사회와 기독교의 '남성중심적 가부장주의'이다.

더 나아가서 한국 신학계의 심각한 문제 중 하나는 '커리큘럼의 남성중심화'이다. 신학대학의 커리큘럼에서 현대사회에서 제기하는 가장 심각한 이슈 중 하나인 젠더 문제와 다층적 차별 문제에 대한 신학적·사회적 성찰을 할 수 없는 커리큘럼이 끊임없이 주류를 이룰 때 한국 교회의 성차별주의적 구조가 극복될 가능성은 없다. 예비목회자들이 남성중심적 신학, 예배의식, 언어, 역사 등만을 배운다면 그들이 남성중심적이 아닌 평등주의적 인간관, 역사관, 세계관, 목회관을 배우고 형성할 가능성은 참으로 희박하다. 소수의 의식 있는 목회자들의 자생적 노력으로 한국 교회가 성차별주의적 구조를 넘어설 수 있다는 단순한 naïve 낙관적 기대를 하기는 어렵다고 본다. 따라서 신학 현장에서 여성 교수들의 존재는 필수조건이지만, 그 자체가 성차별주의 문제해결의 충분조건은 아니다. 오히려 페미니스트 시각이 결여된 여성 교수는 남성 교수가 다수를 이루는 신학대학에서 다른 여성의 참여를 가로막는 장애가 되기도 한다. 또한 신학대학의 커리큘럼 형성에서 균형 잡힌 시각

---

50 내가 미국에서 학위 과정에 있을 때 재정적 뒷받침이 된 것은 미국연합감리교단UMC이 유색 인종 여성에게 박사 과정을 마칠 때까지 주는 장학금이었다. '유색 인종 여성을 위한 장학금Women of Color Scholarship'이라는 이름의 이 장학금은 선발된 지원자들에게 학위 과정이 끝날 때까지 1인당 1년에 1만 달러까지 주는 장학제도였다. 백인이 아닌 유색 인종이라도 신학하는 남성에게는 가정, 교회, 교단 차원에서의 재정적 보조가 있는 반면, 유색 인종 여성은 그러한 뒷받침을 받지 못한다. 이러한 정황에서 미국 내 신학대학에 유색 인종 여성 교수가 부족하다는 점을 인식하고 연합감리교단이 장학제도를 만든 것이다. 또한 장학금 지불만으로 끝나는 것이 아니라, 여성 신학도들이 학위가 끝난 후에 신학대학에서 가르칠 수 있도록 각 신학대학 교수나 운영자들과 함께 만나는 프로그램과 학위 과정에서의 어려움을 함께 나누는 멘토링 모임도 매년 열었다. 이러한 배려 없이 여성이 오랫동안 재정적·정신적·제도적 뒷받침이 필요한 학자로서의 길을 가기란 참으로 어렵다. 한국의 기독교에도 이러한 배려가 있어야 여성이 학자로서 또는 목회자로서 지도력을 개발할 수 있다.

을 반영하는 데 아무런 기여를 하지 못할 경우 '토큰 여성token woman'으로서의 특권을 누리려고만 할 뿐 구조적 변화를 일으키는 데 오히려 걸림돌이 되는 경우가 있다. 즉 페미니스트 관점이 결여된 여성 교수는 신학과 목회 현장에서의 평등주의적 구조를 형성하는 데 장애가 된다. 왜냐하면 그들의 존재는 한편으로는 여성의 표면적 부재가 가시화됨으로써 지적할 수 있는 남성주의적 구조를 오히려 감추기 때문이며, 또 다른 한편으로는 페미니스트 관점에서 신학하는 다른 여성 신학자들과의 연대적 구조를 거부하기 때문이다. 따라서 첫째, 페미니스트 관점을 지닌 여성 교수의 존재와, 둘째, 남성중심적 신학교육 커리큘럼의 구조적 개선은 한국 교회와 신학계의 변화를 위해 시급히 필요한 문제이다. 그렇다면 어떻게 교수진과 커리큘럼 형성에서 여성 배제 문제를 극복할 수 있을까.

무엇보다 첫째, 신학계 주류인 남성 신학자와 교단 남성 지도자들의 의식 전환과 결단이 문제해결의 열쇠라고 생각한다. 목회와 신학은 긴밀한 상호 연관성 속에 있기 때문에 신학교육의 남성중심화는 목회의 남성중심화와 직결되며, 이는 곧 한국 기독교계의 남성중심화를 의미한다. 따라서 신학계에서의 여성의 불가시성 문제와 남성중심적 커리큘럼 구조를 극복하는 다양한 전략이 긴급히 필요하다. 이러한 문제를 극복하는 데 여성 의식화가 먼저인가 남성 의식의 전환이 먼저인가 하는 논란은 무의미하다. 왜냐하면 진정한 변화는 단일한 통로가 아닌 상호 연관되어 있기 때문이다. 예를 들어 여성 의식화를 위한 프로그램을 교회, 교단 또는 신학대학에서 하려고 할 때 교단과 신학계의 주류인 남성의 지원 없이는 지속성과 대중성을 확보하기 어렵다. 이러한 상황이 반복될 때 여성 스스로 자생적 의식화가 이루어지지 않는 한, 여성의 의식화가 확산되기를 기대하기는 어려운 상황이 반복된다.

둘째, 이러한 변화는 개인의 인식 전환뿐 아니라 제도적·집단적 보장으로 뒷받침되어야 한다.《세계 성 격차 보고서 2015The Global Gender Gap Report》에 따르면 한국의 성평등지수는 145개국 중 115위이다.[51] 또한 유엔의《2013 인간개발보고서》에서 발표한 '성관련 개발지수GDI: Gender-related Development Index'에서 한국은 187개국 중 85위였다.[52] 성관련 개발지수는 교육 수준, 기대수명, 소득 면에서 여성과 남성의 성취 수준이 평등한지를 평가한 지수이다. 또한 여성의 정치 및 경제정책 결정 참여 척도인 '여성권한척도GEM: Gender Empowerment Measure'는 2009년 통계로 보면 한국이 109개국 중 61위로 여전히 세계 하위권에 머물러 있다.[53] 이러한 수치를 한국의 신학계와 교단에서도 적용해본다면 과연 어느 정도 평등지수를 나타낼지 쉽게 긍정적 결론을 내리기 어려운 실정이다. 이러한 불균형적 구조를 교정하기 위해 '여성할당제'와 같은 제도는 잠정적으로 필요하다. 왜냐하면 신학계와 교계에서 여성의 증가는 신학교육의 성격이나 교단 정책 형성에서 성차별주의적 구조의 극복을 의미하며, 주변화된 문제에 대한 관심이 제도화됨을 의미하기 때문이다. 이러한 숫자적 균형은 관점의 균형을 이루는 데 중요한 선행조건이 된다. 더구나 한국 기독교인의 70퍼센트가 여성인데 그들의 신학·목회 현장 참여율이 사회보다 못한 상황이라면 그 불균형은 어느 이유로도 합리화되

---

51 Cf. 〈인간개발지수 15위, 성평등지수 115위〉,《여성신문》, 2015년 12월 4일. http://www.womennews.co.kr/news/88964
52 Cf. 한국여성정책연구원, 〈여성정책동향〉, 2014. 여성친화정책전략단, 〈한국 인간개발지수HDI 세계 15위, 성관련개발지수GDI는 85위(주목이슈 24호)〉, 한국여성정책연구원 내부 자료 참조.
53 Cf. 〈UNDP 여성권한지수가 뭐기에〉,《여성신문》, 2011년 4월 29일. http://www.womennews.co.kr/news/49218

기 어렵다고 생각한다. 여성의 신학과 목회 현장 참여 불균형은 이제 신학적·성서적 설득력을 갖기 어렵다. 따라서 신학대학과 교단 기구에서 여성할당제는 남성을 역차별하는 제도가 아니라, 오랫동안 굳어진 구조적 불평등에 대한 잠정적 교정 장치이다. 세계교회협의회는 이미 모든 위원회에서 여성 참여율 50퍼센트를 실천하고 있다. 이런 맥락에서 한국 기독교계에서 여성의 지도력 수용 문제가 아무런 관심을 받지 못한다는 점은 한국 기독교가 넘어서야 할 가장 커다란 난제이다.

인간의 긴 역사에서 여성의 불가시성과 그에 따른 소외적 삶의 경험을 사실상 신학자들이 얼마나 진지하게 생각하는가는 중요한 문제였다. 남성중심적 신학 형성으로 여성의 '불가시성'을 사소하거나 생물학적 조건에 따른 자연적인 것으로 본다면 현대사회에서 신학이 적절성을 지니기 어렵기 때문이다. 1960년대를 지나면서 기독교 전통과 신학에서 여성의 '불가시성'에 대한 인식이 확산했고, 이는 곧 남성중심적 신학 패러다임의 전이를 요청하게 되었다. 신학적 패러다임의 전이는 사실상 해방신학이 제기했다. 그러나 해방신학 역시 남성중심적 구조를 벗어나지 못했으며 이러한 의미에서 여성의 불가시성 문제는 해방신학과는 다른 차원의 전이를 요구한다. 남성중심적 신학이 지닌 성차별주의적 구조를 넘어서서, 평등주의 신학적 패러다임을 형성하는 것은 신학의 과제이기도 하며, 이러한 변화는 이론과 지식에서뿐 아니라 구체적 실천과 제도 변화, 그리고 권력power과 지식knowledge 기제의 변화를 의미한다. 신학의 과제는 성서와 교리를 단지 '이해하는 것'이 아니라 신의 뜻이 이루어지도록 구체적 삶에서의 억압구조를 '변화시키는 것'이라고 할 때, 한국 신학계는 이제 가장 오래되었으며 최후까지 남아 있는 성차별주의 문제에 진지하게 관심 가져야 한다.

3) 제3의 종교개혁의 필요성

아우구스티누스와 아퀴나스를 정점으로 하는 교부시대와 중세적 신학의 패러다임은 종교개혁 이후 계몽주의를 거치면서 전격적으로 일어났다. 신, 인간, 세계에 대한 이해가 전적으로 달라진 것이다. 무조건적으로 순종했던 교회의 권위에 도전하기 시작했고, 개인의 신앙을 강조했으며, 신과 인간의 관계가 새롭게 개념화되었다. 폴 틸리히는 '프로테스탄트 원리'란 "그 주장을 프로테스탄트 교회가 한다고 해도, 어떠한 것이라도 상대적 현실에 대해 절대성을 주장하는 것에 반대하는 저항protest"[54]이라고 규정했다. '개신교'로 번역하는 '프로테스탄티즘protestantism'은 사실상 종교개혁 정신이 지닌 이러한 '저항'의 중요성을 담아내지 못한다. 오히려 '저항교'라고 하는 것이 개혁정신을 담아내는 표현이다. '저항'이라는 종교개혁의 정신은 기독교를 도그마에 갇힌 경직된 것이 아니라 끊임없이 살아 있는 종교로 만드는 데 참으로 중요한 원리라고 생각한다. 그런데 이러한 원리를 지닌 최초의 종교개혁은 여성에게 어떠한 변화를 가져왔는가.

교부신학자들로부터 중세에 이르기까지 대부분의 신학자들에게서 발견할 수 있는 여성에 대한 일반적 이해를 간결하게 표현하자면 여성혐오사상이라고 할 수 있다.[55] 여성혐오사상은 여성에 대한 두 가지 기본적 이해를 전제한다. 첫째, 여성은 '열등한 존재'이며 둘째, 여성은 악

---

54 Paul Tillich, *The Protestant Era*, trans., James Luther Adams, University of Chicago Press, 1948, p.163.
55 여성혐오사상에 대한 더 자세한 논의는 다음을 참고하라. 로즈마리 류터, 〈기독교는 여성혐오의 입장에 서 있는가?〉, 《여성들을 위한 신학》, 한국신학연구소, 1985. Kang Nam-Soon, "Misogyny", *Dictionary of Feminist Theologies*, eds., Letty Russell and J. Shannon Clarkson, Westminster John Knox Press, 1996.

을 가져오는 '위험한 존재'라는 이해이다. 이러한 여성 이해는 종교개혁 이전까지의 신학자들에게서 쉽게 찾아볼 수 있으며 종교개혁 이후 신학자들에게는 은밀하게 내면화되었다고 볼 수 있다. 테르툴리아누스 Tertullian는 여성을 '악마의 통로 devil's gateway'로 보았다. 아리스토텔레스는 여성을 육체적으로는 남성보다 약하고 정신적으로는 이성이 결핍된 존재로 보고 도덕적 의지와 자기조절 능력도 남성보다 열등한 '결함 있는 남성'으로 간주했다. 아퀴나스가 여성을 '잘못된 남성'으로 본 것도 사실상 여성혐오사상이라는 동일한 여성 이해에서 비롯된다.

이러한 여성혐오사상은 종교개혁가들에게도 형태만 바뀌었을 뿐 본질적 변화는 없었다. 루터는 여성은 남성과 평등하게 창조되었으나 타락 이후 열등한 존재가 되었다고 보았다. 또한 칼빈은 여성과 남성은 태초부터 평등하지만 여성이 남성에게 종속되는 것은 신의 창조질서에 따른 것이라고 말했다. 따라서 외면적 양태는 바뀌었지만 종교개혁가들도 여전히 여성의 열등성과 종속성을 정당화하고 합법화했다.[56] 이러한 은닉된 성차별주의는 오히려 직설적인 성차별적 논의보다 더욱 위험하다. 왜냐하면 "남성과 여성이 평등하게 창조되었으나 다르다"의 논지에는 '반쪽 진실'이 있어서 외면적 비판의 구실을 제거함으로써 오히려 반격의 요소를 모호하게 만들고 심화된 성차별주의적 가치구조를 더욱 철저히 내면화시키기 때문이다.

결국 여성을 이렇게 이해한 종교개혁가들이 주도한 종교개혁이 여성들에게 본질적인 개혁의 의미로 다가왔겠는가는 쉽게 긍정적으로 생각하기 어렵다. 물론 표면적으로 긍정적 변화는 있었다. 예를 들어 결혼의

---

56 더 자세한 논의는 다음을 참고하라. Rosemary Radford Ruether, "Anthropology", *Sexism and God-Talk: Toward a Feminist Theology*, Beacon Press, 1983.

의미를 확대함으로써 여성을 '유혹자'라고 보는 관점이 약화되었으며, 성직자의 결혼이 합법화됨으로써 당시 사제들의 정부인 여성과 아이들에게 경제적 안정과 사회적 승인 등 합법적 권리가 부여되었다. 또한 아이의 교육 담당자로서의 여성에게 종교개혁이 긍정적 역할을 한 측면도 있다. 그러나 종교개혁은 수도원 제도를 폐지함으로써 여성에게 수도자로서 자율적이며 독립적으로 살 수 있는 선택 가능성을 차단했고, 성녀 마리아 찬양을 제거함으로써 교회에서 여성의 신적 이미지를 삭제했으며, 가사노동과 같은 전통적 여성의 일을 '소명calling'의 범주로 만들면서 여성이 다른 삶의 양태를 가지는 것을 오히려 차단했다.[57]

종교개혁사상에 여성이 배제되었음을 알 수 있는 예는 루터의 '만인 제사장직'론의 '만인' 개념에 여성도 포함되었다고 생각하고 설교하다가 재판을 받은 여성에게서도 볼 수 있다. 17세기 말, 메사추세츠에서 영적 능력이 충만한 여성 앤 허친슨Ann Hutchinson이 사람들을 모아놓고 설교한다는 이유로 종교재판을 받고 마을에서 쫓겨났으며, 그녀의 추종자 메리 다이어Mary Dyer는 마녀로 몰려 교수형을 당했다.[58] 결국 제1의 종교개혁은 여성에게는 진정한 개혁의 의미를 주지 못했다. 그렇다면 제2의 종교개혁은 무엇인가.

미국 시사주간지 《타임Time》은 1992년 11월 23일자에서 "제2의 종교개혁The Second Reformation"이라는 제목의 표지 기사를 실었다. 1992년 11월 11일 영국 성공회Church of England가 여성의 사제직 안수 허용 법안

---

[57] 종교개혁과 여성에 관한 긍정적 평가에 대해서는 다음을 참고하라. 바버라 J. 맥해피, 손승희 역, 《기독교 전통 속의 여성들》, 이화여대출판부, 1995, pp.83~102.
[58] Ruether, *Sexism and God-Talk*, p.171; Sheila D Collins, *A Different Heaven and Earth: A Feminist Perspective on Religion*, Judson Press, 1974, pp.79~80.

을 통과시킨 사안을 "제2의 종교개혁"이라고 명명한 것이다. 영국 성공회가 여성에게 사제직 안수를 허용함에 따라서 자격을 갖춘 여성 1300명이 사제로 서품을 받을 수 있게 되었다. 이러한 결정은 영국뿐 아니라 세계적으로 성도가 7000만 명에 이르는 성공회 전체에 커다란 영향을 미칠 것으로 보인다는 내용이었다. 여성의 종교적 지도력을 공식적으로 인정하는 여성 안수 허용은 우선적으로 여성의 활동을 사적 영역으로 제한한 전통적 규정이 무너졌음을 의미하며, 이러한 여성 지도력 수용은 전격적인 교회 내 종교개혁을 의미했다.

    1944년 홍콩 성공회에서 최초로 여성이 사제로 안수를 받았고, 1956년에는 미국 감리교와 장로교가 여성 안수를 허용했으며, 1976년에는 미국 성공회가 여성에게 사제 안수를 허용했고, 1980년에는 미국 보스턴 성공회에서 최초의 여성 감독이 취임했다.[59] 한국은 1931년 감리교가 처음으로 여성에게 목사 안수를 허용해 1955년 최초의 한국인 여성 목사를 배출했고, 1974년 한국기독교장로회가 여성 목사 안수를 허용해 1978년에 최초의 여성 목사를 배출했으며, 1995년 한국장로교(통합)가 여성 목사 안수를 허용하는 법안을 정식으로 통과시키는 등 여성 지도력에 대한 공식 인정이 확산되었다. 그러나 이러한 교회에서 여성이 경험하는 것은 법적 차원에서의 평등이 실질적 평등을 보장하는 것은 아니라는 사실이었다. 목사 안수를 허용한 교단에서도 여전히 여성은 남성이 가지 않는 곳에서만 일하거나 남성 목사를 보조하는 역할을 할 수밖에 없었다. 여성에게 열려 있는 활동의 장은 여전히 암묵적으로 제한되어 있어서 결국 이른바 '제2의 종교개혁'을 통해 남성과 표면적 평

---

59 Cf. Richard N. Ostling, "The Second Reformation", *Time*, Nov. 23, 1992, pp.54~55.

등은 이루었지만 실질적 평등은 이루지 못했으므로 총체적 의미의 평등구조는 아직도 요원한 과제로 남아 있다.

앞서 논의한 통계가 보여주듯이, 목회 현장과 신학 현장에서 여성 지도력은 남성과 비교할 때 심한 불균형을 이루고 있다. 여기서 나는 '제3의 종교개혁'이 필요하다고 생각한다. 법적 차원뿐 아니라 실질적 차원의 여성 지도력 수용은 남성이 갖고 있는 것을 여성인 '나도' 갖겠다는 의미가 아니다. 이는 신학과 목회의 가부장주의를 넘어 평등주의적 패러다임을 형성하고자 하는 요구이며, 지도력의 의미를 새롭게 규정하고자 하는 요구이다. 즉 이제까지 가부장주의적 지도력이 '지배하는' 지도력이었다면, 패러다임 전이를 통한 지도력은 분열과 깨진 관계를 '치유하는healing' 지도력이다. 지도력의 균형과 패러다임 전이를 통해 목회 현장과 신학은 변할 수 있으며, 이는 한국 기독교가 새롭게 태어나는 의미가 될 것으로 생각한다. 법적·실질적 차원에서의 평등구조를 지향하는 제3의 종교개혁은 종교개혁의 원리인 '항상 개혁하는 교회*ecclesia semper reformanda*'의 원리에 충실한 요청이다. 교회는 끊임없는 자기비판을 통해 개혁해야 하며, 예수의 죽음과 삶, 부활에서 보인 정의, 평화, 사랑의 확장을 위한 개혁이어야 한다. 주변화되고 배제된 대상을 폭넓게 받아들이고 평등을 실현하기 위해 더욱 넓은 지평으로 나아가고자 하는 개혁을 실천할 때 비로소 진정한 의미의 종교개혁이 가능해진다.

6. 새로운 희망의 신학: '동일성의 고향'을 향하여

신학은 이미 주어진 문제를 단순히 해석하는 데 그치지 않고 새로운 희망의 비전을 창출해야 한다. 기존 현실이 지니지 못한 것을 추구하는 새로운 비전이 없다면 신학은 사변적 담론에만 머무르게 된다. 이러한 의미에서 신학자에게는 "예언자적 상상prophetic imagination"[60]이 필요하다. 과거가 아닌 미래에서 새로운 비전과 희망을 추구하는 페미니스트 신학은 '아직 아닌 것noch nicht'에 대한 비전을 강하게 지니고 있다. 이는 주객의 대립적 분리와 모든 차별과 소외가 극복되는 상태에 대한 비전으로, 에른스트 블로흐Ernst Bloch의 용어를 빌리자면 "동일성의 고향Heimat der Identität"[61]이며, 류터의 용어로는 "건강한 사회healthy society"[62]라고 할 수 있는 '하나님 나라'에 대한 비전이다. 이는 또한 성서적 '샬롬shalom'이다. 비판이론가들은 모든 형태의 지배로부터의 해방을 비전으로 삼으며,[63] 이는 페미니스트 신학적 담론이 긍정적으로 수용하고 있다. 비판이론의 강점은 현재의 사회질서가 지닌 한계와 문제점을 '요청적 현실the reality as it ought-to-be'에 대한 비전의 관점에서 비판한다는 점이다. 이러한 비판이론 역시 한계점이 있는데, 바로 그러한 요청적 현실의 비전이 인간의 개체적 자율성의 비전이라는 점이다. 그러나 성서적 샬롬의 비전은 "인간이 신과 자신과 동료와 자연과의 관계에 있어서 평화롭게 산다"[64]는 점에서 인간의 개체적 실존에만 머무는 비판이론의 차원을 넘어선다.

이 글에서 나는 페미니스트 신학을 모든 차원의 차별과 배제를 극복하는 '제3의 종교개혁'을 요청하는 새로운 희망의 신학으로서 논의했

---

60 Walter Brueggemann, *The Prophetic*, Fortress Press, 1978, p.13.
61 Ernst Bloch, *Das Prinzip Hoffnung*, Suhrkamp Verlag am Main, 1959, p.1628.
62 Cf. Rosemary Radford Ruether, *Gaia and God: An Eco feminist Theology of Earth Healing*, Harper San Francisco, 1992, pp.258~274.
63 Cf. Jürgen Habermas, *Knowledge and Human Interest*, trans., Jeremy J. Shapiro, Beacon Press, 1971.
64 Nicholas Wolterstorff, *Until Justice and Peace Embrace*, William B. Eerdmans, 1983, p.69.

다. 페미니스트 신학이 지향하는 기독교 신학과 전통의 가부장주의적 패러다임으로부터 평등주의적 패러다임으로의 전이에 필요한 진리성은 그 요구의 결과에 달려 있다. 기독교 전통과 신학의 가부장주의적 질서를 해체함으로써 페미니스트 신학은 현재의 변화에 개입하는 동시에 더욱 나은 미래에 대한 비전을 지닌다. 이러한 변화의 여정에서 끊임없는 종교개혁이 필요하며, 이러한 개혁에 대한 요청은 새로운 희망의 신학적 근거가 된다. 소외와 배제를 극복한 동일성의 고향을 꿈꾸는 것은 우리 존재의 상호 연관성 때문에 사실상 여성만의 과제가 아닌 모두의 과제이다. 다시 말해 남성과 여성의 상호 연관성 때문에 이는 여성만의 과제가 아닌 모두의 과제이다. 남성과 여성의 상호 연관성은 존재론적 개념만이 아닌 사회적·윤리적 개념이며 평등성에 근거한다. 이러한 다차원적 상호 연관성에 대한 인식을 통해 모든 인간의 소외를 극복할 수 있지는 않겠지만, 이러한 '상호 연관성에 대한 인식을 통한 연대성의 실천'이야말로 우리가 지닌 최선의 가능성이며 희망의 신학적 근거라고 나는 본다.

제2장
유교와 기독교의 만남에 대한 비판적 고찰

> 정의의 대변자가 될 것이라는 기독교인의 주장의 역사적·사회적 근거는 어디에 있는가? 기독교 안에 있는 이러한 해방 역사의 구체적 예증은 어디에서 찾을 수 있는가? …… 오늘날 기독교의 위기는 신앙 내용의 위기가 아니라 신앙이 요구하는 것을 따르지 않는 교회와 기독교인의 위기라는 것이 이 질문으로부터 분명해진다.
> -요한 밥티스트 메츠[1]

1. 한국 기독교에 대한 실천적 논의

종교에 대한 논의는 대략 두 가지 성격을 지닌다. 하나는 그 종교가 지닌 이념이나 특정 개념에 대한 논의이며, 또 다른 하나는 그 종교가 구체적 현실 속에서 어떻게 기능하는가라는 실천적 의미에 대한 성찰이다. 이 글은 유교와 한국 기독교에 대한 '이념적 논의'가 아닌 그 안에서의 구체적 삶을 조명하는 '실천적 논의'의 성격을 띠며, 해방신학자들의 용어를 빌리자면 '프락시스에 대한 성찰reflection on praxis'이다. 이러한 프락시스에 대한 성찰을 통해서만이 종교의 이데올로기적 기능과 그에 따른 보이지 않는 차별과 억압구조가 벗겨질 수 있기 때문이다. 또한 이러한 프락시스에의 조명이 종교적 논의에서 중요한 이유는 철학과 달리 종

---

[1] Johann Baptist Metz, *Faith in History and Society: Toward a Practical Fundamental theology*, Seabury Press, 1980, p.45.

교는 인간의 '구원'에 관심을 갖기 때문이다. 즉 종교에서 사람들은 구체적 삶의 의미를 찾고 방향성을 제시받는다. 따라서 종교에 대한 논의는 추상적 개념만이 아니라 특정 종교에서 구체적으로 어떤 '구원의 길'을 찾는가의 문제, 그리고 어떻게 그 종교 안에서 삶의 의미와 기쁨을 찾는 가에 대한 답을 찾는 것이기도 하다. 종교는 역사에서 두 가지 상충된 역할, 즉 인간을 자유롭게 하는 '해방자' 역할과 '억압자' 역할을 동시에 했다. 이러한 맥락에서 볼 때, 한 종교 안에 속한 이들이라고 해서 모두 동일한 의미성을 느끼는 것은 아니다. 따라서 '어떠한 관점'으로, 또는 '누구의 관점'으로 종교를 조명하고 해석하는가는 매우 중요한 문제이다. 이러한 전제 하에서 나는 유교와 한국 기독교의 문제를 조명하고자 한다. 이 장에서는 기독교를 개신교와 천주교를 모두 포함하는 용어로 쓴다.

한국에 기독교가 전래된 지 200년이 넘었다. 그 사이 100여 년의 길지 않은 선교 역사를 지닌 개신교회는 괄목할 만한 양적 발전을 이루었다. 2011년 통계에 따르면 한국 교회의 수는 개신교와 천주교를 합해 7만 7000개를 넘었고, 교인의 수도 1370만 명이 넘는다고 한다.[2] 이러한 양적 성장을 이룬 한국 기독교는 이제 성숙성을 이루기 위해 자기검증 self-scrutiny을 진지하게 고민해야 할 시기에 도달했다. 자기검증은 우선 기독교가 한국에 전래되었던 초기 모습을 재조명하면서 현재 한국 기독교가 무엇을 상실했으며, 어떤 점을 회복하고 강조해야 하는지에 대

---

2 문화체육관광부가 발표한 2011년 〈한국의 종교현황〉에 따르면, 개신교회의 수는 7만 7966개, 천주교회의 수는 1609개이다. 또한 개신교도는 861만 6438명이고, 천주교도는 514만 6147명이다. (http://www.prism.go.kr/homepage/researchCommon/retrieveResearchDetailPopup.do?jsessionid=CB6273869D9F6D75F6631E0AA226E90A.node02?research_id=1371000-201100193)

한 성찰을 통해 가능하다고 본다.

기독교가 한국에 들어왔을 때, 기독교는 한국사회를 개혁하고 변화시킬 수 있는 동력이 있었다. 위계적이고 가부장적인 유교 가치관 때문에 삶의 철저한 제약을 받으며 사회로부터 소외되어 살던 이들에게 기독교는 모든 인간은 하나님의 지음을 받았고 모두 하나님 나라에 갈 수 있는 자격을 지닌 이들이라는 평등사상을 소개함으로써 새로운 가능성을 제시해주었다. 이러한 기독교의 평등성 강조는 오랫동안 억압받으며 살아온 이들에게는 놀라운 변혁의 복음이었다. 칼 만하임Karl Mannheim의 용어를 빌리자면, 당시 기독교는 기존 질서와 구조를 깨는 강한 혁명적 요소를 지닌 유토피아적utopian[3] 종교였다. 물론 기독교가 기존의 유교적 가치체제에 대해 근원적 도전을 했는가 하는 문제는 좀 더 복합적인 논의가 필요하지만, 한 가지 분명한 점은 기독교가 소개한 신 앞에서의 인간평등사상은 '양반 남성'을 '규범적 인간'으로 이해한 한국의 유교적 인간 이해에서 볼 때 분명 충격적이었다. 교육 기회가 근본적으로 차단된 여성에게 기회가 열리기 시작했다는 사실만으로도 서구문명과 함께 온 기독교는 분명 해방적 기능을 담당했다.

그러나 선교 200년을 넘고 세계적으로 놀라운 양적 성장을 자랑하는 한국의 기독교가 현재 과연 양적 성장만큼 질적·내면적 성장을 이

---

3 Cf. Karl Mannheim, *Ideology and Utopia: An Introduction to the Sociology of Knowledge*, 1936; A Harvest/ HBJ Books, 1985. 이 책에서 만하임은 '이데올로기'를 지배 계급이 그들의 지배를 합리화하고 강화하고자 하는 현상유지적 사고구조라고 규정하고, '유토피아'를 이데올로기가 유지하고자 하는 것을 변혁하고자 하는 억압 계층의 사고구조라고 규정한다. 유토피아는 저항과 변혁적 사고구조를 특징으로 한다. 만하임은 역사에서의 첫번째 '유토피아적' 사상가를 토머스 모어가 아닌 토머스 뮌처로 간주하는데, 뮌처를 중심으로 한 재세례파Anabaptism 운동이 권력의 운명적 수납을 깬 최초의 운동이었기 때문이다. 이에 대한 자세한 논의는 다음을 참고하라. 강남순, 〈이데올로기와 유토피아〉, 《현대여성신학》, 대한기독교서회, 1994. Paul Ricoeur, *Lectures on Ideology and Utopia*, ed., George H. Taylor, Columbia University Press, 1986.

룩했는가를 물을 때 쉽게 긍정적인 답을 하기는 어렵다. 기독교 선교 초기에 한국의 기독교가 보인 변혁적이고 인습타파적인 특성을 현대 한국 기독교가 상실하고 있기 때문이다. 나는 물론 이러한 문제가 비단 한국 기독교에 국한된 것만은 아니라고 본다. 한 종교가 소종파적sect 형태를 지니고 있을 때는 더 평등하고[4] 변혁적인 예언자적 특성을 지닌다. 그러나 그러한 소종파적 형태가 조직화·제도화되어 사회에 무리 없이 흡수되는 '교회' 형태로 되면 초기의 해방적·평등적·예언자적 특성을 포기하기 시작한다. 따라서 한국 기독교가 초기의 변혁적 정신을 상실하고 있다는 문제의식에 대한 진지한 논의가 필요하다. 이 장에서 나는 한국 기독교와 유교의 만남에 대해 비판적으로 조명하고자 한다.

2. 유교와 기독교, 그 불행한 만남

한 사회에서 제도화된 종교는 대체로 그 사회의 조직을 반영한다. 예를 들어, 가부장적 사회에서 주도적인 종교제도는 역시 가부장적이다. 이러한 관점에서 보자면, 한국 선교 초기에 소종파의 특성을 보였던 한국 기독교가 제도화되고 조직화된 교회의 모습을 분명히 띠기 시작하면서 당시의 위계적이고 가부장적 특성이 강화된 기독교로 바뀌기 시작했다고 볼 수 있다. 이러한 변화는 특히 한국사회의 주도적 이념이자 종교였던 유교의 영향으로 더욱 심화되었다. 한 종교가 사회에 뿌리내릴 때 사

---

[4] 예를 들어 이러한 평등주의적 특성은 특히 19세기 미국의 소종파에 대한 연구로 잘 드러나 있다. 여러 기독교 소종파들이 관습적 성 분업을 거부하고 위계적이지 않은 평등 공동체를 이루었다. Cf. 바버라 J. 맥해피, 손승희 역, 《기독교 전통 속의 여성》, 이화여대출판부, 1995, pp.175~183.

회의 문화적·종교적 요소와 무관하게 존재하기는 불가능하기 때문이다. 따라서 한국 기독교를 분석할 때 한국의 문화적·종교적 에토스를 대표한다고 할 수 있는 유교적 영향을 분석하지 않고는 불가능하다. 줄리아 칭Julia Ching의 지적에 따르면, 한국 기독교인은 원하든 원하지 않든 동북아시아 여러 나라 기독교인과 마찬가지로 유교적 배경과 가치관을 지닌 기독교인이다.[5] 유교가 한국에 들어온 후(기원 후 372년), 국민교육의 이념과 국가제도는 유교에서 가장 커다란 영향을 받았고, 특히 1392년 이씨 조선 건국 이후 현대에 이르기까지 한국인의 다양한 삶의 차원에 유교적 가치관이 깊숙히 수용되었기 때문이다. 이러한 의미에서 볼 때, 한국 기독교는 유교에 대한 논의와 분리하기 어려운 내적 연관성을 지닌다.

한국 기독교가 성숙한 기독교의 모습을 이루는 데 가장 장애가 되는 외적 요소 중 하나가 유교 문화라고 나는 본다. 이는 '평등주의적 관점'으로 유교와 기독교 문제를 조명한 후에 내린 평가이다. 이 글은 이제까지 종교다원주의적 입장에서 시도한 유교와 기독교의 대화나 만남이 유교와 기독교 관계를 긍정적 입장[6]에서 보는 것과 다른 비판적 관점에서 출발한다. 유교와 기독교의 만남을 시도한 대표적 논의 중 하나인 줄리아 칭의 시도[7]에서 볼 수 있는 것과 같이, 대부분 두 종교의 만남에 대한 논의에는 다음과 같은 점이 공통적으로 결여되어 있다.

첫째, 유교의 '실천적 차원'에 대한 관심이 결여되어 있다. 즉 한 종교

---

5 Hans Kung and Julia Ching, *Christianity and Chinese Religious*, Doubleday, 1989, p.85.
6 유교와 기독교의 만남을 긍정적으로 평가한 자료로는 다음을 참고하라. 윤성범, 《효》, 서울문화사, 1973. 오강남, 〈유교와 기독교의 만남〉, 《한국의 문화와 신학》, 대한기독교서회, 1992. 김하태, 《동서철학의 만남》, 종로서적, 1985. 조요한, 〈한국에 있어서의 유교와 기독교의 만남〉, 《한국문화와 기독교 윤리》, 문학과지성사, 1986. Julia Ching, *Confucianism and Christianity; A Comparative Study*, Kodansha International, 1977.
7 Julia Ching, *Confucianism and Christianity: A Comparative Study*, Kodansha International, 1977.

의 영향 아래에서 사람들이 좀 더 구체적으로, 남성과 여성 또는 양반과 상민이 구체적 삶의 현장에서 어떠한 삶을 살았는가에 대한 관심의 결여이다. 이러한 결여 때문에 논의는 대부분 순수이론meta-theory적 특성을 지닐 뿐 종교가 어떻게 구체적 장에서 실천되는가에 대해 아무런 해명을 하고 있지 않다. 종교는 순수이론이 아니다. 종교는 구체적으로 개인에게 인생관을 제시하고, 개인과 사회에 삶의 가치관을 형성하게 한다. 종교가 제시해준 가치관과 인생관은 구체적으로 인간의 개인적이며 사회적인 삶에 부정적 또는 긍정적 영향을 미친다. 예를 들어 유교적 영향 아래에서 양반과 상민의 삶은 엄격히 달랐으며, 여성과 남성은 본질적으로 엄격히 다른 삶의 양태를 지닐 수밖에 없었다.

유교가 한국사회 제반 영역에서 가장 강력한 이념적 기제 역할을 할 때, 양반과 상민 또는 여성과 남성의 '공동 경험'은 존재 불가능했다. 철저하게 각기 다른 그들의 경험을, 보편적 '인간'이라는 용어로 묶어서 논할 수 없다는 의미이다. 이미 학문적 논의에서 '가치중립적'이고 '객관적인' 관점이 불가능하다는 점은 널리 알려진 사실이다. 특히 착취와 억압이 존재하는 세계에서 '지적 중성성intellectual neutrality'은 불가능하다는 사실은 해방신학자들과 페미니스트 신학자들이 준 중요한 통찰 중 하나이다.[8] 이러한 맥락에서 성gender,[9] 인종 또는 사회적 계층은 종교에 대

---

8 이러한 논의에 대해서는 특히 다음을 참고하라. Frederick Herzog, "Liberation Hermeneutics as Ideology Critique", *Interpretation* 27, 1974, pp.387~403; Elisabeth Schüssler Fiorenza, *In Memory of Her: A Feminist Theological Reconstruction of Christian Origins*, Crossroad, 1983.
9 널리 알려진 바와 같이 남성과 여성을 일컫는 '성'이라는 말은 영어로 '섹스sex'와 '젠더gender'로 표기할 수 있으며, 이 두 용어는 사실상 밀접한 상관관계가 있다. 그러나 좀 더 명확한 구분을 하자면, 전자는 생물학적으로 구분한 남성과 여성을 말하며, 후자는 사회·문화적으로 구분한 성을 지칭한다. 생물학적으로 구분한 고정된 남녀의 성 역할을 강조하는 가톨릭의 입장과는 달리, '95북경세계여성대회'에서 모든 문서에 성을 '섹스'가 아닌 '젠더'로 표기하기로 합의했다. 이러한 결정은 여성의 사회적 역할이나 지위가 남성보다 상대적으로 열등한 것은 생물학적 차이 때문이 아닌 사회·문화적 요인 때문

한 논의에서 빼놓을 수 없는 변수이다. 왜냐하면 억압자와 피억압자는 한 종교 안에서도 동일한 경험이 아닌 판이하게 다른 경험과 인식을 하기 때문이다. 이렇게 볼 때 유교와 기독교의 만남에 대한 논의의 대부분은 종교에 대한 논의에서 특히 중요한 변수 중 하나인 성gender에 대한 관심을 결여함으로써 유교와 기독교의 실천적 차원에 대한 조명을 하지 못한다. 더 나아가서, 이러한 중성적 논의는 현상유지적 기능을 하며, 이러한 중성적 논의를 나는 "살아 있는 논리living logic"가 아닌 "냉동된 논리frozen logic"[10]의 전개로 본다.

둘째, 평등주의적 또는 해방주의적 관점이 결여되어 있다. 이러한 관점의 결여 문제는 기독교 복음의 핵심 중 하나인 '정의'[11]에 대한 관심의 결여를 낳는다. 여기서 말하는 정의 개념은 추상적 정의가 아닌, '성 정의gender justice' 또는 '계층 정의' 등으로 구체화된 정의이다.[12] 다양한 종류의 억압과 불의의 현실이 존재하는 사회에서 어느 상황에나 보편적으로 적용할 수 있는 정의의 개념이 있다고 보지 않는다. 보편적 정의의 주장은 역사에서 언제나 있었으나, 이러한 보편적 정의 개념은 이제까지 다양한 구체적 불의의 현실을 간과해왔기 때문이다. 그래서 이제 우리가 정의에 대해 말한다면, '누구를 위한 정의인가' 또는 '어떤 시각에서 본 정의인가'를 우선적으로 물어야 한다. 그렇지 않으면 여전히 정의의 이

임을 강조하기 위한 것이라고 할 수 있다. 이 글에서 쓰는 성의 개념은 '젠더'의 의미임을 밝힌다.
10 Karen Lebacqz, *Justice in an Unjust World: Foundations for a Christian Approach to Justice*, Augsburg Publishing House, 1987, p.56.
11 기독교적 정의의 개념은 이사야 61장, 누가복음 4장 18~19절 등에서 찾을 수 있다.
12 카렌 레바크츠는 이제까지의 정의이론은 불의한 역사적 현실은 보지 않고 정의의 이상적 개념을 형성하고자 함으로써 현대의 불의 문제를 다루지 않았다고 지적한다. Cf. Karen Lebacqz, *Justice in an Unjust World*, pp.52~59; *Six Theories of Justice: Perspectives from Philosophical and Theological Ethics*, Augsburg, 1986. 그리고 여기서 비판하는 정의론으로는 다음을 참고하라. John Rawls, *A Theory of Justice*, Harvard University Press, 1971; Robert Nozick, *Anarchy, State, and Utopia*, Basic Books, 1974.

름으로 불의의 현실이 정당화되고 강화될 수 있는 위험성이 있다. 이러한 맥락에서 볼 때, 유교와 기독교에 대한 논의에는 중성적 논리가 아닌 이른바 "의심의 해석학hermeneutics of suspicion"적 논리가 필요하다. 이러한 의심의 해석학을 통해 유교적 이상 속에 감추어진 이데올로기적 차별 구조를 보게 된다. 예를 들어 줄리아 칭은 '인仁'을 온전한 인간형인 '군자'에 이르게 하는 가치로 보고 유교가 진정한 휴머니즘을 표현한다고 말한다.[13] 하지만 문제는 이 군자의 범주에 여성이나 상민이 포함될 수 없었다는 점이다. 모든 이들을 구원의 대상으로 보는 기독교와 달리, 유교적 '군자' 개념에는 '구속론적 평등성'이 결여되어 있다.

셋째, 두 종교의 상이성에 대한 분명한 분석이 결여되어 있다. 유교와 기독교에 대한 논의에서 두 종교가 지닌 유사성은 잘 지적되고 있다.[14] 그러나 결정적 상이성은 보지 못함으로써 기독교의 해방적·변혁적 요소를 차단한다. 예를 들어 유교의 상제上帝와 기독교의 신 개념 간의 유사성은 빈번하게 강조하지만,[15] 정작 두 개념의 결정적 차이는 논의하지 않는다. 이러한 유사성의 강조를 통해 정의의 신, 해방의 신, 출애굽의 신으로 표현하는 기독교 신의 특성을 간과하는 셈이다. 유교의 상제 개념 속에 불의에 분노하는 모습이 있는가. 억압받는 자의 편에 선 모습이 있는가. 소외된 이와 함께하는 연대성 개념이 있는가. 기독교의 본질

---

13 Julia Ching, *Confucianism and Christianity*, p.9.
14 예를 들어 줄리아 칭은 기독교와 유교는 윤리적 관심에 있어서 공유하는 바가 있기 때문에 잘 연관될 수 있다고 본다. Cf. Julia Ching, *Confucianism and Christianity*, p.xxiii. 또한 윤성범은 유교와 기독교에서 공통적으로 중요한 개념은 '부자父子' 관계의 중요성이라고 본다. 이 두 종교에서 부자 관계는 상징적으로 절대적 위치에 놓여 있으며 부부 관계보다 선행한다. 윤성범은 예수의 하나님과의 관계는 유교적 효의 개념과 동일하며, 유교와 기독교는 동양의 종교로 윤리가 가족으로부터 출발한다고 봄으로써 두 종교의 강한 유사성을 강조한다. Cf. 윤성범,《효》, 서울문화사, 1973.
15 Cf. Julia Ching, *Confucianism and Christianity*, pp.10~21.

과도 같은 이러한 특성이 결여된 상제 개념과 기독교 신과의 동질화는 '반쪽 진실'을 '전체 진실'이라고 주장할 때 야기될 수 있는 위험성이 있다. 유교에 가장 크게 결여된 요소 중 하나는 정의 개념이며, 기독교 신에게 다른 이름을 붙일 수 있다면 그것은 '정의'라고 보는 도로테 죌레[16]의 생각에 동감한다. 기독교의 본질과도 같은 정의 개념을 유교의 상제에서 찾기는 매우 어렵다.

이러한 맥락에서 보자면 유교와 한국 기독교에 대한 논의는 첫째, 종교는 추상적 이론의 세계에서가 아니라 개인과 사회 구성원의 구체적 삶을 통해 존재하며,[17] 둘째, 따라서 성별이나 사회적 계층 등은 한국 종교에 대한 논의에서 중요한 변수로 작용한다는 전제로부터 시작해야 한다. 이러한 전제에서 유교와 한국 기독교를 조명해볼 때, 유교는 한국 기독교 발전에 긍정적 측면보다는 가부장성과 위계주의적 윤리로 인해 매우 부정적 요소로 작용했다고 나는 생각한다.

3. 한국 기독교 안의 유교적 영향

1) 가족주의와 교파주의

아리스토텔레스에 따르면, 가장 초기의 정치조직 형태는 가부장과 가족 구성원들로 형성되는 가족의 연장이다.[18] 인간은 자신의 삶의 방식에

---

16 Dorothee Sölle and Fulbert Steffensky, *Not just Yes and Amen: Christians with a Cause*, 1983; Fortres Press, 1985, p.9.
17 이러한 종교 개념에 대한 논의는 다음을 참고하라. Hans Küng, et al., *Christianity and the World Religion: Paths to Dialogue with Islam, Hinduism, and Buddhism*, trans., Peter Heinegg, Doubleday & Company, 1986, pp.xv~xvi.

비추어서 신을 생각한다는 아리스토텔레스의 주장은 유교에서의 가족의 의미를 종교적 차원과 연결시켜서 생각하는 데 도움을 준다. 유교에서 '가족'은 개인적 차원을 훨씬 넘어서는 '종교적 상징'의 의미를 지닌다.[19] 가족은 성스러운 공동체로 모든 도덕과 정치적 행위의 자연적 근거가 되며 모든 제도의 생물학적 근원이다. 맹자는 "제국의 근원은 국가에 있으며, 국가의 근원은 가족에 있다"[20]고 말함으로써, 가족제도가 정부를 포함한 모든 사회조직의 모델임을 강조했다. 이러한 유교의 가족 이해에는 다른 종교에서 찾아볼 수 없는 독특한 의미가 있다.[21] 따라서 가족을 모든 근원으로 간주하고, 가족의 맥을 잇는 일을 가장 중요한 행위 중 하나로 믿는 유교적 가치관에서는 혈연이야말로 가장 중요한 관계이다. 여기서 가족이란 철저히 부계중심주의적인 가족이다.

이러한 부계혈통중심적 '가족주의familism'가 한국 기독교에 반영된 결과를 나는 '교파주의denominationalism'라고 본다. 혈연을 무엇보다도 중요시하는 사고구조를 기독교 안에 적용하면서, 자기가 속한 교단과 교회를 중심적 가치로 생각하는 사고구조를 한국 기독교에 심어주었다. 옳고 그름의 합리적 판단보다는 지연과 혈연 관계의 밀착성 속에서 가족주의의 부정적 측면이 한국 기독교계에 배타적 교파주의로 나타났기 때문에 한국 기독교계에서 교단 간의 배타적 관계는 참으로 특이하다.

---

18 Aristotle, *Politics*, University of Chicago Press, 2013, 1252b, 1259b.
19 이 점에서 유교를 의심할 여지없이 종교의 범주에 넣는다. 유교를 철학으로 볼 것인가 종교로 볼 것인가의 논의는 종교의 개념에 따라 달라지는데, 유교를 분명한 종교라고 보는 관점에 대해서는 다음을 참고하라. Wing-tsit Chan, *The Great Asian Religions: An Religions: An Anthology*, Macmillan, 1969, 105ff; Robert Cummings Neville, "Forward", *The Religious Dimensions of Confuciamism*, Rodney L. Taylor, State University of New York Press, 1990, pp.ix-x.
20 *Menchius*, trans., James Legge, bk.IV, pt.I, ch.V.
21 유교 문화권의 언어에서 가족과 친척 관계를 표현하는 용어 가운데 서구 언어로 대치할 수 없는 용어가 100개 이상이 될 정도로 많다는 사실은 유교에서의 가족 의미가 갖는 특이성을 잘 드러낸다.

예를 들어 한국에 각 교단을 소개한 미국의 경우, 교단 간 경쟁구조는 피부로 느끼기가 어렵다. 한국과 같이 신학대학 교수진이 모두 동일한 교단 사람만으로 구성된 경우도 아주 보수적 교단을 제외하고는 찾아 보기 힘들다. 대부분은 다양한 교단 배경을 지닌 교수들이 신학대학에서 가르치고 학생들의 교단 배경도 그만큼 다양하다. 하지만 이러한 모습을 한국의 신학대학에서 상상할 수 있을까. 한국 기독교계는 왜 이렇게 타 교단에 대한 벽이 높을까. 진정한 에큐메니즘ecumenism 실천은 먼 곳이 아닌 바로 기독교계 안에서부터 시작해야 한다.

교파주의를 좀 더 깊숙히 들어가 보면, 한 교단 안에서도 다양한 분파가 있어서 교단마다 교권 다툼이 끊이지 않음을 알 수 있다. 일을 처리하는 데 필요한 상식 수준의 합리성도 지나친 요구로 느끼는 상황이 각 교단마다 비일비재하다. 물론 교단 안의 분파적이고 배타적인 성향이 모두 유교적 영향이라고 볼 수는 없지만, 한국 기독교를 병들고 타락하게 만든 특유의 혈연, 지연, 학연 또는 인맥 중심의 관계 설정은 '혈연가족'을 지상 최고의 관계로 설정한 유교의 영향으로 강화되었다고 볼 수 있다. 이러한 인맥 중심적 관계가 지배적 성향이 될 때 야기되는 가장 심각한 문제는 바로 보편적 가치나 규범 결여이다. 유교적으로 말하자면 혈연 중심적 관계의 맥락에서 교파 중심적·인맥 중심적 관계가 보편 규범이나 가치보다 우선하게 되면서 결과적으로 교단 분열의 주요 요인이 된다. 이렇게 보편적 가치나 규범이 결여되면 정의 개념의 결여와 민주의식의 결여로 치닫게 되는데 교파주의를 '위선'이라고 비판한 리처드 니버Richard Niebuhr[22]를 인용하지 않더라도, 우리는 교단 간의 배타성

---

22 H. Richard Niebuhr, *The Social Sources of Denominationalism*, The World Publishing Company, 1929, p.6.

이나 교단 속 인맥 중심 관계가 어떠한 경우든지 결코 기독교적 근거로 합리화될 수 없다는 사실을 잘 알고 있다.

유교적 가족주의는 기독교적 개인주의[23]와 근본적으로 상이한 개념이다. 리처드 니버는 기독교적 문화의 특성 중 하나를 "보편적 공동체 universal community"[24]라고 했는데, 기독교가 지닌 이러한 보편적 공동체 개념이 담고 있는 평등주의적 인간 이해는 근원적으로 위계주의적인 유교적 인간 이해에서는 참으로 불가능한 특성이다. 즉 개체적 존재로서가 아니라 혈연적 관계성 속에서만 개인의 존재를 용납하는 유교적 가족주의가 근거한 위계주의적 인간 이해와 본질적으로 다르다는 의미이다. 이러한 가족주의 개념에서 현대적 의미의 '자유'와 모든 인간은 평등하다는 '평등'의 개념을 찾을 수 있는 근거란 매우 희박하다. 유교적 가족주의를 실현하는 데 필수적인 것은 '오륜五倫, Five Relationships[25]의 실천이며, 이러한 실천에서 남성중심적·위계적 관계의 설정은 필연적이기 때문이다. 즉 수직적 관계만 존재할 뿐 모든 인간이 지닌 존엄성에 대한 인식에서 출발하는 수평적 평등 관계는 존재하지 않는다. 수직적 관계가 우선이 될 때 올바른 의미에서 개별인의 존엄과 판단을 존중하는 민주주의 의식이 꽃피기란 상당히 어렵다. 이러한 유교적 가족주의의 배경은 한국 기독교가 지닌 교파주의나 개교회주의 그리고 인맥 중심주의 등

---

23 에른스트 트뢸취는 기독교의 사회이론을 형성해온 두 개념은 개인주의와 보편주의라고 보고, 특히 성서윤리의 가장 분명한 특징은 "무제약적이며 무한한 개인주의"임을 강조한다. Cf. Ernst Tröltsch, *The Social Teachings of the Christian Churches*, 1911; Chicago University Press, 1961, p.55.
24 Cf. Richard Niebuhr, *Radical Monotheism and Western Culture*, 1943; Harper & Row, 1970.
25 널리 알려진 바와 같이 오륜이란 군신유의, 부부유별, 부자유친, 장유유서, 붕우유신이다. 여기에서 어머니로서의 여성, 딸로서의 여성 그리고 며느리로서의 여성은 철저하게 아버지, 남편, 아들에게 의존적 삶을 살아야 하는 '이등 인간'이다. 이러한 여성 이해를 바탕으로 한 유교가 '모든 인간이 창조주에 의해서 평등하게 지음받았다'는 인간존엄과 평등사상을 실천적으로 발전시키기는 어렵다.

의 부정적 양태로 강화되었으며, 더 나아가서 성차별주의를 합리화하는 결과를 낳았다.

2) 남성우월주의와 성차별주의

유교에서 가정이 갖는 특수한 의미 때문에 가계家系를 잇는 행위는 가장 중요한 일 중 하나이다. 그 때문에 맹자는 가장 큰 불효 중 하나를 대를 이을 후손을 낳지 못하는 것이라고 했는데,[26] 여기서 '후손'이란 딸이 아닌 아들을 지칭한다. 칠거지악七去之惡 중에 아들을 낳지 못한 행동이 남편에게 이혼당할 수 있는 '악'으로 포함되어 있다는 사실은 유교적 남아선호사상이 얼마나 여성 인권을 유린해왔는가를 잘 보여준다. 가족의 의미를 신성한 것으로 강조하는 유교에서 강한 남아선호사상과 남성우월주의 사상이 나오는 이유는 남자만이 가족의 중심성을 이루고 가계를 이을 수 있다고 믿기 때문이다. 또한 '효'의 모순된 원리에 따르면 여성은 남편의 부모에게만 효도할 것을 강요하며, 조상 숭배에서 본질적으로 조상은 '남자 조상'을 의미했다.[27] 따라서 아들은 삶의 다양한 차원에서 모두 요구되는 필연적 요청이었다. 문제는 아들을 낳지 못해 남편 집에서 쫓겨나는 한 맺힌 여성들의 삶이 비단 조선시대에만 한정된 이야기가 아니라는 점이다. 남아선호사상은 일본이나 중국보다 한국에서 더욱 분명하게 나타나[28] 무수한 한국 여성들이 아들을 낳기 위해 필사

---

26 James Legge, trans., *The Four Books: Confucian Analects, the Great Learning, the Doctrine of the Mean, and the Works of Mencius*, 1923; Paragon, 1966, p.725.
27 Winton L. King, *Introduction to Religion*, Harper & Row, 1954, p.168.
28 Laurel Kendall and Mark Peterson, ed., *Korean Women: View from the Inner Room*, East Rock Press, 1983, pp.165~166.

의 노력을 기울였다.

유교적 가치구조에서 가정을 신성한 공동체로 규정하는 것 자체에 문제가 있다고 보는 것은 아니다. 좀 더 근원적인 문제는 '규범적 인간'을 '남성'으로 설정한다는 점이다. 유교를 '이상적인 휴머니즘'으로 보는 입장에 동의할 수 없는 이유가 여기에 있다. 줄리아 칭은 유교가 "인간의 존엄성, 도덕적으로 위대해질 수 있고 심지어 성인의 경지에까지도 이를 수 있다는 가능성, 도덕적 가치에 입각한 사회에서 타인과 맺어야 할 근본적 관계, 실재에 대한 해석 및 초월적인 것에 대한 개방적 자아의 형이상학 등의 역동적 발견"[29]을 뜻한다고 보고 오늘날에도 유교를 적절한 것으로 평가한다.

그러나 여기에서 이야기하는 '인간의 존엄성'이란 무엇인가. 아들 낳지 못하는 여성을 내쫓거나 여자아이라는 이유 때문에 버림받고 살해당하는 극도의 남존여비 문화를 강화한 남성중심적 인간 이해가 과연 올바른 인간의 존엄성을 실현할 수 있는가. 불평등 구조를 출발점으로 삼는 '휴머니즘'이 진정한 휴머니즘일 수 있는가. 성별과 사회적 신분에 근거해 '규범적 인간'과 '종속 인간sub-human'으로 분류하는 관계성이 과연 올바른 상호 연관성을 실현하는 것인가. 유교를 이상화 내지 낭만화하는 시도는 종교의 구체적 실천 문제를 간과한 추상적 논의에 지나지 않는다. 종교란 인간의 삶의 의미, 그리고 그 삶의 의미를 부여하는 포괄적 의미의 '구원'에 이르는 길에 관심을 갖는다.[30] 그러므로 종교에 대한 논의에서 구체적으로 그 종교 안에서 살아가는 사람들의 상황을 고려하지 않고 평가한다는 것은 종교의 본질적 의미를 간과하는 것이다. 유

---

29 Hans Küng and Julia Ching, *Christianity and Chinese Religions*, p.90.
30 Hans Küng, et al., *Christianity and World Religions: Paths to Dialogue with Islam, Hinduism, and Buddhism*, p.xvi.

교에서 가장 핵심적 조상에 대한 제사에 여성이 참여할 수 없었던 사실, 또한 현대에 이르러서도 여성 유림이 없다는 사실은 유교가 여전히 남성의 종교임을 명백히 하는 지표 중 하나이다.[31] 특히 유교 문화권에서 살아보지 않거나 유교 문화가 얼마나 수많은 여성과 상민의 삶을 왜곡시켜왔는가에 대한 예민성이 없는 이들이 하는 유교에 대한 논의는, 구체적 실천의 장에서 유교의 차별과 불의성에 대해 보지 못하는 결과를 낳는다. 아시아 종교 안의 성차별주의에 대해 논의할 때 무비판적으로 아시아 종교를 낭만시하거나 이상화는 시도는 참으로 안타까운 일이다. 진정으로 남성과 여성, 양반과 상민이 함께 공유한 '유교적 평등 공동체'의 흔적이 동아시아 역사 속에 있는가. 휴머니즘의 철학과 종교라는 유교 문화권에서 왜 그토록 오랫동안 '여자아이 살해female infanticide'를 자행해왔는가.

21세기에 들어선 지금 표면적 상황은 많이 바뀐 것 같지만 '여아 낙태'는 여전히 현재 사회에서 다양한 방식으로 진행되고 있다. '태아 성감별'의 발달은 '남아선호와 여아살해'를 의학적으로 '자연화'했고, 경제개발과 연계된 현대의 '인구조절' 논의는 여전히 은닉된 남성중심적 가부장제를 알아차리지 못하게 한다. 결과적으로 "개발에 출생률 급락이 동반되었기 때문에 자식 각각의 성별은 더욱 중요해지면서 부모가 여아 태아

---

31 한국의 가족 종교에는 이중적 구조가 있는데, 여성은 샤머니즘을, 남성은 유교적 제의를 지킨다는 사실이다. 여성은 유교적 제의를 준비하는 과정에서 모든 일을 하지만 정작 그 제의에는 배제된다. 이 같은 사실을 통해 샤머니즘을 여성의 종교로, 유교를 남성의 종교로 구분하는 것의 타당성을 일면 보게 된다. Cf. Laurel Kendall, *Shamans, Housewives, and Other Restless Spirits: Women in Korean Ritual Life*, University of Hawaii Press, 1985, pp.25~30. 그러나 유교에서처럼 샤머니즘에서도 여성은 죽은 후에 시집의 조상이 되며, 많은 강력한 신은 남성이라는 사실, 그리고 무엇보다도 기존 체제에 대한 변혁의 의지가 결여되어 있다는 사실 등 여러 가지 점에서 가부장주의적 이데올로기를 수용하고 지지한다. 이 때문에 샤머니즘 역시 여성을 위한 대안적 종교로 간주하기 어렵다.

를 낙태할 가능성은 증가"하고 있다.³² 유교 안에서 여성의 고통과 아픔의 삶을 보지 않고 유교를 논의하는 것은 무의미하다. 이는 마치 인종차별주의를 논하지 않고 흑인 작가의 작품을 논하는 것과 같은 맥락이다.

문제는 이러한 유교적 남성우월주의가 기독교와 합세해 한국 기독교가 더욱 강화된 성차별주의적 특성을 지니게 되었다는 점이다. 유교의 지도력을 전적으로 남성이 독점한 것처럼, 교회, 교단 그리고 신학계를 포함한 모든 한국 기독교계에서 여성 지도력의 배제 상황은 거의 변하지 않았다. 여성 안수 등 법적으로 평등한 사안을 재정했다고 해도 실천적 장에서 성차별은 여전히 강력한 기제로 작용하며, 따라서 교회 안에서 여성이 하는 일은 대부분 가정에서 하던 일의 연장인 부엌일에 지나지 않는다.³³ 기독교 전통의 가부장적 구조와 유교의 가부장적 정신이 합쳐지면서 한국 기독교는 강력한 성차별주의적 특성을 지닌 기독교로 발전해왔다.

3) 보수주의

대부분의 조직화된 종교는 보수주의의 요새이다. 종교는 안정성을 추구하며, 오래전부터 내려온 전통과 관습으로부터 존재 근거를 찾기 때문

---

32 Cf. 정박미경, 〈낙태공화국이 받은 청구서 '여성 멸종, 남성 잉여!'〉, 《프레시안》, 2013년 6월 28일, http://www.pressian.com/news/article.html?no=69065.
33 '95희년통일교회협의회의 여남평등교회 공동체위원회가 실시한 설문조사에 따르면, 9개 교단 소속 총 응답자 877명 중 '교회에서 주로 하는 일'을 51퍼센트가 청소, 음식 만들기, 7.3퍼센트가 행사 준비라고 응답했다. 이는 교회 여성의 약 60퍼센트가 집안일의 연장 같은 일을 교회에서 하고 있음을 보여준다. 그런데 이 여성들 가운데 '교회에서 가장 하고 싶은 일' 항목에 청소, 음식 만들기를 택한 사람은 오직 0.3퍼센트뿐이었다. 이는 한국 교회 여성들이 교회 안에서 '하고 있는 일'과 '하고 싶은 일' 사이에 커다란 거리가 있으며, 이러한 거리는 자신의 정체성을 갖는 데 장애가 된다는 의미이다. 오래전 설문조사이지만 현재도 이러한 정황은 거의 바뀌지 않았다. 여전히 여성이 교회에서 하는 일은 집안일의 연장이다.

이다. 그래서 한 사회에서 안정된 위치를 차지한 종교는 강한 현상유지적 성향을 지니며 변화를 위한 어떠한 시도도 '위험한 도전'으로 간주한다. 칼 만하임의 용어를 빌리자면, 종교가 '이데올로기화'된 것이다. 나는 기독교에서 예언자적 정신으로 대변하는 개혁정신을 유교에서 찾는 것은 불가능하다고 본다. 효孝와 충忠의 실천은 옳고 그름의 판단 이전에 대상에 대한 전적인 헌신을 의미하기 때문이다. 또한 유교의 원형적 역사관은 인간의 역사를 회귀와 반복의 원칙을 따르는 것으로 보기 때문에 인간의 이지로 시도하는 변혁을 긍정적으로 보기 어렵게 만들기 때문이다.[34] 이러한 유교적 정신은 현상유지적 성향을 강하게 띠며, 나아가 불의한 구조를 개혁하고자 하는 저항과 변혁의 의지를 근원적으로 차단한다.

　기독교가 한국에 들어왔을 때는 저항과 변혁의 종교로서 역할을 했다. "새 하늘과 새 땅"의 미래 비전으로 당시 유교문화가 지닌 억압과 차별구조에 저항한 것이 서구문명과 함께 온 기독교이다. 그러나 한국사회 안에서 인정받는 종교로서 안정성을 획득하면서 기독교는 미래 비전을 지닌 변혁적 특성을 상실하기 시작했다. 기독교 전통이 지닌 보수주의적 특성과 유교의 보수주의적 경향성이 결합해 한국 기독교는 새로운 변화의 요청에 귀 기울이지 않는 강한 보수주의 기독교로 거듭났다. 이러한 보수주의적 성향은 불의한 구조를 변혁하고자 하는 의지를 차단하고 그러한 시도를 위협적인 것으로 간주한다는 문제가 있다. 그렇기 때문에 기존 체제에 비판적 시각을 갖고 물음을 제기하는 변혁적 신학을 모두 이단으로 규정하는 분위기가 자연스럽게 형성되었다. 하지만 건설적 비판과 정의지향적 변화를 거부하는 종교나 전통은 성숙하

---

[34] W. T. Bary, *Chinese Despotism and Confucian Ideal*, p.168; 박봉배 & 이원규 편저, 〈전통문화의 변용과 기독교〉, 《한국사회와 교회》, 도서출판 나단, 1989, p.241에서 재인용.

기 어렵다. 한국 기독교가 성숙한 기독교가 되기 위해서는 무엇보다 새로운 변혁의 소리, 저항의 소리에 귀를 기울이고 다양한 관점을 존중하는 노력이 필요하다.

물론 여기서 제시한 요소들이 전적으로 유교에서 전수받은 것은 아니다. 다만 이러한 요소들이 유교의 영향으로 한국 기독교에서 더욱 강화되고 특성화되었다고 생각한다. 나는 앞서 일부 학자들이 내린 유교에 대한 일반적·긍정적 평가가 구체적·실천적 차원에 대한 조명을 결여한 채 형성되었음을 밝혔다. 개인주의individualism와 대립적 이원론conflictual dualism으로 표현되는 서구사상의 한계를 인식하고, 그와 다른 원리인 관계주의 또는 가족주의 그리고 음·양의 보충적 이원론적 사고 형태[35]를 띤 유교를 긍정적으로 평가하는 과정은 충분히 이해할 수 있다. 그러나 이러한 유교적 특성이 추상적 원리만이 아닌 구체적 실천의 장에서 억압적·차별적 형태로 나타났음을 우리가 간과해서는 안 된다. 이 때문에 유교가 설정한 관계성의 전제는 페미니스트 관점에서 볼 때 긍정적으로 평가하기가 어렵다. 유교적 '관계성'의 강조는 결국 우리 역사에서 석서嫡庶차별, 남녀차별, 양반과 상민차별, 장유長幼차별 등, '차별과 복종 문화'를 강화하고 '평등과 대화 문화'를 차단하는 결과를 낳았기 때문이다. 이러한 유교적 관계성의 이해는 기독교적 정의 개념과 연대성의 개념을 활성화시키기 어렵게 만든다. 유교의 위계주의, 남성중심주의 그리고 나이차별주의ageism적 구조에 근거한 관계성의 강조는 한국 기독교에 상당한 부정적 영향을 주었다고 나는 본다. 이제 한국 기독교는 비판적 자기 검증을 통해 이러한 부정적 요소를 극복하는 데 힘을 기울여야 한다.

---

35 음양의 '보충적 이원론적 원리'가 구체적 현실 구조에서는 사실상 위계적·남성중심적인 '대립적 이원론'의 형태로 실천되었다.

4. 평등 공동체로서의 종교를 향하여

기독교는 역사 속에서 두 가지 상충된 역할을 했으며, 가부장주의적 전통과 평등주의적 전통을 모두 지닌 종교이다. 그래서 강한 남성중심적 전통과 동시에 해방적·평등주의적 전통이 기독교 안에 모두 포함되어 있다. 기독교 안에 남아 있는 많은 여성들과 사회적으로 소외된 이들은 이러한 기독교의 해방적·평등적 전통에 근거해 새로운 변혁적 시도를 한다. 즉 기독교 안의 억압적·가부장주의적 전통은 신의 뜻이 아니라 가부장제 시대의 반영임을 밝히고자 한다. 기독교가 제도화된 종교로 굳어지기 전에 기독교의 모체는 예수정신을 실천하며 살고자 했던 이들의 '평등 공동체'였으며, 사회에서 소외되고 억압받은 이들의 '해방 공동체'였다.[36]

이러한 평등적이고 해방적 전통이 없었다면 정의와 평등을 추구하는 이들이 기독교에서 희망의 근거를 찾기는 어려웠을 것이다. 트뢸취의 지적처럼, 기독교 공동체의 기반은 모든 인간은 죄인이기 때문에 신 앞에서 평등하다는 '부정적 평등성negative equality'이다.[37] 그래서 기독교는 가부장주의적 요소 때문에 비판을 받는 동시에 또 다른 요소인 평등적·해방적 전통 때문에 다양한 평등주의적 공동체를 형성하는 데 기여하기도 했다. 즉 변혁을 추구하는 이들이 불의에 저항할 수 있는 근거와

---

36 기독교 초기 공동체에 관해서는 다음을 참고하라. Elisabeth Schüssler Forenza "In Memory of Her: Women's History as the History of the Discipleship of Equals", *In Memory of Her,* Crossroad, 1983; Rosemary R. Ruether, "Spirit-filled Community and Historical Institution", *Women-Church: Theology and Practice,* Harper & Row, 1985.

37 Ernst Tröltsch, *The Social Teaching of the Christian Church,* vol.I., 1911; The University of Chicago Press, 1981, pp.72~73.

영적 에너지를 기독교의 평등주의적 전통에서 공급받을 수 있었던 셈이다. 무엇보다도 예수의 삶이 보여준 인습타파적 요소는 인종과 성 그리고 사회적 신분에 근거한 어떠한 차별과 배제도 거부해야 하는 요청성을 기독교인들에게 안겨주었다.

나는 한국사회에 필요한 것이 서구사회와 동일하다고 생각하지 않는다. 즉 인간을 단자적으로 이해한 서구적 인간 이해는 인간이 사회적 존재라는 사실, 관계성 속에 살아가는 존재라는 사실, 더 나아가 상호 의존해 살아가는 존재라는 사실을 간과함으로써 비판을 받았다. 그러나 인간의 개체성에 대한 분명한 인식이야말로 한국사회가 더욱 발전시켜야 할 측면이다. 인간의 개체성에 대한 이해가 신 앞에 단독자로 서는 기독교적 인간 이해의 출발점이기 때문이다. 나아가 이러한 인간의 개체성에 대한 인식은 민주주의를 가능하게 하고, 인간은 자유와 평등을 추구하는 존재라는 인식과 함께 기독교적으로는 자연법 사상을 가능하게 하는 인간 이해이다.

인간을 '오륜'의 관계성 속에서 이해한 유교적 인간 이해는 인간이 관계적 존재임을 강조한 점에서는 타당성이 있지만, 그 관계성이 평등적 관계성이 아닌 극도의 위계적 관계성이라는 점에서는 한계가 있다. 인간을 개체적 존재로서 생각하지 못하고 장유, 남녀, 적서의 관계 속에서만 이해하기 때문이다. 유교적 관계성은 위계주의를 넘어 모든 인간이 지닌 존엄성을 자각하지 못하게 한다는 점에서 타당성을 상실한다. 이러한 의미에서 인간을 관계적 인간으로 본 유교적 이해가 서구적·개인주의적 인간 이해의 대안이 되는 것은 본질적으로 문제가 있다. '유교적 관계성'과 서구의 개인주의적 인간 이해의 '대안적 관계성'은, '관계성'이라는 용어는 같지만 인간에 대한 상이한 전제에서 출발하는 개념이기 때문이다.

종합해보면, 한국 역사에서 유교는 적서차별, 상민차별주의 같은 계층차별주의, 성차별주의 그리고 나이차별주의를 인식론적·제도적으로 합리화하고 강화하는 데 가장 강력한 이데올로기를 제공했다. 유교의 본산지인 중국에서도 이러한 유교적 성향은 근원적으로 비판을 받는다. 중국에서 유교에 대한 비판은 1916년부터 시작되었는데 핵심 내용은 유교가 자녀와 부인의 인격적 개체성이나 개인적 소유를 허락하지 않는다는 점, 개인의 자유와 독립성을 인정하지 않는다는 점, 따라서 효와 조상 숭배에서 부인과 장손 아닌 이들의 존엄성이 인정되기 어렵다는 점이었다.[38] 동북아시아 여러 나라 중에서 유교 정신과 가치관을 현대에도 가장 철저히 잘 유지하는 나라는 한국이다.

따라서 한국사회에서 일어나는 갖가지 비인간적 상황 때문에 '유교적 효' 개념으로 돌아가자는 복고적 움직임은 우려스러운 지점이 있다. 우리가 찾아야 할 가치는 '수직적·의무론적 효'가 아닌 평등하며 상호 존중하는 배려의 관계이다. 따라서 현대사회에서 지향해야 할 부모와 자식 간 관계의 이상적 모델은 유교적 효 개념이 아닌 평등적·상호배려적 효이다. 전통적 의미의 유교적 효를 강요할 때 누구의 삶이 희생되며 누가 특권적 삶을 누리가는 자명하다. 따라서 인간의 독립성과 자율성을 존중하는 개인주의적 인간 이해와 더불어, 인간의 상호 연관성에 대한 자각에서 나온 새로운 의미의 효 개념이 새롭게 재구성될 필요가 있다. 그렇게 될 때 더 이상 '효'의 이름으로 여성의 삶이 무화無化되지 않

---

38 *New Youth*라는 잡지의 편집장이 썼다는 다음의 글은 이러한 유교 비판을 설득력 있게 담아낸다. Ch'en Tu-Hsiu, "The Way of Confucius and Modern Life", *Source of Chinese Tradition*, vol.II, complied, Therdore de Bary, Wing-tsit Chan, and Chester Tan, Columbia University Press, 1960, pp.153~154.

고, '복종의 덕'의 이름으로 아이들의 인격이 짓밟히지 않으며, 부모됨의 도리보다 자식의 의무만을 강요하는 억압 관계가 사라져, 서로를 배려하고 존중하는 평등적 관계의 사랑 개념이 형성될 수 있다고 본다.

한국 기독교는 그 자체로 가부장주의적이고 억압적인 요소를 지니고 있으며 유교와 결합해 더욱 강한 가부장주의적 억압적 특성을 강화함으로써 강력한 남성중심주의와 배타적 교단주의 그리고 보수주의의 모습을 띠게 되었다. 이러한 의미에서 나는 유교와 한국 기독교의 만남을 '불행'이라고 규정한다. 한국 기독교는 교단 간의 배타적 관계가 더욱 강해지고, 새로운 변화를 거부하며, 교회의 지도력을 중산층 남성이 독점하고, 신학과 목회의 장에서 여성을 철저히 배제하는 차별적 기독교로 남아 있다. 특히 지도력의 독점과 배타성은 한국 기독교가 극복해야 할 가장 커다란 병 중 하나라고 나는 본다.

한국 기독교가 이제까지처럼 신학과 목회의 장에서 성별, 나이, 사회계층을 아우르는 '포괄적 공동체'가 아닌 '배타적 공동체'의 특성을 그대로 고수한다면, 이 시대의 한국 기독교는 위기에 처할 것이다. 이제는 배제와 차별을 묵인하는 유교적 침묵과 복종의 덕이 더 이상 통용되지 않는 시대이기 때문이다. 기독교 신앙의 진리는 '이론적 확실성'이 아닌 진리의 '올바른 실천'을 위한 고민과 투쟁의 여정에서 발견할 수 있다. 이러한 진리의 발견을 위해서라도 한국 기독교는 이제 기독교 전통에 은닉된, 그리고 유교 전통이 우리에게 전한 배제와 차별 문화를 과감히 벗고 기독교 복음의 핵심인 평등과 포괄 문화를 꽃피울 수 있도록 노력해야 한다.

제3장

페미니스트 신학적 교회론: 이론과 실천

1. 무엇이 문제인가: 예수운동으로서의 교회와 제도로서의 교회

1996년 8월 26일 연세대학교 100주년기념관에서는 하버드 신학대학 교수 하비 콕스Harvey Cox의 강연이 있었다. '성령과 교회 갱신'이라는 주제로 모인 이 학술 세미나에서 콕스 교수는 "생명의 주, 생명의 수여자"라는 제목으로 강연을 했으며, 나는 콕스 교수의 강연과 패널 토의 통역을 담당해 이날 강연에 참여했다. 이 강연 내용 중 나에게 인상적으로 남은 것은 현대사회에서 성령이 다양한 방식으로 역사하는 것에 대한 이해였다. 특히 콕스는 현대사회에서의 새로운 성령운동을 프로이트의 용어를 빌려 "억눌린 것들의 복귀the return of the repressed"라고 표현하면서 어떻게 그동안 기독교 역사에서 "억눌린 것들"이 성령의 역사로 다시 복귀하는가를 설명했다. "억눌린 것들"은 사실상 기독교 신앙의 핵심 요소였으나 수세기 동안 억압당하고 무시되어왔다는 것이다. 그런데 이 억눌린 성령의 복귀를 알리는 몇 가지 증거 중 특히 사제나 목회자, 신학자 같은 종교 지도자로서의 여성 지도력이 교회 안에서 증가한다는 사실을 설명했다. 콕스는 미국 성공회 최초의 여성 감독이 된 바버라 해리스 Barbara Harris의 취임식을 지켜보면서 중요한 경험을 했다고 말했다. 바버라 해리스는 아프리카계 미국인으로 450여 년의 성공회 전통에서 최초의 여성 감독으로 보스턴에서 취임한 인물이다. 이 취임식에서 남성 감독들 55명이 여성을 감독으로 받아들이는 예식에 참여했으며, 그녀의 취임은 오직 남성만이 사제직을 계승할 수 있다는 가톨릭 교회의 전제에 정면으로 이의를 제기하는 사건이었다. 전통적으로 남성만이 감독의 역할을 수행해왔는데 최초로 여성이 감독으로 취임하게 된 이 사건은 특히 사제가 신을 대변하는 존재인 의식주의적 교회 전통에 속한 사람들의 인식에 상징적으로 매우 중요한 영향을 미쳤으며, 동시에 이들이 교회사의 획기적 변화 속에 성령의 역사를 체험한 사건이라고 콕스는 강조했다.[1]

그렇다면 콕스의 말처럼 한국의 크리스천들은 교회 안의 여성 지도력 대두가 정말 그동안 억눌린 성령 복귀를 알리는 하나의 징표라고 받아들일까. 여성이 전통적으로 '여성의 자리'로 간주하는 사적 영역이 아니라 공적 지도자의 자리에 모습을 드러내면서 교회와 사회의 여성운동에 대한 반격이 더욱 강해졌다. 그런데 이러한 반격은 과연 성서적이며 복음적인가 아니면 오랫동안 억눌린 영적 에너지가 성령의 역사로 출현하는 것을 다시 억누르는 반反복음적, 반反성령적 행위인가. 세계적

---

[1] 하비 콕스는 이 취임식을 참관한 소감을 다음의 글에서 발표했다. Harvey Cox, "Big Day in Back Bay", *Christianity and Crisis*, 1989, p.20.

으로 괄목할 만한 급성장으로 유명한 한국 교회는 이러한 성령의 현대적 복귀에 어떻게 대응하는가.

콕스는 강연에 대한 논찬에 응답하면서 성령의 복귀를 알리는 몇 가지 징후를 언급했는데, 논찬자들이 다른 문제에는 반응하면서 정작 여성 문제에 대해서는 아무도 언급하지 않은 점을 지적했다. 그러면서 콕스는 이렇게 논찬자들이 자신이 언급한 여성 문제에 대해 아무런 관심을 보이지 않는 것은 한국 교회에서 여성 문제가 모두 해결되었기 때문인가 아니면 전혀 관심이 없기 때문인가라고 질문했다. 또한 강연 후에 논찬자들이나 세미나 진행자들이 모두 남성뿐이라는 사실이 한국 교회 성장과 견주어볼 때 의아스럽다고도 말했다. 이러한 오래된 여성 배제 문제는 이제 한국 교회와 신학계의 가장 심각한 문제 중 하나이다. 콕스가 한국에서 강연했던 1996년 이후 20여 년 이상의 시간이 지난 지금도, 한국 종교계에서 여성의 배제 문제는 크게 변한 것이 없다. 따라서 이러한 여성 배제 문제에 대한 인식은 예수정신을 따르고자 하는 이들이 모인 교회란 과연 어떤 곳인가 하는 교회 이해를 새롭게 조명해야 한다는 당위성으로 이어진다.

'예수운동으로서의 교회'와 '제도화된 교회' 사이의 거리와 긴장은 이제 새로운 문제가 아니다. 오히려 교회의 역사는 이 두 축의 긴장과 갈등의 역사였다고도 할 수 있다. 예수의 관심은 제도화된 새로운 종교를 세우는 것이 아니라 유대교 안의 예언자적 갱신 운동을 하는 데 있었다는 점은 오래전부터 인지되어온 문제이다.[2] 그러므로 제도화된 교회는 예수가 직접 설계한 것이 아니며, 그 모체는 도래할 하나님의 나라

---

2 이 문제에 대한 더 상세한 논의는 다음을 참고하라. Elisabeth Schüssler Fiorenza, *In Memory of Her: A Feminist Theological Reconstruction of Christian Origins*, Crossroad, 1983, ch.4.

를 기다리던 사람들의 바실레이아 공동체 basileia community였다. 즉 하나님의 나라가 임박할 것이라는 역사에 대한 종말론적 이해를 바탕으로 예수의 삶에 나타난 예수정신을 실천하고자 하는 예수운동이 가정교회 house church의 형태로 구체화되었으며 이것이 현재 제도화된 교회의 출발이다. 그런데 왜 많은 이들이 '예수운동으로서의 교회'와 '제도로서의 교회' 사이에 커다란 거리감을 느끼는 것일까.

제도화된 교회의 모체인 예수운동으로서의 바실레이아 공동체는 무엇보다 '포괄적 공동체 inclusive community'였다. 다시 말해 성별, 사회적 계층, 인종을 초월한 평등성과 소외된 이들과의 연대성을 나누는 "평등의 제자직"을 수행하는 공동체로,³ 소위 의로운 사람이나 죄인, 부유한 사람이나 가난한 사람, 교육받은 사람이나 그렇지 못한 사람, 남자나 여자, 예수의 제자나 바리새인, 유대인이나 이방인, 이 모든 사람들이 함께 하나님의 자녀로서 온전성과 인간성을 회복하는 공동체였다. 그들은 각기 다양한 양태로 소외당한 주변부적 존재였고 미래에 대한 희망을 상실한 이들이었다. 그들이 이제 다층적 소외를 극복하고 하나님 나라의 도래를 기다리고 준비하는 공동체를 형성하면서 모든 것을 함께 나누는 평등과 희망의 공동체가 된 것이다. 그런데 이러한 포괄의 평등 공동체가 제도화된 교회로 조직화되면서 역설적으로 배제와 위계주의적 공동체의 양상을 띠게 되었다. 예수운동의 공동체가 지닌 평등성과 포괄성의 순수한 영적 에너지가 억눌리기 시작한 것이다.

사실상 포괄에서 배제로, 수평적 평등구조에서 수직적 위계구조로의 변신은 초대 교회 사건에서뿐 아니라 새로운 개혁정신으로 공동체가

---

3 "평등의 제자직"에 관한 종합적 논의는 다음을 참고하라. Elisabeth Schüssler Fiorenza, *In Memory of Her. Discipleship of Equals: A Critical Feminist Ekklesia-logy of Liberation*, Crossroad, 1994.

생겨날 때마다 생기는 현상이었다. 초기에서는 강한 인습타파적 정신으로 출발한 공동체가 조직화되고 안정된 세력으로 자리잡으면 어김없이 현상유지적 가치관을 좇게 되는데, 특히 수많은 역사적 사건에서 이러한 해방 약속과 약속 파기를 경험한 대상이 바로 여성이었다. 제도화된 기존의 교회에서 나와 새로운 갱신 모임을 형성하는 소종파적 개혁 그룹은 초기에는 여성의 지도력을 수용하지만, 그룹이 안정된 세력이 되면 다시 제도화된 기존 교회의 가부장적이고 위계적인 구조를 그대로 답습하는 식이었다. 예를 들어 12세기의 발덴지안Waldensians들은 여성을 설교자로 받아들였지만 16세기에 칼빈 신학을 수용하면서 초기의 여성 설교자 전통을 억눌렀고, 여성 설교자와 지도자를 허용하는 전통이 있던 18세기의 영국 감리교도 19세기에 좀 더 안정된 제도와 조직을 갖춘 교회로 자리잡자 여성 포괄의 전통을 억누르기 시작했다.[4]

이제 제도화된 교회에서 지도력을 억눌리고 배제되어온 많은 이들, 특히 여성들은 예수정신을 따르고자 하는 예수운동으로서의 교회와 제도화된 교회 사이의 거리에 대한 근원적인 물음을 제기하기 시작했다. 우리는 지금 어디에 있는가. 과연 지금의 한국 교회는 예수운동으로서의 교회정신을 지니는가 아니면 예수정신이나 운동과는 상관없이 현상유지적 제도로서의 안정성과 특권만을 누리려 하는가. 굳어진 교리나 도그마로서의 교회론이 아니라 예수운동과 예수사건으로서의 교회론을 확립하는 것은 이러한 물음이 주는 과제일 뿐만 아니라 그동안 위계적이고 가부장주의적으로 굳어진 교회 안에서 억눌렸던 순수한 영적 에너지, 즉 '성령의 복귀'를 알리고자 하는 노력이기도 하다.

---

4 Cf. Rosemary Radford Ruether, *Women-Church: Theology and Practice of Feminist Liturgical Communities*, Harper & Row, 1985, pp.49~50.

2. 전통적 교회 이해의 재조명

기독교인의 신앙 대상은 사실상 교회 자체가 아니다. 신을 믿고 예수를 믿고 성령을 '믿는다'고 하지만, '교회를 믿는다'고는 하지 않는다. 그렇기 때문에 고대의 신조를 보면 교회가 신앙의 대상으로 언급되지는 않는다. 교회는 신적인 것이거나 초월적인 것이 아니기 때문이다. 이 점은 현대의 교회에 대한 이해에 매우 중요한 문제이다. '예수를 믿는다'는 것과 '교회를 다닌다'는 것이 동일한 의미가 아님을 기억해야 한다. 그럼에도 많은 이들은 그렇게 믿고 싶어한다. 그러한 무비판적 신앙으로 인간의 제도가 지닐 수 있는 오류 가능성을 보지 못하고 변화의 요구를 묵살할 수 있기에 참으로 위험하다. 교회가 신앙의 대상이 아니라는 아주 기본적인 전제를 간과함으로써 교회는 진실을 이단으로 규정하고 신실한 신앙을 '적그리스도'라고 규정해 교회 밖으로 쫓아버렸다. 따라서 교회가 신앙의 대상이 아니라는 사실에 대한 분명한 인식을 새롭게 할 때 비로소 교회의 본질에 대한 조명이 가능해진다. 왜냐하면 교회는 고정된 정적인 신앙의 대상이 아니라 끊임없는 변화와 개혁을 통해 늘 새로워져야 하는 과제를 지닌 역동적 공동체이기 때문이다.

널리 알려진 바와 같이 교회를 지칭하는 '에클레시아ekklesia'[5]는 단순히 집회assembly를 뜻하는 용어로, 신의 부르심을 받은 사람들의 모임을 의미한다. 이러한 '집회'로서의 의미를 지닌 것이 '교회'이기에, 교회 그

---

5 초대 교회 교인들이 '에클레시아'라는 용어를 사용한 의미에 대한 해석은 단순하지 않다. 에클레시아는 반유대주의나 반율법주의를 나타낸다는 해석도 있고, 《구약성서》와의 연결을 의미한다는 해석도 있으며, 오직 《신약성서》 시대 말기에 비로소 이 용어가 보편적이고 특수한 의미로 등장했다는 해석도 있다. 이러한 해석에 대한 더욱 상세한 논의는 다음을 참고하라. Francis Schüssler Fiorenza, *Foundational Theology: Jesus and the Church*, Crossroad, 1985, pp.124~128.

자체가 특성이 있는 것은 아니다. 왜냐하면 교회는 스스로의 존재를 위해 자생적으로 발생한 것이 아니라 예수의 현존으로부터 형성되기 시작했기 때문이다. 오래전부터 교회 안에 예수의 현존은 어떤 특정한 특성으로 명백해진다고 해석해왔다. 이러한 교회의 네 가지 특성은 381년 콘스탄틴 회의 이후 니케아 신조에 첨부된 것으로, 하나one이며, 거룩하고holy, 보편적이며catholic, 사도적apostolic이다.[6] 이렇듯 교회의 자기이해는 오래전부터 명시적이었다. 그러나 이러한 특성의 구체적 의미는 결코 자명하지 않으며, 시대 정황이나 해석 렌즈에 따라서 의미가 달라진다는 점에서 이를 해석하고 적용하는 작업은 교회의 끊임없는 과제이다. 특히 이제까지 해석과 신학적 작업의 주체가 되지 못한 주변부인the marginalized들의 관점에서 해석하고 신학화하는 작업은 현대사회에서 교회의 정체성을 확립하는 데 참으로 중요한 문제이다.

이러한 의미에서 한스 큉Hans Küng은 교회의 네 가지 특성은 신의 은총으로 교회에 주어진 '선물'인 동시에 교회가 책임지고 이루어야 할 '과제'라고 강조한다.[7] 왜냐하면 항목화된 교회의 특성 자체가 그리스도의 현존을 명시화하는 것이 아니며, 이러한 특성이 어떻게 구체적 의미로 많은 이들에게 살아있는 의미로 다가갈 수 있느냐가 그리스도의 현존을 드러나게 하기 때문이다. 따라서 여기서는 일치unity, 거룩성holiness, 보편성catholicity 그리고 사도성apostolicity으로 규정해온 교회의 자기이해를 페미니스트 관점에서 재조명함으로써 교회 이해의 확장을 시도하고자 한다.

---

[6] Robert J. Schreiter, "Marks of the Church in Times of Transformation", *The Church with AIDS: Renewal in the Midst of Crisis*, ed., Letty Russell, Westminster John Knox Press, 1990, p.122.
[7] Hans Küng, *The Church*, Sheed & Ward, 1967, pp.268~269.

1) 일치

'일치'는 교회가 '그리스도 안에서 하나됨'을 의미하며 교회 안에 그리스도가 임재하신다는 의미이기도 하다. 그런데 이러한 표현은 간결해보이지만 실제로는 매우 복합적인 의미를 담고 있다. 교회가 그리스도 안에서 '하나가 된다'는 것이 인간의 현실에서 무엇을 의미하는가는 매우 포괄적인 주제이기 때문이다. 현실세계를 보자면, '그리스도 안에서 하나가 된다'는 본질적 특성과 달리 교회는 나뉘고 분열되어 있다. 또한 한 교회 안에서도 다양한 기준에 따라 분리와 분열이 끊이지 않는다. 이 때문에 '교회의 일치unity of church'와 '교회들의 일치unity of churches'는 다각도로 위협받고, 교회의 분열은 실패와 죄의 결과로 어떠한 신학적 정당성도 찾기 어렵다는 지적을 받는다.[8]

여기에서 기억해야 할 중요한 점이 있다. 전통적으로 '하나'가 된다는 것은 교회에서 힘을 주도하던 이들의 관점으로 규정되어왔다. 그래서 교회 안의 다양한 소리들이 억눌렸고 힘 없는 이들이 무시당해왔다. 하지만 다양성과 다원성을 거부하는 일치는 '획일성uniformity'이지 '일치unity'가 아니다. '하나가 된다'는 명목 아래 약자의 소리를 무시하고 성, 인종 또는 사회·경제적 계층에 근거한 차별을 묵인한다면 '하나됨'의 의미는 지극히 왜곡될 수밖에 없다. 교회 안의 구체적 분열 현상을 야기하는 성별, 사회계층 또는 성 정체성 등에 근거한 차별의 문제를 진지하게 논의하지 않는다면 그리스도 안에서 '일치'의 진정한 의미가 실현되는 것은 불가능하다.

---

8   Cf. Jürgen Moltmann, *The Church in the Power of the Spirit: A Contribution to Messianic Ecclesiology*, Harper & Row, 1977, pp.337~352.

그리스도 안에서 교회가 하나를 이룬다는 '일치'는 에큐메니컬 운동의 핵심 과제이기도 했다. 교회의 '가시적 일치성visible unity'을 우선 목표로 하는 에큐메니컬 운동의 대표 기구인 세계교회협의회는 1948년 창설 이후 지속적으로 여성 문제에 관심을 가져왔다. 1948년 암스테르담에서 열린 제1회 세계교회협의회 총회에서는 58개국의 응답을 토대로 교회 안에서 여성의 역할과 위치를 조사한 〈교회 안에서의 여성의 봉사와 위치The Service and Status of Women in the Churches〉라는 연구서를 발표했다. 성차별주의에 대한 지속적인 연구 결과, 1975년 제5차 세계교회협의회 나이로비 총회에서는 세계교회협의회 역사상 처음으로 전체 회의에서 여성 문제를 논의했으며, 이후 '신앙과 직제Faith and Order' 산하에 "교회 안에서의 여성과 남성의 공동체"에 관한 연구분과를 만들자는 제안도 있었다.[9] 1987년 중앙위원회 결정에 따라 1988년, '여성과 연대하는 교회의 에큐메니컬 10년The Ecumenical Decade of the Churches in Solidarity with Women'이 시작되었고 이는 1998년까지 계속되었다. 이밖에도 세계교회협의회는 여성 스스로 가정, 교회, 사회 등 삶의 전반에 존재하는 억압구조에 도전하는 힘을 기르고 교회가 여성과 연대하는 구체적 행동을 취할 것을 권장하기 위해 다양한 작업을 진행해왔다.[10]

그런데 국제 에큐메니컬 모임에 참석할 때마다 내가 경험하고 느끼는 것은, 국제적 차원의 에큐메니컬 운동기구에서는 성차별주의 극복이 교회 안의 일치를 위한 중요한 주제 중 하나라는 인식이 잘 되어 있

---

9   Cf. Pauline Webb, "Women in Church and Society", *Dictionary of the Ecumenical Movement*, eds., Nichlas Lossky, et al., WCC Publications, 1991, p.1070.
10 좀 더 구체적인 내용은 세계교회협의회의 Programme Unit III-Justice, Peace and Creation에서 나온 *The Ecumenical Decade of the Churches in Solidarity with Women*이라는 안내책자를 참고하라.

는 반면 국내에서는 그렇지 못하다는 점이다. 물론 기독교 안의 다양한 '교회들의 일치'의 문제에 더 큰 강조점을 두는 에큐메니컬 운동에서, 개교회 안에서의 '교회 일치' 문제를 소홀히 하기는 쉽다. 그러나 이 둘은 사실상 상호 연관되어 있다. 한국 교회에서는 성차별주의가 무엇이며 구체적으로 어떻게 나타나는가에 대한 기본적 이해마저 부족하다. 또한 에큐메니컬 기구에서 여성 문제를 중요하게 인식하는 지도자가 극소수라는 점은 21세기 한국 교회가 풀어야 할 심각한 문제 중 하나이다.

결국 그리스도 안에서 하나를 이루는 교회의 가장 중요한 과제를 해결하기 위해서는 개교회, 개교단에 존재하는 성차별주의 구조를 해체하는 작업이 이론적으로뿐만 아니라 실천적 차원에서도 이루어져야 한다. 다양한 양상의 성차별주의 극복은 계층차별, 인종차별과 같은 다른 차별 구조에 대한 극복과 더불어 진행되어야 하며, 이러한 차별을 극복할 때 교회는 그리스도 안에서 진정으로 하나가 되는 경험을 할 수 있게 된다.

2) 거룩성

교회가 '그리스도의 몸'이라는 의미에서 교회는 '거룩성'을 지닌다. 그런데 구체적 현실에서 교회가 거룩성을 지닌다는 것은 어떠한 의미인가. 신 안에서 그리스도의 거룩성이 교회에 전해지는가. 인간의 제도로서 무수한 문제들이 산재해 있는 교회의 현실을 보며 교회의 거룩성에 대해 말한다는 것은 어떤 의미가 있는가. 이는 교회가 지속적으로 스스로에 던져야 할 문제이다. 교회의 거룩성에 대한 전통적 이해가 문제가 되는 것은 이것이 '이원론적'으로 규정되어왔기 때문이다. '성'과 '속'을 이분법적으로 나누고 교회를 이 세상에서 분리·구별함으로써 거룩성이 드러난다고 하는 이원론적 이해는, 기독교인의 신앙을 지극히 개인적으로 만들었을 뿐만 아니라 교회의 사회에 대한 개혁 책임을 외면하게 만들었다. 교회가 사회로부터 분리되어 존재함으로써 신의 뜻이 이 땅 위에 이루어지기 위해 수행해야 할 과제를 간과해온 것이다.

교회의 거룩성은 세상으로부터의 분리가 아닌 신의 정의와 정의를 실천하고자 하는 끊임없는 노력의 여정에서 이루어진다. 그리스도와의 일치됨을 주장함으로써 교회는 그리스도의 삶에서 본 사랑과 정의의 부름을 받았으며, 이러한 사랑과 정의의 실천으로 개혁을 향한 교회의 사명은 분명해진다. 교회의 사명은 한두 가지로 요약할 수 없으며 다차원적으로 설정해야 한다. 따라서 교회의 거룩성은 '지금 여기에서'의 문제이며, 교회의 거룩성을 증거하는 여러 가지 '지금들'과 '여기들'이 있다는 사실[11]을 교회는 인식해야 한다. 구제에 관심은 있지만 정의의 실현에는 무관심한 교회, 또는 정의에 관심은 있다고 하지만 적용 대상이 협소해 인종차별이나 계층차별에는 예민하면서도 여성에 대한 무수한 차별과 불의를 보지 못하는 교회는 거룩성을 지니기 어렵다. 사랑과 좀 더 확장된 정의에 대한 부름에 올바르게 응답하고자 노력하는 교회만이 그리스도 안에서의 거룩성을 지닐 수 있다.

3) 보편성

'보편교회catholic church'라는 용어를 처음으로 쓴 사람은 안디옥의 이그나티우스Ignatius of Antioch로 그는 '보편교회'를 '지역교회'와 대비되는 '전체

---

11 Marjorie Hewitt Suchocki, *God, Christ, Church: A Practical Guide to Process Theology*, Crossroad, 1989, p.150.

교회whole church'라는 의미로 사용했다. 이후 보편교회는 본래의 문자적 의미에서 점차 확대되어 정통성을 의미하는 교리적 보편성doctrinal catholicity, 전세계로 확장되는 지역적 보편성geographical catholicity, 그리고 다른 것보다 더 많은 수를 지닌다는 숫자적 보편성numerical catholicity[12]으로 쓰이기 시작했다. 물론 이 용어는 아우구스티누스 이후에 '로마 가톨릭 교회'를 나타내는 고유명사로 쓰이기도 하지만 교회의 특성을 나타내는 의미로서는 여전히 중요한 주제이다.

교회의 보편성은 그리스도의 현존이 이 세계에 골고루 나타난다는 의미이며, 사랑의 하나님의 메시지가 이 세계 모든 창조물과 연관되어 있다는 의미로 이해해야 한다. 레티 러셀Letty Russell은 이러한 보편성 개념을 그리스도 임재의 보편성universality과 예수 그리스도의 이야기와 가르침을 증거하는 곳으로서 교회의 정통성orthodoxy 두 차원으로 이해한다. 그러나 이러한 보편성이 교회 역사에서 가부장주의적 패러다임으로 이해되면서, 교회가 모든 다른 종교와 사람 위에 군림하고 오직 교회의 가르침만을 따르라는 지배 개념으로 왜곡되었다고 러셀은 지적한다. 그래서 정통성의 의미가 왜곡되고, 올바른 교리right doctrine, orthodoxy는 교회에서 지배적 위치에 있는 사람들만이 규정하는 것으로 간주했다. 그 뿐만 아니라 교리가 신앙공동체의 올바른 실천right practice, orthopraxy보다 더 중요한 것이 되었다.[13] 이렇게 보편성의 의미를 그리스도의 '사랑의 보편성'과 '복음의 보편성'이 아닌 '지배의 논리'로 이해할 때, 교회는 그리스

---

12 Cf. Peter C. Hodgson and Robert H. King, eds., *Christian Theology: An Introduction to Its Traditions and Tasks*, Fortress Press, 1982, p.253.

13 Letty M. Russell, *Church in the Round: Feminist Interpretation of the Church*, Westminster John Knox Press, 1993, pp.133~134.

도 안에 나타난 이 세계에 대한 신의 사랑을 증거해야 할 중용한 책임을 망각하고 만다. 따라서 성별, 인종, 사회계층에 관계 없이 모든 이들에게 나타나는 신의 정의와 사랑을 실천해야 하는 교회의 본질적 사명을 이 보편성에 대한 올바른 이해를 바탕으로 재인식해야 한다.

4) 사도성

'사도적'이라는 용어는 "그리스도 사도와 직접 연결을 갖는 것 또는 그것에 기초가 되어 있는 것"을 의미한다.[14] 예수의 삶과 죽음 그리고 부활에 대한 증거와 더불어 시작된 교회의 사도성에 대한 해석은 다양하지만 그중 가장 중심적인 것은 그리스도의 부활에 대한 끊임없는 증거이다. '사도'란 원래 몇몇 특별한 개인이 아닌 신의 뜻에 복종해 뜻을 실천하고자 하는 이들이다. 그러나 이 사도성에 대한 경직된 이해는 교회 안에서 지배구조를 강화하는 데 주로 사용되었다. 예를 들어 1976년 여성 안수에 관한 바티칸의 공식 입장을 보면 세 가지 이유에서 여성에게 사제직을 허락하지 않는다. 첫째는 한 번도 여성에게 안수를 허용하지 않은 교회의 전통 때문이고, 둘째는 예수가 남성만을 사도로 불렀을 뿐 여성을 사도로 부르지 않았기 때문이며, 셋째는 남성인 그리스도와의 자연적 유사성이 없으므로 여성은 사도직을 수행할 수 없기 때문이다.[15] 이러한 입장은 1995년 11월 16일 발표한 로마 교황청의 여성 사제직 거부에 대한 공식 입장에서 재확인할 수 있는데, 여기서도 역시 여성 안수

---

14 Cf. Peter C. Hodgson, et al eds., *Christian Theology*, p.255.
15 이러한 교황청의 입장에 대한 더 자세한 비판적 논의는 다음을 참고하라. 이제민, 《교회—순결한 창녀: 제2차 바티칸 공의회와 한국 천주교회》, 분도출판사, 1995, pp.194~198.

거부의 주된 이유를 예수가 여성을 사도로 택하지 않았다는 데서 든다.

그러나 이는 '사도성'에 대한 지극히 협소한 이해에서 비롯된 문제이다. 예를 들어 '사도'에 대한 초기 바울적 이해는 복음을 전하기 위해 파견된 선교자를 의미한다.[16] 더욱이 예수가 직접 택하지 않은 바울도 자신을 사도라 칭한다. 예수가 오직 '열두 명의 유대 남자'만을 사도로 택했다는 경직된 이해가 예수의 사도직을 수행하고자 하는 현대 교회에서 여성의 지도적 활동에 대한 제약 요소로 작용한다는 사실은, '열둘'이 의미하는 성서적 배경에 대한 무지이거나 여성의 사도적 기능을 제한하기 위한 의도라고 해설할 수밖에 없다. 따라서 교회의 사도성은 그리스도의 직접적 증거 형태뿐만 아니라 세계를 향한 봉사의 형태로도 이해해야 한다. 즉 교회의 사도성은 남성이라는 특정한 성별을 통해서가 아니라 비인간화와 소외 그리고 억압에 대항한 공동의 투쟁과 실천을 통해 그 의미가 드러난다.

개신교는 만인 사도직을 전제한 '만인제사장직'의 원리를 수용하는 교회이다. 따라서 종교개혁이란 사실상 "의인이나 은총이라기보다는 교회의 특성에 관한 것"이었다.[17] 새롭고 참으로 급진적인 교회의 원리가 출현했으며 교회론의 가장 근원에 대한 도전과 대안의 사건이었기 때문이다. 이러한 원리를 교회에 대한 이해에 적용해볼 때, 아우구스티누스적 구분인 '보이는 교회'와 '보이지 않는 교회'는 사실상 변증법적이다. 즉 이 둘은 전적으로 분리되거나 일치하는 것이 아니라 서로 끊임없이 긴장하는 변증법적 구조에 서 있다. 실제적인 역사적 형태에서 분리된

---

16 Cf. 롬 1:1, 고전 12:28.
17 Goddes MacGregor, *Corpus Christi: The Nature of the Church according to the Reformed Tradition*, Westminster Press, 1958; Schüssler Fiorenza, "The Twelve and the Discipleship of Equals", *Discipleship of Equals*.

교회의 이상적 본질은 있을 수 없으며, 그렇다고 해서 보이는 실제적 형태를 절대화시킬 수도 없다. 보이는 교회의 절대화는 교회의 이상적 본질을 왜곡하기 때문이다. 페르디난드 바우어Ferdinand Christian Bauer가 사용한 "개신교적 원리"[18]는 폴 틸리히가 본격적으로 전개했는데, 여기서 틸리히는 '개신교적 원리'를 "그 주장을 개신교 교회가 한다 해도 어떠한 것이라도 상대적 현실에 대해 절대성을 주장하는 것에 반대하는 저항protest"[19]이라고 정의내렸다. 이러한 프로테스탄트 원리는 교회를 진정한 교회로 만드는 데 참으로 중요하다. 어느 교회라도 절대성을 주장할 때 이미 자기비판력을 상실하며, 다른 교회에 대한 우월성을 강조함으로써 본질을 왜곡하는 교회가 되고 만다. 끊임없는 자기비판적 겸허성과 개혁의지를 통해 교회는 진정한 교회로 거듭날 수 있다. 따라서 앞서 논의한 교회의 네 가지 특성은 끊임없이 새롭게 확장되어야 한다.

3. 교회의 세 가지 유형

예수사건으로 역사 안에 구체적인 공동체가 형성되었으며, 그 예수 공동체는 불완전한 현재에서 좀 더 완전한 미래를 기다린다. 그 공동체는 신과 다른 인간 그리고 우주에 존재하는 생명체와의 관계 속에서 존재한다. 예수사건은 이러한 평등과 희망의 공동체를 창출하는 강한 힘을 지녔고 깨진 것을 치유하는 힘을 지녔다. 이러한 예수 공동체로서의 교

---

18 Ferdinand Christian Bauer, *On the Writing of Church History*, pp.242~243, 247~253; Peter Hodgson and Robert C. Williams, eds., *Christian Theology*, p.256에서 재인용.

19 Paul Tillich, *The Protestant Era*, trans., James Luther Adams, University of Chicago Press, 1948, p.163.

회는 역사 속에서 다양한 모습으로 나타난다. 예수정신을 실천하기보다는 왜곡시키는 교회, 사랑과 정의의 이름으로 주변부를 소외시키는 교회, 또는 끊임없는 자기비판적 겸허성을 바탕으로 개혁을 실천해 나가는 교회도 있다. 여기서는 어떤 모습이 예수를 닮는 공동체로서의 교회인가를 모색하기 위해 다양한 형태의 교회를 세 가지로 분류해보았다.

1) 가부장제적 교회

가부장제적 교회는 여성이 남성보다 본질적으로 열등하다고 전제한다. 가부장제적 교회의 구조는 위계적으로 형성되며, 여성은 하부구조에 남성은 상부구조에 있다. 특히 바울서신의 여성에 대한 부정적 언급을 절대 진리로 받아들이며 남성만이 예수의 사도로서 직분을 수행할 수 있다고 믿는다. 예수의 사도도 남성만이며, 예수도 남성이기 때문에 신을 대변하는 성직자의 일은 남성만 할 수 있다고 믿는다. 따라서 교회 안에서 여성의 지도력은 여성들 사이에서만 가능할 뿐 남성과 여성을 포함한 공식 자리에서는 수용되지 않는다. 교부신학자들의 여성혐오사상, 즉 여성은 '열등한 존재'이며 '위험한 존재'라는 사상을 직접적으로 또는 암시적으로 굳게 믿는 교회이다. 계몽주의나 프랑스혁명 그리고 미국독립운동의 과정에서 '모든' 인간의 평등사상을 말하지만 여성은 그러한 평등사상이 적용되는 '규범적 인간'의 범주에 포함되지 않았다. 더 나아가서 교회는 여성과 남성의 존재론적 차별을 신의 창조질서로 정당화하는 데 큰 역할을 담당했다. 이러한 가부장제적 교회에서는 구성원 다수인 여성들 스스로도 자신이 신의 형상으로 지음받은 고귀한 존재라고 이해하기보다는 이 세계에 악을 가져온 '이브의 후예'라는 사고에 사로잡혀 있고 그래서 남성보다 더 많은 죄를 지었다는 죄책감을 갖게 된다.[20] 이처럼 가부장제적 여성혐오사상을 내면화해 왜곡한 여성의 자기이해는 교회에서 받는 가부장주의적 성서해석과 설교 등을 통해 더욱 내면화되고 강화된다.

2) 양성주의적 교회

양성주의적 교회는 표면적으로는 여성과 남성의 평등을 말한다. 그러나 여성과 남성의 역할의 상이성을 강조함으로써 여전히 고정관념에 따른 역할 구분을 고수한다. '평등하지만 다르다equal but different'는 표면적 평등주의를 내세움으로써 교회 구성원들 대부분이 이의를 제기할 뚜렷한 근거를 찾기 어렵게 한다. 가부장주의적 교회가 남성과 여성의 차별성을 노골화함으로써 뚜렷한 비판의 근거를 찾을 수 있는 반면, 양성주의적 교회는 차별성이 평등주의의 이름으로 은닉되어 있다는 점에서 더욱 위험한 측면이 있다. "인체는 운명이다anatomy is destiny"라는 프로이트의 생물학적 결정론 범주를 벗어나지 못함으로써, 여성의 생물학적 조건이 여성의 역할에 대한 종교·사회적 제한을 당연한 것으로 만든다고 생각하며, '양성성androgyny'이 평등한 상태를 의미하는 것으로 들리지만 사실상 그 용어 자체에 보이지 않은 성차별적 구조가 은닉되어 있다.[21] 양성성은 특정한 특성을 특정한 성과 결부시키는 이원론적 구조를 이미 전제하기 때문이다. 이러한 의미에서 양성주의적 교회는 성

---

20 Cf. 이우정, 《한국 기독교 여성 백년의 발자취》, 민중사, 1985, p.80.
21 '양성성'에 대한 좀 더 구체적 논의는 다음을 참고하라. Kang Nam-Soon, "Androgyny", *Dictionary of Feminist Theologies*, eds., Letty Russell and J. Shannon Clarkson, Westminster John Knox Press, 1996.

차별주의가 가부장제와는 다른 옷을 입고 여전히 자리잡은 교회라고 할 수 있다.

여기에도 여전히 여성은 교회의 결정 기구나 과정에서 배제되고 공식 위치에서 분리된다. 따라서 양성주의적 교회에서 여성의 교회 내 역할이란 사적 영역에서의 여성 역할, 즉 음식 만들기, 아이 돌보기, 청소하기, 교회행사 보조하기 등으로 제한된다. 교육전도사로 일하는 교회 구성원이 쓴 다음의 경험담은 표면적으로는 남성과 여성의 평등을 말하지만 생물학적 '차이'를 내세워 '역할 분담'이라는 이름 아래 여전히 차별을 감수해야 하는 한국 교회 내 여성 평신도의 위치를 잘 보여준다.

올해 초부터 이 교회에서 교육전도사로 봉사하면서 항상 불합리하게 느끼는 점이 몇 가지 있다. 그중 하나가 대 예배 기도에 관한 것이다. 이 교회에는 장로님이 한 분도 안 계신다. 그래서 권사님들이 돌아가면서 회중기도를 담당하고 있다. 그런데 분명히 여성 권사님들이 계심에도 불구하고, 회중기도 담당사는 언제나 남자 권사님들이다. 담임목사님의 견해를 도저히 나는 이해하기 어렵다. 신앙적으로 보면 더 순수하고 간절한 우리 교회 여 권사님들은 언제나 대 예배 기도를 할 수 없다. 남성의 권위를 내세우고 여성은 미성숙한 존재로 바라보는 교회의 낡은 권위가 우리 교회에서는 너무나 당연히 통용되고 있다. 여기에 더 이해가 안 되는 대목은 저녁예배와 수요기도회에는 여자 집사님, 권사님들에게 기도를 맡긴다는 것이다. 겉으로 보면 기회를 주는 것 같지만, 사회적으로 바쁜 남성 신도들이 오기 힘든 시간에 기도를 대신 시킨다는 비판을 면하기는 어렵다. 이러한 것은 식사 당번 문제에서 아주 심하게 드러난다. 우리 교회는 서울에 위치해 있지만 경제적으로 어려움을 많이 겪고 있으며 생활고에 시달리는 사람들이 대부분이다. 이런 처지에 놓여 있는 많은 여성 신도들에게 교회는 여선교회 별로 당번을 정해서 점심식사와 저녁식사를 모두 책임 지우고 있다. 저녁식사의 경우에는 여성 신도들이 자비로 준비해야 한다. 그래서 어렵게 사는 성도들이 상을 차리고 빈약해 보이는 상차림에 부끄러워하는 우리 교회 집사님, 권사님들을 뵈면 이분들이 이런 감정을 느끼도록 강요하는 구조가 왜 교회 내에 있는지 화가 치밀어 오른다. 예배에도 제대로 참석하지 못하면서 점심식사를 준비하고 수많은 사람들, 특히 남자 집사님 급 이상의 분들은 교회에서 이것 저것을 요구하며 밥상을 차려주기를 기다리고 있다. 그리고 이것이 너무나 당연하게 우리 교회에서는 받아들여진다. 점심식사가 끝나면 한 주 내내 제대로 쉬지도 못하는 여선교회 회원들은 저녁식사 준비에 또다시 바빠진다. 그리고 주중의 교회 청소 당번도 여선교회 회원들의 몫이다. 아무리 좋게 생각하려 해도, 대부분 생업의 현장에서 육체적 피곤에 시달리는 여성 신도들에 대한 엄연한 착취구조가 우리 교회 내에 있다고 할 수밖에 없다. 그래서 나는 주일날 식탁을 대하게 될 때마다 죄송한 마음을 감출 수가 없다. 동료 전도사와 함께 줄을 서서 받고, 식사 후에는 내가 먹은 그릇을 치운다. 당연한 일이지만 우리 교회에서는 낯선 풍경이 되어 버린다. 가장 마음 아픈 것은 교회에서 주일날에도 쉼을 얻지 못하고 은폐된 차별과 착취구조에 시달리는 우리 교회 여 집사님, 여권사님들의 모습이다. 그리고 너무나 당연하게 대접받기에 익숙한 우리 교회 남성들의 행동이다. 차별과 착취는 분명히 악의 구조이다. 성도 간의 코이노니아가 여성의 착취에 기반한 것이라면 얼마나 잘못된 구조인가?[22]

---

22 이 글은 1996년 가을 학기, 감리교신학대학교 대학원에서 진행한 여성 신학 세미나의 과제물 중 하나로, 어느 교회에서 교육부를 담당하는 교육전도사이자 남자 대학원생인 P의 저널에서 발췌한 것이다.

다소 긴 이 글을 내가 인용하는 이유는 교회마다 양상은 조금씩 다르겠지만 한국 교회에서 쉽게 볼 있는 현상이기 때문이다. 이러한 양성주의적 교회는 여성의 다양한 달란트가 사장되는 교회이며, 가부장주의적 교회와 마찬가지로 한 인간으로서 여성의 모습을 실현하기 어려운 교회 형태라고 할 수 있다. 이러한 구조의 모순에 대해 문제의식을 느끼는 평신도, 신학생, 신학자 그리고 목회자가 많아져야 좀 더 평등한 구조를 이룰 수 있다.

3) 해방적·개혁적 교회

해방적·개혁적 교회는 온전한 인간으로서 여성의 모습을 사고와 실천으로 받아들이는 '평등 공동체' 교회이다. 이 교회는 예수의 정의, 평화 그리고 사랑의 공동체에 대한 비전을 따르고자 하며, 여성의 창의력이나 지도력이 생물학적 조건의 제한을 받지 않는다. 이는 창세기 1장 27절에 분명히 명시된 "남성과 여성이 모두 신의 형상으로 지음받은 존재"라는 신앙고백을 통해 교회 안의 가부장주의적 위계구조나 차별구조를 넘어서고자 하는 교회이다. 성, 인종, 사회·경제적 계층에 따른 분리나 차별을 극복하고 모든 이들이 신의 형상을 닮은 인간이라는 존재론적 평등사상을 교회 선교, 활동, 예배, 지도력 수용, 교육 등에서 실천하는 교회이다.

쉬슬러 피오렌자는 이를 "여성 교회wo/men-church: *ekklesia gynakion*" 또는 "여성의 에클레시아*ekklesia of wo/men*"라고 명명했다. 여기에서 '여성 교회'

오래전 글이지만 이러한 현상은 21세기 한국 교회에서 여전히 흔하게 볼 수 있는 상황이다.

나 '에클레시아'는 가부장주의를 극복한 대안 공간을 의미한다.[23] 이 공간은 종교적 차원뿐만 아니라 급진적이며 사회정치적인 민주주의의 차원을 강조하며 구성원 모두에게 빠짐없이 결정권이 있는 민주적 공동체이다. 즉 "여성 교회와 여성의 에클레시아"는 기존의 지배적인 가부장제적 구조를 극복한 교회로, 역사에서 결코 온전히 실현되지는 않았지만 초대 기독교의 평등 제자직으로서의 비전과 실천을 완성한 상상의 현실이다.[24] 로즈마리 류터는 "해방 공동체로서의 교회와 성차별주의로부터의 해방을 전개하기 위한 도구로서의 자율적 기초 공동체" 창출의 필요성을 강조했다.[25] 후에 류터는 가부장주의로부터의 '페미니스트 해방 공동체Feminist Exodus Community'라는 의미의 "여성 교회Women-Church"라는 용어를 사용하면서[26] 다양한 억압으로부터의 진정한 출애굽 공동체에 대한 비전을 그려낸다. 또한 레티 러셀은 연관성의 원리를 강조하는 메타포로 '원형탁자의 교회'를 제시하기도 한다.[27]

페미니스트 신학자들은 다양한 방식으로 대안 교회를 제시해왔는

---

23 쉬슬러 피오렌자는 이제까지 '인간'의 대명사가 '남성'을 의미하기도 하는 'man'으로 쓰여졌다는 사실을 지적하며, 주변화되고 억압된 '여성'을 지칭하기도 하고 '인간'을 의미하기도 하는 'wo/men'이라는 용어를 만들었다. 남성은 'wo/men'이라는 용어를 만날 때 이제까지의 역사에서 'man'이라는 용어에 대해 여성이 경험했던 것처럼 'wo/men'이 여성만을 의미하는 것인가 아니면 남성도 포함되는 '인간'의 의미인가를 생각해야 하는 단계를 거쳐야 한다. 쉬슬러 피오렌자는 신을 지칭하는 'G*d'이라는 용어도 만들었다. 발음이 불가능한 이 개념이 의미하는 바는 유한한 인간의 언어는 무한한 존재인 신을 종합적으로 표현할 수 없음을 나타내기 위함이다. 이 용어를 통해 쉬슬러 피오렌자는 신의 이름을 정형화하고 구체화하는 위험을 드러내고자 한다. Cf. Elisabeth Schüssler Fiorenza, *But She Said: Feminist Practice of Biblical Interpretation*, Beacon Press, 1992, pp.5~7; Schüssler Fiorenza, "G*d at Work in Our Midst: From a Politics of Identity to a Politics of Struggle", *Feminist Theology* 13, 1996, pp.47~48, 66.
24 쉬슬러 피오렌자의 교회론에 대한 좀 더 상세한 논의는 다음을 참고하라. Elisabeth Schüssler Fiorenza, *Discipleship of Equals: A Critical; Feminist Ekkklesia-logy of Liberation*.
25 Rosemary Radford Ruether, *Sexism and God-talk: Toward a Feminist Theology*, Beacon Press, 1983, pp.205~206.
26 Cf. Rosemary Radford Ruether, *Women-Church: Theology Practice of Feminist Liturgical Communities*, pp.57~54.
27 Letty M. Russell, *Church in the Round*.

데 이러한 대안 제시에는 강조점과 전개의 다양성이 있다. 그러나 이러한 대안 교회가 지닌 공통된 모습은 가부장제적 교회 또는 양성주의적 교회가 지닌 지배와 종속 관계를 해체하고 평등과 정의의 관계가 꽃피는 교회에 대한 비전이다. 다른 표현을 빌리자면, "큰 정의를 향해 열린 교회"[28]를 다양한 양태로 그리고 있다.

이러한 해방적·개혁적 교회를 지금 찾기란 쉬운 일이 아니다. 그러나 비전을 끊임없이 기억함으로써 그에 가까운 교회가 되도록 노력하는 과정이 아름다운 교회를 만드는 과정이라고 나는 생각한다. 특히 한국 교회는 첫째 유형과 둘째 유형이 대부분으로, 여성이 다양한 개성과 특성을 지닌 인간이라는 사실에 대한 인식을 이론적으로나 실천적으로 수용하지 않는 상황이다. 한국의 교회가 해방적·개혁적인 모습을 찾도록 구체적 인식과 실천이 무엇보다도 중요하며 '개혁하는 교회'의 원리를 충분히 수용하는 노력이 필요하다. 이러한 의미에서 종교개혁의 원리인 '항상 개혁하는 교회'는 참으로 중요하다. 교회는 끊임없는 자기비판을 통해 개혁해야 하는 곳이며, 무엇을 위한 개혁인가를 점검하는 것 또한 중요하다. 한국 교회에서 많은 이들이 교회 갱신과 개혁을 이야기하지만, 이는 자기 위치를 합리화하거나 제한된 시각으로 형성된 자기 신앙이나 신학을 고수하기 위한 개혁일 경우가 많다. '항상 개혁하는 교회'의 원리에서 의미하는 개혁은 예수의 삶, 죽음 부활에서 보인 정의, 평화 그리고 사랑의 확장을 위한 개혁으로, 협소한 의미의 정의, 평화, 사랑의 지평에서 좀 더 넓은 지평으로 나아가며 주변화되고 소외된 이들을 좀 더 폭넓게 받아들일 수 있는 개혁이 되어야 한다. 자기 계파의 권력을

---

28 이 표현은 이제민의 《교회─순결한 창녀》 134쪽에서 빌렸다.

확장하고 고수하기 위한 개혁, 다양성을 억누르고자 하는 개혁은 올바른 개혁이 아닌 특정 그룹의 세력 확장일 뿐이다. 좀 더 큰 정의, 큰 사랑, 큰 평화를 향해 끊임없이 열린 교회가 바로 신의 선교를 다하는 교회이다.

4. 해방적·개혁적 교회의 창출을 위한 실천적 요소

앞서 나는 해방적·개혁적 교회가 가장 바람직한 형태로, 남성과 여성뿐 아니라 다양한 사회적 차별구조를 전제한 '지배 논리'를 극복할 수 있는 교회임을 밝혔다. 또한 그러한 교회가 더 '큰 정의, 큰 사랑, 큰 평화'를 위해 열린 교회임을 강조했다. 그렇다면 이제 그러한 교회를 이루기 위한 실천적 요소를 파악할 필요가 있다. 이 장에서는 해방적·개혁적 교회를 이루기 위한 네 가지 실천적 요소를 살펴보고자 한다.

1) 해방적 성서 해석

텍스트는 고정된 의미를 담고 있지 않다. 따라서 텍스트 자체와 그에 대한 이해 사이에는 언제나 거리가 있다. 읽는 사람이 누군가에 따라서 텍스트의 의미와 해석이 다를 수 있음은 페미니스트 신학뿐 아니라 다른 분야에서도 이미 오래전에 제기된 문제이다. 언어를 사용해 저자가 말하고 의미한 바는, 이를 읽고 해석하는 사람들이 속한 역사·문화적 정황 또는 가치관에 따라 다르게 이해되고 해석될 수 있다. 따라서 성서 해석은 참으로 예민한 문제이다. 이제 성서 해석이 '가치중립적'이거나

'객관적' 행위라는 주장은 설득력을 상실했다. '누가' '어떤 관점으로' 성서를 해석하는가가 가장 중요한 변수이다. 이러한 의미에서 성서 해석자의 역할은 특정한 텍스트에 대한 사람들의 가치관 형성은 물론 인간, 세계 그리고 신에 대한 이해의 형성에 참으로 중요한 역할을 한다. 그러므로 '누가' 성서 해석의 권력과 위치를 지니는가에 대한 비판적 조명은 해방적이고 개혁적인 교회를 구성하는 과정에서 필수적 과제이다.

이제까지 성서를 해석하고 가르치는 역할은 남성의 몫이었다.[29] 탈가부장제적 사고를 지닌 소수를 제외한 해석자들 대부분은 의식적·무의식적으로 이제까지 가정, 교회, 사회에서 여성의 종속적 위치를 정당화하고 합리화하는 성서 해석을 해왔다. 즉 성서가 쓰인 정황은 고려하지 않은 채 성서에 담긴 여성에 대한 열등한 이해와 비하하는 가치관을 다양한 양태로 '자연화'하고 강화해왔다. 특정한 해석이 자연화될 때 그 해석을 듣는 이들은 '왜'를 묻지 않고 무비판적으로 수용한다는 점에서 매우 위험하다. 따라서 대부분의 성서 해석은 남성중심적이고 가부장제적인 기능을 강화하는 데 일소했다. 이러한 의미에서 성서 해석은 종교적 행위일 뿐만 아니라 '정치적 행위'이다. 예를 들어 참정권 획득을 위한 미국 여성들의 72년여 간의 투쟁에 가장 크게 반대한 세력은 성직자들이었다. 그들은 성서의 이름으로 남성과 여성의 평등성에 대한 정치적 요구를 '반反성서적'이라고 주장했다. 즉 여성이나 흑인이 정치적 권리를 요구하는 행위는 가정과 국가 그리고 교회의 안정성을 위협하는 '위

---

29 이 글에서 쓰는 '남성과 여성'의 구분은 '생물학적 성sex'이라기보다는 '종교·문화·사회·정치적 성gender'으로서의 구분이다. 거시적 관점에서 볼 때, 성서 해석에 대한 지식은 '백인, 서구와 유럽, 중산층'에 속한 남성들이 양산하고 확산해왔다. 이것이 해방적 성서 해석에 관한 문제를 사실상 페미니스트 관점만이 아니라 탈식민주의적 관점과 연계해야 하는 이유이다.

험한 짓'이며 '반反기독교적' 행위라고 이해했다. 결과적으로 성서는 흑인의 비인간화를 자초한 노예제도나 여성의 종속적이고 부차적인 사회적 위치를 신의 뜻이라고 해석하고 가르치는 데 강력한 무기로 사용되었다. 이렇게 성서가 직접적인 '정치적 무기'로 쓰인 사례는 교회 역사에서 무수히 찾아볼 수 있다.

그러므로 해방적·개혁적 교회의 초석을 위해서는 여성의 종속적이고 부차적 위치를 유지하고 강화하는 성서 해석을 넘어, 한 인간으로서 자유와 통전성의 비전을 창출하는 성서 해석이 이루어져야 한다. 특히 개신교는 '오직 성서로만 sola scriptura'의 원리를 따르기 때문에 성서 해석은 무엇보다도 중요하다. "진리가 너희를 자유케 하리라"는 성서 구절처럼, 성서를 통해 인간을 자유롭게 만드는 진리를 보아야 하는데 오히려 인간을 억압하고 제한한다면 성서의 깊은 진리를 가리는 일이 된다. 이러한 의미에서 성차별, 인종차별, 계층차별 등 다양한 차별구조를 '성서적인 것'으로 해석하는 행위를 비판하고 그 오류와 위험성을 지적해야 한다.

2) 나눔의 지도력

새로운 해방적·개혁적 교회에서 요구하는 지도력은 어떤 것인가. 전통적으로 지도력은 '위계주의적'이며 '지배적'인 의미를 지니지만 이는 올바른 의미의 지도력으로 보기 어렵다. 오히려 '지배의 지도력'이라고 할 수 있는데 레티 레셀은 이러한 지도력을 "가부장제형 지도력"으로, 다른 종류의 지도력을 "페미니스트형 지도력"으로 분류했다.[30] 나는 이러

---

30 Letty Russell, *Church in the Round*, pp.56~57.

한 구분은 '남성 지도자=가부장제형 지도력', '여성 지도자=페미니스트형 지도력'이라는 단순한 이해를 불러일으킬 소지가 있기 때문에 피하고자 한다. 생물학적으로 여성인 지도자라고 해도 이른바 '가부장제형 지도력'을 행사하는 경우가 있고, 남성 지도자도 '페미니스트형 지도력'을 행사하는 이들이 있기 때문이다. 여기에서 강조하고 싶은 것은 지도력의 형태는 생물학적 성에 따른 차이가 아닌, 한 지도자가 지도력을 어떻게 이해하는가 하는 인식론적 이해에 따라 달라진다는 점이다. 따라서 나는 지도력을 '지배의 지도력'과 '나눔의 지도력'으로 분류하고자 하며, 여기서 '지배의 지도력'이 아닌 '나눔의 지도력'은 자신의 능력을 다른 사람들 위에 군림하도록 행사하지 않고 그들과 '함께' 나누고자 하는 지도력을 의미한다. 이러한 지도력을 지닌 사람은 자신의 능력을 함께 나눔으로써 다른 이의 잠재성과 창조성을 촉진하는 역할을 한다.

지도력에 대한 논의는 '권위authority'와 '권력/힘power'에 대한 논의로 연결된다. '지배의 지도력'에서 권위는 구성원과의 관계가 위계적 구조로 형성된다고 믿는다. 수평적 관계가 아닌 수직적 관계를 유지함으로써 지도력의 권위가 형성된다는 것이다. 이러한 지도력에서 권력은 '통제하는 힘'이며, 일반적으로 지도력과 권위는 이러한 통제력과 연결되어 있다. 하지만 수직적·위계주의적 관계 형성으로는 평등 공동체로서의 해방적·개혁적 교회를 이룰 수 없다. 가부장제적 교회에서의 지도력이 대표적인 예다. 반면, '나눔의 지도력'에서 권위는 구성원과의 수평적·평등적 관계에서 형성된다. 외압적 권위가 아니라 인격적이고 내면적인 권위가 존중된다. 여기에서 지도자가 지닌 '힘'은 통제하는 힘이 아닌 '치유하는 힘'이며, 교회 구성원들에게 새로운 삶의 에너지를 갖게 하는 '권능부여의 힘empowering power'이다. 깨지고 병든 관계를 치유하는 힘이며 무력감과 좌절감으로부터 새로운 희망을 보는 힘이다. 이처럼 인격적이며 내면적인 권위와 치유하는 권능을 부여하는 힘이 있는 지도력이 해방적·개혁적 교회를 이끄는 데 필요한 지도력이다.

3) 포괄적 언어

이제까지 교회 언어는 가부장제적 구조에서 형성되었기 때문에 남성중심적이었다. 교회의 대표 상징인 신은 '아버지' '왕' 등의 남성적 언어였고, 성서의 청중은 '아들들' 또는 '형제들' 등의 남성을 규범적인 인간으로 규정했다. 이렇게 여성을 배제하는 남성중심적인 '배타적 언어'는 여성을 '보이지 않는 존재'로 인식하게 하며 남성중심적 사고와 가치관을 형성한다. 이것이 페미니스트 신학이 이러한 '언어' 문제를 중요한 주제로 간주하는 이유이다.

남성 신학자이며 찬송가 작사자인 브라이언 렌Brian Wren은 남성중심적 언어의 문제점을 예리하게 지적한다. 렌은 "우리는 남성의 지배와 여성의 종속 그리고 신을 오직 남성적 용어로만 보고자 하는 것이 하나님의 의도인지 아니면 인간의 왜곡과 죄의 결과인지를 물어야 한다"고 말한다. 그는 만약 이러한 남성중심적 언어의 사용으로 남성 지배와 여성 종속이 인간의 왜곡과 죄의 결과라면 여성과 남성은 모두 종속성과 지배성에 대해 회개해야 한다고 주장한다.[31] 그는 이러한 남성의 지배와 신에 대한 남성적 이미지는 자신의 정체성 문제까지 도전하는 신

---

31 Brian Wren, *What Language Shall I Borrow? God-Talk in Worship: A Male Response to Feminist Theology*, Crossroad, 1991, pp.1~2.

앙과 정의의 이슈가 되었다고 밝힌다.[32] 언어는 인간의 사고와 가치체계를 형성하는 데 중요한 요소이다. 이러한 남성중심적 언어는 남성과 여성을 지배와 종속 관계로 규정하는 '성의 형이상학'을 형성하기 때문이다. 가톨릭 신부인 이제민은 이러한 "성의 형이상학은 오늘날 더 이상 먹혀 들어가지 않는다. 이 형이상학에는 신의 영원한 의지가 아니라 가부장적인 사회의 남성의 의지가 표현되어 있기 때문이다"[33]라고 하면서, 교회의 남성중심적 언어로 왜곡된 남성과 여성의 관계성을 비판한다.

해방적·개혁적 교회에서는 남성중심적인 '배타적 언어'가 남성과 여성 등 '모든' 인간을 포괄하는 급진적인 '포괄적 언어'로 바뀌어야 한다. 이러한 포괄적 언어로의 전이는 외형적 변화뿐 아니라 그 언어를 사용하는 사람들의 인식구조 전이를 의미하며, 인식구조의 전이는 구체적·실천적 평등으로 나아가는 가장 중요한 첫걸음이기 때문이다. 물론 영어와 같은 라틴계 언어에서처럼 한국어는 성을 구분하는 언어를 쓰지는 않는다. 따라서 신에 대한 명사[Father, King, Lord]나 대명사[He] 또는 인간을 지칭하는 명사[man]나 대명사[he] 등의 문제와 같은 남성중심적 언어 사용이 예민한 문제는 아닌 것처럼 보인다. 그러나 실제로 한국 기독교 안에서 언어구조를 지배하는 교회의 상징은 남성화되어 있고, 여전히 교회 안의 언어는 남성중심적 사고와 가치관을 강화하는 데 중요한 역할을 해왔다. 이러한 의미에서 상징이나 교회 예배, 예전 또는 기도문 등에서의 포괄적 언어의 수용은 여전히 매우 중요한 문제이다. 이 포괄적 언어의 수용은 신학적 설득, 교단적 합의, 목회자의 인식전환, 평신

---

32 Brian Wren, *What Language Shall I Borrow*, p.ix.
33 이제민, 《교회―순결한 창녀》, 분도출판사, 1995, p.192.

도의 의식화 등 참으로 다차원적이고 복합적인 과정을 거쳐서 비로소 가능해진다. 해방적·개혁적 교회의 창출은 이러한 언어적 변혁의 과정을 통해 가능하며, 변혁의 길을 택함으로써 교회는 해방의 지평으로 들어서는 발걸음을 내딛게 된다.

4) 탈성직자중심주의

해방적·개혁적 교회가 극복해야 할 또 다른 문제는 '성직주의clericalism'이다. '신의 백성이 모인 공동체'라는 교회에 대한 이해가 보여주듯이 교회는 사실상 성직자가 중심이 아니라 교회에 모인 신의 백성이 중심이 되는 곳이기 때문이다. 그러나 자명한듯 보이는 이러한 사실은 사실상 교회의 역사에서 가장 커다란 문제 중 하나로 부각되어왔다. 가톨릭 교회의 경우도 1965년 바티칸 제2공의회 폐막 이후 교회는 '신의 백성의 공동체'임을 강조함으로써 탈성직자중심주의를 표명했다. 또한 종교개혁 이후 가시화된 개신교는 이미 '만인제사장직'의 원리에 따라 출발함으로써 교회의 중심이 성직자가 아닌 신의 백성 모두임을 공포한 바 있다. 그런데 왜 이론적으로는 오래전에 포기한 성직자중심주의가 여전히 교회에서 문제가 될까. 이제민은 바티칸 제2공의회 이전의 가톨릭 교회 교회론이 '위로부터의 교회론'이었으나 공의회 이후는 '아래로부터의 교회론'으로 전이했음에도 여전히 교회는 성직자 중심의 '위로부터의 교회'라고 지적하면서 교회의 성직자중심주의를 비판한다. 그에 따르면, "여전히 평신도는 사목의 대상으로만 다루어지고 있고, 성직자는 그 위에 '권위 있게' 군림하는 자로 인식되고 있으며, 교회는 여전히 성직자하고만 동일시되고 있다는 인상을 강하게 풍기고 있다." 따라서 "일은 평신도가, 영광은 성직자가"³⁴ 받는 성직자 중심의 교회에 머물러 있으며 이는 정당화될 수 없다고 강조한다.

사실상 이는 가톨릭 교회뿐만 아니라 개신교회에서도 동일한 문제이다. 이러한 성직자중심주의의 극복은 해방적·개혁적 교회를 형성하는 데 필수적인 요소이다. 모든 교인 위에 군림하는 목회자가 되거나 또는 평신도와 성직자를 수직적 '위계 관계'로 이해하지 않고 수평적 '상호 관계' 속에서 교회를 함께 이끌어나가는 동역자로 이해하는 태도가 필요하다. 그렇게 될 때 평신도들은 더 이상 수동적이거나 의존적인 존재가 아니며, 목회자는 지배적이고 가부장의 모습을 지니지 않은 채 각자 맡은 역할과 직분에 따라 자기 몫을 성실하게 수행하는 '파트너'가 된다. 이러한 파트너 모임이 교회가 되어야 하며, 앞서 논의한 레티 러셀은 이러한 교회의 이미지를 '원형탁자'라는 메타포로 형상화한 바 있다. 높고 낮음의 구분이 폐지되고 모든 이들이 동등한 책임과 권리를 가지며 서로에 대한 연대성을 바탕으로 모여 앉은 원형탁자로서의 교회 이해는 참으로 중요한 통찰로, 이렇게 성직에 대한 이해가 바뀔 때 사실상 오랫동안 논쟁의 주제였던 여성 안수 문제도 극복할 수 있다.

지금 제도화된 교회의 모체인 '가정교회'에서는 성 만찬을 남자든 여자든 가정의 주인이 베풀고, 안수는 설교와 가르침을 위한 목적으로 수행했다.³⁵ 그런데 그러한 성 만찬 집행을 성직자의 특권으로 이해하면서 교회의 성직자중심주의는 신·구교를 막론하고 교회를 지배하는 이데올로기가 되고 말았다. 성직자의 역할을 '특권'이 아닌 '나눔과 섬김'으

---

34 이제민,《교회-순결한 창녀》, 분도출판사, 1995, pp.71~72.
35 Edward Schillebeeckz, *The Church with a Human Face: A New and Expanded Theology of Ministry*, Crossroad, 1985, p.119.

로 이해한다면, 여성 안수나 지도력을 반대하는 모든 제전이 사실상 무의미한 논쟁임을 쉽게 알 수 있다. 현재의 교회는 대부분 목회자 또는 성직자의 역할을 하나의 특권으로 이해하기 때문에 여성 안수를 허용한 교회에서도 안수를 받은 여성은 남성의 특권 그룹에 끼인 여성으로 간주되어 소외와 배제를 경험한다. 여성 목회자는 '목회자' 신분이 아닌 '여성'이라는 점에서 여전히 여성 평신도와 함께 성직자와 남성 평신도 다음에 위치하는 "제3등급third class"[36]으로 남게 된다. 한 여성 목회자는 자신을 목회자로 보지 않는 주변의 남성 목회자에 대해 다음과 같이 말했다.

> 사람들은 종종 여자인 나는 목사보다는 사모의 자리에 가져다놓고 싶어 한다. 우리 지방의 한 어른 목사는 늘 나에게 "어어, ○○○ 교회 사모님 오셨어" "사모님이 목사님들 모이는 곳에는 웬일이야"라고 농담(?)한다. 그 농담에는 그들 사고 속에 '남자=목사, 여자=사모'라는 도식이 암묵적으로 내포되어 있음을 의미한다. 나도 농담으로 받아넘기지만 속으로는 한숨이 절로 나온다. '이런 사고구조를 가진 사람들과 어떻게 평생을 부딪히며 살아야 하나……'[37]

성직을 특권이 아닌 섬김과 봉사의 자리로 이해한다면 이러한 현상이 생기겠는가. 성직자중심주의는 성직자와 평신도 관계뿐 아니라 평신

---

36 Letty Russell, *The Church in the Round*, p.51.
37 이 글은 1996년 가을 학기, 감리교신학대학교 대학원의 여성 신학 세미나 시간에 과제물로 제출한 목사 안수를 받고 단독 목회를 하는 D라는 대학원생의 저널에서 발췌한 것이다. 이러한 예는 현대 한국 교회에서 여전히 '목회자=남성'으로 고착된 남성중심주의적 성직주의가 변하지 않은 현실의 단면을 여실히 드러낸다.

도 간의 관계에도 영향을 미쳐 여전히 가부장주의적 위계성을 벗어나지 못한다. 성직주의는 '지배의 논리'로 형성되며, 그러한 지배의 논리는 관계를 언제나 위계적·수직적으로 형성하려는 경향성이 있기 때문이다. 그래서 여성 평신도를 교회 허드렛일을 도맡는 사람으로 인식하고, 교회 운영과 가르치고 다스리는 일은 남성 평신도의 몫으로 인식한다. 제자의 발을 씻긴 예수의 '섬김과 봉사의 덕목'을 유독 여성에게만 강조함으로써 여성을 결정 기구와 과정에서 자연스럽게 배제하는 결과를 낳은 것이다. 결국 가부장적 의식에 기초한 성직자중심주의는 성직자와 평신도 사이의 위계뿐만 아니라 남성 평신도와 여성 평신도 간의 수직적 관계를 극복하기 위해서도 중요한 문제이다.

5. 페미니스트 교회론의 의미

교회는 경직되고 정적인 실체가 아니며 끊임없이 변화했고 앞으로도 변화할 것이다. 19세기 여권운동에서 출발한 여성운동은 신의 뜻을 이 땅에 실현하고자 하던 여성들로부터 시작되었다. 그들은 우선 사회에 존재하는 여성에 대한 차별, 가정과 교회에 존재하는 차별 문제에 대한 변화를 요구했다. 19세기 서구 여성운동가 대부분은 성실한 기독교도였으며, 신이 남성과 여성을 자신의 형상대로 지었다는 창세기 1장 창조론의 '존재론적 평등의 원리'를 모든 삶의 영역에서 실천하는 것을 사명으로 생각한 사람들이다. 성서는 그들이 여성과 남성의 평등을 위해 투쟁하면서 어려움에 부딪힐 때마다 용기를 주었지만, 또 한편으로 그들을 비판하는 무기로도 이용했다. 교회도 성서와 유사한 두 역할을 해 새로운 변혁 요구에 부딪힐 때마다 그 소리에 적극 동참해 많은 이들에게 새로운 희망의 빛을 제시하는 한편, 변혁의 소리를 '비성서적'이며 '이단적'이라고 외면하기도 했다.

페미니스트 관점으로 보는 교회론은 사실상 이미 무수히 존재하는 교회론에 또 하나의 이해와 해석을 참가하기 위함이 아니다. 오히려 페미니스트 교회론의 목적은 교회 안에서 급진적인 '변혁'을 모색하는 데 있다. 신학은 변혁을 지향해야 한다. 즉 '신학하기 doing theology'란, 신학적 주제에 대한 이해와 해석 차원에서만 머물지 않고 구체적 변혁의 차원으로까지 나아가야 한다. 따라서 교회론은 '교리'로서만이 아니라 '운동과 사건'으로 이해해야 하며, 신이 인간에게 주신 자유와 통전성을 이루기 위한 투쟁과 변혁의 장으로서의 교회가 되기 위한 운동이어야 한다. 이러한 맥락에서 볼 때, 새로운 교회 이해는 변화와 변혁의 차원으로 연결되어야 한다.

신학적으로 교회는 모든 이들의 보편적 인간성을 인정해왔지만, 교회가 역사에 관여하면서 지배적이고 억압적이며 가부장제적인 제도로서의 역할을 수행해왔다. 따라서 교회 자체가 거룩한 것이 아니라, 그 교회 안에서 정의와 사랑을 수호하는 사건이 일어날 때 비로소 거룩해지는 것임을 끊임없이 재확인해야 한다. 인간의 자유와 통전성을 이루기 위해 투쟁하는 교회, 그리고 정의, 평화, 사랑의 공동체로서 교회를 이루어 나가는 곳이야말로 '하나님의 선교 missio Dei'를 이루는 교회이다. 이러한 교회는 한 개인의 힘이 아닌, 교회의 모든 이들, 즉 성직자와 평신도, 남성과 여성 등 모두의 변화 노력을 통해서만 가능해진다. 다차원적 변화의 노력이 있을 때 새로운 현실은 시작된다. 그리고 이러한 노력이 시작될 때, 콕스가 제시한 대로 그동안 오랜 교회의 역사에서 억눌린 순수한 영적 에너지가 '거룩한 영Holy Spirit'의 개입과 역사로 교회 안에 복귀하는 경험을 하게 될 것이다. 이러한 의미에서 페미니스트 신학적 교회론의 추구는 '거룩한 영'이 자유로운 활동의 장을 열기 위한 교회개혁운동이다. 이러한 교회론은 고정된 것이 아니라 끊임없이 더 큰 정의, 더 큰 평화 그리고 더 큰 사랑을 향해 '열린 교회론'이 되어야 한다.

내가 제시한 '해방적 교회론'에는 '아직 경험하지 않은' 현실에 대한 비전이 있다. 바로 지금의 현실구조에서는 불가능하지만 다른 구조에서는 실현 가능한 '평등 공동체로서의 교회'에 대한 비전이다. 이러한 비전이 실현되는 과정에서 비로소 교회는 '예수운동으로서의 교회'와 역사적 '제도로서의 교회'의 모습을 동시에 지니게 된다.

제4장

한국 교회와 여성:
한국 교회 여성의 의식과 교회 내 위치

1. 문제제기: 교회의 남성중심성

100여 년의 길지 않은 선교 역사를 지닌 한국 개신교회는 그동안 괄목할 만한 양적 발전을 이루어왔다. 한국 교회의 양적 성장은 세계 기독교계의 주목을 받았고, 한국 교회는 적어도 그 '양적 성장'에서는 모범적인 교회로 간주되어왔다. 그런데 양적 성장과 발전에 걸맞은 질적 성장을 동시에 이루었는가를 물을 때, 우리는 쉽게 긍정적인 답을 하기가 어렵다. 우선 이러한 양적 성장의 이면에 교인의 70퍼센트를 이루는 여성들의 헌신과 희생이 밑받침되었다는 사실은 한국 교회의 성장 논의에서 사실상 간과되고 있다. 무엇보다도 교회의 지도력을 교회 구성원의 30퍼센트인 남성이 주도한다는 사실은 한국 교회가 질적 성장을 이루고 있지 못하다는 단적인 증거이다. 지도력과 역할의 나눔에 있어서 평등성이 결여된 모습은 성숙한 교회의 상이 아니며 이는 한국 교회가 분명히 자각해야 하는 문제이다.

한국기독교교회연합회NCCK는 1995년을 '희년의 해'로 제정하고 다양한 행사를 펼쳤다. 희년의 해를 맞아 교회 여성들이 '95희년통일교회협의회'를 조직했으며, 그 협의회 산하에 있는 '여남평등교회 공동체위원회'는 한국 교회 여남평등 공동체 평가를 위한 설문조사를 실시했다. 이제까지 한국 교회에 대한 다양한 연구와 분석이 있었지만, 한국 교회의 남성과 여성의 역할과 위치의 불균형은 여성 그룹을 제외하고서 논의의 대상이 되지 않았다. 또한 교인의 70퍼센트인 교회 여성들의 의식 구조나 교회 내에서의 역할 등에 대한 종합적 연구도 이루어지지 않았다. 이 책의 개정판 작업이 진행 중인 2017년에도 여전히 1995년에 시행한 설문조사에서 드러난 한국 교회의 성 인지 문제는 크게 달라지지 않았다. 이 장에서는 이 설문조사를 근거로 한국 교회 여성들의 의식과 교회 내 역할 및 위치를 분석하고, 나아가 평등 공동체로서 바람직한 한국 교회의 모습을 제시하고자 한다.[1]

2. 교회 현실의 조명

한국 교회의 현실을 조명하기 위한 이 연구는 예장(합동), 예장(통합), 기감, 기장, 기성, 구세군, 성공회, 복음교회, 루터 교회 등 9개 교단에 속한 교회 여성 877명에게서 회수한 설문지 응답 결과를 통계적으로 처리·분석한 결과이다. 설문지 문항은 모두 52개이며, 그 가운데는 인적

---

[1] 이 글에서 나오는 설문의 작성과 조사는 여남평등교회 공동체위원회가 담당했으며, 이 장은 그 위원회의 요청으로 쓴 글이다.

사항, 신학적 이해, 교회 내에서의 역할과 위치 등에 관한 문항이 포함되어 있다. 응답자들의 교단 별 숫자와 인적 사항은 다음과 같다.

〈표 1〉 응답자 인적 사항(단위: 퍼센트)

▶ 교단

예장 (합동)	예장 (통합)	기감	기장	기성	구세군	성공회	복음 교회	루터 교회	무응답	계
3.0	23.6	17.4	23.7	0.5	9.9	6.5	6.5	0.1	9.1	100

▶ 연령

20대	30대	40대	50대	60대	70대	무응답	계
6.5	18.9	30.2	28.1	9.1	2.6	4.6	100

▶ 학력

초졸	중졸	고졸	대졸	대학원 이상	무응답	계
4.6	14.9	24.3	24.6	21.8	10.6	100

▶ 월 소득

50만원 이하	50~100만	100~150만	150~200만	200만원 이상	무응답	계
4.3	14.9	24.3	24.6	21.8	10.6	100

▶ 직책

장로	권사	권찰	집사	평교인	기타	무응답	계
1.3	19.7	2.1	50.2	10.7	6.7	9.4	100

▶ 소속 교회 규모

50명 이하	50~100명	100~500명	500~1000명	1000~5000명	5000명 이상	무응답	계
2.3	6.5	48.2	21.6	14.1	1.8	5.5	100

▶ 교회에 다닌 기간

1년 이내	5년 이내	10년 이내	15년 이내	20년 이내	20년 이상	무응답	계
0.9	3.1	11.6	14.5	12.4	52.2	5.2	100

응답자들의 인적 사항을 볼 때, 응답자들은 대체로 고졸 이상 학력의 중산층 중년 여성들로, 교회에 10년 이상 다닌 이들이며, 100~500명의 교인들로 구성된 교회의 교인이었다.

3. 신학적 의식

교회 여성들의 신학적 의식을 알아보기 위한 방법 중 하나는 신학의 주요 개념을 어떻게 이해하고 있는가를 조사하면 된다. 그러나 여기에서 기억해야 할 점은 '신학'이 일반적 사항과는 달리 단답형적으로 단순하게 파악할 수 있는 개념이 아니라는 사실이다. 즉 신학적 의식을 파악하기 위해서는 설문의 형식을 단답형이 아닌 좀 더 복합적인 방식으로 설계할 필요가 있다. 따라서 이 설문조사 분석에는 이러한 한계가 있음을 미리 밝힌다. 또한 신학적 개념에 대한 설문 내용 설정은 설문 작성자의 관점에서 형성되었고 그에 따라 제한되었으며, 응답자의 신학적 의식이 다른 객관적 답을 요하는 항목보다 분명하게 밝혀지는 항목은 아님을 인식하는 것도 필요하다. 이러한 제한성이 있지만 신학적 개념에 대한 설문은 한국 교회 여성들이 어떠한 신학적 의식을 지니는가를 단편적으로나마 볼 수 있다는 데 의미가 있다.

1) 신 이해

다음의 표는 교회 여성들의 하나님 이해를 보여준다.

⟨표 2⟩ 하나님 이해(단위: 퍼센트)

▶ 하나님의 정의(좋아하는 표현)

정의의 하나님	9.4
자비와 사랑의 하나님	24.5
복의 근원이신 하나님	10.1
구원의 하나님	41.7
심판하시는 하나님	0.5
역사를 주관하시는 하나님	13.2
무응답	0.6
계	100

▶ 구원에 대한 의견

개인의 죄를 회개하는 것	58.7
죽은 후에 하늘나라에 가는 것	14.9
사회정의, 평화창조의 회복이 이루어지는 것	13.8
민족통일은 하나님의 구원의 역사	5.2
여성에 대한 불평등과 폭력이 평등과 사랑으로 회복되는 것	1.7
가난한 자, 소외된 자들이 배부르게 되고 해방되는 것	2.3
무응답	3.3
계	100

▶ '어머니 하나님'에 대한 느낌

매우 거부감이 든다	14.5
거부감이 든다	34.0
그저 그렇다	26.6
친근하다	16.4
매우 친근하다	6.0
무응답	2.5
계	100

여기에서 두드러지는 특징은 '구원의 하나님'이나 '자비와 사랑의 하나님'이 가장 많은 데 비해 '정의의 하나님' 또는 '심판하시는 하나님'이라는 옳고 그름이나 선과 악의 윤리적 특성을 지닌 하나님 개념에 대한 이해는 저조하다는 점이다. 물론 여기서 제시한 항목에는 각기 상호 연관될 수 있는 개념들이 있다. 예를 들어 정의의 하나님은 역사를 주관하시며 심판하실 뿐만 아니라, 동시에 사랑과 자비의 하나님일 수도 있다. 단순한 사고가 아닌 복합적인 사고를 하는 이들이라면, 이 문항들에서 택일해야 하는 어려움을 경험했을 것이다. 그러나 가장 선호하는 하나님에 대한 표현을 고르는 데 여성 다수는 '옳고 그름'이라는 윤리적 관심보다는 개인의 복지와 연결된 '구원의 하나님'에 치중했다는 사실에서 교회 여성들이 하나님을 생각할 때 사회·정치적 차원보다 개인적 차원에 주된 관심이 있음을 알 수 있다. 즉 구원에 대한 항목에서 볼 수 있듯이 '구원의 하나님'에서의 구원 개념을 사회적이거나 집단적 개념이 아닌 지극히 개인적 차원으로 이해하며, 따라서 하나님을 평안한 개인적 삶을 제공하시는 분으로 이해하고 있다고 볼 수 있다. 또한 요즈음 일부 여성들이 하나님을 '아버지'만이 아니라 '어머니'로도 호칭하는데, 이러한 '어머니 하나님' 호칭에 대해 응답자의 75퍼센트 이상이 부정적 반응을 보였다. 물론 페미니스트 신학자들도 모두 '하나님 어머니'를 긍정적으로 생각하는 것은 아니다. 그러나 이 설문조사는 여전히 대부분은 하나님을 남성으로 지칭하는 '아버지'에 대한 호칭이 익숙하고 편하게 생각한다는 경향을 유추할 수 있다.

2) 예수 이해

여성의 예수 이해를 살펴보는 데는 다음 설문 결과가 도움이 될 것으로 보인다.

〈표 3〉 예수와 하나님 나라 이해(단위: 퍼센트)

▶ 예수 그리스도의 정의(좋아하는 표현)

구원의 예수	46.0
대속자 예수	35.0
여성을 제자로 인정하신 예수	1.6
가난한 자, 소외된 자, 여성들의 친구이신 예수	4.3
불의에 항거하고 정의를 위해 희생당하신 예수	2.3
죽음의 세력을 이기고 부활하신 예수	10.5
무응답	0.3
계	100

▶ 하나님 나라에 대한 이해

죽은 후에 갈 수 있는 저 세상	29.0
지금 여기에서 이루어져야 할 그 나라	22.8
정의, 평화, 사랑이 이룩되는 예수 공동체	4.7
소외당하는 사람들에게 평등과 자유가 이루어지는 공동체로서의 사회	7.9
구원받은 자들만이 갈 수 있는 나라	35.1
무응답	0.5
계	100

여기에서 볼 수 있는 특징은 '구원의 예수'와 '대속자 예수'가 가장 선호하는 예수 이해라는 점이다. 즉 하나님 이해에서와 마찬가지로 예수에 대한 이해 역시 극히 개인적 차원에 치중해 있다. 예수 이해에서

주요한 개념인 '여성을 제자로 인정하신 예수' '가난한 자, 소외된 자, 여성들의 친구이신 예수' '불의에 항거하고 정의를 위해 희생당하신 예수' 등의 개념에는 세 항목을 모두 합쳐 10퍼센트도 안 되는 소수만이 관심을 보였을 뿐이다. 이러한 경향은 하나님 나라에 대한 설문에서도 나타난다. '구원받은 자들만이 갈 수 있는 나라' 항목이 가장 응답이 높은 반면, '정의, 평화, 사랑이 이룩되는 예수 공동체'라든가 '평등과 자유의 공동체'로서의 하나님 나라에 대한 이해는 저조함을 알 수 있다.

3) 성서 이해

다음의 표는 응답자들의 성서에 대한 이해를 보여준다.

〈표 4〉 성서 이해(단위: 퍼센트)

▶ 성서에서 좋아하는 표현

하나님의 말씀이 기록된 책	78.4
이를 기록한 당시 사람들의 신앙고백	4.0
영감으로 쓰여진 기록자의 고백서	3.6
사회의 불의와 범죄를 고발하고 사회정의를 세우는 하나님의 구원의 역사를 기록한 것	4.3
일점 일획도 변할 수 없는 것	6.3
오늘의 상황에서 새롭게 해석되어야 하는 것	2.9
무응답	0.5
계	100

응답자의 다수인 78퍼센트 이상이 성서가 '하나님의 말씀'이라는 다소 추상적이고 전통적인 성서 이해를 선택한 반면, '사회정의를 세우는 구원의 역사를 기록한 것(4.3퍼센트)'이라든가 '오늘의 상황에서 새롭게 해

석되어야 하는 것(2.9퍼센트)'은 현대의 성서 이해를 반영하는 항목에서 극히 소수만이 반응했다. 여기에서 현대 신학계에서 상식처럼 간주하는 '성서가 오늘의 상황에서 새롭게 이해되어야 한다'는 생각을 일반 교회 여성들은 생소하게 보는 경향을 알 수 있다. 그럼에도 관습적인 성서 이외의 다른 항목에 대해 소수만이 관심을 보였다는 사실을 통해 교회 여성들이 성서에 대한 새로운 현대적 이해를 제공받고 있지 못하다는 사실은 분명히 알 수 있다.

4. 여성의 교회활동과 사회활동

이번에는 여성이 교회에서 '하고 있는' 활동과 '하고 싶어 하는' 활동을 조사함으로써 교회 내 활동이 어떻게 이루어지는가를 검토하고자 한다.

〈표 5〉 하고 있는 일(왼쪽)과 하고 싶은 일(오른쪽) (단위: 퍼센트)

청소/음식 만들기	51.0	0.3	친목도모	0.8	1.9
행사준비	7.3	0.5	기금마련	0.6	0.5
전도	5.2	16.4	사회봉사활동	2.1	17.0
심방	8.9	4.8	환경보존운동	0.5	8.3
성가대	10.1	16.4	교회연합운동	0.3	4.4
교사	0.6	6.5	성서연구	0.2	13.3
예배기도	1.0	0.7	예배사회	0.0	0.6
설교	0.1	1.9	무응답	1.4	4.9
속회	9.9	1.5	계	100	100

위의 표에서 분명히 알 수 있는 것은 현재 교회 여성들이 주로 '하고 있는 일'과 '하고 싶은 일' 사이에 커다란 차이가 있다는 사실이다. 우선 여성의 51퍼센트가 교회에서 주로 하는 일이라고 응답한 '청소/음식 만들기' 항목이 '하고 싶은 일'의 설문에 가서는 겨우 0.3퍼센트만 응답했다는 사실을 알 수 있다. 이것이 의미하는 바는 무엇일까. 첫째, 전통적으로 가정에서 여성의 일로 부과해온 '청소/음식 만들기'가 여전히 교회에서도 동일하게 적용되고 있다는 사실이다. 둘째, 이러한 전통적인 여성의 일에 대부분이 만족하지 못한다는 사실이다. 자신의 일에 대한 정체성이 없다는 것은 한 인간의 삶에 커다란 손실이다. 자기만족적 삶을 살고 있지 못하다는 사실은 여성의 자기 이해에 있어서 부정적 역할을 할 뿐만 아니라 다른 여성에 대해서도 불신하는 내면적 요인이 될 수 있다.

또한 이 결과에서 특이한 점은 성서연구 항목에 오직 0.2퍼센트만이 응답했다는 사실이다. 이는 신앙생활의 성숙과 지속성을 위해 교회에서 가장 중요한 활동 중 하나여야 할 성서연구가 별로 의식할 만한 활동으로 간주되고 있지 못하다는 의미이다. 설교라든지 예배사회 등 공적 영역에서 지도력을 발휘해야 하는 활동은 응답률이 매우 낮았다. 여성들이 '하고 싶은 일'이란 개인적 욕구만이 아니라 그 일을 했을 때 주변의 반응이나 자신감의 문제와도 연계되어 있다. 설교나 예배사회의 일을 하고 싶지 않아서가 아니라, 그 일을 하는 데 필요한 '전문성'에 대한 자신감이 결여되어 있기 때문일 수도 있다. 이는 한국 교회의 성숙을 위해 바람직한 사실은 아니며, 좀 더 적극적이고 의도적인 프로그램을 목회적 차원에서 개발할 필요가 있음을 보여준다.

〈표 6〉 사회활동 참여(단위: 퍼센트)

교회 여성연합운동	31.2
여성 신학운동	2.9
민주화운동	1.8
평화통일운동	3.8
환경운동	9.9
성폭력 방지운동	0.8
정신대 대책활동	0.8
계속교육 프로그램	5.4
무응답	43.4
계	100

여성의 교회 밖 활동을 조사한 위 표를 보면, 교회 여성연합운동의 빈도가 가장 높다. 그러나 이는 사회활동 범주에 포함시킬 수 없다. 교회 여성연합운동은 자신이 속한 교회나 교단 조직과 직접 연결되어 사실상 독자적인 '사회활동'이 아닌 '교회활동'의 연장이기 때문이다. 그렇다면 신학교육을 받은 이들이 주로 관여하는 여성 신학운동과 개인적 발전을 위한 계속교육 프로그램을 제외한 민주화운동, 평화통일운동, 환경운동, 성폭력 방지운동 그리고 정신대 대책활동 등 사회적 이슈와 연관된 활동에는 17.1퍼센트만이 참여하고 있다고 볼 수 있다. 또한 가장 큰 비율을 차지하는 43.4퍼센트가 아무런 답을 하지 않음으로써 교회 밖 활동에 무관심하거나 전혀 관여하고 있지 못함을 보여준다.

교회 여성들이 이처럼 사회활동에 소극적인 이유는 물론 개인적 성향이나 가치관 때문일 수도 있겠지만 사회구조적 차원에도 상당한 원인이 있다. 예를 들어, 가장 활동적인 나이인 30~40대의 여성은 무엇보다도 아이 교육과 입시에 가장 많은 관심과 시간을 투자해야 한다. 따라서 아이의 입시 성패가 어머니의 성패와 연결되는 암묵적 가치가 일반화된 한국사회에서, 교회 여성들이 가정과 교회 외에 다른 사회적 활동에 시간과 관심을 투자할 여유를 갖기란 상당히 어렵다. 결국 이러한 문제를 해결하기 위한 방안은 거시적으로 보자면 한국사회구조 전체의 변화가 있어야 하겠지만, 우선적으로는 여성이 삶에 있어서 우선 순위를 설정하기 위한 분명한 가치관 정립이 필요하다. 즉 삶의 관심을 전통적으로 여성의 영역으로 간주해온 '3K' 영역, 부엌Küche, 아이들Kinder 그리고 교회Kirche로만 제한하지 말고 좀 더 확장된 이해를 바탕으로 관심의 폭을 넓히고 활동해야 한다는 분명한 가치관의 정립이 선행되어야 한다. 이것이 인식의 확장을 위한 교회 안과 밖의 교육 프로그램이 절실한 이유이다.

5. 정책결정과 여성 목회자

1) 정책결정 기구 참여도

교회의 정책결정 기구에 대한 여성의 참여도를 살펴보는 일은 한국 교회 내 여성의 위치를 파악할 수 있는 좋은 표준이 된다.

설문조사에서 볼 수 있는 바와 같이 여성이 교회의 정책결정 지구에 참여할 수 있는 영역은 위원회(2.3퍼센트), 당회(2.1퍼센트) 그리고 구역회와 제직회의(6.6퍼센트)로, 사실상 11퍼센트만이 교회의 정책결정 기구에 참여하고 있다. 가장 많은 여성들이 참여하는 여선교회는 여성들만의 모임으로서 교회정책을 결정하는 기구는 아니므로 해당이 안 되며,

〈표 7〉 정책결정 기구 참여도(단위: 퍼센트)

여선교회(여전도회, 여신도회) 임원회	60.8
구역장(속회 회의)	9.0
개교회의 각위원회	2.3
당회, 공동의회, 신자총회	2.1
구역회, 제직회의	6.6
지방회, 사찰회	0.1
노회, 연회, 교구회의	0.7
총회, 관구회의	0.2
무응답	18.2
계	100

속회 회의도 정책결정 기구는 아니므로 해당된다고 보기 어렵다. 교인의 70퍼센트를 이루는 여성 중 오직 11퍼센트만이 결정기구에 참여한다는 사실은 한국 교회가 얼마나 남성중심적 정책결정 기구를 구성하는가를 잘 보여준다. 30퍼센트의 소수가 89퍼센트의 정책결정에 주도력을 행사한다는 의미이다.

여성이 이렇게 정책결정 기구에 참여하지 못한 이유를 보면, "여성 스스로 참여의식이 없기 때문에"가 16.9퍼센트로서 57.6퍼센트의 많은 여성들이 스스로에게 원인을 돌리고 있다. 즉 여성이 정책결정 과정과 기구에서 배제되는 구조적·이데올로기적 요인보다 비난의 화살을 자신들에게 돌림으로써 사실상 문제의 핵심을 종합적으로 보지 못하는 한계가 여전히 있다.

그나마 18.7퍼센트가 "남성 위주의 사회와 유교문화의 영향 때문"이라고 보고 있으며, "목사의 설교 내용이 여성 복종을 강요하기 때문"은 0.6퍼센트, "교단이 여성 안수를 법으로 허용하지 않기 때문"은 12.7퍼센트,

그리고 "여성의 침묵을 강조하는 성경 구절 때문"은 2.3퍼센트로 소수의 여성들이나마 구조적, 또는 성서적 차원의 문제를 파악하고 있다는 점은 교회 여성들의 의식화가 점차로 확장될 가능성을 보여준다. 그렇다면 여성들은 정책결정 기구 참여를 위해 무엇이 필요하다고 보고 있을까.

〈표 8〉 정책결정 기구 참여를 위해 필요한 것(단위: 퍼센트)

여성 안수를 불허하는 교회법 폐지	30.4
여성 참여를 위한 할당제 실시	9.8
여성의 입장에서 읽는 성서연구	3.4
여성 스스로의 조직적인 연대활동	17.8
남자 목사들의 의식 전환	13.0
전반적인 여성 지위 향상	11.9
무응답	13.7
계	100

여기에서 흥미로운 점은 "남자 목사들의 의식 전환"이 13.0퍼센트를, "여성 참여를 위한 할당제 실시"가 9.8퍼센트를 차지한다는 점이다. 높은 비율은 아니지만 여성의 교회 내 위치 변화에 '제도적 변화'와 '목회자들의 의식 전환'이 중요한 변수라는 인식은 한국 교회의 미래를 위해 진지하게 고려해야 할 측면으로 보인다.

2) 예배와 교육 프로그램의 강사결정권

앞서 여성들이 교회의 정책결정과 기구에서 배제되어 있음을 살펴보았다. 그렇다면 이제 여성만의 모임인 여선교회(여전도회, 여신도회) 프로그램에 초빙하는 강사에 대한 결정권을 누가 행사하는지 살펴보자.

<표 9> 강사결정권(단위: 퍼센트)

담임목사	임원회	공동회의	여전도사	부목사	당회	무응답	계
34.7	38.7	9.8	0.5	0.5	5.5	10.5	100

위에서 볼 수 있는 바와 같이 여선교회가 직접 특별 프로그램 강사를 선정하는 비율은 약 48.5퍼센트이며, 그 외는 담임목사나 목회자들에게 의존하고 있다. 이는 여성들 스스로가 자신의 프로그램 결정권을 모두 행사하고 있지 않다는 점과 목회자의 관점이 사실상 한국 교회에서 여성의 위치를 향상시키거나 퇴보시키는 데 중요하다는 사실을 시사한다. 또한 이 설문에는 나와 있지 않지만 강사 설정의 결정을 여성이 행사하는 이유도 강사에 대한 정보의 한계 때문에 사실상 대부분 목회자의 추천에 의존할 수밖에 없기 때문으로 추측한다. 따라서 목회자가 어떠한 성향의 강사를 선택하는가는 여성을 위한 프로그램 내용을 결정하는 가장 중요한 요소가 된다. 예를 들어 여성의 위치를 전통적 입장에서만 강조하는 강사가 올 경우 여성의 발전을 위한 프로그램이 아닌 현상유지를 강화하기 위한 프로그램이 될 수밖에 없다. 그러나 여성의 의식을 확장하고 다양한 역할과 능력을 인식하도록 돕는 강사를 선택할 경우, 교회 내 여성 위치는 좀 더 평등한 차원으로 나아갈 수 있다. 이러한 면에서 본다면, 교회 내 여성의 위치 향상에 목회자의 의식이 아주 중요하다는 사실은 분명하다.

3) 예배와 교육 프로그램의 여성 참여

다음의 표에서 볼 수 있는 점은 놀랍게도 반 이상의 여성이 교회 내 위

〈표 10〉 교육 프로그램에 대한 평등한 참여 여부(단위: 퍼센트)

예	아니오	무응답	계
53.7	37.2	9.1	100

〈표 11〉 예배 순서에서의 평등한 참여 여부(단위: 퍼센트)

예	아니오	무응답	계
54.3	39.2	6.5	100

치에 별로 문제의식을 갖고 있지 못하다는 사실이다. 반 이상이 예배 순서와 교육 프로그램에 여성이 평등하게 참여하고 있다고 응답했는데, 이렇게 '실제적 평등'과 '인식된 평등'의 차이가 있는 이유는 '평등'의 개념 설정이 분명하지 않기 때문이라고 본다. 교회 정책결정 기구나 지도력 구성에서 극히 불공평한 위치에 있는 여성이 교육 프로그램과 예배 순서에 평등하게 참여한다고 믿는 근거는 극히 미약하기 때문이다. 여성의 의식 향상을 위한 프로그램을 마련해 불평등 구조를 자연스러운 것으로 믿는 왜곡을 분명히 수정해야 한다.

4) 여성 목회자에 대한 관점

〈표 12〉 여성 목회자에 대한 의견(단위: 퍼센트)

여성 지도력 향상에 도움이 된다	51.4
상담과 치유에 필요하다	16.6
교인의 가정의례에 필요하다	1.0
설교와 예배 집행에 적합하다	2.5
교회행정에 적합하다	1.6
전반적으로 교회에 적합하지 않다	2.9

교회성장에 지장이 있다	1.1
신앙교육에 필요하다	9.7
무응답	13.1
계	100

이 설문은 상호 보충적인 항목이 많아서 사실상 택일을 요구하기에 무리가 있다. 예를 들어 여성 목회자의 존재가 "여성 지도력 향상에 도움이 된다"는 항목과 다른 기능적 역할에 대한 평가는 사실상 상반되는 사항이 아니다. 따라서 여러 항목 중에서 택일하는 과정에서 응답자의 관점이 좀 더 구체적으로 반영되기 어렵다. 설문 자체가 지닌 이러한 한계에도 여성 목회자에 대한 여성의 의식을 살펴볼 수 있는데, 분명한 사실은 여성들 자신도 여성 목회자에게 전통적인 보조적 역할을 기대한다는 점이다. 51.4퍼센트가 여성 목회자의 존재가 여성 지도력 향상에 도움이 된다고 긍정적으로 보았지만, 교회에서 전통적으로 목회자에게 요구하는 가장 주요한 일인 "설교와 예배 집행"에 적합하다고 본 여성은 2.5퍼센트에 지나지 않는다.

이러한 사실로 미루어볼 때, 여성 목회자를 부담임자나 보조 목회자가 아닌 담임 목회자로 받아들일 수 있는 단계는 아직 이르지 못했음을 추측할 수 있다. 만약 여성 목회자를 담임자로 받아들일 용의가 있느냐는 항목이 마련되었다면 더 구체적으로 여성 목회자에 대한 현실인식을 읽을 수 있을 것으로 본다. 여성 안수는 이론적으로 동의하나 현실적으로 여성 목회자를 수용하지 못한다면 사실상 문제는 심각하다. 이는 가부장주의적 가치를 여성이 내면화해 남성중심적인 교회구조를 스스로 '자연적인 것'으로 수용하는 가부장제적 의식을 반영한다. 가부장주의는 여성에 대한 열등성과 불신뿐 아니라 다른 여성에 대한 불신도 갖게 한다. 대표성을 지니고 신뢰할 수 있는 존재는 남성이라는 사고는 가부장주의의 특징이며, 오랫동안 가부장제적 구조에 익숙한 이들은 자연스럽게 이러한 의식을 받아들인다. 이러한 허위의식을 깨는 일이 여성의 의식화 과정을 통해 이루어져야 한다.

6. 교회의 민주화

다음의 표를 통해 교회의 민주화에 대한 생각을 살펴보자.

〈표 13〉 교회 민주화의 요건(단위: 퍼센트)

남녀의 평등한 목회	26.5
교회 결의 기구에의 평등한 참여	22.7
당 회의 결의 사항에 반대 의견을 제시할 수 있는 자유	12.9
목회 계획에서의 전교인의 의사 수렴	16.5
장로임기제 도입	3.9
목사임기제 도입	2.7
무응답	14.8
계	100

〈표 14〉 교회 민주화의 가능성(단위: 퍼센트)

아주 가능하다	가능하다	모르겠다	불가능하다	아주 불가능하다	무응답	계
12.8	66.8	11.1	3.6	0.1	5.6	100

한국 교회가 '민주적인가 아닌가'에 대한 물음은 상당히 다각적으로 분석해야 한다. '무엇이 민주적인가'에 대한 개념 정립이 우선 선행되어

야 하고, 또한 민주적인가 비민주적인가를 판가름할 여러 요소에 대한 정밀한 분석이 있어야 하기 때문이다. 따라서 이번 설문조사에 나타난 물음만으로 정확하게 한국 교회의 민주성에 대한 평가를 하기는 어렵다. 그러나 한국 교회의 민주화에 대한 요건이 무엇이어야 하는가에 대한 의견과 가능성에 대한 조사를 살펴보는 것은 차후의 민주화 분석에 도움이 되리라고 본다.

〈표 13〉에서 볼 수 있는 바와 같이 교회의 민주화가 이루어지기 위해 '남녀의 평등한 목회'가 이루어져야 한다고 보는 비율이 26.5퍼센트로 가장 커다란 비중을 차지한다. 그 다음으로는 '교회 결의 기구에의 평등한 참여'가 22.7퍼센트였다. 남녀 평등목회가 무엇을 의미하는가에 대해서는 구체적으로 명시돼 있지 않지만, 여기서는 결국 한국 교회의 민주화를 위해 다양한 차원에서 평등성이 이루어져야 한다는 민주화의 기본 출발점을 재확인할 수 있다. 즉 한국 교회의 민주화를 위해 가장 절실하게 필요한 것은 교회나 교단의 결정 과정과 결정 기구, 목회에서의 '평등한 참여'이다.

또한 교회 민주화의 가능성에 대한 물음에 79.6퍼센트가 긍정적으로 응답한 것으로 볼 때 한국 교회 여성들이 민주화 실현 가능성에 대해 낙관하고 있음을 엿볼 수 있다. 이러한 낙관적 견해는 우선은 긍정적으로 평가할 수 있지만, 한편으로는 현실에 대한 정확한 분석과 관찰이 선행된 후에 이루어진 견해인가를 다시 점검해볼 필요가 있다.

7. 교회 여성의 의식과 위치에 대한 종합평가

위의 설문조사를 통해 다음의 네 가지 점을 지적하고자 한다.

첫째, 교회 여성들의 신학적 의식 미성숙이다. 이러한 현상은 단지 교회 여성들에게만 국한된 것이 아니라 설문 대상이 아닌 남성 교인들에게도 나타날 현상으로 보인다. 신학적 의식의 미성숙 현상은 하나님, 예수 그리고 구원에 대한 이해 등에서 볼 수 있는데, 선교 2세기가 지난 현재도 사실상 성숙한 신학적 이해가 결여되어 있다. 이는 한국 선교 초기의 '예수 믿고 천당'과 같은 복음에 대한 극도의 단순화 차원 이상을 벗어나지 못한다. 정의나 사회적 구원 개념 등 기독교적 신앙의 보편적 가치에 대한 이해가 상당히 부족하다. 정의나 사회적 억압 문제 등 사회적 문제에 대한 관심의 결여는 결국 여성의 문제가 무엇인가를 제대로 보지 못하는 주요 원인이 된다. 사회와 교회 내에서 여성의 부차적 위치가 어떠한 요인으로 어떻게 구체적으로 나타나는가를 보는 것은 좀 더 확장된 이론적 이해로 가능해진다. 예를 들어 하나님이 이 땅 위에 정의를 이루려는 분이라고 볼 수 없는 이해에서는, 가정, 교회 그리고 사회 내에서의 다양한 불의를 신앙적 신념과 연관시키기란 불가능하다. 이러한 의미에서 신학적 이해의 성숙은 구체적 삶에서 중요하게 작용한다. 이러한 신학적 이해의 미성숙은 신앙교육에 대한 교회의 적극적인 프로그램과 새롭게 해석되는 성서연구 등을 통해 개선되어야 한다.

둘째, 교회 여성들의 의식화 작업이 긴급하게 필요하다. 절반 이상의 교회 여성들은 교회의 교육 프로그램과 예배 참여에서 평등성이 이루어지고 있다고 본다. 그러나 문제는 여성들이 평등한 차원에서 교회 일에 참여하고 있지 못한 상황인데도 그것을 '불평등 구조'로 보고 있지 못하다는 사실이다. 여기서 어떠한 차원이 평등한 차원인가에 대해 의식확장의 필요성이 분명히 나타난다. 현재 교회 여성의 절반(51.0퍼센트)이 교회에서 주로 하는 일은 '청소와 음식 만들기'이며, 교사, 예배기도, 설교 항목에는 1.7퍼센트만이 참여한다는 사실만으로도 교회 내 여성의 위치가 결코 평등하지 않음을 알 수 있다. 이러한 불평등의 문제를 '문제'로 인식하지 않는다는 사실은 심각한 현상이다. 무엇보다도 교단 내 여성연합회 차원에서 교회 여성을 위한 지속적 의식화 프로그램과 교육을 긴급하게 진행할 필요가 있다. 단편적이고 일회적인 프로그램은 여성의 의식을 확장시키는 데 도움이 되지 않는다. 페미니스트 관점을 반영한 교육교재 출판과 계속교육 프로그램을 교회 여성의 교단적, 또는 교회연합적 차원에서 구체적으로 구상하고 실천해야 한다.

셋째, 목회자의 의식이 여성의 의식 형성과 교회 내 위치에서 아주 중요한 변수 중 하나이다. 여성이 신학적 이해를 형성하는 것, 교회 내 프로그램의 방향을 설정하는 것, 또한 여성의 역할을 규정하고 지도력을 확장시키는 것 등은 사실상 목회자에게 대부분의 결정권이 주어진 한국 교회와 같은 상황에서는 목회자가 좌우한다고 볼 수 있다. 그렇다면 목회자들의 의식은 어떻게 형성되는가. 개인 차가 있고 목회 상황에 따라 다르겠지만, 무엇보다 신학교육을 받는 신학대학 교육이 가장 중요하다. 목회자가 되기 전 신학교육이 올바르게 이루어져야 하고, 신학대학을 졸업하고 목회 현장에 있는 목회자들을 위한 정기적인 계속교육이 교단 내에서 법제화되어 급변하는 세대에 상응하는 주제와 문제를 준비하고 교육하는 제도적 대책이 시급해 보인다. 물론 이러한 과정에서 필수적 요소는 전통적인 남성중심적 교수진과 커리큘럼이 아니라 더 포괄적이며 평등주의적 관점으로 조성된 신학교육의 장 마련이다.

한국의 교단 신학대학의 특이 현상 중 하나는 이른바 전통적 신학 분야의 교수진을 남자 신학자들이 독점하고 있다는 사실이다. 여자 신학생의 수가 증가하고 있고, 그에 따라 여성 목회자들의 수도 증가하고 있지만 신학교육의 지도력이 여전히 변하지 않고 있다는 사실은 분명 개선되어야 할 점이다. 이러한 개선을 통해 남녀평등에 대한 목회자의 의식이 분명해질 때 '신의 형상으로 평등하게 창조되었다'는 성서의 메시지를 구체적으로 실천할 수 있는 교회가 될 수 있다.

넷째, 교단 차원에서 '신학교육과 목회 현장'에 있어서 '여성고용, 참여할당제'와 같은 제도적 장치를 마련해야 한다. 교회가 본연의 모습을 찾기 위해서는 여성과 남성 교인들의 참여가 좀 더 평등하게 이루어져야 한다. 30퍼센트의 남성이 목회와 신학에서 지도력을 독점하는 한국 기독교계의 현실은 이제 시정해야 한다. 한국 교회 여성들이 갖는 교회 내의 부차적 위치는 한국 교회의 질적 성장과 성숙을 가로막는 가장 커다란 장애이다. 교인의 70퍼센트나 되는 여성의 다양한 능력과 역할이 사장된다면, 사실상 한국 교회는 커다란 손실을 자초하는 것이기 때문이다. 신이 남성에게 뿐만 아니라 여성에게도 주신 다양한 달란트를 발휘할 수 있도록 교단 지도자 구성, 신학대학 교수진, 그리고 교회의 결정기구에 '여성고용, 참여할당제'와 같은 제도적 장치가 시급하게 마련되어야 하는 이유가 여기에 있다. 이러한 제도는 결코 역차별이 아니다. 인류 역사가 시작된 이후 지속되어온 성차별주의적 관습과 제도를 깨기 위해서는 '할당제'라는 제도적 장치가 필연적이다. 이는 사실상 세계적 추세이며, '95베이징여성대회' 이후 한국사회도 점차적으로 수용하고 있다. 이제 기독교계에서도 이러한 제도가 그 어느 때보다도 절실히 요구되고 있다는 사실을 더 이상 외면해서는 안 된다.

이제까지 한국 교회 여성들의 의식과 교회 내 위치에 대해 살펴보았다. 지면의 제한 때문에 더 심층적 논의를 하기는 어려웠으나, 한국 교회 여성의 의식과 교회 내 위치에 대한 기본적 이해와 문제점을 볼 수 있었으리라 본다. 무엇보다도 중요한 점은 여성 스스로와 교회 지도자의 의식확장이다. 세계는 변하고 있으며 남성과 여성의 역할에 대한 고정관념은 이제 새로운 시정을 요구하고 있다. 남녀에 대한 유교적 고정관념을 벗어버리고, 그리스도 안에서 남성과 여성의 차별을 인정하지 않는 갈라디아서 3장 28절을 좀 더 구체적으로 실현하는 한국 교회와 신학계가 되기를 기대한다. 분명한 것은 차별과 불평등을 선호하거나 묵인하는 종교는 더 이상 정당화될 수 없다는 사실이다. 어떠한 이유로도 성차별주의는 정당화될 수 없으며, 더 나아가서 인종에 근거한 인종차별, 사회적 위치에 근거한 계층차별과 마찬가지로 성별에 근거한 성차별은 '신의 뜻을 거스르는 죄'[2]라는 사실을 한국 기독교계는 더욱 분명하게 인식해야 한다.

---

[2] 성차별주의가 죄라는 고백 아래 남성 목회자와 남성 신학자 11명이 쓴 다음의 책은 교회 안의 성차별주의에 대한 진지한 논의를 위해 도움이 될 것이다. Richard Holloway, *Men Who Needs Feminism: Men Respond to Sexism in the Church*, SPCK, 1991.

제5장

종교와 가족 그리고 페미니즘

1. '가정의 위기', 무엇이 문제인가

현대사회에 들어서면서 전통적 의미의 '가정' 구조와 의미에 변형이 일어났으며 붕괴되는 '가정의 위기'가 심각한 사회 문제로 대두되었다. 그리고 이러한 전통적 가정 붕괴 조짐의 원인으로 복종적이고 종속적인 여성의 위치에 이의를 제기하는 여권운동을 꼽는 단순하고 왜곡된 평가가 놀랍게도 대다수의 사고를 지배하고 있다. 이들은 여권운동가들에게 '가정을 파괴하는 사람들'이라는 표지를 붙이곤 한다. 그러나 다양하고 새로운 가치구조가 등장하는 21세기에는 가정에 대한 논의가 더욱 중요한 문제로 부각되어야 하며, 이러한 단순 논리로는 문제를 통전적으로 보고 대안을 제시하기 어렵다. 사실상 현대사회에서 '가정의 위기'는 산업사회가 창출한 가치구조의 총체적 위기이며, 산업사회가 만든 모든 제도의 위기를 포함한다. 후기산업사회, 정보화시대, 우주시대, 전자공학시대, 초산업super-industrial사회 또는 포스트모던 사회 등으로 표현하는 현대사회는 근대산업사회와 전혀 다른 새로운 생활양태를 요구하며, 이러한 새로운 생활방식과 문명으로의 전이는 새로운 가치체계를 요구한다. 전통적 가정의 위기는 이러한 전이 과정에서 야기되는 다양한 충돌 중 하나일 뿐이다. 앨빈 토플러Alvin Toffler는 이를 낡은 문명과 새로운 문명, 즉 산업혁명으로 촉발된 '제2물결'과 피임약 개발, 컴퓨터의 광범위한 도입 등 충격적인 여러 혁신 이후의 변혁인 '제3물결' 간의 충돌이라고 보았다.[1]

그렇다면 과연 현대사회에서 가정의 위기를 야기한 요인은 무엇이며 이에 대해 페미니즘은 어떤 입장인가. 또한 21세기 종교와 페미니즘은 어떠한 가족담론을 형성할 수 있는가. 이러한 물음에 대한 논의가 이 글의 주된 관심이다. 논의에 앞서 한 가지 분명히 인식해야 할 점은 특정한 종교, 사회, 정치적 현상은 다른 영역의 변화와 밀접한 상호 연관성 속에 있다는 사실이다. 즉 현대와 같이 복합적인 사회에서 일어나는 변화는 한 가지 요인으로 야기되는 것이 불가능하며, 다양하고 복합적인 요인으로 나타나는 현상이다. 인쇄술의 발달로 성직자만의 특권이었던 성서를 모든 이들이 읽고 해석할 수 있게 되었고, 이 때문에 성직자 중심적 가치구조에 대한 저항과 변혁의 요구로 프로테스탄티즘이 가능했던 것처럼, 현대사회의 다양한 내적·외적 변화로 인해 전통적 가정의 구조와 가치에 대한 변화가 필요해졌다. 이러한 변화의 복합적 요인에 대한 인식을 통해 우리는 현대사회에서 이른바 '가정의 위기'의 원인을 여권운동으로만 돌리는 행위가 문제를 포괄적으로 보지 못하고 시각의

---

[1] 앨빈 토플러,《제3물결》, 한국경제신문사, 1989 참조.

협소성을 드러내는 것임을 알게 된다.

　이 장에서 나는 우선 페미니즘과 종교의 범주에 국한해 가족담론을 논의하여 여기에서 페미니즘과 종교는 정치, 경제, 사회적 차원과 분리될 수 없는 밀접한 관계가 있음을 전제한다. 또한 '종교와 가족, 페미니즘'이라는, 여성과 남성의 삶에 중요한 의미를 지니는 세 가지 주제의 상호 연관성을 인식하고, '사회학적 실체'로서의 가족에 대한 좀 더 포괄적 의미를 분석하며, 더 나아가서 바람직한 가족의 의미를 모색하고자 한다. 물론 가족담론을 전개하기 위해서는 가족의 범주와 개념을 어떻게 형성할 것인가의 문제가 남는다. 양성의 부모와 아이가 있는 고전적 핵가족을 담론의 대상으로 삼는가, 아니면 동성homosexual, same gender 결혼 가족인가 또는 단일성의 성인과 아이로 구성된 홀부모single parent 가족을 대상으로 삼는가에 따라서 논의의 성격이 달라지기 때문이다. 여기서 나는 양성의 부모와 아이를 구성원으로 하는 가족의 형태를 논의의 우선 대상으로 삼고자 한다. 이른바 가정의 위기에 대한 논의나 가족담론이 가부장주의나 성차별주의와 연관된 페미니즘의 담론과 연관될 때 이러한 가족 형태가 우선적 논의의 대상이 되며, 산업사회 이후 가장 이상적인 가족 형태로 인식되어왔기 때문이다. 또한 다른 형태의 가족담론은 성차별주의 논의보다는 다른 종류의 차별구조가 더 우선적인 초점이 되기 때문이다.

　그러나 이전과는 전혀 다른 삶의 양식과 문명이 등장하는 21세기에, 양성 부모와 아이가 있는 고전적 핵가족 형태만이 '규범적 가족'이라는 주장은 설득력을 잃었다. 이른바 선진국은 물론 한국에서도 독신 남성이나 여성의 수가 증가하고 있으며, '딩크DINK' 형태의 가족[2]과 같이 결

2　딩크DINK는 "Double Income No Kids"의 약자로, 맞벌이 부부이면서 자녀를 두지 않는 가족을 말한다. 딩크족의 출연은 전통적인 가족 기능을 해체하며 자녀의 양육과 보호의 의무로부터 자유롭고자 하는

혼을 해도 아이를 갖지 않는 무자녀child-free 부부가 늘고 있다. 또한 아이가 있는 이혼 부부의 재혼률 증가로 다부모多父母, poly-parent 가족도 증가하는 추세이다. 실제로 미국 인구의 7퍼센트만이 양성의 부모와 아이가 있는 고전적 핵가족 형태로 살고 있으며, 나머지 93퍼센트는 이미 산업사회의 이상적 가족 모델과는 다른 삶의 양태로 살고 있다.³ 이러한 현실을 볼 때, 다양한 가족 형태에 대한 더 심층적인 논의가 현대사회에서 시급히 필요하다. 이 글에서 전통적 핵가족의 형태를 우선 논의의 대상으로 삼는 것이 이러한 사실을 간과하는 것은 아님을 미리 밝힌다.

2. 페미니즘과 가족담론

1960년대 이후 본격적으로 전개된 이른바 '제2기 페미니즘'은 1970년대에 걸쳐서 '평등'의 문제에 관심을 집중했다. 즉 주된 관심사가 남성과 평등한 직업 기회, 평등한 임금 그리고 평등한 승진 기회 등 공적 영역에서의 여성활동이었다. 1980년대와 1990년대를 지나면서 페미니즘은 여성을 가치절하하고 가능성을 제한하는 문화, 가사, 경제, 정치 구조 등에 대한 더욱 심층적인 분석과 비판 작업을 시작했다. 결과적으로 그러한 작업을 통해 자연과학, 사회과학 그리고 인문과학 등 여러 분야의 개혁과 변화가 필요해졌으며, 페미니즘의 이러한 관심 변화로 '가족'⁴의 범주와 개념에 대한 재교정과 가족이 여성의 삶에 주는 부정적·긍정적

현대인의 성향을 보여주는 형태라 할 수 있다.
3 앨빈 토플러, 《제3물결》, 한국경제신문사, 1989, pp.263~265.
4 이 글에서는 '가족'과 그 가족이 모여서 이루는 공동체인 '가정'을 상호 교환적 의미로 쓴다.

요소에 대한 관심이 증대되었다.

전통적으로 모든 문화를 막론하고 가족의 개념은 생물학적 연관성을 전제해왔다. 그러나 이러한 생물학적 연관성은 일반적인 가족담론의 일부분을 의미할 뿐이다. 즉 가족은 '생물학적 범주'로서 이해되는 측면도 있지만 동시에 '사회학적 실체'이다. 다시 말해 사회제도로서 그 가족이 위치한 다른 사회제도의 영향을 받기도 하고 주기도 한다. 따라서 '개인적인 것은 정치적이다'라는 페미니스트의 슬로건은 가족이라는 제도와 다양한 사회제도 사이의 침투성을 잘 보여준다. 가족에 대한 논의, 무엇을 가족으로 또는 가족이 아닌 것으로 규정하는가에 대한 논의, 그리고 가족의 일원이 되는 것의 장점과 단점 등과 같은 다양한 가족담론의 양상은 사회학적 실체로서의 가족의 복합성을 잘 드러낸다고 볼 수 있다.

페미니즘의 가족담론은 사실상 가족 자체에 대한 논의라기보다는 성별gender에 대한 논의이다. 페미니즘은 남성과 여성의 관계를 분석하는데, 이는 두 가지 각기 다른 강조점을 지닌 페미니즘으로 나뉜다. 여성과 남성의 생물학적 '상이성'을 강조하는 '여성중심주의gynocentric 페미니즘', 그리고 '공동의 인간성'을 지닌 존재로서의 남성과 여성의 '유사성'을 강조하는 '휴머니스트humanist 페미니즘'이 그것이다. 이러한 두 입장을 모두 고려할 때, 가족담론의 전제는 남성과 여성이 공동의 인간성을 지닌 존재지만 생물학적 요인으로든 사회·문화적 요인으로든 그로 인한 경험의 차이를 고려해야 한다는 점이다. 능력의 '본질적 차이'가 아니라 사회적으로 고정된 성 분업이나 성 역할 때문에 주로 야기된 여성과 남성의 경험 차이는 중요한 변수이기 때문이다.

1) 제1기 페미니즘에서의 종교와 가족

서구 여권운동의 핵심 역할을 한 미국여권운동은 1848년 뉴욕 주 세네카 폴즈에서 처음으로 결성되었다. 〈미국독립선언서〉를 기초로 작성한 〈여성독립선언서〉는 "모든 여성과 남성은 평등하게 창조되었으며, 창조주로부터 생명, 자유, 행복의 추구 등과 같은 인간의 절대적 권리를 부여 받았다"[5]라고 밝힘으로써 여성의 인간으로서의 권리를 공식적으로 선언했다. 초기 여권운동가들은 〈여성독립선언서〉에서 여성도 남성과 마찬가지로 신이 창조했다는 점을 강조하면서, 여성에게 투표권을 주지 않고, 대학 입학을 허용하지 않으며, 남성의 직업으로 간주되는 일에서 배제하는 남성중심적 가부장제 사회를 비판했다. 또한 결혼한 여성이 재산을 소유하지 못하고 남편에게 복종해야 하는 가정을 비판하고, 더 나아가서 여성의 온전한 인간성과 존엄성을 지켜주어야 할 교회가 여성의 복종을 영속화하는 역할을 하고 있음을 날카롭게 비판했다. 이러한 여권운동가들의 사회, 가정, 교회 비판은 보수주의 성직자들이 여권운동가를 '과격하고 위험한 사람들'이라고 비판하는 동기가 되었다. 즉 보수주의 성직자들은 여권운동가를 가정이 위기에 빠지는 주된 원인을 제공하는 위험한 '반기독교적 급진주의자'라고 비판했고, 여성의 평등 추구는 '반성서적인 것'이라고 주장했다. 이러한 맥락에서 종교는 여성의 평등과 해방 추구에 장애 요소였다. 그러나 역사가들은 이러한 외면적 대립 양상 때문에 여권운동에서 종교가 수행한 핵심적인 긍정적 역할을 간과했다고 지적한다. 종교는 대부분 역사 속에서 두 가지 상충된

---

5 Elizabeth Cady Stanton, "Declaration of Sentiments", *The Feminist Paper: From Adams to de Beauvoir*, Alice S. Rossi, ed., Columbia University Press, 1973, p.416.

역할, 즉 억압적 역할과 해방적 역할을 동시에 맡아왔기 때문이다.

초기 여권운동가들은 대부분 자유주의·복음주의적 개신교도였으며, 이러한 종교 교리에 깊은 영향을 받은 이들이었다. 현대적 분류로 보자면 그들은 가정과 교회를 강화하는 데 헌신한 '성서주의 페미니스트'라고 할 수 있다. 캐디 스탠턴[6]과 같은 몇몇 급진운동가를 제외한 대부분은 산업사회가 지닌 결혼과 모성에 대한 문화적 이상을 공유한 여성들이었다. 그들은 스스로를 남편과 부인, 부모와 자녀 관계를 개선하고 강화하는 데 헌신하는 "크리스천 개혁자"라고 불렀으며, 성서의 인도함을 받으면서 더욱 평등주의적인 새로운 가정과 교회를 창출하기를 희망하는 사람들이었다. 더 나아가서 남성과 여성이 평등한 권리와 책임성을 나누는 새로운 가정과 교회 창출을 통해 "이 세계에 신의 질서를 복원하기를" 원하는 사람들이었다.[7] 그래서 자연법과 신적 법에 의거해 여성의 평등을 주장하고, 이러한 평등을 위한 투쟁을 '거룩한 동기sacred cause'를 지닌 것으로 간주했다. 법적 탄원서에는 인간으로서의 법적 권리를 주장했지만, 강연을 할 때는 여성 평등의 요구가 종교적 의미와 근거가 있는 것으로 해석했다.[8] 여권운동가들은 신이 부여한 위대한 사명을 완수하기 위해 '기름 부음을 받고anointed' '거룩하게 된 것sanctified'처럼 느껴야 한다고 역설하면서, 여성의 평등 추구는 이 세상에 신의 질서를 복원하기 위한 것임을 강조했다.[9] 또한 갈라디아서 3장 18절을 예로

---

6 캐디 스탠턴은 1985년 《여성의 성서》를 편집해 출판한 여성운동가이다. 그에 대한 상세한 논의는 이 책 8장을 참고하라.

7 Elizabeth Cady Stanton, Susan B. Anthony, and Matilda Joslyn Gage, *History of Woman Suffrage* vol.1, 1848~1861, 1881; Amo Press, 1969, p.523.

8 Elizabeth Clark, "Religion, Rights, and Difference: The Origin of American Feminism, 1848-1960", *Institute for Legal Studies Wording Paper* 2:2, 1987, pp.20~29.

9 Cady Stanton, et al., *History of Woman Suffrage 1*, p.523.

들면서 성서가 여성의 설교와 가르침을 지지함으로써 평등을 실현하는 데 중요한 근거를 지녔다고 강조했다.

예를 들어 1853년 미국 회중교회Congregational Church에서 여성으로는 처음으로 목사 안수를 받은 안토이네트 블랙웰Antoinette Brown Blackwell은 페미니스트의 관점으로 성서를 재해석해 창세기 1장 26~27절이나 요엘서 2장 28절 등과 같은 성서의 평등주의적 구절을 뽑아서 자신을 비판하는 이들을 반박했다.[10] 이렇게 종교는 평등주의적 창조 원리를 가르침으로써 한편으로는 여성의 평등 추구에 가장 근원적인 원리를 제공했지만, 다른 한편으로는 가정과 교회 그리고 사회에서 여성이 추구하는 변화에 대한 보수주의 성직자들의 부정적 태도로 인해 여성의 평등을 제한하는 남성중심적 이데올로기의 역할을 하기도 했다. 보수주의자들은 교회와 가정에서 여성의 적절한 역할에 대해 성서를 근거로 주장했고, 여성의 평등은 가정과 교회를 위협하는 주장이라고 비판했다. 즉 '하나님 아버지'에게 순종하는 것은 지상의 아버지에게 순종하는 것을 전제하며, 여성의 평등은 이러한 거룩한 질서를 거스르는 주장이라고 말했다. 많은 성직자들은 결혼한 '부부의 일치'가 여성이 소유권이나 투표권을 갖는 것보다 더 중요하다고 주장했다.[11] 물론 여기에서 말하는 '일치'란 남성중심적 개념이다. 그러나 여권운동가들이 '가정을 파괴하는 이들'이라는 보수주의자들의 비판과는 달리, 여권운동가들 대부분은 가정의 의미를 소중하게 생각하고 많은 관심을 두는 사람들이었다.

---

10 Cady Stanton, et al., *History of Woman Suffrage 1*, pp.535~536. 기독교와 페미니즘의 연관성에 대한 더 상세한 논의는 다음을 참고하라. Gerda Lerner, *The Creation of Feminist Consciousness: From the Middle Ages to Eighteen-seventy*, Oxford University Press, 1993.
11 Cady Stanton, et al., *History of Woman Suffrage 1*, p.80.

다만 그들이 비판하는 바는 여성의 위치를 종속시키는 가정이며, 인간으로서의 평등성을 상실하게 만드는 가부장주의적 구조였다. 앞서 논의한 바와 같이 19세기 이후 서서히 일어난 이른바 '가정의 위기'는 여권운동가들 때문이 아니라 다층적인 사회적 변화로 인해 발생한 위기였다.

미국의 독립 이후 농경주의적 사회구조와는 다른 산업사회의 등장으로 인한 급격한 사회적 변화는 대가족 제도의 양태를 지닌 전통적인 가정의 모습에 변화를 수반했다. 가정은 더 이상 사회의 근본적인 경제, 정치, 교육 그리고 종교적 단위가 아니었다. 미국의 혁명 이후 등장한 새로운 개인주의 윤리가 가정에서의 가부장주의적 권위를 약화시켰으며, 새로운 상속법으로 과부와 딸도 소유권을 행사하게 되었다. 즉 가부장적 권위의 가정이 가족 간의 친근성과 감정적 연결성을 주요하게 생각하는 새로운 '근대적 가정'으로 바뀌기 시작한 것이다.[12] 그러나 가부장주의가 사라진 것은 결코 아니었으며, 새로운 근대적 가정이라고 해도 평등주의적 가정의 모습과는 거리가 멀었다. 가부장주의는 좀 더 온건한 양태로, 그러나 여전히 강력한 힘을 지니고 가정을 지배하고 있었다. 또한 저소득층 여성이 생존을 위해 공공 영역에서 일할 수밖에 없었던 상황은 여성의 경제적 독립 가능성을 사시해주었지만, 남편의 경제활동에 의존하는 중산층 가정에서는 오히려 공·사 영역의 분리가 경직되어 여성이 더욱 '가사 이데올로기 ideology of domesticity' 속으로 제한되는 두 가지 다른 양상이 나타났다.

---

12 Cf. Carl N. Degler, *At Odds: Woman and the Family in America from the Revolution to the Present*, Oxford University Press, 1980, pp.8~9.

2) 제2기 페미니즘에서의 종교와 가족

현대의 '제2기 페미니즘'은 1963년 베티 프리단의 책《여성적 신비》[13]로부터 시작되었다. 이 책은 공적 영역에서 여성활동의 중요성을 강조하였고, 성숙한 인간의 특성을 자율성과 합리성으로 본 고전적 자유주의 사상에 근거를 두었다. 그 이후 1970년대까지 미국의 페미니즘은 가족 담론을 형성하는 데 있어서 가부장주의적 핵가족이 여성의 공적 활동에 주는 불리함을 분석하는 데 주된 관심을 보였다. 즉 이른바 전통적으로 '정상적인 가족'이라고 하는 양성 부모 핵가족 구조가 어떠한 방식으로 여성의 자율성과 합리성을 실천하고 자아를 실현하는 데 불리한 제한을 하는가에 대한 분석이 주를 이루었다.[14]

그러나 1975년 이후 페미니즘 가족담론은 양상을 달리한다. 가족의 기능에 대한 부정적 의미만이 아니라 긍정적 의미에 대한 숙고를 포함한 포괄적 논의를 시작하게 된 것이다.[15] 이러한 가족담론 양태의 변화는 몇 가지 요인으로 생겼다고 할 수 있다. 첫째, 완전한 것은 아니지만 그래도 여성의 공적·사적 영역에서의 법적 평등이 괄목할 만한 성과를 거두어서 가족을 포함한 제반 사회제도나 구조에 따라 여성이 단순히 '피해자'이기만 하다는 이해가 설득력을 지니지 못하게 되었다. 즉 가족

---

13 Betty Fridan, *The Feminine Mystique*, W. W. Norton & Co., 1963.
14 이러한 논의는 대표적으로 다음을 참고하라. Leslie B. Tanner, ed., *Voices from Women's Liberation*, W. W. Norton & Co., 1976; Vivian Gornick and Barbara K. Moran, *Woman in Sexist Society: Studies in Power and Powerless*, Basic Books, 1971.
15 Cf. Adrienne Rich, *Of Woman Born: Motherhood as Experience and Institution*, W.W. Norton & Co., 1976; Barrie Thorne and Marilyn Yalom, *Rethinking the Family: Some Feminist Questions*, Northeastern University Press, 1982(revised 1992); Sanford M. Dornbusch and Myra H. Strober, eds., *Feminism, Children, and the New Family*, Basic Books, 1989.

을 포함한 사회의 다양한 제도에 대한 부정적 측면뿐 아니라 제도적 관계가 지니는 긍정적 측면에 대해서도 바라보기 시작했다.

둘째, 흑인 여성을 포함한 비서구 여성의 페미니즘이 발전하면서, 가정이 여성 억압의 중심적 역할을 한다는 백인 여성의 가족에 대한 부정적 이해와는 다른 긍정적 이해가 공감대를 형성하기 시작했다. 백인 여성과는 달리 흑인 여성이나 사회에서 주변화된 여성에게서 가정이란, 비록 성차별주의가 있기는 해도 사회적 불의에 대항할 수 있는 힘을 주는 '저항의 공동체'였고 정서적 안정과 위로의 자리이기도 하다는 점이 인식되기 시작한 것이다.[16] 예를 들어 흑인 여성의 경우, 가정은 유일하게 인종차별이나 계층차별과 같은 사회적 차별과 억압을 경험하지 않아도 되며, 사회에서 경험하지 못하는 인간으로서의 존엄성과 가치를 인정받을 수 있는 유일한 자리라는 것이다. 그래서 흑인 페미니스트는 백인 페미니스트가 가정에 대한 이해를 지나치게 부정적으로 단순화했다고 비판했다. 흑인 여성들은 가족 간의 결속력을 통해 사회의 다양한 억압과 차별을 견디고 지속적인 지지를 얻었기 때문이다. 그래서 가정을 단순히 '억압의 자리'로서만 규정하는 페미니즘은 가정에서 많은 위로를 받은 여성의 지지를 받지 못했다. 물론 가족구조가 지니는 성차별주의적 요소는 비판해야 하지만 그렇다고 해서 가족관계의 긍정적 의미까지 말소시키는 것은 문제이다.[17] 일례로 인도의 한 페미니스트는 가정이 인도 여성들에게는 유일한 사회적·정서적 지지대라고 밝히기도 했다.[18]

---

16 흑인 여성에게 있어서 가정의 의미에 대한 논의는 다음을 참고하라. Toinette M. Eugene, "Moral Values and Black Womanists", *Feminist Theological Ethics: A Reader*, ed., Lois K. Daly, Westminster John Knox Press, p.199.

17 bell hooks, *Feminist Theory: From Margin to Center*, South End Press, 1984, p.37. 벨 훅스는 의도적으로 대문자가 아닌 소문자로 자신의 필명을 쓴다.

여기에서는 흑인 여성이나 인도 여성의 예를 들었지만, 한국이나 서구의 나라에서도 사실상 가정이 주는 의미는 이렇게 각기 상반되는 두 가지 측면이 있다. 종교와 마찬가지로 가정은 여성에게 두 가지 역할을 했다. 어느 문화를 막론하고 가정은 성차별적 가치와 여성에 대한 다양한 폭력이 존재하는 곳이기도 하지만, 동시에 어떤 여성들에게는 중요한 삶의 의미를 제공해주는 자리였다. 따라서 가정에 대해 전적으로 부정적인 결론을 내리거나 또는 전적으로 긍정적인 결론을 내리는 단순한 이해보다는 좀 더 복합적인 이해가 필요하다.

셋째, 여러 가지 문제도 있지만 자녀 양육으로 얻는 만족감에 대해 여성이 새롭게 인식하기 시작했다. 예를 들어 이혼 과정에서 양육권 소송을 하면서 아이와 감정적 결속력이 얼마나 중요한가를 체험한 사람들이 증가했고,[19] 이혼이 아이들에게 미치는 영향에 대한 여러 연구를 통해 안정된 가정 분위기와 어른의 지속적인 헌신이 아이의 성장에 기본적으로 필요하다는 사실이 이론적으로 밝혀졌다. 이러한 연구는 많은 사람들에게 교훈을 주었고, 그래서 페미니스트건 보수주의자건 아이의 성장을 위한 가정의 '기본적 필요'에 최소한의 동의를 하게 되었다. 그러나 어떻게 아이의 이러한 기본적 필요가 채워질 수 있는가에 대해서는 각기 의견이 다르다.

보수주의자들은 생물학적 어머니가 전적으로 이러한 필요를 채우는 역할을 한다고 강조하지만, 다른 페미니스트들은 가부장제적 구조

---

18 Madhu Kishwar, "introduction", *In Search of Answers: Indian Women's Voices from Manushi*, ed., Madhu Kishwar and Ruth Vanita, Zed Books, 1984.
19 예를 들어 다음을 참고하라. Lenore Weitzman, *The Divorce Revolution: The Unexpected Social and Economic Consequences for Women and Children in America*, Free Press, 1985.

안에서 그러한 '전업 모성fulltime motherhood'은 문제가 있다고 반대한다. 또한 어떤 페미니스트는 '가부장제적 제도로서의 모성motherhood as institution'과는 다른 의미에서 가정 안에서의 모성의 역할을 다시 신성시하기도 하고, 또 다른 입장의 페미니스트는 양성 부모의 공동 양육을 강조하기도 한다. 그 외에 양성 부모의 관계가 평등한 구조에 있기 어렵다고 보고 양성 부모의 양육을 거부하거나 필요하지 않다고 생각하는 페미니스트도 있다.[20] 이렇듯 입장이 다양하지만 아이를 기르는 과정을 통해 삶을 이해하고 어려움을 극복하며 위로를 받는다는 사실에 대한 새로운 인식은 페미니즘 가족담론이 좀 더 포괄적 차원으로 전개되는 데 동기를 부여했다.

종합해보면, 세계대전 이전까지 미국의 여권운동가들은 사회, 가정, 교회의 남성중심적 구조에 대해 비판했지만 그렇다고 가정의 중요성을 간과한 것은 아니었다. 또한 종교는 억압적 역할만이 아니라 평등을 위한 투쟁의 근거와 원리가 되는 핵심적 의미도 지니고 있다. 그러나 성평등에 따른 가정과 교회 내 새로운 구조 또는 역할 변화를 거부하는 보수주의 성직자들은 성서를 근거로 페미니스트는 '반反기독교적'이며 가정과 교회를 파괴하고자 하는 '반反가정적'인 존재라고 규정하면서 종교의 해방적 기능을 가로막았다. 문제는 이러한 측면만이 강하게 부각되면서 초기 여권운동에서 종교의 핵심적 역할이 간과되었고, 이로 인해 종교와 페미니즘이 양립하기 어려워지고 말았다. 결국 초기 페미니즘에서의 가족담론은 체계적 틀을 갖춘 것은 아니지만 정치적·경제적·감정적으로 평등한 부부관계를 지니는 가정에 지속적인 관심을 가졌다고

---

20 Susan Cohen and Fainsod Katzenstein, "The War Over the Family Is Not Over the Family", ed., Sanford M. Dornbusch and Myra H. Strober, *Feminism, Children, and the New Families,* Guilford, 1988, pp.25~46.

할 수 있다.

19세기에 시작되어 1920년까지 이어진 초기 페미니즘은 여성의 법적 평등과 교육기회 균등과 같은 객관적 조건에서의 단순한 평등 달성을 목표로 삼았다. 이러한 맥락을 이어 동등한 고용기회, 동일노동 동일임금제, 동등한 승진기회 등 역시 단순한 평등을 요구하던 1960년대와 1970년대를 거치는 제2기 페미니즘을 지나고 현대에 들어온 이후 페미니즘의 분석과 비판은 다양한 차원으로 더욱 심화되었다. 페미니즘은 객관적 조건의 평등뿐 아니라 제반 학문 및 분야에 자리잡은 가부장제적 구조와 남성중심적 가치에 대해 심층적 분석을 진행하고 수정을 요구했다. 이러한 맥락에서 종교 역시 비판의 대상이었다. 종교가 지닌 해방적 요소보다는 가부장제적 요소에 대한 분석이 광범위하게 전개됨으로써 사실상 현대의 페미니즘은 종교에 대한 관심을 상실하기 시작했다. 또한 종교가 강력한 사회적 영향력을 지니던 지난 세기와는 달리 현대세계에는 종교의 위치가 점차 주변화됨으로써 관심의 대상에서 밀려났다.

그러나 종교는 여전히 인간의 삶에서 긍정적이든 부정적이든 중요한 역할을 하며, 현대의 페미니즘이 이러한 종교에 관심을 두지 않음으로써 인간의 중요한 삶을 이루는 종교와 여성이 삶과의 연관성을 분석할 수 있는 도구를 상실하고 있다. 따라서 현대의 페미니즘이나 여성운동을 조명하기 위해 초기 여권운동에서 종교의 긍정적 역할이나 그들의 가정에 대한 관심을 새롭게 평가할 필요가 있다. 종교는 인간의 삶을 이루는 중요한 차원이기 때문에 페미니즘이 이러한 차원의 분석을 철저히 하는 것은 더욱 포괄적인 페미니즘 담론 형성을 위해 중요한 작업이기 때문이다. 더구나 가정과 같은 소공동체의 가치구조는 의식적·무의식적으로 종교적 가치구조에 영향을 받으며, 이러한 요소에 대한 분석은 가족담론의 전개에 없어서는 안 될 중요한 측면이기 때문이다.

3. 직업과 가정의 병행은 가능한가: 가족담론의 논쟁적 주제

1991년 영국의 작가 메이브 하란Maeve Haran이 쓴《세상은 내게 모든 것을 가지라 한다》는 발간 즉시 17개국에서 14개 언어로 번역되어 세계적으로 선풍을 일으켰다. 이 책은 한국에서도 즉시 번역되었는데,[21] 제목이 시사하는 바와 같이 주제는 '여성이 직업과 가정을 동시에 갖는 것이 가능한가'였다. 이 책이 세계적으로 주목받은 이유는 현대의 많은 여성들이 직면한 주제를 소설화했다는 점 때문으로 추측된다. 이제까지의 사회는 여성의 활동 영역을 가정으로만 전제하고 구성했기 때문에, 이러한 기본 범주를 벗어나 살아가려는 이들은 도처에서 어려움을 겪었다. 즉 산업사회는 남성은 '경제 전담자'로, 여성은 가성에 온종일 머무는 '가사와 양육 전담자'로 역할하는 것을 표준으로 삼기 때문에, 직업이 있는 여성이 결혼과 더불어 직면하는 문제는 사실상 한두 가지가 아니다. 이른바 표준에서 벗어난 직업 여성은 '비정상적'인 여성으로서 무수한 짐을 짊어져야 했다. 가정과 직장에서 요구하는 일을 모두 잘해야 한다는 강박관념은 현대사회에 '수퍼우먼 콤플렉스'라는 신조어를 탄생시켰다. 구체적 현실에서 가사 이외에 관심 있는 다양한 일을 하는 많은 여성들은 이중 삼중으로 일을 해야 한다. 이러한 주제가 소설 속

---

[21] 메이브 하란, 한기찬 역,《세상은 내게 모든 것을 가지라 한다》, 도서출판 둥지, 1992.

에 어떻게 나타나 있는지 살펴보는 일은 문제에 구체적으로 접근하는 데 도움을 줄 것이다.

영국 메트로 텔레비전 방송국의 유능한 프로듀서로 명성을 날리는 주인공 리즈는 두 아이의 엄마이다. 아침에 아이들을 챙겨주고 출근 준비를 하느라 눈코 뜰새 없이 바쁜 주인공과는 달리 자기 토스트만 해먹으며 신문을 읽는 여유를 부리는 남편을 보며 리즈는, 남자들은 "여자들이 숨가쁘게 헤엄치는 바다 한가운데 전혀 별개의 것인 양 멍하니 떠있는 섬"[22]이라고 생각하며 한숨 짓는다. 가사와 양육을 제대로 못하는 것 아닌가라는 죄책감과 직장에서는 남성과 동등한 평가를 받기 위해 아이디어를 짜내야 하고, 가정에서는 늘 충분한 엄마 노릇을 못한다는 죄책감에 사로잡힌 리즈에게 남편은 자기 위치가 세 번째, 즉 일, 아이들, 그 다음이라며 불평할 뿐 아내의 깊은 고민과 갈등을 알지 못한다. 이렇듯 가정과 직장의 일을 모두 잘해야 한다는 강박관념으로 직업 여성들은 내면적 딜레마에 빠지곤 한다. 아이들을 그토록 사랑하면서도 현관문을 나서는 순간 잊어버리고 지낼 수 있는 남편을 보며 마음속으로 주인공은 "어째서 남편은 아무 가책 없이 아이들을 두고 나갈 수 있는 건가. ……죄책감, 죄책감, 아아, 이 죄책감! 어째서 이토록 가슴 아픈 죄책감을 나만 느껴야 할까?"[23]라는 질문을 수없이 한다. 결국 만사가 쉬운 척 그리고 모든 일을 잘해내는 척하는 데 신물이 난 리즈는 "여자들이 지금껏 속아왔다. 수퍼우먼은 신화이며 협잡이고 위험하기 짝이 없는 거짓말"[24]이라는 진실을 토로한다. 그리고 이것이 신문에 대

---

22 메이브 하란, 한기찬 역, 《세상은 내게 모든 것을 가지라 한다》, 도서출판 둥지, 1992, p.18.
23 메이브 하란, 한기찬 역, 《세상은 내게 모든 것을 가지라 한다》, 도서출판 둥지, 1992, pp.95, 177.
24 메이브 하란, 한기찬 역, 《세상은 내게 모든 것을 가지라 한다》, 도서출판 둥지, 1992, p.73.

서특필되면서 역시 여성에게 직업과 가정의 병행은 불가능하다는 비난을 받게 된다.

물론 이 소설의 주인공은 사회적 명성과 부를 누리고 있고 낮에 가사를 도와주는 사람이 있으며, 남편이 양육을 분담하지는 않지만 지나치게 가부장주의적이지는 않다는 점 등에서 일반화시키는 데 문제가 있다. 그러나 이 주인공보다 훨씬 어려운 상황에 있는 직업 여성들 대부분에게 직장과 가정의 병행이 얼마나 어려운 일인가 하는 점은 쉽게 유추할 수 있다. 그렇다면 결혼하고 직업이 있는 여성들은, 스스로는 해방된 여성이라고 하겠지만 실제로는 그들의 어머니들보다 훨씬 더 구속받고 있을까? 이 책에 나오는 어느 독신 직업 여성의 말대로 "일하는 주부라는 건 얼간이 같은 노릇"[25]에 지나지 않는 것일까.

이 소설은 가사와 양육의 공공 분담 문제나 직장과 가정 내 가부장주의적 가치구조에 대한 분명한 비판의 결여, 그리고 대안 제시에서 페미니스트 관점이 약하다는 비판의 여지가 있다. 그러나 현대의 가족담론이 제기하는 주요 주제를 소설화해 학문적 담론에서만 논의해온 주제에 대중적 관심을 불러일으켰다는 점에서 의미가 있다. 소설이 제기하는 문제인 "여성이 직업과 가정을 양립할 수 있는가"라는 물음은 남성들에게는 전혀 갈등적 요소가 아니지만 현대사회의 직업 여성들에게는 심각한 질문이기 때문이다. 특히 '제2물결' 문명인 산업사회의 등장 이후 남편은 경제적 책임을 지고 부인은 가사와 양육을 담당하는 것이 '이상적인' 역할로 규정되어온 사회에서, 직업과 가사 그리고 양육을 동시에 해야 하는 직업 여성들의 짐은 이중, 삼중이다. 즉 직업과 가

---

25 메이브 하란, 한기찬 역, 《세상은 내게 모든 것을 가지라 한다》, 도서출판 동지, 1992, p.103.

정, "모든 것을 가지는 것having it all"이 "모든 것을 하는 것doing it all"을 의미하게 될 때 여성이 가사와 더불어 다른 일을 전업으로 하는 상황은 많은 문제를 유발한다. 특히 가사와 양육 등 사실상 끊임없는 노동력이 필요한 가정 내의 일은 '일이 아닌 것non-work'이라는 부당한 평가를 받는 상황에서 직업과 가정의 문제를 보는 시각에는 당연한 왜곡이 생긴다.

사실상 남편의 직장생활은 부인의 이러한 가사활동을 통해 가능하지만 이러한 사실이 제대로 인식되지 못하고 있다. 산업사회의 출현 이후 임금을 받지 못하는 노동은 생산적 노동의 범주에서 배제되었고, 그러한 인식에 따라 여성에 의한 가사노동은 '비가시적 노동'이 되어버렸다. 이는 '남편은 가장, 아내는 주부'라는 도식을 이상화하는 가치를 생산했고, 직업 여성들은 이 이상적 가정의 기준에 맞지 않는 존재로 간주되곤 했다. 그래서 여성이 직업을 갖고 가정경제에 많은 기여를 함에도 직업 여성들은 다양한 종류의 죄책감에 시달리게 되었다.

결국 직업이 있는 여성과 함께 사는 남성은 두 종류로 분류할 수 있다. 첫째 부류의 남성은 여성이 경제적 기여를 함으로써 산출되는 경제적 이득을 누리지만 여성이 이전에 하던 가사와 양육을 전혀 분담하지 않는다. 또 다른 부류는 경제적 책임 분담뿐 아니라 양육과 가사 분담도 함께함으로써 평등 공동체의 모습을 찾아가는 남성이다. 그러나 문제는 첫 번째 부류의 남성들이 다수라는 사실이다. 2014년 통계에 따르면 세계적으로 여성은 2시간 이상을, 남성은 82분 정도를 무보수로 가사노동한다고 한다. 또한 한국 맞벌이 부부의 가사노동 시간에 관한 2015년 통계에 따르면, 한국 여성은 하루 평균 3시간 13분을 가사노동하는 반면 남성의 가사노동 시간은 하루 평균 41분에 불과하다.[26] 이러한 불균형은 외면적 문제뿐 아니라 보이지 않지만 다양한 문제를 유발하기 때문에 심각하다.

로즈마리 류터는 "모든 것을 가지는 것"은 사실상 "문화·경제적 구조의 신화"라고 지적한다.[27] 즉 여성이 경제적으로 주변화되거나 의존적 존재가 되고 양육의 우선 책임자가 되는 경제·사회적 구조를 지속적으로 유지하면서 남성과 평등하다고 말하는 것은 오류이며, 그러므로 '모든 것을 갖는다'는 결국 파괴적 에토스를 지속할 뿐이라는 것이다. 다시 말해 여성에게 직업의 기회를 줌으로써 평등을 이루는 것 같지만, 가정의 성 분업구조를 그대로 지속시킴으로써 여성이 이중 삼중의 일을 해 사실상 진정한 평등의 혁명이 아닌 "교묘한 혁명"[28]이 되고 만다는 것이다. 이러한 구조적 불평등 상황에서 여성이 직장과 가정을 '모두 갖는 것'은 결국 '모두 혼자서 해내는 것'이라는 의미일 뿐이다. 따라서 류터는 여성의 직장과 가정의 양립 딜레마를 해결하기 위해 다음과 같은 대안을 제시한다. 첫째, 비싸지 않은 탁아소 마련과 동시에 가정, 학교, 직장이 긴밀하게 밀착된 관계를 유지하는 사회가 필요하다. 둘째, 일상생활을 구조적·조직적으로 지원하는 사회가 되어야 한다. 그리고 셋째, 어머니만이 양육과 가사의 책임자가 아니라 아버지도 동등한 참여와 책임을 나누는 것이 가능한 사회가 되어야 한다.[29]

---

26 Cf. OECD 자료는 다음의 링크를 참고하라. http://www.oecd.org/gender/data/balancingpaidworkunpaidworkandleisure.htm. 한국 맞벌이 부부의 가사노동에 관한 통계는 다음을 참고하라. http://www.huffingtonpost.kr/2015/12/07/story_n_8735750.html. 또한 가사노동에서의 젠더 문제에 관한 분석으로는 다음을 참고하라. Arlie Hochschild with Anne Machung, *The Second Shift: Working Parents and the Revolution at Home,* Viding Penguin, 1989.
27 Rosemary Radford Ruether, "Church and Family Ⅳ: Recapturing a Lost Issue", *New Blackfriars,* 1984, p.178.
28 Arlie Hochschild with Anne Machung, *The Social Shift*, p.12.
29 Rosemary Radford Ruether, "Politics and the Family: Recapturing a Lost Issue", *Christianity and Crisis* 29, 1980, p.266.

결국 이러한 사회를 위해서는 어린이와 부모를 위하고 다양한 현대의 가족 양태를 보호하는 정치적 결단과 새로운 경제정책, 사회적 법률 변화와 재구성이 필요하다. 그러나 동시에 문화적·도덕적·신학적 숙고가 동일하게 중요하다는 점을 간과해서는 안 된다. 인간의 가치관과 의식세계의 재구성이 없는 외적·객관적 조건의 재구성과 변화는 실천력이 없기 때문이다. 즉 법적 조건의 재구성이 의식과 가치구조의 재구성과 병행할 때 비로소 실천적 효력을 발휘할 수 있다. 따라서 성 분업을 강화하고 영속적으로 만드는 심리학적·성서적·신학적 전통에 변혁이 이루어져야 하며, 이러한 전이를 통해 현대가족의 상호성이 이루어져야 한다. 결국 직장과 가정의 양립 문제는 여성의 문제일 뿐만 아니라 남성의 문제이며, 가사와 양육에서 남성이 적극 참여하고 동등한 책임 분담이 이루어져야 한다. 더 나아가서 개인적 차원의 결단과 해결책 모색은 직장과 가정의 양립 문제해결의 '필요조건'이지만 '충분조건'은 되지 못한다는 사실을 인식하는 것이 중요하다.

한국사회는 남성의 독특한 음주문화가 여전히 퇴근 이후의 시간을 지배하고, 아이의 교육구조에서 전업주부인 어머니가 언제나 집에 있다는 전제로 학교 프로그램을 진행한다. 예를 들어, 미국에서는 학부모회의가 대부분 저녁에 이루어져서 양부모는 물론 다른 가족까지도 모임에 참여해 학교교육에 관심을 가질 수 있지만, 한국의 학부모회의나 어머니회 등은 모두 낮에 열린다. 따라서 직업이 있는 어머니는 학교 프로그램과 정보에서 지속적으로 배제됨으로써 학부모 역할이나 아이의 교육을 잘하지 못하는 사람으로 남게 된다.[30] 이렇게 교육의 책

---

30 '모성'이 하나의 사회적 제도화됨으로써 한국사회는 양육의 책임을 전적으로 여성에게만 전담시키는 사회인식을 드러내는 경우이다. 가부장제 사회일수록 '제도화된 모성'과 '경험으로서의 모성'의 상충

임이 전업주부 어머니에게 전적으로 있다고 믿는 사회적 기대와 통념이 있는 이상 한 개인의 결단만으로 문제를 해결하기는 어렵다. 즉 '개인적 차원의 변화'와 함께 사회적·정치적·경제적·구조적 뒷받침과 제도적 재구성이 문제해결의 충분조건이라는 사실 인식이 무엇보다도 중요하다.

가부장제적 자본주의는 남성을 공적 영역으로 끌어들였고 여성을 사적 영역으로 제한했다. 결과적으로 남성은 사적 영역에서 무능력자가 되고 여성은 공적 영역에서 무능력자가 되었다. 경제적 책임을 지는 남성이 가정과 사회에서 권위와 힘을 갖지만, 그 경제적 책임을 혼자서 질 뿐만 아니라 사적 영역인 가정에서 소외되고 정서적으로 경직됨으로써 사실상 통전적 삶을 이루기 어려운 상황에 처하게 되었다고 볼 수 있다.[31] 반면 여성은 다양한 능력을 오직 가사와 양육이라는 사적 영역에만 제한함으로써 한 인간으로서의 자아실현 욕구를 사장시켜야 했고 협소한 세계관과 단순한 사고를 지닌 채 상호 관계의 결여로 인한 사회적 무능력자로 살아야 했다. 만약 단지 남성이라는 이유 때문에 결혼한 남성들이 모두 동일한 일만 해야 한다면 곧바로 부당하다는 저항을 받을 것이다. 남성은 생물학적 조건에 가두지 않으면서 여성만을 가두는 사고는 산업사회에서는 가능했지만 21세기 후기산업사회에서는 설득력

이 평등사회보다 더욱 직접적이다.

31 김정현의 소설《아버지》, 문이당, 1997에 나온 '아버지'의 비극은 남성과 여성을 공적·사적 영역으로 분리하고 제한한 가부장제적 자본주의 사회에서의 남성의 모습을 보여준다. 이러한 경직된 분리와 제한은 남성에게 가부장제적 권위와 특권을 부여하지만, 다른 면에서는 가족과의 정서적 유대와 교제의 차원을 상실함으로써 결국 서로를 소외시키는 결과를 초래한다. 이러한 의미에서 가부장제의 극복은 여성의 해방일 뿐 아니라 남성의 자유와 통전적 삶을 이루는 해방의 의미도 있다. 따라서 가부장제적 사회구조와 의식변혁을 통해 여성은 공적 영역에서, 남성은 사적 영역에서 소외와 무능을 극복하는 것이 서로의 삶을 온전하게 하는 길이다.

이 없다. 그러한 사고는 여성뿐 아니라 남성의 삶도 축소할 뿐이다. 선택적 삶을 산다는 것은 현실에 대한 포괄적 경험을 통해 서로의 삶을 풍요하게 해주는 일이기 때문이다. 경제, 가사, 양육 등 삶의 모든 차원에서 책임을 분담하는 일은 서로의 삶을 통전적으로 만든다. 이러한 의미에서 직업과 가정의 양립 문제는 여성의 문제일 뿐 아니라 남성의 문제이며, 더 나아가서 개인의 문제일 뿐 아니라 사회적 문제이다.

4. 종교의 가족 이해와 페미니즘

이 글에서 종교 논의는 우선적으로 기독교와 유교를 대상으로 한다. 이는 현대 페미니즘 담론에서 주된 종교 논의가 기독교를 대상으로 하기 때문이다. 또한 한국의 가족담론은 기독교적 전제를 한다 해도 유교 문제를 빼놓을 수 없기 때문이다.

1) 기독교의 가족 이해와 페미니즘

기독교의 성서가 표상하는 가족은 창세기에 최초로 등장한다. 남성인 아담이 여성인 하와를 보자마자 "이제야 나타났구나, 이 사람! 뼈도 나의 뼈, 살도 나의 살"(창 2:23)이라고 하며, 곧 이어 "남자는 아버지와 어머니를 떠나 아내와 결합해 한 몸을 이루는 것이다"(창 2:24)라고 해 가족 형성를 선언한다. 여기에서 양성의 핵가족 형태가 사회의 가장 기본 단위인 가족의 의미로 규정된다. 특히 《구약성서》의 가장 핵심인 창세기에서 열왕기서에 걸친 가족 이야기는 위계주의적·가부장주의적 가족이다. 여성은 아버지인 남성의 소유물이며 남편과 아내의 관계 그리고 부모와 아이의 관계는 철저히 위계적이고 가부장중심적이다. 이러한 위계주의적 가부장제적 가족에 대한 기독교의 기본 이해는 '페미니즘과 기독교, 가족'을 서로 양립하기 어렵게 만드는 요소가 되었고, 동정녀 마리아에 대한 찬양은 여성의 동정성을 이상적인 것으로 만들어 결국 결혼이나 가정의 중요성을 간과하게 만들었다. 이로 인해 육체혐오와 여성혐오의 전통이 지속되는 결과를 낳았다.

그러나 예수는 그의 제자들에게 "누구든지 신의 뜻을 행하는 사람이 곧 내 형제요, 자매요 어머니이다"(막 3: 35; 마 12: 50; 눅 8: 21)라고 함으로써 새로운 가족의 의미를 제시하고, 이로써 가부장주의적 가족의 의미를 상대화시켰다. 이는 기독교적 가정에 대한 분명한 신학적 재규정이며, '사회학적 실체로서의 가족'과 '생물학적 가족'의 전통적 의미를 상대화시킨다. 또한 바울의 '파루시아_parousia_의 도래'(고전 7: 29)에 대한 언급은 기독교 가정의 생물학적·사회학적 측면에 대한 '신학적 상대화'의 예증이다. 물론 이것이 '기독교 공동체'와 '기독교 가정'의 대립적 또는 적대적 관계를 의미하는 것은 아니다. 성서에는 마리아, 마르다, 나사로의 가정과 같이 이 두 개념이 대립하지 않고 일치하는 경우도 많다. 생물학적 또는 사회학적 단위로서의 가정이 기독교 공동체 단위를 위협할 때 기독교 공동체가 규범적 우선권을 지닌다는 의미이다. 생물학적 또는 사회학적 가정의 '신학적 상대화'는 신의 보편적 사랑 안에서의 모든 사랑과 관계의 의미를 창출하는 것으로 이해해야 한다. 개인적이든 공동체적이든 신과의 관계가 삶의 중심이고, 그 관계를 근본적인 것으로 간주할 때 비로소 사랑의 확실한 의미가 살아난다. 즉 기독교 공동체는 생물학적·사회학적·감정적 관계를 넘어서는 관계이며, 예수 그리스도를 통한 '신중심적 공동체'를 의미한다.

이러한 맥락에서 볼 때, 신과의 관계를 확장하는 가정은 선한 것이지만 그렇지 않으면 재정리하든가 포기해야 하는 것으로 평가한다. 이렇게 가족의 규범적 정의를 "신의 뜻을 행하는 자"라고 규정하는 것은 '이웃이 누구인가'에 대한 정의와 연관된다. '사랑을 행하는 자가 이웃'이라는 이웃에 대한 예수의 새로운 개념은, 가족에 대한 개념과 마찬가지로 사회의 통념적 개념과 이해를 넘어선다. 크리스천 사이의 관계는 '공동의 사랑'으로 규정되며, 유일한 공통성은 혈연이나 지연이 아닌 그리스도 안에서 신의 사랑이다. 가족이나 이웃에 대한 이러한 이해는 '급진적 포괄성radical inclusivity'과 '잠재적 다양성potencial diversity'을 강조한다. 이렇게 급진적 포괄성과 다양성을 지닌 새로운 가족 개념을 통해 예수는 전통적 가족의 핵심적 중심성을 부정하고 사실상 전통적 가정의 여러 가지 강압적 의무와 결속으로부터 여성을 해방시킴으로써 여성의 개체적 존엄성과 종교적 자율성을 긍정적으로 수용하는 가족의 의미를 창출한다.

예수의 가족 개념이 이처럼 급진적임에도 기독교 전통은 여러 가지 면에서 바람직한 가족구조를 형성하는 데 문제가 있었다. 첫째, 예수의 삶이 보인 희생과 겸손의 의미를 모든 개인이 아닌 단지 여성이 가정에서 따라야 할 덕으로 만듦으로써 의미를 축소·왜곡하고 말았다. 여성에게 강요한 희생과 겸손의 기독교적 덕은 결국 가정의 가부장주의 질서를 강화했고, 이러한 가정에서 여성 평등의 주장은 '가정 파괴'의 주요 요인이라는 부정적 평가를 받았다. 둘째, 기독교의 남성중심적 상징은 가정에서 남성의 우월성과 지배를 정당화하는 역할을 했다. 종교의 상징은 "신적 현실의 모델model of divine reality"만이 아니라 "인간의 행위를 위한 모델model for human behavior"이기 때문이다.³² 그런데 상징은 '상징'일 뿐 '사실'이 아님을 분명히 인식하지 않을 때 문제가 생긴다. 신을 남성으로만 제한함으로써 신의 무한성을 유한하게 축소시킴은 물론, 마치 신이 구체적인 남성의 모습을 하고 있어서 여성보다는 남성이 신적 존재에 가까운 권위를 지닌 것으로 혼돈하게 만든 것이다. 따라서 남성중심적 상징을 지닌 종교가 한 사회의 주도적 종교일 때, "신이 남성이면, 남성이 신이다"³³라는 전제는 정당하며, 이러한 인식론적 오류는 남성과 여성의 관계를 종속과 지배의 관계로 만드는 데 큰 영향을 미친다. 셋째, 기독교의 인간 이해, 더 구체적으로는 남성과 여성에 대한 이해는 여성혐오적 전통을 강화해왔다. 여성혐오사상³⁴의 이해구조는 두 가지 단계가 있다. 즉 여성은 '열등한 존재'이며, 더 나아가서 악을 유발하는 '위험한 존재'라 사고구조이다. 이러한 여성혐오적 전통으로 가족관계에서도 여성의 열등한 위치는 자연적인 것으로 규정되었다.

이러한 몇 가지 문제점을 극복한 기독교의 평등적 전통 회복은 기독교 안의 페미니즘이 지향하는 여성과 남성의 통전적 삶의 회복에서 중요한 전제가 된다. 그렇지 않다면 의식 있는 많은 여성들은 기독교와 페미니즘의 양립 문제를 부정적으로 볼 수밖에 없다. 기독교 전통이 가부장주의적·위계주의적 가족구조를 지지하고 강화하는 종교로 남지 않고 더욱 평등한 가족관계를 지지하는 종교가 되어야 기독교 안에서 올바른 가정의 모습을 추구할 수 있다.

---

32 Clifford Geertz, "Religion as a Cultural System", *The Interpretation of Cultures*, Basic Books, 1973, pp.87~125.
33 Mary Daly, *Beyond God the Father: Toward a Philosophy of Women's Liberation*, Beacon Press, 1973, p.19.
34 여성혐오사상에 대한 좀 더 상세한 논의는 다음을 참고하라. Kang Nam-Soon, "Misogyny", eds., Letty Russell & J. Shannon Clarkson, *Dictionary of Feminist Theologies*, Westminster John Knox Press, 1996.

2) 유교의 가족 이해와 페미니즘

한국인들에게 종교가 무엇이냐라고 물을 때 유교라고 답하는 사람은 오직 2퍼센트이지만, 유교적 가르침을 실천하겠는가고 물으면 90퍼센트 이상이 그러겠다고 한다고 한다.[35] 그런데 90퍼센트라는 객관적 수치가 시사하는 바보다 더 중요한 점은 21세기가 된 지금도 한국의 언어구조는 물론 가정, 직장, 사회 등 다양한 관계 구조에서 유교적 가치가 매우 깊숙하게 영향을 미치고 있다는 점이다. 유교는 본원지인 중국에서보다 더욱 강력한 영향력을 한국사회에 미치고 있으며, 유교의 가족 이해는 한국의 가족담론을 형성하는 데 중요한 분석 대상일 수밖에 없다. 유교에서 가족은 '신성한 공동체'이다. 가족은 모든 도덕이고 정치적인 행위의 가장 자연적 근거이며 인간이 만든 모든 제도의 생물학적 뿌리이다. 맹자는 "제국의 뿌리는 국가이며, 국가의 뿌리는 가족에 있다"고 함으로써 가족이 정부를 포함한 모든 사회기구의 모델임을 역설했다. 그러므로 유교의 '오륜' 중 세 가지가 가족관계와 관련돼 있는 것은 당연하다. 이러한 유교사상으로 가족중심주의가 형성되었으며, 이른바 '한국적 여성상'은 이러한 유교적 가족 이해에 근거한 것이다.

유교는 가족중심적 윤리에 기초한 철학이며 종교이다. 이 유교적 가족윤리가 확대되면 유교적 사회윤리가 되는데, 이러한 유교의 가족윤리는 몇 가지 문제점이 있다. 첫째, 유교의 가족윤리는 한 가족 내의 구성원에게만 적용되는 철저한 '폐쇄성'을 지니고 있다. 이러한 폐쇄성은 가족이기주의, 지역이기주의, 집단이기주의 등 부정적 모습으로 한국사회

---

[35] 최준식, 《한국종교 이야기》, 한울, 1995, p.92. 한국어에 나타난 유교문화의 영향에 관해서는 다음을 참고하라. http://cks.pccu.edu.tw/ezfiles/213/1213/img/1239/20.pdf

를 여전히 지배한다. 둘째, 유교적 가족윤리는 가족 간 위계질서를 근거로 형성되어 있다. 가족 간 상호 역할이 아닌 일방적 의무를 강조함으로써 가부장을 최고점으로 피라미드식 위계 관계를 형성한다. 셋째, 유교적 가족윤리는 여성의 철저한 순종과 의존성을 필연으로 만들었다. 여성의 순종은 유교적 결혼예식에서 드러나는데, 정혼할 때 여자가 머리를 묶는 것은 순종의 상징이다. 또한 유교의 가족윤리에서 강조하는 삼종지도의 덕은 여성은 남성에 의존함으로써 존재한다는 철저한 '존재론적 의존성'을 고착시킨다. 결국 이러한 유교적 가족윤리는 폐쇄성, 위계주의성, 성차별성으로 인해 가정이나 사회에서 남녀노소, 장유, 반상을 넘어서는 모든 인간의 평등성이나 그에 기초한 정의를 요구하기 어렵게 만든다.[36] 인간의 '개체성과 자율성'에 대한 인식 없는 철학이나 종교에서 개별인의 존엄성과 평등성을 인식하고 실천하는 일은 불가능하기 때문이다.

중국어를 따르는 한국어에는 서양의 언어로 번역하기 어려운 가족관계를 지칭하는 용어가 100개 이상 있다고 한다. 이는 한국사회에서 가족의 의미가 얼마나 커다란 비중을 차지하는지 보여주는 예이다. 또한 가족관계를 지칭하는 용어도 남성중심적으로 형성되어 있다. 부부 중에서 어느 쪽 친척인가의 구별이 없는 서양의 언어와는 달리, 한국은 아버지쪽 친척인가 어머니쪽 친척인가에 따라 용어가 차별화된다. 이를 보더라도 유교에서 가장 주요하게 강조하는 '가족'의 형태는 철저히 위계적이며 가부장주의적이다. 또한 가족의 중요성은 가계 계승의 중요성을 의미하는데, 이 가계의 계승은 남성만이 가능하다. 그러므로 맹자는

---

36 Cf. 이승환, 중국철학연구회 편, 〈왜 유학에서는 권리존중의 윤리관이 형성되지 못했는가?〉, 《중국의 사회사상》, 형설출판사, 1992.

"세 가지 불효한 것이 있는데, 그중에서 가장 큰 불효는 아들이 없는 것이다"라고 함으로써 유교적 가족의 의미를 아들의 존재 여부와 연결시켰다.[37] 즉 유교의 핵심인 '효'의 실천은 아들의 존재를 필연적으로 만들었으며, 따라서 여성의 필생의 의무는 남편의 집안에 아들을 낳아주는 일이었다. 여기에서 유교적 효 개념의 모순이 드러난다. 유교적 효는 첫째, 아들의 존재가 필연적이며, 둘째, 효의 우선 대상이 남편의 부모라는 점에서 모순이 있다. 아들을 낳지 못하는 여성에 대한 멸시와 천대는 칠거지악에 따라 당연한 것이며, 이러한 아들의 필연성을 수용하는 가치관은 현대 한국사회에 심각한 병폐를 낳아 여아 낙태로 인한 심각한 성비 불균형의 주요 원인이 되었다. 이러한 유교적 가족 이해에서 여성의 평등과 독립성을 부정하는 페미니즘이 들어설 자리가 없음은 자명하다. 따라서 '유교와 유교적 가족, 페미니즘'의 양립에 대한 물음은 긍정적 답을 갖기가 참으로 어렵다.

5. 페미니스트 비전과 종교의 역할

가족의 의미에 대한 논의를 전개하면서 근대적 핵가족 형태가 시공간을 초월한 유일한 합법적 가족 형태라는 전제를 비판하는 페미니스트들이 등장하기 시작했다. 근대적 핵가족은 가정의 대표 존재로서 남성

---

37 현재 한국사회에 가장 큰 영향을 미치는 사상은 조선조 성리학이 아니라 공자와 맹자의 가르침을 중심으로 한 원시유교라는 평가를 따른다면, 맹자의 이러한 남아 필연성 주장은 한국사회에 성비불균형을 초래할 정도로 강력한 남아선호사상의 철학·종교적 원리가 어디에서 기원했는가를 보여준다. Cf. 최준식, 《한국종교이야기》, 한울, 1995, p.93.

의 지배를 영속화하고 여성과 아이의 종속을 기반으로 지속해왔기 때문이다. 동시에 페미니즘 가족담론은 1980년대를 거치면서 이제까지 가족구조에서 피해자로서의 의미만을 강조하는 순수한 '피해의 정치학'에서부터 더 나아가 분석의 틀을 확장하기 시작했다. 즉 지배와 제한의 양태에만 주된 관심을 부여하기보다 여성을 제한하는 구조에 대한 여성 스스로의 저항, 그리고 구조를 넘어서는 적극적인 극복을 검증하기 시작했다.[38] 이렇게 관심의 범주가 확장된 것은 여성이 역사 속의 가부장제적 가족구조 안에서도 끊임없이 자기 증진의 역할을 해왔다는 사실에 대한 인식 때문이었다.

또한 페미니스트들은 '여성이 가족을 위해 무엇을 하는가'라는 물음 대신 '가족이 여성을 위해 무엇을 하는가'를 묻기 시작했다. 즉 '가족'보다는 '성별gender' 문제에 더 관심을 둔 것이다. 그럼으로써 당연하게 여겼던 '성별'과 '성별 관계'의 문제가 부각되기 시작했다. 더 나아가서 페미니즘의 가족담론은 공적·사적 영역의 경직된 분리를 넘어서서 '공사 영역의 탈성별화de-gendering'를 요청하기에 이르렀다. 이러한 급진적 탈성별화를 통해서만이 근대적 핵가족의 의미가 살아날 수 있기 때문이다. 특히 보수주의자들이 빈번히 논의하는 '가정의 가치family value'가 전통적 여성의 의무를 전제한다면, 여성의 역할과 활동을 사적 영역에 제한하는 공·사 영역 분리의 '탈성별화'는 중요한 문제이다. 그렇지 않으면 현대사회에서 가정의 위기를 언제나 여성의 공적 영역에서의 활동 때문이

---

[38] 예를 들어 다음을 참고하라. Robert W. Cornnell, *Gender and Power: Social, the Person, and Sexual Politics*, Stanford University Press, 1987; Annelies Knoppers, "A Critical Theory of Gender Relations", *After Eden: Facing the Challenge of Gender Reconciliation*, eds., Mary Stewart Van Leeuwen, et al., Wm. B. Eerdmans Publishing Co., 1993, pp.225~226.

라고 보는 경향을 극복하기 어렵기 때문이다.

공적 영역에서 일하는 여성이 여전히 사적 영역의 일도 전담하는 것이 우리의 현실이다. 이러한 정황에서 보자면, 결국 가정의 위기는 공·사 영역의 탈성별화를 통해 새로운 해결의 방향을 모색해야 한다. 그렇지 않으면 사적 영역에 대한 남성의 적극적 관여와 책임 분담이 불가능해지며, 공적 영역에서 활동하는 여성의 이중 부담은 지속되기 때문이다. 더 나아가서 사회 변화와 여성 역할의 다양성을 외면한 채, 여성의 전통적 의무 수행만이 가정의 위기를 극복하는 길이라는 왜곡된 대안 제시를 수정하기 어렵게 되기 때문이다. 따라서 사적 영역에서 남성의 소외와 무능, 공적 영역에서 여성의 배제와 무능의 불균형 현상을 극복하기 위해서는 공·사 영역의 탈성별화가 필수 조건이라고 나는 본다.

페미니즘의 가족담론은 양육의 의미 재발견과 양육의 공동화를 요구한다. 1980년대 이전까지는 모성을 '이데올로기'로 규정하는 논의가 활발했다. 즉 여성 스스로의 경험이 아닌, 남성이 하도록 규정한 '제도로서의 모성'이 사실상 여성을 억압하는 기제 역할을 했다. 그러나 이제 여성 스스로가 경험하는 '경험으로서의 모성'의 의미를 밝히는 논의가 중요해졌으며, 여성뿐 아니라 남성의 양육 의미에도 관심이 모이기 시작했다. 여성을 '돌봄의 윤리ethic of care'로 이해하는 윤리적 입장의 문제는, 돌봄의 윤리를 여성에게만 권장할 때 사실상 '페미니스트적feminist' 윤리가 아닌 '여성적feminine 윤리'가 된다는 데 있다. 따라서 돌봄의 윤리는 남성에게 오히려 강조해야 하며 이를 통해 남성은 가정에 대한 관심과 배려, 양육에 대한 책임을 나눌 수 있게 된다.

이제까지의 가족담론을 통해 페미니즘이 바람직한 가족을 이루기 위해 제시하는 비전을 종합해보면, 첫째, 공적·사적 영역의 탈성별화가 이루어져야 하며 둘째, 가족 형태의 이해가 경직화되지 않고 상대화되고 다원화되어야 한다. 그리고 셋째, 양육과 돌봄은 남성과 여성이 공동으로 해야 한다. 이러한 비전을 통해 더욱 정의로운 남성과 여성 관계가 가족 안에서 형성되며 평등 공동체로서의 의미가 살아 있게 된다. 그래서 가족 때문에 여성의 삶이 제한·왜곡되는 대신, 가족이 불의한 구조에 저항하는 힘을 공급하는 '저항 공동체'가 되며, 삶에 필요한 에너지와 안정감을 얻을 수 있는 중요한 근원이 되기를 나는 희망한다.

이러한 의미에서 유교의 영향에서 벗어나지 못하는 한국사회가 21세기에 지녀야 할 가족 개념은 유교적 효에 근거해서는 안된다. 위계적이 아니라 '상호 평등적'이며, 남성중심적이 아니라 '남녀평등적'인 가족윤리에 근거한 가족과 효 개념을 재개념화해야만 급변하는 세기에 가족의 의미가 살고 가족의 위기를 극복할 수 있을 것이다. 모든 인간이 신의 형상으로 창조되었다는 기독교의 '존재론적 평등성 원리'는 기독교적으로뿐만 아니라 한국사회의 새로운 가족담론 형성에도 중요한 원리로 받아들여져야 한다.

6. 가부장제를 넘어서 평등주의로

종교와 페미니즘, 가족이 서로 양립할 수 있는가라는 논의는 각 개념에 대한 재평가와 재구성을 요구한다. 새롭게 규정된 이해에 따라서 종교와 가족의 페미니즘과의 양립에 대한 물음의 답이 달라지기 때문이다. 그러한 재구성을 통해 종교와 가정에서 여성과 남성의 위치의 불균형을 시정하고 이러한 불균형이 초래한 문화적 폐혜를 시정해야 하며, 더 나아가서 여성을 포함한 모든 인간의 평등성을 추구하는 페미니즘의 목표를 인정하는 종교나 가정이 되어야 한다. 기독교적 덕인 '희생과 겸손'의 적용 문제나 유교의 효 개념 적용의 예가 보여주듯이, 어떠한 종교적 덕이 가정에서 구체적으로 여성과 남성에게 각기 미치는 영향을 고려하지 않고 추상적으로 논의하는 것은 무의미하다. 페미니즘은 이러한 추상적 종교의 논의를 요구하며, 이러한 프락시스에 기반한 종교 논의에 따라 더욱 정의로운 종교를 형성하고 '평등 공동체'이자 '저항 공동체'로서의 가정에 대한 비전을 지니는 것이 가능해지리라 생각한다.

한 종교가 진정한 종교가 되기 위해서는 남녀의 상호 의존성과 평등 인정이 필연적이다. 어떤 종교가 가족구조에서 남성과 여성의 위계주의적 남성중심성을 정당화한다면, 그 종교는 여성에게 구원의 의미를 실현할 수 있는 진정한 종교가 되기 어렵다. 이러한 의미에서 페미니즘의 종교 비판은 종교가 지닌 인간 억압의 구조에 대한 비판이며 새로운 개혁과 재구성을 위한 비판이다. 또한 페미니즘의 가족담론에서 비판적 논의도 이와 같은 의미를 지닌다. 가부장주의적 가족구조의 비판과 해체는 가정의 파괴를 위한 것이 아니라 더욱 바람직하고 아름다운 가정의 재구성을 위한 전단계일 뿐이다. 그러므로 페미니즘은 가정을 파괴하는 것이 아니라 오히려 보호하고 강화시키고자 한다. 이러한 새로운 재구성을 위해서는 종교 안에서 '젠더 정의gender justice'를 요청하고, 가족담론을 형성하는 과정에서 이를 분명히 수용해야 한다. 그래야 인간의 가장 근원적인 사회단위인 가족 안에서부터 올바르고 아름다운 인간관계가 가능해지며, 인간의 삶에 육체적·정신적으로 필요한 요소를 가정에서 공급할 수 있기 때문이다.

제6장

페미니스트 신학적 윤리

1. 페미니스트 윤리의 필요성

기독교의 역사를 보면, 기독교는 억압자와 해방자의 두 가지 역할을 동시에 해왔다. 즉 한편으로 사회질서의 변화를 거부하는 현상유지의 편에 서서 때로는 불의의 희생자에게 체념적으로 상황을 수용하고 미래의 삶을 지향하도록 독려했다. 이 경우 기독교의 윤리적 가르침은 결과적으로 가족적 삶과 개인적 관계의 영역으로 제한되었고 현상유지를 주요 목표로 기능하면서 결과적으로 사회적 주변부인들을 향한 억압자로서의 역할을 했다. 그러나 또 다른 한편으로 기독교는 사회개혁의 선두에 서는 예언자적 지도자를 키워 사회적 주변부인들이 자유와 해방의 열정을 갖도록 돕는 해방자 역할을 하기도 했다. 인간의 해방과 자유를 갈구하는 예언자적 지도자들은 19세기에 노예제도 폐지운동에, 그리고 1960년대에는 시민운동과 반전운동에 적극 개입해 정의로운 사회를 이룩하는 데 앞장서기도 했다. 이러한 맥락에서 볼 때 기독교 윤리를 페미니스트 관점에서 조명하고 새롭게 확장된 윤리적 관점을 제시하는 것은, 기존의 불의한 질서를 개혁하고 좀 더 정의로운 사회를 지향하기 위한 예언자적인 작업이라고 할 수 있다. 이 글에서 나는 기독교 윤리학의 역사에서 전통적으로 수용해온 세 가지 윤리학적 입장을 비판적으로 고찰하고, 이러한 전통적인 윤리학적 관점의 한계를 살펴보면서 그 한계를 보완하고 확장하는 관점을 제시하는 '페미니스트 윤리'에 대해 논하고자 한다. 페미니스트적 관점으로 본 기독교 윤리는 현상유지의 강화가 아닌 좀 더 정의로운 세계를 지향하기 위해 필요한 윤리적 근거를 제시하는 역할을 통전적으로 수행할 수 있으리라 본다.

2. 전통적 기독교 윤리의 비판적 조명

1) 결과론적 윤리

결과론적 윤리는 '최대 다수의 최대 행복'을 지향하는 공리주의 철학에서 근원을 찾을 수 있다. 공리주의는 어떤 행위의 결과로 그 행위의 가치를 측정하는 이론이며, 간혹 '목적론적teleological' 또는 '결과론적' 사상이라고 부르기도 한다.[1] 이러한 공리주의 이론에는 여러 가지가 있지만

---

[1] '목적론적' 사상은 간혹 결과론적 사상과 완전주의적 사상을 모두 가리키므로 용어를 쓰는 데 주의가 필요하다. '결과론적' 윤리와 '완전주의적' 윤리는 분명한 차이가 있기 때문이다. Cf. Thomas W. Ogletree, *The Use of the Bible in Christian Ethics*, Fortress Press, 1983, p.42. 그러나 이 두 윤리적 사고의 차이보다는 공통점을 강조해 둘을 하나의 윤리적 관점으로 분류하는 경우도 있다. Cf. H. Richard Niebuhr, *The Responsible Self*, Harper & Row, 1963; Edward L. Long, *A Survey of Recent Christian Ethics*,

행위나 실천에서 옳고 그름을 결정하는 기준이 그 행위나 실천의 결과라는 점은 공통된 특징이다. 즉 한 행위가 도덕적으로 옳다든가 그르다든가 하는 것은 그 행위 자체가 아니라 그 행위로 야기된 총체적 선이나 악이라는 의미이다. 이러한 공리주의적 이론은 행위 자체에 도덕적 가치를 부과하는 다른 도덕이론과는 상당히 다르다. 공리주의는 첫째, 어떤 행위는 그 행위가 선을 극대화하고 악을 극소화하는 결과에 이를 때 옳으며, 둘째, 의무나 권리 개념은 선이 극대화되는 것에 복속되거나 그에 따라 결정된다는 두 가지의 연관된 명제에 이론적 근거가 있다.[2]

공리주의적 관점을 제시한 주요 학자로는 데이비드 흄David Hume, 제러미 벤담Jeremy Bentham, 존 스튜어트 밀John Stuart Mill이 있다. 이 중 밀의 《공리주의Utilitarianism》[3]에 나타난 공리주의 사상이 가장 일반적인데, 여기에서 밀은 첫째, 유용성의 원리에서 규범적 근거, 그리고 둘째, 인간의 본성론에 있어서 심리학적 근거를 공리주의의 두 가지 출발점으로 제시한다. 첫째, 유용성의 원리 또는 '최대 다수의 행복' 원리는 도덕의 가장 근원적인 출발점이다. 행위는 행복을 증진시키고자 할 때는 옳고 행복의 반대를 산출할 때는 틀린 것으로 평가된다. 즉 행복happiness은 기쁨pleasure이며, 고통의 부재absence of pain이다. 그러므로 행복과 고통으로부터의 자유가 궁극적으로 바람직하다. 밀의 공리주의에 있어서 두 번째 근거는 모든 인간은 다른 동료 인간과의 조화와 일치를 향한 기본적 욕

Oxford University Press, 1982, pp.1~3.
2 Tom L. Beauchamp, *Philosophical Ethics: An Introduction to Moral Philosophy*, McGraw-Hill Company, 1982, p.73.
3 Cf. Marshall Cohen, ed., *The Philosophy of John Stuart Mill*, Modern Library, 1961.

구를 지닌 존재라고 보는 것이다.

벤담이 유용성의 원리를 인간 개개인의 이익을 증진시키는 욕구로 정당화하고자 한 데 비해, 밀은 인간의 사회적 감정에 근거해 유용성의 원리를 정당화하고자 했다. 밀에 따르면 인간은 다른 인간에 대해 자연적인 그러나 한정된 연민이 있다. 따라서 도덕성의 목적은 이러한 자연적 연민을 증진하고 그 한계에 대항해 싸우는 것이며, 유용성의 원리는 이러한 목적을 이루는 데 가장 좋은 방법이다.[4] 이러한 공리주의 이론에 근거를 둔 결과론적·윤리적 관점은 개인적 만족이나 복지의 총체를 선으로 규정한다. 이러한 윤리적 관점은 공공정책을 다루는 데 있어서 정의로운 개인보다는 사회기구 안에서의 정의를 묻는 것이 더 바람직하다고 보며, 조지 토머스George Thomas, 로저 신Roger Shinn 등의 기독교 윤리학자들이 이러한 입장에 있다.[5]

이러한 결과론적 윤리에 있어서 선善은 경험적이며 양적 차원에서 이해된다. 즉 이득과 행복이 많을 때the highest number는 선the highest good이라고 규정함으로써, 산술적 판단이 도덕적 가치판단의 기준이 된다. 이러한 윤리적 관점의 약점은 첫째, 행위의 결과를 예견하고 조정하는 인간의 능력을 지나치게 과장하고 있으며, 둘째, 공리주의 이론을 근거로 한 결과론적·윤리적 관점은 가치나 가치 양태의 다양성을 지나치게 낮게 평가하는 경향이 있다는 점이다. 이러한 경향성은 하나의 가치를 다른 것에 대비해 측정하는 공동의 기준을 형성하고자 하는 욕구에서 기인한다고 볼 수 있다. 이러한 공동의 계간에 대한 요구를 강요할 때, 인

---

4 Tom L. Beauchamp, *Philosophical Ethics*, pp.77~80.
5 Cf. George F. Thomas, *Christian Ethics and Moral Philosophy*, Charles Scribner's Sons, 1955. Roger Shinn, *Forced Options*, 3rd ed., Pilgrim Press, 1991.

간은 가치 영역의 풍요와 복합성을 양적인 어떤 것으로 환원하게 된다.[6]

결과론적·윤리적 관점은 현대사회의 경제적이고 정치적인 영역에서 가장 긍정적으로 수용할 수 있다. 예를 들어 어떠한 정책을 결정한다든가 정부 차원에서 다양한 차원의 입법 행위라든가 사업계획 등에서 가장 일반적으로 수용할 수 있다. 그러나 페미니스트 관점에서 이러한 윤리적 관점을 볼 때 다음과 같은 문제를 제기할 수 있다. 첫째, 결과론적·윤리적 인간 이해는 지극히 개체적이라는 점이다. 후에 논의하겠지만, 이는 인간을 관계적 존재로 보는 이해와는 대비된다. 둘째, 결과론적 윤리는 지극히 '인간중심적'이라는 점이다.[7] 결과론적 윤리에서 '최대다수의 최대 행복'은 철저히 인간만을 대상으로 하기 때문에 모든 존재물의 관계성을 중요하게 생각하는 관점에서 본다면 한계점이 있다. 셋째, 결과론적 윤리는 '총체적 선total good'에는 관심을 두지만 그것을 사람들 사이에 어떻게 분배하는가의 문제, 즉 정의의 개념이 결여되어 있다. 즉 '총체적 선'과 '정의'를 함께 고려해야 하는데,[8] 결과론적 윤리에서는 정의의 개념을 형성하기 어렵다는 문제가 있다. 그러나 이러한 한계점에도 공리주의 사상은 여성의 평등 문제에 대해 근대사상 중에서 가장 큰 공헌을 했다. 예를 들어, 벤담과 같이 공부하면서 그의 영향을 받은 스코틀랜드의 프란시스 라이트Frances Wright는 1829년 신시내티에서 진행한 강연에서 공리주의의 주장을 여성의 평등성을 지향하는 주장으로 발전시켰다.[9] 또한 존 스튜어트 밀은 자유주의 페미니스트로서 여성

---

6 Ogletree, *The Use of the Bible in Christian Ethics*, pp.21~22.
7 Ian Barbour, *Ethics in an Age of Technology*, The Gifford Lectures, vol.II, Harper San Francisco, 1993, p.34.
8 Cf. William Frankena, *Ethics,* Prentice-Hall, 1971.
9 Frances Wright, *Course of Popular Lectures,* 1834; Josephine Donovan, *Feminist Theory: The Intellectual Tradition of American Feminism*, Frederick Ungar Publishing Co., 1985, pp.11~13에서 재인용.

의 평등을 위해 여러 중요한 작업을 했다.[10] 합리주의와는 달리, 모든 지식은 감각적·구체적 경험을 통해 습득될 수 있다고 믿는 이들 경험주의적 관점은, 페미니스트 윤리가 강조하는 인간의 구체적 경험의 중요성에 대한 부분적이며 이론적인 근거를 마련해줄 수 있다고 본다.

2) 의무론적 윤리

기독교 윤리학에서 두 번째 형태는 '의무에 대한 복종'을 강조하는 의무론적deontological 윤리라고 볼 수 있다. 결과론적 윤리가 '사회적 선'을 강조하는 반면, 의무론적 윤리는 '개인적 권리'를 강조한다. 이러한 의무론적 윤리는 임마누엘 칸트Immanuel Kant가 발전시켰다고 볼 수 있다. 칸트에 따르면 권리는 결과를 상관하지 않고 합리적인 도덕적 법에 무조건 복종하면서 결정된다. 어떠한 행위를 도출하는 원리가 보편적으로 적용될 수 있는 원리라면 그 행위는 옳다고 칸트는 주장한다. 칸트에게서 자유와 정의의 요구는 자율적이고 합리적인 도덕적 주체로서 개인의 평등성에 근거를 둔다. 즉 개개의 인격체는 결코 사회적 목적의 수단으로 취급되면 안 된다.[11] 인간의 근본 권리는 유익한 사회적 결과의 이익이 있더라도 결코 침해해서는 안 된다. 여기에서 권리란 일반적으로 '의무'와 상호 관련되어 있다. 삶에 대한 나의 권리는 나의 삶을 침해하지 않아야 하는 너의 의무와 연관되어 있다. 만약 권리가 배제될 수 없고 침해될 수 없는 것이며 의무가 절대적인 것이라면, 이러한 윤리적 관점에는 전

---

10 밀에 대해서는 다음 자료를 참고하라. Susan Moller Okin, "John Stuart Mill, Liberal Feminist", *Women in Western Political Thought*, Princeton University Press, 1979.
11 William Frankena, *Ethics*, 2nd ed., Prentice-Hall, 1971, p.2.

혀 타협의 여지가 없는 것처럼 보인다. 그러나 의무론적 윤리는 유동적으로 수용될 수 있다. 예를 들어 특정한 경우를 인정하는 것을 포함한 조건을 지닌 보편적 법칙을 형성할 수 있고, 하나의 의무를 다른 의무보다 더 중요한 것으로 여길 수도 있다. 또한 두 종류의 권리가 대립할 때 그중 하나에 우선권이 주어질 수 있다. 그러므로 권리와 의무는 절대적인 것으로 간주해서는 안 된다.[12]

의무론적 윤리에서 가장 중심이 되는 개념은 '선한 것the good'보다는 '옳은 것the right'이다. 기독교 전통에서 '의무'는 성서에 계시된 신의 법에 복종하는 것이었다. 특정한 법칙과 훈령은 신의 영원한 명령이었으며, 이렇게 법에 복종하는 행위를 칼빈John Calvin, 청교도, 그리고 현대의 보수주의적 개신교도들이 강조해왔다. 가톨릭 전통에서 성서의 가르침은 교회의 계속적 가르침과 자연법 사상으로 보충했다고 볼 수 있다.[13] 법, 의무, 순종의 윤리라고 할 수 있는 의무론적 윤리는 기독교 공동체에 중요한 역할을 해온 것만은 틀림없다. 또한 이 의무론적 윤리는 현대사회의 정치·경제구조가 지닌 공리주의적 정책 때문에 외면하기 쉬운 개인의 권리를 강조한다는 점에서 긍정적으로 평가할 수 있다. 다수의 이익을 위해 혹사당하는 소수를 보호할 수 있는 기준을 제공하기 때문이다. 그러나 이러한 의무론적 윤리가 지닌 한계점을 몇 가지 살펴보자면, 첫째, 의무론적 윤리는 간혹 법의 목적보다는 그 법의 문자가 강조되어서 경직된 율법주의에 빠질 수 있다. 둘째, 의무론적 윤리는 인간의 외부로부터 강요된 어떤 것으로서 법에 반응하고자 하는 경향성을 준다

---

12 Cf. W. D. Ross, *The Right and the Good*, Clarendon Press, 1930.
13 Ian Barbour, *Ethics in an Age of Technology*, The Gifford Lectures 1989~1991, Harper San Francisco, 1993, p.43.

는 문제가 있다. 이러한 경우 법은 영원한 보상이나 형벌, 또는 교회의 권위가 승인하지 않고는 행위의 자발적 동기를 주지 못한다. 셋째, 의무론적 윤리에서 특수한 법칙은 정적이고 끊임없이 변화하는 상황이나 문제에 적용하기 어려운 한계가 있다는 점을 들 수 있다.

의무론적 윤리의 이론적 근거를 제시한 칸트에게서 중요한 인간 이해는 자율성과 합리성을 지닌 존재라는 점이다. 인간은 자율적이고 합리적인 존재이므로 도덕적 주체가 될 수 있으며 동시에 개체적 평등성을 지니게 된다. 그러나 여기에서 칸트는 '합리적 존재' '개체적 인간' 등의 범주에 여성을 굳이 포함시킬 필요는 없다고 함으로써[14] 남성중심적 여성 이해에 따라 윤리적 이론을 전개했다는 점이 페미니스트 윤리적 관점에서 지적할 수 있는 의무론적 윤리의 한계점이다.

3) 완전주의적 윤리

완전주의적perfectionist 윤리는 인간의 잠재성을 실현하는 덕의 고양을 가장 큰 관심으로 삼은 아리스토텔레스 사상에서 유래한다고 볼 수 있다. 이러한 완전주의적 윤리는 목적지향적이며, 덕은 그 목적이나 목적과 동일시되는 가치에 도달하기 위해 필요하다. 아리스토텔레스에게서 삶의 목적은 '행복eudemonia, happiness'이며, 그 행복은 한 인간의 잠재성의 완전한 실현과 행위로 얻을 수 있다. 선은 덕과 성품의 배양으로 습득할 수 있으며, 이를 완성하는 과정은 '습관habit'이다. 즉 덕은 플라톤에게서처럼 깨달음의 차원이 아니라 끊임없는 반복을 통해 습득할 수 있다.[15]

---

14 Susan M. Okin, *Women in Western Political Thought*, p.6.
15 Aristotle, *The Nicomachean Ethics*, trans., David Ross, Oxford University Press, 1983, p.28.

'행복'은 신이 주는 것이 아니라 덕의 결과이자 배움과 훈련의 결과로, 가장 '신적인 것'이라고 아리스토텔레스는 밝힌다.[16] 아리스토텔레스에게는 모든 존재가 정재된 고정적 실체가 아니라 잠재된 것이 현실화되는 과정 중에 있는 존재이다. 따라서 모든 존재는 운동의 동인이 있으며 궁극적인 것을 지향한다. 이 궁극적인 방향을 가리켜 아리스토텔레스는 목적telos이라고 불렀으며, 이는 모든 존재가 자신의 존재로서 완벽한 상태에 이름을 가리킨다.[17] 즉 아리스토텔레스는 인간의 모든 행위는 궁극적으로 지향하는 목적이 있으며 그 목적을 가리켜 '선' 또는 '행복'이라고 생각했다. 이러한 목적을 위해 필요한 것은 인간이 지닌 지성적 능력과 도덕적 능력이다. 지성적 능력은 도덕적 덕을 이루며 행위를 이끄는 힘이자 실천력을 지니는 힘이다.[18] 그러므로 아리스토텔레스에게서 지적 탁월성과 도덕적 탁월성은 도덕성의 중요한 근거로 작용한다.

아리스토텔레스는 인간의 도덕적 실천력을 플라톤이나 소크라테스와 같이 지성적 능력이나 진리의 깨달음에 두지 않고 오히려 감각적 욕망의 중용 지도, 순화 또는 고양을 강조했다. 따라서 앞서 논의한 바와 같이, 인간의 도덕적 능력은 순간적 깨달음이나 지적 성숙도에 의존하기보다는 실천적 반복을 통한 도덕적 습관에 의존한다. 덕은 자신의 소

---

16 Aristotle, *The Nicomachean Ethics*, pp.17~18.
17 Frederick Copleston, *A History of Philosophy*, vol.I, The Newman Press, 1960, 327ff. 여기에서 아리스토텔레스는 플라톤에 비해 좀 더 적극적인 인간 이해를 하고 있다. 육체와 영혼의 긴밀한 결합에 대해 부정적이었던 플라톤과는 달리, 아리스토텔레스는 모든 존재는 육체와 영혼으로 구성되어 있으며, 영혼이란 육체 없이는 존재할 수 없다고 함으로써 플라톤과 전격적으로 다른 인간 이해를 전개한다. 그러나 영혼은 육체를 제어할 힘을 지니며, 육체가 지닌 욕망을 영혼이 다스릴 수 있어야 한다고 봄으로써 서구사상의 이원론적 사고구조를 명백히 했다고 평가할 수 있다.
18 Aristotle, *The Nicomachean Ethics*, p.28.

양을 개발하고 성숙시켜 좋은 습관을 갖는 훈련을 통해 이루어지며, 이러한 좋은 습관은 행위자의 성품을 결정한다. 그리고 이러한 행위자의 성품은 악한 사람과 선한 사람을 판단하는 기준이 된다.

아리스토텔레스는 덕론을 확장해 이를 사회에 적용했다. 하나의 사회는 구성원의 행복을 향한 그 자체의 목적을 지니고 있으며, 사회 내 구성원들이 도덕적 능력에 따라서 사회적 실천이 좌우되기 때문에 아리스토텔레스에게서 정치학은 덕론의 연장이라고 볼 수 있다. 아리스토텔레스에 따르면, 인간은 정치적 존재이며 이러한 규정에서 벗어난 존재가 있다면 그것은 짐승이든가 신이다.[19] 따라서 인간은 사회적 존재이며 사회를 통한 행복을 추구하게 된다. 아리스토텔레스의 이러한 지복론 또는 도덕론은 중용 지도를 이상으로 하는 중용의 윤리이며, 성품의 개발과 성숙을 중시하는 자아 중심의 완전주의적 윤리이다.

토마스 아퀴나스는 아리스토텔레스의 윤리를 기독교적으로 재구성했다. 그는 아리스토텔레스의 존재 이해와 덕론을 중심으로 윤리를 전개해 나갔다. 인간의 목적은 행복이며, 행복은 덕의 보상으로서 주어지는 신의 비전에 있다는 것이다. 아퀴나스는 용기, 절제, 지혜 그리고 정의와 같은 고전적 덕을 믿음, 소망 그리고 사랑의 성서적 덕과 결합했다. 즉 아퀴나스는 아리스토텔레스의 사상과 기독교 신학을 종합한 종합론자이다.[20]

이렇게 아리스토텔레스와 아퀴나스 등의 사상을 근거로 한 완전주의 윤리는 도덕적 실천자로서 자아의 품성에 초점을 둔다. 그렇게 함으로써 완전주의 윤리는 인간의 행동이 돌발적이고 고립된 사건이 아님을

---

19 Aristotle, *The Politics*, Prometheus Books, 1986, p.4
20 Cf. H. Richard Niebuhr, *Christ and Culture*, Harper & Row, 1951.

강조한다. 인간의 행동은 개체로서의 인간이 끊임없이 형성과 재형성 과정 속에 있음을 보여주며, 따라서 우리가 하는 일은 우리를 형성한다.[21] 이러한 완전주의적 윤리의 영향을 받아서 존 웨슬리John Wesley는 기독교 윤리를 특정한 개인적 덕의 배양으로 보았으며, 현대에 와서는 알래스데어 매킨타이어Alasdair MacIntyre와 스탠리 하우어워스Stanley Hauerwas가 이러한 덕과 품성 개발의 중요성을 강조하고 있다.[22]

인간의 삶의 목적을 행복에 두고, 그 행복은 덕의 실현을 통해 가능하다고 보는 완전주의적 윤리에는 몇 가지 문제점이 있다. 첫째, 만약 '덕'이 관심의 중심에 있다면 이웃은 자신의 '자아실현' 도구가 되기 쉽다. 둘째, '개인의 덕'이 '사회적 덕'에 앞섬으로써 인간 존재가 상호 연관되어 있다는 사실을 간과하게 된다.[23] 이러한 윤리적 관점에서는 자신의 덕의 실현을 통해 타자를 지배하고 착취하는 결과를 야기하는 구조적 문제에 관심을 둘 근거가 빈약해진다. 셋째, 완전주의 윤리의 사상적 출발점이 되는 아리스토텔레스의 위계주의적이고 이원론적인 존재 이해는 여성을 도덕적 능력이 결여된 존재로 본다.[24] 이러한 그릇된 존재 이해는 가부장적 교부신학을 정당화했으며, 덕론 아래 전개되는 인간의 도덕적 능력은 사실상 남성들만 소유하고 있음을 인식하는 원리로 고정되었다. 결국, 왜곡된 존재 이해는 남성과 여성의 불평등한 인간관을 정당화했다고 볼 수 있다.

---

21 Cf. James Gustafson, *Christ and the Moral Life*, Harper & Row, 1968, pp.238~271.
22 Cf. Alasdair MacIntyre, *After Virtue*, University of Notre Dame Press, 1984; Stanley Hauerwas, *Character and Christian Life: A Study in Theological Ethics*, Trinity University Press, 1975.
23 Cf. Thomas W. Ogletree, *The Use of the Bible in Christian Ethics*, Fortress Press, 1983, p.33.
24 아리스토텔레스의 존재 이해에 대한 비판은 다음을 참고하라. 강남순, 《현대여성신학》, 대한기독교서회, 1994, pp.156~159.

이상에서 기독교 윤리학의 역사에서 전통적으로 수용한 세 가지 윤리적 입장을 살펴보았다. 페미니스트 윤리에는 이러한 윤리적 전통과의 연속성과 불연속성이 동시에 들어 있다. 즉 그러한 윤리가 제시하는 규범의 중요성에 대해서는 연속성이 있지만, 그 개념을 비판하고 새롭게 규정한다는 의미에서는 불연속성이 있다. 첫째, 도덕적 자율성 개념은 모든 윤리적 관점에서 중요한 개념이다. 페미니스트 윤리에서도 그러한 원리에는 동의한다. 그러나 전통적 윤리에서의 자율성 개념은 인간을 고립된 단자로 전제하고 형성된 개념이라는 사실에서 페미니스트 윤리는 불연속성이 있다. 개인의 자율성이란 고립되고 절연된 자아가 아니라 타자와의 사회적 연관성을 전제로 형성된 자율성이다.[25] 또한 도덕적 자율성의 중요성에 대한 윤리적 논의는 여성을 도덕적 능력이 결여된 존재로 보는 경향성에 비판을 제기한다. 남성과 여성에 대해 각기 다른 도덕적 기준을 적용한 이중구조를 비판한 것이다. 둘째, 자연법 사상의 중요성에 대해 페미니스트 윤리는 기존의 윤리적 관점과 연속성이 있다. 그러나 그러한 자연법 사상 속에 은닉된 여성혐오사상에 대해 페미니스트 윤리는 비판하고,[26] 더 온전한 의미의 자연법 사상을 고취시키고자 한다. 이렇듯 페미니스트 윤리는 전통과 분명한 연속성과 불연속성 속에서 전개된다. 따라서 전통적인 윤리이론에 대한 전적인 수용이나 전적인 거부는 무의미하며, '의심의 해석학'을 통한 비판적 접근을 통해 더욱 포괄적인 이론을 형성하는 것이 페미니스트 윤리의 과제이다.

---

25 Cf. Ruth Smith, "Feminism and the Moral Subject", *Women's Consciousness, Women's Conscience*, ed., Barbara Hilkert Andolsen, et al., Seabury Press, 1985; Eleanor Humes Haney, "What is Feminist Ethics: A Proposal for Continuing Discussion", *Journal of Religious Ethics* 8.1, 1980.
26 Cf. Beverly Wildung Harrison, "Misogyny and Homophobia: The Unexplored Connections", *Making the Connection: Essays in Feminist Social Ethics,* Beacon Press, 1985.

3. 페미니스트 윤리의 전개

1) 페미니스트 윤리의 개념

'페미니스트 윤리'의 개념은 단순하게 정의하자면 페미니즘과 현대 페미니스트 운동에 근거를 둔 윤리적 이론을 일컫는다. 페미니즘의 가장 기본적 의미는 성$_{sex/gender}$에 근거한 어떠한 차별도 거부하고 반대하는 운동이며 신념이다. 그러므로 사회구조적 의미에서 페미니즘은 우선적으로 가부장주의에 반대한다. 그러나 성에 근거한 차별에 반대하고 남성과 여성 간의 평등을 지향하는 페미니즘은, 현대에 와서 인종이나 사회계층에 근거한 차별 그리고 자연에 대한 인간의 착취와 차별 등 사회에 존재하는 어떠한 차별구조에도 반대하며 모든 인간과 인간, 자연과 인간의 평등을 지향하는 운동과 이론으로 의미가 확장되었다. 이러한 전제에서 출발하는 페미니스트 이론은 다양한 분야에서 전개되며, 이러한 페미니스트 관점으로 연구하는 학자들은 우선적으로 종교적·사회적·정치적 또는 경제적 이론에 스며든 성차별주의의 근거를 비판하는 작업을 한다. 그러한 비판적 작업은 평등 공동체를 형성하기 위한 이론을 구축하는 재구성 과정으로, 기존의 차별적 현실과 구조에 대한 '비판'과 대안을 제시하는 '재구성' 작업을 페미니스트 관점으로 전개하게 된다. 페미니스트 윤리는 이러한 작업에 근거해서 윤리적 이론을 형성한다고 볼 수 있다.

이론과 운동으로서의 페미니즘은 단일하지 않다. 오히려 다양한 입장을 지닌 페미니즘이 공존한다. 특히 모든 페미니즘은 성에 근거한 차별, 즉 성차별주의에 반대한다는 동일한 출발점에 있지만 여성 '억압의 기원'이나 억압을 철폐하기 위한 '방안의 전개'에 따라서 각기 입장이 다르다. 이렇게 페미니즘 안의 다원주의가 페미니스트 윤리에도 다양하다. 그러한 맥락에서 보자면, 자유주의 페미니스트 윤리는 여성의 정치적 권리와 성 역할 분할의 차별적 정책 개선을 옹호하는 윤리적 입장에 있다. 반면, 사회주의 페미니스트 윤리는 경제 분배와 여성의 자율성 확보를 위한 생산 형태 개선을 우선 과제로 삼는다. 또한 급진주의 페미니스트 윤리는 여성의 억압을 철폐하는 유일한 길은 정치적·경제적·성적 또는 종교적 자율성의 성취이며, 이를 이루기 위해서는 남성으로부터 권력이 견제를 받든가 또는 분리하는 것이라는 신념으로 윤리적 이론을 형성한다.

2) 페미니스트 윤리의 주요 이슈

페미니스트 윤리의 방법론적 특색은 '여성의 경험'을 윤리적 담론 구성의 우선 근거로 삼는다는 데 있다. 일반적인 페미니즘의 경우처럼 페미니스트 윤리는 전통적으로 타자가 규정하고 해석했던 '여성의 정체성'과 여성 스스로 경험하고 살아온 삶을 통해 형성한 '자신의 정체성' 사이의 불균형에 대한 인식에서 시작되었다. 일반적으로 페미니스트 윤리적 작업은 첫째, 현대의 윤리 이슈를 다루는 작업이며, 둘째, 전통적인 윤리 이론에 대한 비판적 작업으로 크게 나눌 수 있다.[27] 첫 번째 작업, 즉 현대의 윤리 이슈를 다루는 데 있어서 페미니스트 윤리는 표준적으로 간주하는 윤리 이슈를 페미니스트 관점에서 재검토하고, 동시에 전

---

27 Alison Jaggar, "Feminist Ethics: Projects, Problems", *Feminist Ethics*, ed., Claudia Card, University Press of Kansas, 1991.

통적으로 '도덕적'인 문제가 아니라 여성의 사적 세계인 '자연적'인 문제로 간주한 주제를 윤리적 고찰의 대상으로 불러들이는 작업을 한다. 또한 두 번째 작업, 즉 전통적인 윤리 이론을 비판하는 작업을 하는 페미니스트 윤리는 여성을 도덕적 대리자 역할을 할 능력이 없는 무능력자로서 규정한 명백한 여성혐오사상과 근원적인 도덕 범주의 구성으로부터 여성의 경험을 미묘하게 배제한 것을 비판하는 작업을 한다.

페미니스트 윤리학자들의 다양한 입장은 페미니즘에서의 다양한 입장과 유사하지만 더 구체적으로 논의한다면 세 가지 점에서 각기 다르다고 볼 수 있다. 첫째, 여성의 억압 근원을 분석하는 데서 다르다. 역사적 관점에서 억압을 분석하기도 하고 역사와는 무관하게 생물학적 조건에서 억압을 분석하기도 한다. 둘째, 남성성과 여성성의 차이에 대한 논의에서 다르다. 남성과 여성의 차이를 생물학적인 것이라기보다 '사회·문화적 소산'이라고 분석하기도 하고, 역사와는 무관하게 생물학적 조건에서 억압을 분석하기도 한다. 셋째, 전통 종교와의 관계에서 각기 다른 입장이 있다. 예를 들어, 기독교의 가부장석 경향에도 정의 사회의 궁극적 가능성을 제시하는 종교로서 기독교 안에 남고자 하는 페미니즘이 있는가 하면, 기존 종교와의 불연속성을 지녀야 한다고 보는 페미니즘적 입장도 있다. 이와 같이 페미니즘과 페미니스트 윤리 안에 다양한 입장과 작업이 있지만, 페미니스트 관점으로 전개하는 신학과 철학에서의 주요 물음은 다음과 같이 몇 가지 공통적인 페미니스트 윤리 이슈를 제기한다.

첫째, 인간의 '체화성$_{embodiment}$'[28]에 관한 문제이다. 인간의 체화성은

---

28 Harrison, *Making the Connections*, pp.12~13.

전통적인 신학과 철학에서의 '대립적 이원론'을 극복하고 인간에 대한 '통전적' 이해를 지향하는 데서 나왔다.[29] 이원론적인 사고구조에서 여성의 육체는 사회로부터, 그리고 자기 자신으로부터까지 부정되었다. 그러나 도덕적 지식에서 육체의 중요성을 인식하고 페미니스트 관점이 서구 기독교의 사고구조를 비판하기 시작한 것은 지난 세기의 가장 중요한 사건 중 하나였다.[30] 왜냐하면 도덕적 지식을 포함한 인간의 모든 지식이란 '육체'를 매개로 습득되었기 때문이다. 그러므로 어떤 특정한 이론이 구체적 삶에서 얻은 풍부한 포괄적 지혜를 뛰어넘는 다른 어떤 것에 절대성을 부여할 때마다 '육체를 부정하는 이상주의'가 등장한다.[31] 이분법적 사유방식에서 '육체 부정'의 전통은 언제나 '여성 부정'과 맞닿아 있다. 이러한 '육체 부정의 이상주의'는 여성을 온전한 도덕적 인격체로 여기지 않는 경향이 있다. 이러한 이상주의에 대한 거부는 페미니스트 윤리학자로 하여금 낙태정책과 같이 여성의 도덕적 주체성을 부인하는 여러 가지 윤리 이슈에 민감하게 반응하게 만든다. 또한 페미니스트 신학에서와 마찬가지로 초월적이고 추상적인 신 이해를 벗어나서 인간과 우주를 통해 자연, 역사, 인간 개인의 삶을 생명과 기쁨의 공동체로 변화시키는 구체적 힘을 지닌 신 이해로 나아가게 한다.[32] 이러한 관점에서 기독교 전통에서 부정적으로, 또는 출산을 위한 것으로만 해석해온

---

29 이원론적인 인간 이해와 여성의 억압의 상관관계에 대해서는 류터가 이미 포괄적인 분석을 했으며, 그 외에 다른 남성 신학자들도 인간에 대한 통전적 이해를 추구하면서 이제까지 신학에서 경시해온 육체의 중요성을 강조하고 있다. Rosemary Radford Ruether, *Sexism and God-Talk: Toward a Feminist Theology*, Beacon Press, 1983; James B. Nelson, *Embodiment: An Approach to Sexuality and Christian Theology*. Tom Driver, *Patterns of Grace: Human Experience as Word of God*, Harper & Row, 1997.
30 Harrison, *Making the Connections*, p.214.
31 Harrison, *Making the Connections*, p.242.
32 Harrison, *Making the Connections*, p.260.

인간의 성性의 의미가 새롭게 조명되어 성 윤리sexual ethics가 형성된다.[33]

둘째, 인간의 '관계성'과 '상호성'에 대한 문제이다. 이원론적 인간 이해를 극복하고 육체성의 중요성에 대한 자각에서 더 나아가서 사회적 세계 안에서 관계성의 중요성에 대한 인식으로 확장된다. 인간의 사회적 본성과 관계성의 중요성에 대한 인식은 이미 윌리엄 제임스William James의 사상을 이어받은 실용주의 철학자 조지 허버트 미드George Herbert Mead가 전개했으며, 이러한 미드의 사상은 리처드 니버와 마르틴 부버 Martin Buber가 신학적으로 수용했다고 볼 수 있다.[34] 미드가 처음으로 전개한 '사회적 자아social self' 개념은 리처드 니버의 역사의 중요성과 자아의 본질적 관계성에 대한 개념으로 확장되었으며, 이는 페미니스트 윤리에서도 중요한 개념으로 등장했다.

페미니스트 윤리에서 '관계'는 존재하는 모든 사물의 가장 중심에 있는 개념이다. 가톨릭 윤리는 개신교 윤리보다 상호성에 대해 더 적극적인 입장에 놓여 있다. 개신교 윤리에 있어서 상호성을 반대하는 가장 주요한 출처 중 하나는 앤더스 니그렌의 아가페와 에로스에 대한 연구이며,[35] 라인홀드 니버는 그러한 니그렌의 사상을 수용한다고 볼 수 있다.[36] 이러한 관점에서 라인홀드 니버의 윤리는 데카르트나 칸트와 같이 지극

---

[33] 성 윤리에 대한 논의는 다음을 참고하라. Judith Plaskow, "Toward a New Theology of Sexuality", *Redefining Sexual; Ethics: A Sourcebook of Essays, Stories, and Poems*, ed., Susan E. Davies and Eleanor H. Haney, The Pilgrim Press, 1991; Audre Lorde, "Uses of the Erotic as Power", *Sister Outsider*, Crossing Press, 1984. Harrison, "Sexuality and Social Policy", *Making the Connections*.

[34] 이에 대해서는 다음을 참고하라. William James, *A Pluralistic Universe*, Longmans, Green and Co., 1990; George Herbert Mead, *Mind, Self, and Society: From the Standpoint of a Social Behaviorist*, University of Chicago Press, 1934; H. Richard Niebuhr, *The Responsible Self: An Essay in Christian Moral Philosophy*, Harper & Row, 1963.

[35] Anders Nygren, *Agape and Eros*, Westminster Press, 1953.

[36] 이러한 논의에 대해서는 다음을 참고하라. Gene Outka, *Agape: An Ethical Analysis*, Yale University Press, 1972, pp.7~92.

히 단자적인 인간 이해에서 출발한다는 비판을 받는다.[37] 페미니스트 관점으로 형성된 '상호 관계성의 신학'[38]은 이스라엘 공동체의 신앙과 예수의 사역에서 '관계성'이 갖는 중요성을 전통적 기독교 신학의 신관이 흐려놓고 있다고 지적한다. '존재 자체' 또는 '전적인 타자'로서의 신관은 신을 인간과 전혀 상관없는 전적인 초월적 존재로 이해함으로써 그러한 '관계성의 결여'가 바로 신적인 힘의 근원이라는 인식을 가능하게 만들었다. 결국 이러한 '무관계성nonrelatedness'의 신관은 인간의 자아 개념에도 영향을 미쳐 고립과 단자적 자율성이 가치 있는 것이 된다. 페미니스트 윤리는 인간을 단자적으로 보지 않고 사회적 관계성 속에 존재하는 '사회적 자아'로 이해하기 때문에 윤리적 논의에서 이러한 인간 이해는 기본적 출발점이 된다.[39] 이러한 맥락에서 보자면, 페미니즘이란 "남성과 여성 안에 있는 순수한 관계성의 힘에로의 부름"[40]이며, 페미니스트 윤리는 이러한 부름을 윤리적으로 규명하는 작업이다.

3) 기독교 윤리의 새로운 지평으로서의 페미니스트 윤리

(1) 돌봄의 윤리

윤리적 논의에서 인식론은 주요한 근거를 제시한다. 일반적으로 인식론은 어떻게 우리가 지식을 습득하며 무엇이 참인가를 결정하는 철학이

---

37 Judith Vaughan, *Sociality, Ethics and Social Change: A Critical Appraisal of Reinhold Niebuhr's Ethics in the Light of Rosemary Radford Ruther's Works*, University Press of America, 1983, p.29.
38 Carter Heyward, *The Redemption of God: A Theology of Mutual Relationship*, University Press of America, 1982.
39 Cf. Catherine Keller, "Feminism and the Ethics of inseparability", *Weaving the Visions: New Patterns in Feminist Spirituality*, ed., Judith Plaskow and Carol Christ, Harper & Row, 1989.
40 B. Harrison, *Making the Connections*, pp.233~234.

다. 또한 규범적 의미에서 본다면 윤리란 우리의 행위에서 무엇이 옳고 그른가를 규정하는 범주에 대한 연구라고 할 수 있다. 최근 들어 남성의 인식 방법과 여성의 인식 방법에 커다란 차이가 있으며, 따라서 윤리적 결정을 하는 데 남성과 여성이 다르다는 연구가 발표되었다. 물론 남성과 여성의 인식 방식에 근원적 차이가 있다는 주장에 동의하지 않는 페미니스트도 있다. 앞서 논의한 바와 같이 이원론적 사고구조는 남성과 여성, 또는 이성과 감성 그리고 정신과 육체 등을 이원화하고, 전자는 우월한 것으로 후자는 열등한 것으로 간주하는 사고구조를 형성해왔다. 이러한 사고구조에서는 남성과 이성, 여성과 감성의 연결이 자연스러운 것으로 나타났으며, 흔히 이성적 능력이 있는 남성의 윤리적 판단을 우월한 것으로, 이성적 능력이 결여된 여성의 윤리적 판단을 열등한 것으로 규정해왔다. 또한 이러한 이원론은 인간의 생활공간을 '공적 영역'과 '사적 영역'으로 분리해 여성, 감성 그리고 종교는 사적 영역에 속한다고 간주해왔다. 즉 이러한 공적 영역과 사적 영역의 분리는 합리적이고 이성적인 사고를 남성적이고 공적인 영역에, 종교와 같이 비합리적이고 감성적인 사고를 여성적이고 사적인 영역에 속하는 것으로 간주하면서 결과적으로 종교를 공적 영역에서 소외시키는 결과를 낳았다.[41] 사적이고 감정적이고 종교적인 기능을 공적이고 객관적인 '과학적' 지식으로부터 분리하는 이러한 이원론적 사고구조는 페미니스트뿐 아니라 철학자들의 비판도 받았다.[42]

---

41 이렇게 종교, 감정, 여성을 사적 영역으로 간주하는 사고구조는 왜 여성을 남성보다 더 '종교적'으로 간주하는지를 설명할 수 있는 하나의 이유이다. 이러한 논의에 대해서는 다음을 참고하라. Inge K. Broverman, et al., "Sex-role Stereotypes: A Current Appraisal", *Journal of Social Issues*, 28. 2, 1972, pp.59~78.
42 널리 알려진 바와 같이 과학에서 이러한 이른바 포스트모던적 논의는 토머스 쿤이 제기했으며 페미

전통적인 이원론적 사유방식에 대한 비판을 전제로, 이성의 한계를 지적하고 전통적으로 열등한 것으로 간주해온 감성적 방식의 중요성을 강조하는 페미니스트들이 등장했다. 그러나 여기에서 주목해야 할 점은 이러한 논의가 이성적인 인식 방법의 중요성을 간과하려는 것은 아니라는 점이다. 오히려 더 확장된 의미인 '체현된 이성embodied reason'의 개념을 새롭게 강조하는데, 현대의 페미니스트 논의에서 페미니스트들이 빠지기 쉬운 위험성이 바로 여기에 있다. 이제까지 열등한 것으로 간주했던 인간의 감성적 능력의 중요성을 새롭게 인식하고 강조한다고 해서, 한편으로 이성적 능력의 중요성을 비하한다면 여전히 이원론적 사고구조를 벗어나지 못하게 된다. 이성에 대한 비판은 이성의 경직된 의미를 말하는 것이지 비합리성을 요청하는 의미가 아니기 때문이다. 이성이나 합리성은 우리의 비지속성과 독단성 그리고 불의한 행위를 방지하는 데 중요한 역할을 한다. 따라서 이원론적 사고구조에 대한 페미니스트들의 비판이 좀 더 넓은 공감대를 형성하기 위해서는 '역전된 이원론reverse dualism'에 빠지지 말아야 한다.

　남성과 여성의 차이가 선천적인 것이든 자연적인 것이든, 또는 사회·문화적 영향에서 유리했든 아니든 간에 이들 인식 방법의 차이가 윤리적 판단에 있어서도 차이를 가져온다고 보면서 이제까지는 남성적인 인식 방법과 윤리적 판단이 우월한 것으로 간주되어왔다. 예를 들어 심리학자인 로렌스 콜버그Lawrence Kohlberg는 사람들이 가설적인 도덕적

니스트들이 그 논의를 더욱 활발하게 진행했다. Cf. Thomas Kuhn, *The Structure of Scientific Revolution*, University of Chicago Press, 1962; Evelyn Fox Keller, *Reflections of Gender and Science*, Yale University Press, 1985; Sandra Harding, *Whose Science? Whose Knowledge? Thinking from Women's Lives*, Cornell University Press, 1991; Sandra Harding, ed., *Feminism and Methodology: Social Science Issues*, Indiana University Press, 1987.

딜레마에 어떻게 반응하는가를 보고 그 사람의 도덕적 성숙성을 판단해야 한다고 주장했다.[43] 콜버그는 그의 유명한 '하인츠 딜레마Heinz's dilemma'에서 전통적으로는 윤리적 판단에 있어서 추상성의 결여를 미성숙한 것으로 간주하며, 서구 남성들 대부분은 이러한 딜레마에 부딪혔을 때 '생명은 소유보다 중하다'라는 유의 추상적이고 보편적인 명제에 따라 윤리적 판단을 하고 이것을 도덕적으로 더욱 성숙한 것이라고 주장한다고 말했다. 그런데 이후 소위 '여성적 인식 방법'과 그에 따른 윤리적 판단이 더 성숙하다는 학설이 등장했는데, 이는 캐럴 길리건Carol Gilligan에서 그 예를 찾을 수 있다.

캐럴 길리건은 콜버그의 연구에 정식으로 반대하면서, '추상성'이 아니라 구체적 '관계성'을 중요하게 생각하는 여성의 윤리적 판단이야말로 도덕적 강점이 된다고 주장했다. 길리건은 콜버그의 입장과 같이 도덕적 갈등을 추상적 원리에 귀결시키지 않고, 구체적 관계성 속에서 해결하고자 하는 '돌봄care' 또는 '책임성'의 도덕성이 더욱 성숙성을 나타낸다고 역설했다. 분리보다는 '연관성'을, 개인보다는 '관계성'을 우선으로 고려한 여성의 윤리적 판단이 더욱 바람직하고 성숙한 도덕성이라는 것이다.[44] 여기에서 나는 여성과 남성 사이에 근원적인 인식론적 차이가 있

---

[43] Lawrence Kohlberg, *The Philosophy of Moral Development*, Harper & Row, 1981. 콜버그가 이 책에서 제시한 가설적 딜레마는 '하인츠'라는 사람의 이야기인데, 이는 긍정적으로든 부정적으로든 많은 곳에서 인용하는 유명한 예이다. '하인츠 딜레마'는 암으로 죽어가는 부인과 사는 하인츠와 그 암을 치료할 수 있는 아주 비싼 약을 가진 약사에 관한 이야기이다. 콜버그는 이러한 가설적 상황에서 남성과 여성이 어떻게 다르게 윤리적 판단을 하는가를 다루며, 관계를 중요시하는 여성의 윤리적 판단이 추상적이고 보편적인 원리를 기준으로 하는 남성의 윤리적 판단보다 미성숙하다고 밝힌다.

[44] Carol Gilligan, *In a Different Voc\ice: Psychological Theory and Women's Development*, Harvard University Press, 1982, p.19. 길리건이 제시한 주제에 대한 다양한 논의에 대해서는 다음을 참고하라. Eva F. Kitty and Diana T. Meyers, eds., *Women and Moral Theory*, Rowman & Littlefield, 1987; Mary J. Larrabee, ed., *An Ethic of Care: Feminist and Interdisciplinary*, Routledge, 1993.

다고 하는 길리건의 주장에 동의하지 않는다. 그럼에도 도덕적 성숙성이 관계성을 중요한 매개로 하는 '돌봄의 윤리'로 나아가야 한다는 주장은 상당히 중요한 통찰을 준다고 생각한다. 이러한 '돌봄의 윤리'는 길리건과 넬 나딩스Nel Noddings[45]가 제기했으며, 관계성의 도덕적 중요성에 초점을 둔다는 의미에서 주요한 페미니스트 윤리의 근거를 제공한다. 나는 주로 남성에게 나타나는 추상적 원리에 근거한 윤리적 판단보다 여성이 취하는 구체적 관계성에 근거한 도덕적 행위가 페미니스트 윤리의 형성에 주요한 원리를 제공한다고 본다.

(2) 모험의 윤리

구체적 변화를 위해 지속적으로 활동한다는 것은 참으로 커다란 용기와 인내심이 필요하며 끊임없는 희망을 품어야 하는 일이다. 그러나 우리는 구체적인 경험 속에서 다음과 같은 질문을 하지 않을 수 없다. '정의'를 위한 행동이 왜 그렇게 자주 좌절에 빠져야 하는가. 좌절과 절망스러운 듯한 현실에 직면하면서 어떻게 우리는 불평등과 차별의 구조를 극복하기 위한 사회적 변화를 위해 일시적인 것이 아닌 장기적인 투쟁을 할 수 있는 에너지와 불굴의 정신을 지닐 수 있는가. 전통적인 윤리 이론과 실천의 도덕적 책임성과 대리자에 대한 개념은 개혁적 투쟁에 생명력을 불어넣기보다 오히려 감소시키는, 어떤 의미에서 보면 해롭고 부정확한 이해일 수도 있다. 특히 주도적인 윤리적 사상은 지배와 어떤 행위의 결과를 통제할 수 있는 능력을 지칭하는 도덕적 책임성의 의미에서만 '힘power'의 개념을 규정한다.[46] 이러한 의미의 힘이란 변혁을 위한

---

45 Nel Noddings, *Caring: A Feminist Approach to Ethics and Moral Education,* University of California, 1984.
46 예를 들어 틸리히는 힘을 "한 존재가 다른 존재의 저항에 대면해 그 자신을 실현하기 위한 가능성"이

투쟁을 지속적으로 지켜나가기 위해 끊임없이 필요한 에너지와 불굴의 정신을 주는 것이 아님이 분명하다. 다른 사람을 통제하는 의미의 힘은 언제나 위계적이며, 변혁을 추구하기보다는 현 상태를 보존하고 강화하려는 경향성이 있기 때문이다. 정의를 위한 운동에서 우리에게 끊임없이 필요한 것은 치유할 수 있고 삶의 에너지를 주며 통전적으로 만들 수 있는 의미의 힘이다. 이러한 의미의 힘은 지배와 통제의 힘이 아닌 새로운 의미의 힘이다.[47]

지배와 통제의 윤리적 특성은 기독교의 신 개념과 그에 따른 인간이해에도 잘 반영되어 있다. 초월적이고 지배적인 의미의 기독교적 신 개념은 이미 많은 비판을 받아왔다. 샤론 웰치Sharon Welch는 이러한 '통제의 윤리ethic of control'가 자유주의 사상, 기독교 현실주의, 또는 포스트모던 사상에 깊이 스며들어 있으며, 이러한 통제의 윤리는 내재적인 유한한 세계와 그 안에서 인간의 유한한 능력에 대한 가치와 진실을 보지 못하게 한다고 주장했다.[48] 이러한 통제의 윤리 안에서는 도덕적 판단이 왜곡되기 쉽고 폭력과 지배가 쉽게 보강되기 때문이다. '통제의 윤리'는 "문화화된 자포자기의 이데올로기ideology of cultured despair"[49]를 강화하고 스스로 그 속에 영속된다. 이러한 '문화화된 자포자기의 이데올로기 윤리"는 첫째, 불의가 지닌 다양한 형태의 복합성과 방대함에 대해 철저히 인식하고 있다는 의미에서 문화화되어 있으며, 둘째, 불의의 방대함에 대해 알고 난 후에는 그러한 불의에 항거하는 행동을 하는 일이 불

라고 규정하면서 신의 힘을 그러한 통제의 절대적 현시라고 본다. Paul Tillich, *The Courage to Be*, Yale University Press, 1952, p.179.
47 Rita Nakashima Brock, *Journeys by Heart: A Christology of Erotic Power*, Crossroad, 1991, p.25.
48 Sharon D. Welch, *A Feminist Ethic of Risk*, Fortress Press, 1990, pp.23~47.
49 Welch, *A Feminist Ethic of Risk*, pp.103~104.

가능하다고 본다는 의미에서 절망과 자포자기를 동반한다.[50]

이러한 자포자기의 문화는 많은 이들이 변혁을 위한 투쟁을 중도에서 포기하는 결과를 낳는다. 엄청난 불의에 직면하면서, 유한한 인간의 힘은 아무런 성공을 가져오지 못할 것이라는 좌절감에 희망을 상실한다. 이러한 상황에서는 급진적인 개혁이 지나치게 순진하다든가 위험한 것으로 취급되며, 그 대신에 통제의 윤리는 기존의 문제를 그대로 고수하라는 '현실적' 방법을 제시한다. 더한 경우 이러한 '문화화된 자포자기의 이데올로기'를 통해 기존의 현실에 있는 불의를 묵인하기도 하고, 그러한 불의와 능동적으로 야합하기도 한다. 이러한 맥락에서 본다면, 전통적인 기독교 윤리와 개혁운동의 구조 속에 있는 힘과 초월, 통제와 성공의 개념이 지닌 부정적 의미는 자기패배적이며 유해하다. 왜냐하면 이러한 '통제의 윤리'는 변혁을 위한 투쟁에 필요한 우리의 상상력과 인내심을 억누르기 때문이다.

여기에서 웰치는 '통제의 윤리'의 대안으로서 '모험의 윤리ethic of risk'를 제시한다. '모험의 윤리'는 첫째, 미래의 저항과 개혁적 투쟁을 위한 모형의 창출로서 새롭게 의미를 규정한 책임있는 행동이며, 둘째, 과거와 미래로 확장되는 연대적 공동체에 근거한 도덕적 힘moral agency이다. 또한 셋째, 외면적으로 보기에는 개혁이 가능할 것 같지 않은 현실에 직면해 전략적으로 모험을 무릅쓰는 것으로 나타나는 도덕적 양태로 이루어져 있다.[51] 거대한 사회 악에 직면해 사람들이 상실감을 느끼고 그러한 사회 악이 주는 피해를 치유할 수 없을 것이라고 인식하면서 개혁 의지를 멈추는 그 순간에, '통제의 윤리'가 아닌 '모험의 윤리'가 사람들

---

50 Welch, *A Feminist Ethic of Risk*, p.104.
51 Welch, *A Feminist Ethic of Risk*, pp.20~22.

을 움직이게 한다. 이러한 사람들에게 도덕성의 중심이 되는 것은 성공의 보장은 없지만 배려하고 행동하고자 하는 결심이며, 이러한 자리에 '통제의 윤리' 대신 '모험의 윤리'가 대치된다. 그러한 상태에서 하는 행동은 굉장한 용기가 필요하며, 동시에 깊은 희열을 느끼게 된다. 이들에게서 '현실주의realism'는 전통적인 의미에서처럼 있는 그대로의 현실에 만족하는 것이 아니라, 도덕적 모험을 감행하고 책임 있는 행동을 하는 의미로 새롭게 규정된다. 이러한 사람들의 집합체가 "저항과 연대성의 공동체"[52]이다. 이들의 도덕적 기틀은 '문화화된 자포자기의 이데올로기'와 싸우는 성숙성의 비전을 함축하고 있으며, 이는 근원적 사회 변화가 일어날 것 같지 않음을 받아들이는 일이 아니다. 도덕적 성숙성은 삶의 불공평함을 받아들이는 것이 아니라, 공평성의 창출을 각 세대가 지녀야 할 과제로 받아들이는 것이다. 또한 더 나아가서 정의를 위한 작업이 우리의 삶에 우연적 사건이 아니라 살아 있음을 경이와 기쁨으로 인정하는 본질로 받아들이는 것을 말한다. 불의에 저항하며 정의사회에 대한 비전으로 모험을 감행하는 '저항과 희망의 신학'은 인간의 역사 속에서 신의 내재와의 관계와 인간의 유한성을 은총과 선함으로 수용하는 모험의 공동체에 기반을 둔다.

성에 근거한 차별뿐만 아니라 어떠한 차별도 비판하고, 좀 더 평등하며 정의로운 사회에 대한 비전으로 윤리적 구성을 하고자 하는 페미니스트 윤리에 있어서 이러한 '모험의 윤리'는 커다란 용기와 희망을 준다. 변화를 추구하는 이들은 얼마나 자주 절망스러움에 빠지는가. 우리는 현실에서 거대하게 뿌리박힌 불공평의 사회 의식구조에 저항하고 변

---

52 Welch, *A Feminist Ethic of Risk*, p.75.

화를 추구하는 일이 간혹 무의미하고 무기력다고 느낀다. 이러한 현실을 직면할 때마다 '문화화된 자포자기의 이데올로기'를 극복할 필요가 있는데, '모험의 윤리'는 그러한 가능성과 희망을 우리에게 준다.

(3) 정의의 윤리

인간은 어떻게 '정의'에 대해 알 수 있는가. 단순하게 보자면 정의란 어떠한 사실에 대해 '운이 좋지 않다'가 아니라 '공평하지 않다'는 자각에서 시작한다. 이러한 의미에서 보자면, 불의나 불공평에 대한 자각은 정의를 알게 하는 단서가 된다. 즉 정의에 대한 숙고는 불의의 현실로부터 출발하며, 정의는 이러한 불의에 대한 대항으로부터 시작된다.[53] 성에 근거한 차별, 즉 성차별주의를 '불의'라고 인식한 것은 오래전 일이 아니다. 역사 속에서 여성이 당한 차별에 대해 여성 자신은 그러한 정황에 사는 것이 운명이거나 신이 그렇게 창조한 것으로 생각했다. 그러나 차별이 자연적인 '신적 질서'가 아니라 '불공평'이라는 자각으로 이어지면서, 사실상 불공평을 극복하는 상태인 정의 추구가 대두된 것이다. 하지만 전통적으로 '정의'의 범주에 성차별주의는 포함되지 않았으며, 사실상 현대의 정의에 대한 여러 논의나 운동도 성차별 극복을 과제로 포함하고 있지 않다. 그러므로 정의의 이름이 중요한 것이 아니라 '어떠한' 개념의 정의인가가 중요하다.

예를 들어, 완전주의 윤리의 이론적 기조가 되는 아리스토텔레스의 경우를 보자면, 정의란 오직 동등한 상태에 있는 사람들 사이에서만 추구할 수 있다. 즉 남성보다 열등한 존재인 여성과 우월한 존재인 남성 사

---

[53] Karen Lebacqz, *Justice in an Unjust World: Foundations for a Christian Approach to Justice,* Augsburg, 1987, p.10.

이에는 정의의 개념을 적용할 수가 없다. 그렇기 때문에 남편과 아내 사이의 정의에 대한 논의는 주인과 노예 사이의 정의에 대한 논의와 비교할 수 있다. 정당한 의미의 정의란 동일한 권력과 위치에 있는 자유시민들 사이에서 가능하다.[54] 노예제도를 자연적인 것으로 여긴 것처럼, 남녀 사이의 차별 역시 '자연적인 것'으로 여긴 당시의 사회를 고려해볼 때, 아리스토텔레스의 정의 개념이 이처럼 제한적이었다는 점은 그리 놀랄 일이 아니다.

그러나 결과론적 윤리의 사상적 틀을 제공한 존 스튜어트 밀은 남녀차별을 자연적인 것으로 본 사회인식을 뛰어넘어서, "모든 인간이 평등한 대우를 받을 권리가 있다"는 신념 아래 사상을 전개했다는 데서 높이 평가할 수 있다.[55] 이렇게 각기 다른 의미의 정의 개념이 있었지만, 분명한 것은 어떠한 윤리적 입장이든 간에 '정의'는 가장 주요한 중심 개념이라는 사실이다. 기독교 윤리학적 관점에서 볼 때도 정의는 사회제도의 가장 첫 번째 덕일 뿐만 아니라 신과 관계한 공동체를 형성하는 중심적 개념이라고 볼 수 있다.[56] 또한 성서적 개념에서 볼 때, 신과 올바른 관계에 있는 의로운 공동체는 가난한 사람을 배려하는 이들이며, 예수는 소외된 자와 함께 하는 신의 계속적 현존을 가르침으로써 정의에 대한 예언자적 주제를 확장했다.[57] 이렇게 '정의'의 중요성은 자명하다. 그러나 과연 '정의'의 개념을 '어떻게' 규정할 것인가의 문제는 윤리적으

---

54 Aristotle, *The Nicomachean Ethics*, pp.124, 137~147.
55 John S. Mill, *Utilitarianism*, p.320. 물론 밀의 이러한 페미니즘은 고유한 독자적 사고로부터 형성되었다기보다는 생 시몽이나 로버트 오웬과 같은 프랑스와 영국 초기 사회주의자의 평등사상에 영감을 받았다고 볼 수 있다. 그러나 남녀평등사상을 전개하기 위한 밀의 작업은 적극적으로 평가해야 한다.
   Cf. John Stuart Mill and Harriet Taylor Mill, *Essays on Sex Equality*, 1869; University of Chicago Press, 1970.
56 Cf. John Rawls, *A Theory of Justice*, Harvard University Press, 1971, p.3ff.
57 Cf. Dorothee Sölle, *Political Theology*, Fortress Press, 1974, pp.3~8.

로 주요한 과제가 아닐 수 없다. 정의의 개념 규정에 따라 불의한 관계나 구조가 가려지기도 하기 때문이다.

"타자를 수단으로가 아니라 목적으로 대하라"는 칸트적 사고에 근거한 정의에 대한 이론은[58] 현대의 여러 제도를 점검해볼 수 있는 이론적 근거를 제시한다는 점에서 중요하다. 그러나 칸트적 정의론에서 결정적으로 결여된 점은 다양한 인간의 구체적 '역사적 특수성'이 고려돼 있지 않다는 사실이다. 따라서 칸트적 사유방식을 지닌 이론가들은 모든 시대와 장소를 초월해 보편적으로 적용할 수 있는 정의의 개념이 있다고 본다. 칸트적 정의론은 자유주의 사상을 반영해 인간을 개체적 존재로만 이해하며, 따라서 계층 분석이나 젠더 분석이 결여되어 있다. 결국 이러한 정의론은 억압자와 피억압자의 차이를 간과하는 결정적 한계가 있다.[59]

칸트적 정의론을 수용할 때는 결국 기존의 불의한 현실, 특히 여성이 받는 불의한 구조를 개혁할 만한 근거를 찾기 어렵다. 왜냐하면 이렇게 '보편적 원리'로서 정의의 개념을 규정할 때, 대부분 그러한 이론은 지배적 위치에 있는 이들의 편견에 매이기 쉽기 때문이다. 특히 여성의 문제는 역사에서 너무나 오랫동안 가려져 왔기 때문에 '젠더 정의'에 예민한 촉각을 세우지 않으면 성차별이라는 불의를 '불의'로 인식하기가 어렵다. 이러한 이유 때문에 페미니스트 윤리는 여성을 윤리적 적용 범주에서 배제한 협소한 정의 개념이 아닌 새롭게 조명한 '정의의 윤리'가 되어야 한다. 그러므로 페미니스트 윤리로서 정의는 우선적으로 '여성

---

[58] 대표적으로 다음을 참고하라. John Rawls, *A Theory of Justice*. Robert Nozick, *Anarchy, State, and Utopia*, Basic Books, 1974.

[59] 이러한 비판에 대해서는 다음을 참고하라. Karen Lebacqz, *Six Theories of Justice: Perspectives from Philosophical and Theological Ethics*, Augsburg, 1986.

도 정의를 요구할 만한 가치가 있다'는 전제에서 출발하며, 다양한 억압 구조의 복합성과 상호 연관성에 대한 통찰을 가능하게 한다. 여성의 억압을 이해하는 것은 사실상 다층적 배제와 차별이 존재하는 세계를 새롭게 보는 눈을 열어주기 때문이다. 이것이 바로 페미니스트 윤리의 새로운 윤리적 방법이다. 페미니스트 관점은 여성의 문제뿐 아니라 우리의 현실에 존재하는 모든 불의한 구조에 대해서도 윤리적 감수성을 갖게 하는 것이어야 한다.

기독교 윤리의 이론은 추상적인 것이 아니다. 그것은 신의 나라Reign of God를 이 땅 위에 건설하고자 하는, 즉 협소한 의미의 정의가 아니라 총체적 의미의 정의가 실현되는 나라를 건설하기 위한 행위의 받침대 구실을 해야 한다. 그렇기 때문에 기독교 페미니스트 윤리는 여성뿐 아니라 인간 고통의 복합적이고 얽힌 측면을 찾아야 하는 과제를 안고 있다.[60] 페미니스트 윤리에서 정의는 더 이상 추상적 개념이 아니라 '모든' 여성의 구체적 행복을 추구하는 의미를 지닌다.[61]

이제까지 논의한 세 종류의 페미니스트 윤리는 윤리를 좀 더 포괄적으로 만드는 데 모두 필요하다. '돌봄의 윤리'는 인간의 관계성의 중요성에 대한 윤리적 인식을 분명히 해주지만 정의의 개념이 결여될 때는 현대사회의 복합적인 억압구조를 간과하게 되므로 '정의의 윤리'로 보충해야 한다. 또한 '모험의 윤리'는 개혁의 여지가 보이는 것 같지 않은 절망의 문화 속에 살아가는 이들에게 '희망과 연대성의 윤리'를 지켜나가는 용기를 준다. 이렇게 돌봄의 윤리, 모험의 윤리 그리고 정의의 윤리를

---

60 Beverly Harrison, "The Fate of the Middle 'Class' in Late Capitalism", *God and Capitalism: A Prophetic Critique of Market Economy*, ed., J. Mark Thomas and Vernon Visick, A-R Editors, 1991, p.55.
61 B. Harrison, *Making the Connection*, p.39.

제시하는 페미니스트 윤리는 분명 기독교 윤리의 전통에 새로운 지평을 열어줄 것이다.

4. 개혁을 위한 개입으로서의 윤리

현대사회에서 기독교 윤리를 전개하는 일은 참으로 중요한 과제이다. 인종, 계층, 젠더, 장애, 성적 지향 등에 근거한 다양한 차별주의는 물론, 생태계 위기, 군사주의 또는 경제제국주의 등 다양한 억압구조와 더 나아가 인간복제나 에이즈 등과 같이 새롭게 대두되는 현대사회의 문제 앞에서 기독교 윤리를 전개하기 위해서는 참으로 포괄적인 시각이 필요하기 때문이다. 이러한 사회에서 기독교인으로 살아간다는 의미는 무엇이며, 더 나아가 옳고 그름의 도덕적 판단근거를 제시하기 위해 필요한 것은 무엇인가라는 물음 앞에서 우리는 기독교 윤리의 과제를 새롭게 조명하게 된다. 페미니스트 기독교 윤리는 이러한 기독교의 윤리적 과제를 억압과 고통의 복합적이고 상호 연관적인 측면을 발굴하는 동시에 '신의 나라'의 해방적 지침을 제시하는 일이라고 밝힌다. 이러한 전제 아래 페미니스트 윤리가 제시하는 윤리적 관점은 분명 이제까지 전통적 윤리가 간과해온 다양한 차원의 억압구조와 비전을 제시함으로써 기독교 윤리학에 새로운 지평을 열어주었다. '윤리'는 더 이상 추상적 논의가 아니며 개혁에 대한 구체적 개입이다. 이러한 변화의 시도는 '돌봄과 정의의 윤리'로 나타나야 하며 '모험과 연대성의 윤리'로 발전해야 한다. 이러한 노력의 결과는 언제나 미완성적이고 부분적이지만, 이는 살아 있음의 경이와 기쁨, 그리고 신의 현존을 느낄 수 있는 본질적 행위이다.

제7장

여성운동의 의미와 과제

1. 가부장제적 사회에서의 여성

'95베이징세계여성대회'가 폐막된 직후에 나는 한 신문에서 8대 독자인 남편과의 사이에서 연년생으로 딸을 낳자 생후 10일 된 딸을 이웃집 지하실에 내버린 엄마가 경찰에 붙잡혔다는 기사를 읽었다.[1] 오래되었지만 이 기사는 지금까지 나의 뇌리에서 사라지지 않는 사건으로 남아 있다. 신문 한 귀퉁이에 짤막하게 난 이 기사는 그날 사회·정치면의 톱 기사보다도 심각하고 중요한 사건이었다. 그 기사가 깊은 자국을 내며 뇌리에 남은 이유는 가장 밀착된 관계에 있어야 할 엄마로부터 죽도록 내버려진 그 여자 아기가 주민의 신고로 무사히 살아났다는 감격스러움 때문은 아니었다. 선진국 대열의 진입을 시간 문제라고 자랑하던 한국

---

1 《조선일보》, 1995년 10월 15일.

에서, 여아들이 버려지고 여자로 감별된 태아들이 낙태되는 문화의식적 영역에서의 후진국적 모습이 적나라하게 드러났기 때문이며,[2] 남아선호사상이 극도의 비인간화를 초래해도 충격 하나 받지 않는 한국사회의 '인간존엄 불감증'이 새삼 섬뜩하게 느껴졌기 때문이다. 세계 최대 규모라는 교회가 있고 온 세계가 놀랄 만한 양적 성장을 자랑하는 한국의 기독교지만, 단지 '여자'라는 사실 때문에 버림받고 세상 빛을 보지도 못하고 사라지며, 태어나서도 여자라는 이유로 신으로부터 받은 고유한 재능과 능력을 사장하며 어두운 삶을 보내야 하는 한국의 성차별주의적 현실에 기독교는 아무런 변화를 주지 못하고 있다. 이러한 상황에서 여성과 남성의 존엄과 권리를 말한다는 것은 어떠한 의미인가. 모든 남성과 여성은 '신의 형상으로 지음받았다'는 기독교인의 신앙고백은 여전히 남아선호사상의 굴레에서 벗어나지 못한 현대 한국사회에서 어떠한 의미를 지니는가. 여성의 인간으로서의 권리와 평등 문제가 왜 중요한가. 왜 기독교인이, 또는 왜 남성이 이러한 문제에 관심을 가져야 하는가. 이러한 여성의 문제는 세속적인 여성만의 문제인가.

물론 1987년 정부가 태아 성감별을 금지한 이후 노골적인 여아 낙태는 사라졌는지도 모른다. 그러나 여성이 정치, 경제, 교육, 문화, 종교 등 사회의 제반 영역에서 '제2의 성'으로서 부차적인 존재로 살아가는 현실에는 커다란 변화가 없다. 이 21세기에 남아선호사상의 노골성은 사라진 듯하지만 그 아이들이 커서 사회의 일원이 된 후에는 남아선호사

---

2 한국에서 성행하던 초음파 성별 식별에 따른 여아 낙태 때문에 한때 한국의 남아와 여아 탄생 대비가 남아 100에 여아 86으로 극심한 불균형을 이룬 적이 있다. Cf.《조선일보》1995년 9월 7일. 또한 중국과 인도 등 아시아에서의 여아 살해에 대해서는 다음을 참고하라. James Walsh, "Born To Be Second Class", *Time*, 1995년 9월 11일, pp.42~45.

상이 '남성중심주의'라는 다른 옷을 입고 여전히 여성을 부차적 존재로 만들고 있다. 이것이 여성운동에 대한 논의가 절실하게 필요한 이유이다.

2. 여성운동이란 무엇인가: 여성운동에 대한 이해

한 사회에서 일어나는 모든 '운동'은 사실상 기존 제도나 구조를 변혁하고자 하는 강한 유토피아적 의식구조를 전제한다. 이러한 운동에 관여하는 이들은 기존의 가족제도, 종교, 권위구조에 대해 다시 생각하며, 기존의 현실구조가 아닌 대안적 사회구조를 제시함으로써 더욱 나은 세계를 지향한다. 인간의 현실이란 고착된 것이 아니라 끊임없이 형성되는 과정에 있다는 사실을 상기해볼 때, 새로운 변혁을 요구하는 운동을 통해 더 나은 현실이 가능해졌고, 이러한 운동이 끊임없이 역사의 원동력이 되었다고 생각할 수 있다. 그렇다면 '여성운동'이란 과연 무엇인가. 너무나 자명한 듯한 이 개념이 사실상 여성운동가들에게조차 모호할 때가 많다. 따라서 여성운동에 대한 논의를 위해 우선 '여성운동' 자체에 대한 개념을 좀 더 분명하게 설정해야 한다. 여성운동에 대한 일치된 개념이 불분명할 때는 운동의 목적과 방향 설정에 혼란이 올 수 있고, 더 나아가 분명한 개념의 부재不在는 많은 이들에게 불안을 주어 있을 수 있는 동조자조차 상실할 수 있기 때문이다.

여성운동은 단순히 '생물학적 여성'들의 집단적 움직임을 뜻하지는 않는다. 아무리 여성 다수의 집단적 움직임이 있다고 해도, 그 움직임이 '현상유지적' 특성을 분명히 지닐 때는 여성운동의 범주에 포함할 수 없다. 여성운동은 우선 가부장주의적 성차별주의로 발생한 다양한 불평등 구조를 변혁하고자 하는 이들의 집단적 행위를 말한다. 좀 더 구체적으로 보자면 여성운동에 대한 개념은 크게 두 가지로 나뉜다. 첫째, 여성운동은 여성이 남성과 동등한 사회적 평등을 획득하기 위한 개혁운동이다. 둘째, 현실세계에서 성차별주의적 억압을 포함한 모든 종류의 '지배와 종속' 구조를 근절시키고자 하는 급진적 평화운동이다. 여성운동에 관여한 사람들 대부분이 따른 것은 초기의 여성운동이 추구한 첫 번째 개념, 즉 여성과 남성의 평등성 확보이다. 그런데 사실상 이러한 개념에서는 계층 간 억압구조라든가 인종 간 억압구조, 특히 종교 안에 존재하는 억압구조가 어떻게 성차별주의와 연결되는가라는 억압과 배제의 '교차성intersectionality'에 대한 복합적이고 거시적인 조명을 할 여지를 없애고 만다.

사회·정치적 변화라는 '외적 요인' 이외에 서구에서 여성운동의 '내적 요인'이 되는 이념적 원리는 자유, 평등, 박애사상을 기조로 전개된 프랑스혁명사상과 미국독립선언문에 명시된 평등사상이었다. 즉 신은 모든 인간을 평등하게 창조했으며, 따라서 자유와 평등을 누릴 권리가 있다. 물론 이러한 혁명사상이나 독립선언문에 명시된 규범적 '인간'의 범주에 여성과 노예 남성이 배제된 것은 분명하다. 인간의 범주에 여성을 배제한 경우는 종교개혁자 마르틴 루터의 '만인제사장직' 개념에 명시된 '만인'이 사실상 남성만을 의미한 것과 같은 맥락이다. 앞서 언급한 대로 이 '만인제사장직'을 그대로 받아들여 설교한 앤 허친슨은 시민재판과 종교재판을 받아야 했고, 허친슨의 열렬한 추종자였던 한 여성은 마녀로 재판을 받고 교수형을 당한 사건도 있었다.[3] 이 사건은

---

3   Cf. Sheila D. Collins, *A Different Heaven and Earth: A Feminist Perspective on Religion*, Judson Press, 1974, pp.79~80.

종교개혁 정신이 여성에게는 새로운 개혁의 경험이 되지 못했으며, 여성은 여전히 규범적 인간의 범주에 포함되지 않았음을 잘 보여준다. 그 당시 사회에서 '인간'의 범주에 여성을 배제한 것과 마찬가지로 기독교 안에서도 여성이 배제되었다는 사실은, 신 앞에서의 만인평등사상으로부터 출발한 여성운동이 사회뿐 아니라 기독교 안에서도 역시 일어나야 하는 운동임을 잘 말해준다. 이러한 여성 배제의 분위기가 있었음에도 여성은 프랑스혁명이나 미국독립선언문이 지닌 '인간평등사상'을 통해 여성운동의 강력한 이념적 근거와 원리를 발견해나갔다. 따라서 나는 여성운동이 펼쳐져야 할 장場을 '사회'로만 규정하지 않고, 여성운동을 종교를 포함한 인간 삶의 모든 영역에서 전개되어야 하는 운동으로 보고자 한다.

위와 같은 맥락에서 볼 때, 초기 여성운동의 출발점이 된 인간평등사상은 기독교적 근거를 분명히 지니고 있었다. 따라서 신이 여성과 남성을 신의 형상대로 지으셨다는 창세기 1장에 의거한 인간존엄과 평등사상을 따르는 이들은, 성서적 요청에 따라 여성이든 남성이든 불평등구조와 억압구조를 근절시키는 데 힘을 기울여야 한다. 이러한 성서적 맥락에서 보자면 남성과 여성 사이에 존재하는 불평등은 정의가 아닌 '불의'이며, 성차별주의는 중립적 개념이 아닌 '죄'에 속한다. 결국 여성운동가들이 여성들만이어서는 안 된다는 점은 분명하다. 또한 여성운동은 성차별주의의 억압구조를 종식시킬 뿐 아니라 다른 억압의 문제까지 종식시키기 위해 관심의 폭을 확장할 필요가 있다. 이는 앞서 언급한 여성운동의 두 번째 개념으로, 여성운동은 모든 종류의 '지배와 종속' 구조를 종식시키고자 한다는 이해에 기반한다.

종합해보면, 여성운동에 참여하는 이들은 여성과 남성 사이에 존재하는 가정적·사회적·정치적·경제적 그리고 종교적 불평등을 불의로 보고, 신의 형상대로 지음받은 인간으로서의 존엄성과 평등성을 삶의 다양한 차원에서 구체적으로 회복하고자 노력하는 남성과 여성이다. 남성을 더 가치 있는 존재로 보고 여성을 비하하는 사고라든지, 여성을 부차적이고 열등한 존재로 규정하는 모든 인식론적·제도적 구조는 신이 모든 인간을 평등하게 창조했다는 성서에 입각해볼 때 분명 '불의'이다. 이들은 이러한 신념에 따라 여성운동에 적극적으로 관여하는 동기를 부여받고 있다. 이러한 맥락에서 보면, 남아선호사상이라든지 지도력에서의 여성 배제와 같은 남성중심주의적 성차별주의는 정의롭지 못하며 시정되어야 할 커다란 과제이다.

자신이 낳은 아이를 갖다 버린 엄마의 비인간적 행위는 그 여성 개인만이 아니라 남성을 모든 면에서 우월한 존재로 만든 의식적·제도적 근거를 오랫동안 유지해온 한국사회의 문제이다. 더 나아가 성서적 인간평등사상을 적극적으로 실천하지 못한 기독교의 심각한 질병이기도 하다. 이러한 맥락에서 보자면 여성차별과 불평등 문제는 분명 사회·정치적 주제일 뿐 아니라 종교적이고 신학적인 주제라는 인식의 확장이 절실히 필요하다.

3. 여성운동은 파괴적인가: 여성운동에 대한 오해

한국사회나 기독교는 여성차별과 불평등 문제를 불의로 보는가. 이러한 불의를 시정하고자 하는 여성운동을 기독교적 인간평등사상에 근거한 '인간화 운동'으로 진지하게 생각하는가. 아니면 이러한 여성운동을 가정을 파괴하고 교회를 위협하는 위험한 것으로 보는가. 여성운동에 대한 부정적 목소리가 있다면 이는 사실상 여성운동에 대한 '이해'가 아니라 '오해'에서 야기된 것이다. 기독교 내에서나 사회에서 여성운동을 부정적으로 보는 이들의 논지를 보면, 여성운동이 왜 바람직하지 못한지에 대한 이유가 대부분 극도로 피상적이거나 아주 특수한 예를 일반화해 논리적 일관성이나 타당성이 결여되어 있기 때문이다. 결국 여성운동에 대한 이들의 부정적 관점은 여성운동을 이해할 수 있는 기회가 없었던 까닭이거나 또는 여성운동을 이해는 하더라도 자신이 이제까지 누려온 특권과 기득권을 유지하고 싶어 하는 인간 본성이 극대화되었기 때문이다. 여성운동에 대한 가장 빈번한 오해 중 하나는 여성운동이 가정 파괴의 주 원인이며, 교회를 파괴하는 반기독교적 행위라고 보는 견해이다. 여기에서는 이러한 주장이 과연 여성운동에 대한 올바른 이해를 바탕으로 한 신뢰할 만한 것인지에 대해 자세히 살펴보도록 하겠다.

1) 여성운동은 가정 파괴적인가

성차별주의가 인종차별주의나 계층차별주의와 다른 특수한 점은, 이것이 사회뿐만 아니라 가정에서도 경험할 수 있는 문제라는 점이다. 인종차별이나 계층차별은 적어도 동일한 구성원들로 이루어진 가정에서는 경험할 수 없지만, 성차별주의는 위계주의적이고 권위주의적인 특성이 있으며 가정의 평화와 질서의 이름으로 가정생활에서 발생하는 문제이다. 따라서 아이들이 성차별주의적 가치관을 가장 강력하게 공급받는 곳은 바로 가정이다. 이렇게 가정이 '대화와 평등 문화'보다는 '억압과 차별 문화'의 온상이 될 때 그 가정은 새롭게 변화해야 할 대상이 된다. 여성운동의 출현으로 여성이 의식화되면서 성차별주의적 삶의 구조에 대해 침묵을 깨고 '아니오'라고 문제제기할 때 그들의 행위를 가정 파괴의 주 원인으로 돌리는 태도는 지나친 책임전가이다. 만약 가부장주의적 가치관에 따른 삶의 양태를 거부하는 여성 때문에 가정이 파괴되었다면, 그 책임은 여성이 아니라 가정을 평등 공동체로 만들지 못한 이들에게 있다. 즉 새로운 평등 관계를 요구하는 소리를 묵살하고 관습적인 가부장주의적 가정을 고집하고자 하던 이들에게 책임이 있는 것이다. 진정한 가정이란 두 사람의 인격적인 평등한 만남을 기초로 하며 어느 한편의 지배적 위치로 형성될 수 없기 때문이다.

가정의 중요성을 간과하는 어떠한 운동도 비인간화·이데올로기화될 수밖에 없다. 가정은 인간이 최초로 경험하는 '사회'일 뿐만 아니라 최후의 보루이기 때문이다. 연대성과 평등성을 실천할 수 있는 가장 근원적 단위인 가정에서 그러한 노력을 포기한다면 진정한 인간관계를 지향하는 인권운동이나 여성운동은 구체적 실천력을 상실하는 구호에 불과하거나 추상적 운동에 지나지 않게 된다. 백인 여성운동가들에게서 간혹 볼 수 있는 가정 포기나 가정생활의 가치절하 경향성에 대해 흑인 여성운동 이론가인 벨 후크bell hooks는 "부르주아 여성의 가정 포기"라고 날카롭게 비판했다. 그들은 가정이라는 곳이 사랑과 배려의 자리라는 경험을 하지 못한 이들이며, 그들의 가정에 대한 가치절하는 가정의 소중함을 경험하며 살아가는 무수한 이들을 여성운동으로부터 소외시킨다는 것이다.[4] 이러한 관점은 여성운동에 관여한 이들이나 여성운동을

---

4   bell hooks, *Feminist Theory: From Margin to Center*, South End Press, 1984, pp.36~37.

평가하는 이들이 진지하게 고려해야 할 측면이라고 생각한다. 즉 성공적인 여성운동은 가정의 폐기나 파괴가 아니며 그래서도 안 된다. 여성운동은 오히려 가정을 사랑과 배려와 나눔의 자리로 만들고자 하는 운동이며, 평등한 인간관계의 아름다운 모델을 제시할 자리로 만드는 운동이라고 할 수 있다.

2) 여성운동은 교회 파괴적인가

기독교가 제도화된 종교가 되기 이전에 기독교의 모체는 예수정신을 따르고자 하는 이들의 나눔과 섬김의 공동체였다. 이러한 '예수운동'의 공동체는 유대교에 의해 굳어진 현실을 부정하고, 강력한 가부장주의적·유대민족중심적 사회에서 다양한 이유로 소외된 이들을 포용하는 '자의적 공동체'였다. 이 초대 기독교 공동체는 위계적 권위구조나 여성에 대한 차별, 사회적 저변층에 대한 차별이나 인종적 차별이 아닌, 서로 가진 것을 나누고 예수의 메시지를 따르는 삶을 살고자 하는 '평등 공동체'였다. 이러한 예수운동은 권력을 이기적으로 남용하는 권력가에 대한 질책과 공격이었으며, 신의 이름으로 무수한 억압을 지속해온 위선적 종교가에 대한 비판이었다. 그러나 동시에 아픔과 고통 속에 있는 이들에게 희망과 삶의 용기를 주는 사건으로, 이들의 치유와 나눔의 행위는 영적 차원만이 아니라 물적 차원에서도 이루어졌다. 이 공동체는 갈라디아서 3장 28절에서와 같이 그리스도 안에서 남자와 여자, 주인과 종 그리고 가진 자와 못 가진 자의 차별을 넘어선 평등 공동체였다.[5]

---

[5] 기독교 초기 공동체의 평등적 특성에 관해서는 다음을 참고하라. Elisabeth Schüssler Fiorenza, "In Memory of Her: Women's History of the Discipleship of Equals", *In Memory of Her*, Crossroad, 1983;

그러나 예수 공동체로서의 기독교가 로마의 국교가 되고 제도화된 종교로 조직화되어 종교적·사회적 권력을 가짐에 따라 교회는 점차 위계적 권위주의와 성차별주의적 양상을 띠기 시작했다. 기독교를 변증하던 교부들은 여성을 열등하고 사악한 존재로 규정했으며, 교회 안에 성과 계층을 나누는 위계적인 차별문화가 교회를 지배하기 시작했다. 이러한 문화는 사실상 종교개혁 이후에도 여전히 교회에 뿌리박혀 있어서 지금도 평등 공동체로서의 교회를 찾기는 참으로 어려운 실정이다. 이러한 교회의 모습이 분명 변해야 한다는 사실은 이제 시대적 요청이다. 지금까지와는 전적으로 다른 시대인 21세기를 맞이하면서도 이러한 변화의 요구를 외면할 때 교회는 반反기독교적인 곳이 된다. 불평등과 차별의 구조를 묵인하는 교회는 새로운 세대를 위한 생명력을 상실하게 되며, 무엇보다도 불평등과 차별의 묵인은 결코 복음이 아니기 때문이다. 예수의 복음은 성과 인종, 사회적 계층을 초월한 모든 이들을 향해야 하며, 불평등과 차별의 문화는 이러한 예수정신을 거스르기 때문이다. 남성이나 여성 모두에게 동일한 복음의 의미를 찾고자 하는 것이 기독교 안의 여성운동이 추구하는 바이다.

이러한 의미에서 볼 때, 여성운동은 복음을 더욱 충실히 실천하고자 하는 운동이며, 예수의 삶이 보여준 '나눔과 섬김의 윤리'를 남성과 여성 모두에게 적용하고자 하는 운동이다. 진정한 의미의 나눔과 섬김의 공동체를 만드는 것이 어떻게 파괴적일 수 있는가. 물론 기독교 안의 여성운동은 교회가 '배제와 차별의 공동체'적 모습을 지닐 때 비판하고 해체하고자 한다. 그러나 분명한 것은 비판과 해체는 좀 더 철저한 복음의

Rosemary R. Ruether, "Spirit-filled Community and Historical Institution", *Women-Church: Theology and Practice*, Harper & Row, 1985.

실천을 위한 것이며, 나눔과 섬김의 '평등 공동체'로서의 교회를 재건하기 위한 전 단계이다. 따라서 올바른 여성운동을 통해 교회는 파괴되는 것이 아니라 더욱 성숙하고 아름다운 모습을 갖추게 됨을 인식해야 한다.

4. 여성운동의 성취와 과제

어떠한 운동이든 그 운동이 추구하는 변화는 대체적으로 두 가지 차원에서 이루어져야 한다. 첫째는 객관적 차원의 변화이고, 둘째는 주관적 차원의 변화이다. 객관적 차원은 법과 제도, 규칙 등 우리가 눈으로 쉽게 볼 수 있는 '보이는 차원'인 반면, 주관적 차원은 의식구조, 가치관 등 눈에 '보이지 않는 차원'이다. 이 두 차원에서 변혁이 모두 일어나야 진정으로 그 운동이 추구하는 바를 이루었다고 할 수 있다. 물론 이 두 차원은 서로 연결되어 있으며 상호 의존적이다. 그럼에도 이 두 차원 사이의 거리는 여전히 구체적으로 존재한다. 초기 단계에서 여성운동은 남성과 여성의 법적 평등성과 교육기회 균등 등 객관적 차원의 변혁을 위해 주력해왔다. 한국사회의 여성운동은 자녀에 대한 친권 행사, 친족 범위, 이혼 시 부부의 재산분할 청구권, 봉건주의적 호주제도, 차별적 재산상속법 등과 같은 가족법 개정의 문제나 노동현장에서의 고용차별과 임금차별의 문제를 극복하는 데 힘을 기울였다. 또한 기독교 안에서 여성운동의 가장 커다란 초점은 여성의 목사 안수, 장로 안수 문제, 교단 지도력 분배의 공평성 문제 등에 있었다. 1995년에 이르러 한국사회에서는 '여성 고용할당제'라든가 공공기업에서의 '여성가산점 부여제도'

등이 활성화되었고, 기독교계에서는 1993년 이후 오랫동안 투쟁해온 대한예수교장로회 통합교단에서의 여성 장로, 목사 안수 문제가 법적으로 허용됨으로써 커다란 성과를 이루었다.

그러나 이러한 객관적 차원의 변화 이후에도 여전히 남은 커다란 난제는 주관적 차원의 변화이다. 예를 들어 광고, TV 드라마, 영화 등 다양한 대중매체를 통해 사람들이 수용하는 메시지는 '여성은 보조적 존재이며 대상화할 수 있는 존재이고, 남성은 지도력을 행사하고 자신의 자율적 결단에 따라 행동하는 존재'라는 극도의 남성우월주의적 가치관이다. 또한 기독교인의 의식구조도 여전히 남성우월주의적 사고를 벗어나지 못하고 있다. 이러한 가치관이 사람들에게 상식적이고 당연한 것으로 받아들여지는 한, 객관적 차원에서의 변화는 구체적인 실천력을 지니기가 상당히 어렵다. 즉 한 개인이나 집단의 의식구조와 가치관에서의 변화가 수반되지 않는다면 실질적 평등은 사실상 뚜렷한 한계를 지닐 수밖에 없다.

예를 들어, 한국 감리교의 경우 여성 장로나 목사 안수는 1931년에 이미 법적으로 허용되었다. 그래서 1931년 본국에서 안수를 받을 수 없었던 미국인 여 선교사 14명이 한국 감리교에서 목사 안수를 받았고,[6] 한국 여성은 1955년 처음으로 목사 안수를 받았다. 그러나 여성의 지도력에 대한 불신은 여성 자신을 포함한 사람들 대부분의 의식구조에 자리잡고 있었다. 따라서 여성을 교회의 담임자로 초빙하는 경우는 매우 드물었고 교단에서 지도력을 갖는 것도 차단되어 사실상 법적으로 오래전에 허용된 남녀 교역자의 평등이 구체적인 실천의 장에서는 무력한

---

6   미국 장로교와 감리교는 1956년 여성에게 목사 안수를 허용하는 법안을 통과시켰다.

상황이었다. 즉 여성과 남성의 법적 평등이 오래전에 이루어졌지만 실천적 장에서의 평등은 거의 이루어지지 않는 실정이다. 교단 지도자들은 모두 남성이고, 신학대학 교수진들도 거의 남성이며, 특수목회 현장이 아닌 일반교회에서 담임자로 일하는 여 목사들의 사례를 찾기는 참으로 어렵다. 그렇다면 왜 이러한 현상이 생기는가.

'남성의 여성 지배'라고 간결하게 정의내릴 수 있는 가부장주의는 남성뿐 아니라 여성에게도 다른 여성을 불신하게 만드는 기제로 작용했다. 남성은 신뢰할 만한 존재이지만 여성은 열등하며 절대로 신뢰할 수 있는 존재가 아니라는 의식구조에 따라 여성의 지도력을 여성 스스로 거부한 것이다. 인간에게 내재한 '권력지향적' 특성이 한국 기독교 안에서 깊게 뿌리내려 지도력을 '봉사적 역할'이 아닌 '지배하고 통제하는 힘'으로 이해하면서 교단 내 지도력 분배가 특정 개인이나 그룹의 '권력분배'가 된 실정이다. 이러한 상황에서 남성과 여성의 '법적 평등성'은 객관적 조건의 중요성에도 불구하고, 주관적 차원의 변화가 병행되지 못할 때 실질적 변화를 가져오는 힘으로 작동하지 못한다.

예장 통합교단에서의 여성 장로와 목사 안수 허용은 참으로 중요한 변화이며 기독교 안에서의 여성운동이 이룩한 성공적인 업적이다. 그러나 이러한 법적 허용 이후에 남아 있는 더욱 커다란 장벽은 여성운동이 가야 할 길이 결코 밝기만 하지 않다는 점을 잘 보여주었다. 유교의 가부장주의적 가치관에 따라 한국사회에 의식적·제도적·구조적으로 뿌리내린 남성우월사상과 남성중심사상이 여전히 한국사회와 한국 기독교 안에서 강력한 가치관으로 남아 있음은 부인할 수 없는 현실이다. 한국사회는 '95베이징세계여성대회' 이후 '여성고용 할당제'라든가 여성의 지도력을 수용하고자 하는 노력을 가시화했지만 기독교계에서는 이러한 변화의 조짐조차 보이지 않는다. 2016년 국회의원 300명 중 여성 국회의원이 총 51명 당선되어 전체의 17퍼센트를 차지했다. 그런데 기독교계에서 국회와 같은 역할을 하는 결정 기구에 여성이 몇 퍼센트나 참여하는가를 물을 때 참으로 암담한 느낌을 부인하기 어렵다. 각 교단의 모든 지도력을 한국 기독교인의 30퍼센트밖에 안 되는 남성들이 독점하고 있다는 여성 배제의 현실을 정당화시킬 근거는 어디에도 없다.

여기에 여성운동이 해결해야 할 과제가 남아 있다. 특히 객관적 차원의 불평등구조는 가시적이어서 시정과 변화를 위한 노력을 구체화할 수 있지만, 주관적 차원에서의 불평등적 가치관은 불가시적이어서 구체적 변화의 대상으로 가시화하기가 상당히 어렵다. 즉 법적 평등 보장 이후에도 여전히 남성이 기존의 지도력을 독점하며 여성의 일을 규정함으로써 제약하고, 개인적이거나 집단적 차원에서 남성우월주의적 사고구조의 전환이 없는 한 현실적이고 구체적인 평등은 불가능하다. 이러한 점에서 이제 한국 기독교 안에서의 여성운동은 주관적 차원에서 분명한 변화를 가져올 수 있는 길과 실천적 장에서의 총체적 평등성이 이루어질 수 있는 방안을 찾는 데 힘을 기울여야 한다. 노예제도 폐지나 남아공 인종차별정책 폐지는 사회의 주변적 존재였던 흑인의 의식화와 투쟁으로만 가능하지 않았다. 오히려 중심적 존재였던 의식 있는 백인의 연대투쟁으로 가능했다. 이와 마찬가지로 여성에 대한 성차별주의적 의식이나 제도, 구조는 주변적 존재인 여성만의 변화와 운동을 통해서가 아니라, 지금 지도력을 지니고 변화의 모체 역할을 할 수 있는 중심적 존재인 의식 있는 남성의 연대를 통해 가능하다고 나는 본다.

결국 기독교 안에서 여성운동의 과제는 지금껏 이루어온 객관적 차원의 변화에 주관적 차원의 변화가 수반되어 법적 평등성이 실천적 평등의 현실로 구체화될 수 있는 길을 모색하는 것이다. 이러한 과제를 위해 여성을 대상으로 한 의식화와 연대운동은 필요조건은 되지만 충분조건은 되지 못한다. 즉 모든 인간은 신 앞에서 평등하며, 따라서 생물학적 '차이'가 사회, 정치, 종교 영역에서의 '차별'을 정당화할 수 없다는 평등의식이 있는 남성을 여성운동의 적극적 참여자로 확보하는 작업이 여성운동의 과제를 이루기 위한 필수 조건이다. 이러한 점에서 나는 여성운동에서 남성을 분리하고 배제해야 한다고 주장하는 '분리주의적 seperationist' 입장에 동조하지 않는다. 여성과 남성의 삶을 따로 분리하는 것은 추상적인 차원에서나 가능하며, 인간의 구체적 삶에서 여성과 남성은 분리되기보다 너무나 깊게 상호 의존해 있기 때문이다. 또한 결국 성차별주의는 여성뿐 아니라 남성의 삶도 억압하고 왜곡하는 불의로서 여성과 남성의 공동 적이기 때문이다.

5. 여성운동, 평등과 정의의 지평으로

한국 여성은 인간으로서의 자유와 존엄성을 획득하기 위해 집단적으로 성차별주의에 대항해 투쟁해온 역사가 참으로 미미하다. 전통적인 가정의 삶이 위협당했을 때는 행주치마라도 두르고 대항했지만, 자신의 고유한 권리와 평등을 위해 투쟁한 역사를 찾기는 어렵다. 서구에서 여성들이 수십 년에 걸친 투쟁을 통해 가까스로 얻어낸 참정권도 한국 여성들은 아무런 투쟁없이 얻어냈다. 정치적 힘이 없는 여성의 투표권, 조직적 목적이 없는 여성의 참정권은 여성을 오히려 정치적으로 무력하게 만들었다. 더군다나 분단으로 인한 강력한 군사문화는 유교적 가부장주의적 문화와 어우러져서 한국사회에서 강력한 남성우월주의적 사고를 강화했다. 권력이 있는 이들이 통제력을 갖는 남성문화의 대표적 예증이라 할 수 있는 군사문화는 여성과 남성의 평등을 실현하는 데 하나의 커다란 장애가 되었다.

또한 한국 특유의 입시제도는 결혼한 여성이 학력의 고하를 막론하고 아이들의 입시교육에 대부분의 시간과 에너지를 쏟아야 하는 기현상을 야기했다. 아이의 입시 성패가 엄마 인생의 성패가 되는 현실에서 여성이 자신의 평등성을 위해 운동에 참여할 시간적·정신적 여유를 갖기란 참으로 어렵다. 성차별주의의 근절보다는 아이들의 입시에 주력하는 일이 더욱 긴급한 과제이기 때문이다. 이러한 다양한 요인이 한국사회나 교회 내 여성운동을 더욱 어렵게 만들며, 이로 인해 성차별주의적 의식과 제도가 더욱 고착되는 악순환이 반복된다. 그렇다면 이러한 악순환의 고리를 누가, 어떻게 끊어야 하는가.

앞서 논의한 바와 같이 여성운동의 첫번째 목표는 성차별주의의 종식이다. 성차별주의란 여성뿐 아니라 남성의 삶까지도 왜곡하며 기독교적으로 말하자면, 신의 형상으로 지음받은 인간의 통전성을 상실하게 한다. 이러한 상황에서 자신의 위치가 주는 특권을 자신의 것으로만 소유하고자 하는 이들이 지도자로 있을 때 여성운동이 지향하는 미래는 참으로 요원해진다. 남성뿐 아니라 여성도 신의 형상대로 지음받았다고 하는 인간평등사상을 이해하지 못하는 이들이 지도자로 있을 때, 여성운동은 더욱 높은 장벽을 넘어서야 한다. 성, 인종, 사회계층에 근거한 차별을 죄로 보지 못하는 이들이 기독교 안에서 다수를 이룰 때 여성운동은 온전한 빛을 발하기 힘들다.

여성운동의 미래가 희망적이기 위해서는 인종차별주의나 반유대주의 등에 대해 집단적 회개를 시도한 기독교회가 이제는 '성차별주의의 죄'에 대해 집단적 회개를 시도해야 한다고 역설하는 리처드 할러웨이 Richard Holloway 주교의 말처럼,[7] 성차별주의가 기독교적 인간평등사상을 거스르는 죄임을 고백하는 운동이 개인적 차원에서뿐 아니라 집단적 차원에서 아주 조그마한 귀퉁이에서라도 일어나야 한다. 또한 이러한 회개운동은 남성들뿐 아니라 그러한 성차별주의를 지속하는 데 동조하는 여성들에게서도 일어나야 한다. 여성운동의 희망의 근거는 자신이 지닌 모든 특권을 전적으로 포기하고 차별구조를 완벽하게 근절할 수 있는 인간의 위대성이 아니다. 인간은 그러한 능력을 지닌 존재가 아니기 때문이다. 그러나 인간의 이기적 본성, 권력지향적 본성에도 불구하고 끊임없이 '더 적은 죄성lesser evil'을 향한 여정에 있는, 그래서 더욱 정의로운 사회, 더욱 '신의 나라' 비전에 가까운 세계를 만들고자 애쓰는 이들이 아직도 이곳 저곳에서 다양하게 일하고 있다. 이들의 존재가 바로 여성운동의 희망이다.

여성운동은 기독교적 '샬롬shalom의 비전'이며, '차이'가 '결함'으로 간주되지 않는 진정한 '관계성의 비전'이다. 또한 신이 여성과 남성을 모두 자신의 형상대로 창조했다는 기독교적 인간 이해와 관계성 이해를 실천하는 운동이다. 이러한 이해에서 볼 때, 여성뿐 아니라 남성도 여성운동에 적극 참여자가 될 수 있다. 여성운동에서 추구하는 과제를 수행하는 여정에서 기독교의 복음, 즉 '좋은 소식'이 남성뿐 아니라 여성에게도 추상적이 아닌 구체적인 복음으로 들리고 실천하는 것이 비로소 가능해질 것이다. 기독교인이라면 신이 모든 인간을 평등하게 창조했다는 창조

---

7   Richard Holloway, ed., *Who Needs Feminism: Men Respond to Sexism in the Church*, SPCK, 1991, pp.4~5.

정의를 실현하는 데 장애 요인이 될 것인가 적극 참여자가 될 것인가에 대한 결단을 내릴 필요가 있다. 여성운동이 넘어서야 할 절망의 벽은 여성의 평등한 인간으로서의 권리와 가능성을 이해하지 못하는 가부장주의에 사로잡힌 남성문화의 벽이며, 유교적 덕목에 의존한 질서, 통제, 지배문화의 벽이며, 남성문화의 독점적 근성의 벽이다. 한국 기독교가 이러한 절망의 벽을 넘어서서 평등과 나눔의 지평으로 나아가는 것, 이것이야말로 기독교적 '복음'의 메시지를 실천하는 길이다.

제8장
여성운동과 성서

1. 성서의 두 얼굴: 억압과 해방

우리는 다음과 같은 사실을 자명한 진리로 받아들입니다.

모든 남성과 여성은 평등하게 창조되었으며,

창조주로부터 생명, 자유, 행복의 추구 등과 같은 인간의 절대적 권리를

똑같이 부여받았습니다. ……

인간의 역사는 남성의 반복되는 여성 권리 박탈의 역사입니다.

남성은 여성을 교회에 받아들였으나,

사도의 권위를 내세워 목회로부터 여성을 배제하고,

교회 일에 여성이 공식적인 참여를 하지 못하도록 함으로써

여성을 종속적인 위치에 놓았습니다.[1]

---

[1] Elizabeth Cady Stanton, "Declaration of Sentiments", *The Feminist Papers: From Adams to de Beauvoir*, ed., Alice S. Rossi, Columbia University Press, 1973, p.416.

위의 글은 모든 인간의 평등성은 창조주로부터 받은 것이나 이러한 평등성이 구체적으로 역사에서 실현되지 않았고, 더욱이 교회에서 여성이 외면적으로는 받아들여졌으나 실제적으로 모든 중요한 일로부터 배제된 종속된 존재였다는 사실을 밝힘으로써 현대의 페미니스트 신학적 논의에서 제기하는 여성 문제의 핵심을 밝히고 있다. 그런데 놀랍게도 이 글은 현대의 글이 아니라 1848년 미국 최초로 뉴욕 세네카 폴즈의 웨슬리 교회에서 개최된 '전국여성권리대회' 선언문의 일부이다. 여성 4명[2]이 주도해 결성한 첫 여성운동 대회를 열기로 한 웨슬리 감리교회의 문은 굳게 잠겨 있었으나 한 예일대학 교수가 창문을 통해 교회 안에 들어가서 문을 활짝 엶으로써 교회는 순식간에 여성들로 가득 찼고, 그곳에서 여성운동사에서 길이 남은 중대한 대회가 개최되었다. 이 작은 에피소드의 상징적 의미는 수천 년 동안 여성에게 닫혔던 문이 열리고, 여성이 자신의 경험과 눈으로 자신과 사회 그리고 교회와 성서에 대해 말하기 시작했다는 데 있다. 이 모임 이후로 미국 여성들은 현대적 의미의 여성운동을 본격적으로 전개했고, 1920년 참정권을 획득함으로써 놀라운 변화를 경험하게 되었다.

1장에서 언급한 대로 여성운동의 뛰어난 이론가이며 강연자이고, 가장 주도적 역할을 한 운동가였던 엘리자베스 캐디 스탠턴은 운동이 막바지에 이르던 1895년, 성서에서 여성에 대해 언급한 구절에 나름대로 해석을 단 유명한 《여성의 성서》를 출판했다. 이 사실은 우리에게 몇 가지 물음을 던진다. 신학자도 아닌 캐디 스탠턴이 왜 여성운동을 하다

---

[2] 미국 여성운동의 불씨를 당긴 이들 여성운동가는 루크레시아 모트Lucretia Mott, 마샤 라이트Martha C. Wright, 캐디 스탠턴, 그리고 메리 맥클린톡Mary Ann McClintock이다. Alice s. Rossi, ed., *The Feminist Papers*, p.413.

가 성서에 눈을 돌렸는가. 또한 여성운동과 성서는 어떠한 관계가 있는가. 성서는 여성운동하는 여성들에게 어떠한 의미로 남아 있는가. 역사에서 종교와 그 종교가 지닌 경전은 어떠한 역할을 했는가. 이에 대한 평가는 단답형으로 대답할 수 있는 단순한 문제가 아니다. 그렇기 때문에 여성운동가에게 '성서는 여성들에게 억압적인가 해방적인가' 하는 물음은 끊임없이 제기되었다. 한편으로 여성은 성서의 이름으로 무수한 불평등성을 신의 질서로 받아들여야만 했고, 또 다른 한편으로 그 성서적 근거로 존엄성과 평등성을 주장해왔기 때문이다. 이 장에서는 이러한 근원적 물음으로 여성운동과 성서의 문제를 조명해보고자 한다.

2. 정치적 무기로서의 성서: 노예제도 폐지운동과 여성운동

미국의 여성운동은 노예제도 폐지운동에서 시작되었다. 특히 캐디 스탠턴을 중심으로 한 여성운동의 시작은 1840년 6월 12일 영국 런던에서 열린 '제1차 노예제도 폐지 세계대회'가 발단이었다고 볼 수 있다. 그 대회 집행부는 각국 여성 대표와 여성 방청객은 남성과 함께 앉지 못하고 바닥 한쪽에 난간으로 사이를 막은 발코니에만 자리해야 한다고 지시했다. 이에 몇 명이 이의를 제기했고, 몇 시간 동안 토론을 벌인 끝에 투표를 진행했지만 결국 똑같은 결정이 나왔다. 여성의 권리를 지지하던 스탠턴의 남편 헨리 스탠턴Henry Stanton조차 이 투표에서 여성이 남성과 동등한 자리에서 앉아야 한다는 데 반대표를 던졌고, 1840년 이후 여성의 권리 주장은 '비실용적'이라는 이유로 더 이상 여성의 권리를 지지하지 않았다.[3] 이러한 토론을 통해 성직자 그룹은 여성의 참여는 난잡하며 부적절하다고 역설했고, '여성의 자리women's position'에 관한 성서를 언급하면서 여성을 배제하고자 했다. 이 사건을 경험하면서 캐디 스탠턴은 여성에 대한 불의함과 노예제도 폐지론자들의 위선에 큰 충격을 받았다. 그 당시에 가장 급진적인 운동에서 개혁적이고 자유주의적인 사고를 보인 지도자조차 협소한 시각으로 여성의 권리를 반대하는 장면을 보고 캐디 스탠턴은 아연할 수밖에 없었다. 1841년에 캐디 스탠턴은 "여성의 권리에 대해 생각하면 할수록 여성이 우리의 현실 속에서 얼마나 비하되는지 느끼게 되어 마음이 몹시 무겁다"라고 친구에게 말했으며, 스스로 개체성과 독립성의 상징으로서 자신의 이름을 결혼 전 성인 캐디Cady와 남편의 성 스탠턴Stanton을 모두 포함한 '캐디 스탠턴'으로 처음 명명했다.[4]

런던에서의 이 사건으로 캐디 스탠턴은 여성의 권리 문제에 관심을 갖게 되었다. 또한 미국 노예제도 폐지운동과는 독립된 여성운동의 필요성에 관심을 갖기 시작했다. 흑인에게 권리를 주면 여권 문제도 자연스럽게 해결할 수 있다고 믿었던 여성들은 흑인의 인권과 평등을 주장하는 노예제도 폐지론자들이 여성 인권과 평등 문제를 별개로 인식한다는 사실을 깨달았으며, 따라서 여성의 문제는 독립적으로 해결해 나아가야 한다는 사실도 깨달았다. 사실상 이와 비슷한 일은 현대에도 빈번히 일어난다. 인권과 정의 문제를 논의하고 운동을 펼치는 그룹이나 사람들이 가부장적이고 남성우월주의적인 가치관을 그대로 고수하는

---

3 Elizabeth Griffith, *In Her Own Right: The Life of Elizabeth Cady Stanton*, Oxford University Press, 1984, p.37.
4 Alma Lutz, *Created Equal: A Biography of Elizabeth Cady Stanton, 1815-1902*, John Day, 1940, p.35. 이 책에서 내가 '스탠턴'이라고 하지 않고 '캐디 스탠턴'이라고 하는 이유가 여기에 있다.

예는 아주 많다. 그들이 생각하는 인권이나 정의 개념[5]에 여성의 인권이나 평등성은 포함되지 않는다. 정의의 개념은 매우 복합적인 주제이기 때문이다. 그렇기에 현대세계에서 모두가 동의하는 단순한 정의의 기준은 존재하지 않는다. 정의에 대한 숙고는 불의의 현실로부터 또는 불공평의 경험으로부터 출발한다고 볼 수 있다. 그래서 어떠한 일에서 '그것은 불행한 일이다'라고 생각하는 대신에 '그것은 불공평하다'라는 의식과 그에 대항하고자 하는 의식이 싹틀 때, 정의의 개념이 형성되기 시작한다. 전통적으로 여성에게 일어나는 일을 '불공평'한 것으로 보지 않았다는 점에서 정의의 개념은 더욱 복합적으로 확장될 필요가 있다. 다른 종류의 정의에 대한 인식이 예민해도 젠더 정의에 대한 의식이 결여되어 있을 때 런던의 노예제도 폐지대회에서 일어난 것 같은 사건이 벌어지곤 한다.

결국 여성운동을 일반적인 사회개혁 운동과 별개로 전개해야 한다는 자각으로 1848년에 여권신장을 위한 모임이 결성되었다. 이 여권대회Women's Right Convention를 알리는 신문광고를 보면 "여성의 사회적·시민적·종교적 권리와 상태에 대해 토의하는 대회"라고 명시되어 있다.[6] 〈미국독립선언문〉을 모델로 삼은 이 대회 선언문은 캐디 스탠턴이 준비했고, 이 여권대회를 통해 여성 68명과 남성 32명을 합한 100명의 서명으로 선언문이 채택되었다.[7] 이 여권대회는 미국 여성참정권운동의 모체가 되었으며 이후 이들은 온전한 인간으로서 여성의 존엄성 문제를 공

---

5 정의의 문제를 비교적 종합적으로 조명한 다음의 책은 정의의 개념이 얼마나 복합적인지를 잘 보여준다. Karen Lebacqz, *Six Theories of Justice: Perspectives from Philosophical and Theological Ethics*, Augsburg, 1986; *Justice in an Unjust World: Foundations for a Christian Approach to Justice*, Augsburg, 1987.

6 Seneca County Courier, 14 July 18~48, Elizabeth Griffith, *In Her Own Right*, p.52에서 재인용.

7 Elizabeth Griffith, *In Her Own Right*, pp.56~57.

식적으로 제기했다.

흑인의 인간으로서의 존엄과 평등을 이루기 위해 모인 노예제도 폐지론자들이 사실상 흑인 '남성'의 문제에만 관심을 두고 '여성' 인권에는 전혀 관심을 보이지 않았음을 경험하고서 미국의 여성운동은 독자적인 운동을 전개한다. 인권과 평등을 말하면서 불평등구조를 지지하는 남성 노예제도 폐지론자들의 협소한 관점을 경험한 이후 흑인의 권리와 평등이 이루어지면 여성의 법적·정치적 평등도 이루어질 것으로 보았던 당시 여성노예 폐지론자들은 결국 1840년 영국 런던에서 열린 '노예제도 폐지 세계대회'를 통해 여성운동이 그 어떤 운동과도 섞여서 할 수 있는 것이 아님을 인식한 것이다.

이러한 맥락에서 한국의 민중신학과 페미니스트 신학 또는 민중운동과 여성운동의 단순한 '접목'은 위험하다. 물론 '억압받는 자'라는 유사한 상황을 여성과 민중의 개념에 동일하게 적용할 수 있고, 민중의 범주에 많은 여성이 포함되는 것은 사실이다. 그러나 이러한 '유사성'이 각자의 '차이성'을 간과하는 '종합'을 정당화하지는 않는다. '여성'은 '민중'보다 훨씬 광의의 범주일 뿐 아니라, 모두가 동의하는 '민중'의 개념은 설정되어 있지 않은 반면, '여성'은 사회적·문화적·생물학적으로 자명한 개념이므로 여성 문제와 민중 문제를 다루는 데 상당히 다른 접근 방식과 구체적 대안이 필요하기 때문이다. 즉 민중의 범주에 여성이 모두 포함되기 어렵다.

이 두 범주의 접목을 더욱 어렵게 하는 것이 또 있다. 여성운동이나 페미니스트 신학은 우선 '가부장주의'와 '남성우월주의'에 대한 철저한 인식론적 비판에서 출발한다. 역사에서 가장 오래됐으며 문화와 시대를 초월해 적용해온 가장 강력한 가치관인 가부장주의는 너무나 다양한 얼굴을 하고 있기 때문에 억압이라는 보편적 개념으로 드러내기가 어렵다. 물론 한 종류의 억압에 대한 분석은 다른 종류의 억압을 볼 수 있는 창이 된다. 모든 억압구조는 유사한 논리구조이며 보이지 않는 상호 연관성이 있기 때문이다. 즉 인종차별은 특정한 인종의 우월주의, 성차별은 특정한 성의 우월주의가 작용한다. 그러나 미국 여성운동의 출발점에서 우리가 보는 것은, 다양한 억압을 '억압 일반'으로 한꺼번에 묶는 것은 특정한 억압의 근원적 원인분석과 그에 따른 대안을 불투명하게 만드는 위험성이 있다는 점이다. 따라서 인권이나 평등 개념이 보편적으로 확장되지 않는 한, 여성운동은 독립적인 운동으로 전개해야 한다는 점이 미국 여성운동의 탄생 과정에서 우리가 얻는 교훈의 하나이다.

3. 《여성의 성서》와 여성운동: 개혁의 상호 의존성

《여성의 성서》를 만드는 데 주도적 역할을 한 캐디 스탠턴은 19세기 미국 여성운동사에서 가장 중요한 인물로 꼽힌다.[8] 그녀는 여자이기 때문에 대학 입학을 거절당했지만 비공식적으로 법을 공부하고, 일생을 여성의 법적·정치적 평등과 육체적·감정적·지적·경제적 독립을 위해 글을 쓰고 조직하고 강연한 열정적이고 분석적인 이론가이자 운동가였다. 캐디 스탠턴은 1895년, 80세 생일이 지난 2주 후에《여성의 성서》1부를, 그리고 1898년에 2부를 출간했다. 1부에서는 '모세오경'을 다루고 2부에서는 여호수아서부터 계시록까지 다루었는데, 주로 여성에 대해 언급한

---

8 William H. Chafe, *The American Woman: Her Changing Social, Economic, and Political Roles, 1920-1970*, Oxford University Press, 1972, p.7.

구절을 새로운 시각으로 해석함으로써 여성에 대한 부정적 이미지를 비판하거나 새롭게 조명하고자 시도했다. 캐디 스탠턴을 주축으로 미국 여성 20명과 유럽 여성 5명이 모여 여성에 대해 언급한 구절과 여성을 배제한 구절을 연구하는 모임을 조직했으며 이를 토대로 《여성의 성서》가 출간된 것이다. 이 책의 출판은 종교적 권위로부터의 자유를 대변한다는 의미에서 캐디 스탠턴의 일생에서 가장 대범한 행동이었으며 가장 커다란 반향을 불러일으킨 사건이었다. 《여성의 성서》는 출판된 지 6개월 만에 7쇄를 인쇄할 정도로 많은 관심을 불러일으키는 베스트셀러가 되었으며 이후 여러 나라의 언어로 번역·출간되었다.[9]

그렇다면 여성운동에서 《여성의 성서》 출판의 의미는 무엇인가. 이 책 서문에서 캐디 스탠턴은 여성이 종교와 사회 안에서 2차적 위치에 있음을 합리화하는 데 성서가 쓰였음을 비판했다. 캐디 스탠턴은 오늘날 여성이 좀 더 나은 위치를 추구하는 데 가장 주요한 장애는 모든 나라들의 종교 안에서 여성을 낮은 자리에 둔다는 사실이라고 강조하면서, 이것이 성서를 새로운 눈으로 읽어야 하는 이유라고 주장한다. 캐디 스탠턴에 따르면, 여성 해방운동의 시초부터 교회와 사회에서 여성의 열등한 위치를 신이 지정한 것이라고 주장하는 이들이 성서를 오용해왔다. 교회법이나 시민법, 교회나 국가, 성직자나 법률가 그리고 모든 정치 집단과 교단 등은 한결같이 여성을 '남성 다음에after man', '남성으로 말미암아of man' 그리고 '남성을 위해for man' 창조된 열등한 존재로 남성에게 종속되는 존재라고 가르쳐왔다. 따라서 사회의 모든 관습이나 교회의 안수 제도, 교리 등은 이처럼 여성을 열등하게 보는 사고에서부터 형

---

9 Elizabeth Griffith, *In Her Own Right*, p.212.

성되었다.[10] 19세기 초 여성이 시민적이며 정치적으로 비하당하는 현실에 대항하기 시작했을 때, 여성의 이러한 저항을 제지하기 위해 인용한 도구는 언제나 성서였다. 그래서 노예제도 폐지론자로 유명한 사라 그림케Sarah Moore Grimke는《신약성서》를 인용하면서 여성의 활동영역 제한을 주장한 어느 성직자에게 남성의 덕과 여성의 덕을 구별하는 것은 남성의 "반反그리스도적 전통anti-Christian Tradition"이라고 반박했다.[11] 유명한 성직자들은 대부분 여성이나 흑인의 정치적·시민적 권리 요구가 가정과 국가, 교회의 안정성을 위협하는 위험한 행위이며 따라서 반反종교적이라고 가르쳤다. 이러한 성직자들이 발표한 문서들은 반反노예제도 운동이나 여성 참정권운동에 관여하지 못하도록 가르치기 위한 목적으로 교인들에게 읽혔다. 결과적으로 성서는 노예제도나 여성의 종속을 신이 주신 것이라고 해석하고 가르치는 데 이용된 것이다. 캐디 스탠턴은 이러한 상황에서 여성들 대다수가 조용히 서서 머리를 숙이고 그들의 상황을 받아들인 것은 전혀 이상한 일이 아니며, 따라서 성서에서 여성의 위치를 언급하는 구절에 대한 주석이 필요하다고 밝혔다.[12]

캐디 스탠턴은 어느 남성도 신을 직접 보거나 신과 말한 것은 아니며, 신이 여성을 비하하도록 직접 역사가들에게 영감을 주었다고 생각하지 않는다고 주장했다. 또한 남성과 여성의 동시 창조는 그들이 동등하게 중요한 존재임을 나타내며, 창조에서 남성이 우선이라는 전제는 아무런 성서적 근거가 없다고 주장했다. 캐디 스탠턴은 창세기 1장 26절

---

10 Elizabeth Cady Stanton, "Introduction", *The Woman's Bible*, 1895 & 1898; Coalition on Women and Religion, 1974, p.7.
11 Aileen S. Kraditor, ed., *Up from the Pedestal: Landmark Writings in the American Women's Struggle for Equality*, Quadrangle Books, 1968, pp.51, 55.
12 Cady Stanton, *The Woman's Bible*, pp.8~9.

을 인용하면서 신은 여성에게도 모든 살아 있는 것을 지배할 권한을 주었으며, 남성이 여성을 지배하라는 말은 분명히 없음을 강조한다. 즉 남성이 모든 동물보다 나중에 창조되었기 때문에 열등하다고 말할 수 없는 것과 같이, 여성이 남성보다 나중에 창조되었다는 그 사실이 여성의 열등성을 말할 수 있는 성서적 근거가 될 수는 없다고 주장했다.[13] 그러나 1970년에 나온 《영어 성서The New English Bible》 창세기 2장 18절에서 여성을 남성의 '협조자helpmate'에서 동등한 관계를 표현하는 '동역자partner'로 수정해 번역하기까지,[14] 남녀평등운동을 반대하던 이들은 여성은 단지 남성을 도와주는 존재일 뿐 동등한 존재가 될 수 없음을 주장하기 위해 '협조자'라는 말을 인용하며 정당성을 주장해왔다. 즉 여성은 어디까지나 남성을 도와주는 보조자일 뿐, 남성과 동등한 관계나 권리를 지닐 수 있는 존재가 아니라고 성서는 가르쳐왔다.

이러한 맥락에서 본다면 성서 해석은 분명 '정치적 행위political act'이다. 기존의 불의한 상황을 합리화하는 확고한 근거로서 성서를 인용한다면 성서 해석은 '중립적'이지 않은, 해석자의 이익과 강력하게 연결된 '정치적' 행위일 수 있다. 여성이 남성과의 평등을 주장할 때, 이러한 평등의 요구를 억압하고자 하는 사람들은 '여자는 잠잠하라'는 성서 구절을 인용하곤 했다. 그리고 여성이 좀 더 나은 교육과 직업 또는 정치적 권리를 추구할 때, 신이 주신 여성의 자리는 가정임을 인용하곤 했다. 캐디 스탠턴은 여성의 열등성을 정당화하는 이러한 성서 해석을 무수하

---

13 Cady Stanton, *The Woman's Bible*, pp.12~19.
14 개역한글판 성서의 창세기 2장 18절에는 '돕는 배필'이라고 번역돼 있으며, 1993년도에 나온 표준새번역판에는 '돕는 사람'이라고 번역돼 있어서 사실상 여전히 남성과 동등한 '파트너partner'의 개념이 아닌 '보조자helpmate' 역할이 부각돼 있음을 볼 수 있다.

게 들으면서 여기에 문제제기를 한 것이다.

캐디 스탠턴은 주일학교에서 흑인 어린이를 가르치는 교사로 일하다가 교회 축제에 그 흑인 아이들의 참여가 허락되지 않자 주일학교 교사직을 사임한다.[15] 그 당시 교회가 대부분 노예제도를 '신이 준 질서'로 가르치고 인종차별을 당연한 것으로 받아들이는 것을 용납할 수 없었던 것이다. 인종차별이나 성차별을 신이 준 질서라고 본다면 얼마나 큰 오류를 범하는 것일까. 캐디 스탠턴은 성서의 문자적 해석을 거부한 테오도르 파커Theodore Parker의 신학에서 커다란 영향을 받았으며,[16] 19세기 후반에 나온 윌리엄 제임스의 책이나 성서 고등비평the high criticism과 새로운 성서 연구 등을 통해 성서 해석이나 교리에 의문을 제기했다.[17] 《여성의 성서》를 통해 제기한 문제는 첫째, 성서가 중립적이지 않고 여성해방운동을 제지하거나 노예제도를 합리화하는 '정치적 무기political weapon'로 빈번히 이용되며, 둘째, 따라서 성서 해석은 '정치적 행위'라는 점이다. 이러한 문제는 기독교가 서구역사에서 정치, 사회, 문화 전 영역에 걸쳐 가장 주요한 메타포 역할을 했다는 사실을 감지할 때 여성운동에서 성서 해석의 문제가 심각한 사안임을 새롭게 인식하게 해주었다.[18]

《여성의 성서》가 발간된 후 반응은 다양했다. 우선 캐디 스탠턴이 창설하고 초대 회장직을 맡은 미국 여성 참정권 전국연합회National American

---

15 Griffith, *In Her Own Right*, p.41.
16 Griffith, *In Her Own Right*, p.46.
17 Anne McGrew Bennett, *From Woman-Pain to Woman-Vision: Writing in Feminist Theology*, ed., Mary E. Hunt, Fortress Press, 1989, p.73.
18 성서 해석에 대한 논의는 이 장의 목적이 아니므로 9장에서 더 자세히 다루고자 한다. 캐디 스탠턴의 《여성의 성서》와 성서 해석에 대한 더욱 구체적 논의는 가장 뛰어난 페미니스트 신학자 중 한 사람인 피오렌자의 다음 책을 참고하라. Elisabeth Schüssler Fiorenza, *In her Memory: A Feminist Theological Reconstruction of Christian Origins*, Crossroad, 1983, pp.7~14; *Bread Not Stone: The Challenge of Feminist Biblical Interpretation*, Beacon Press, 1984, pp.52~58.

Woman's Suffrage Association는 책이 나온 직후인 1896년, 이 책이나 저자가 자신의 단체와는 아무런 상관이 없음을 밝히기로 결정했다. 급진주의적 사고를 지닌 이 책이 출판됨으로써 외부로부터 거센 비난과 비판이 일어 단체활동이 저지당하는 것을 막기 위해서였다.[19] 또 다른 반응은 그림케와 같이 성서 자체의 문제가 아니라 가부장적 성서 번역이나 해석에 문제가 있다고 보는 이들에게서 나왔다. 이들은 성서의 절대적 권위는 인정하면서 잘못된 번역이나 해석 때문에 문제가 생긴다고 보지만, 캐디 스탠턴은 가부장주의적 번역이나 해석의 문제보다 성서 그 자체에 있는 가부장주의적 요소가 더욱 문제라고 말한다. 이 때문에 그 당시 다른 여성운동가들은 긍정적인 반응을 주지 않았다. 《여성의 성서》를 통해 캐디 스탠턴은 성서 해석이 '탈가부장화'되어야 한다는 데도 동의하지만, 더 나아가 성서가 지닌 가부장주의 문제도 최초로 제기한 것이다.

그런데 성서가 근원적으로 가부장적이므로 문제가 있다고 보는 입장과 단지 가부장주의적 해석과 번역에 문제가 있다고 보는 입장 중 어느 것이 옳은 것인가에 대한 관심보다 더 중요한 문제가 있다. 바로 성서가 역사의 구체적 현장에서 '어떻게 사람들의 삶에 구체적으로 관여해왔는가'에 대한 비판적 성찰이다. 종교와 그 종교의 경전은 인간의 구체적 역사를 지나면서 다양한 요소들로 겹겹이 형성되기 때문에 흑백논리보다는 구체적 영향이나 상황에 대한 다양한 접근 방식이 필요하다.

따라서 우선 비판적으로 조명해야 할 점은, 성서가 역사에서 특정한 인간이나 사회의 자유와 해방을 위해 구체적으로 어떠한 공헌을 했으

---

19 Griffith, *In Her Own Right*, p.212.

며 어떠한 억압적 역할을 했는가를 밝히는 일이다. 여성운동에 관여한 많은 이들은 성서의 이름으로 억압구조가 정당화되고 강화되었음을 지적한다. 그래서 남성뿐만 아니라 여성까지도 여성은 열등한 존재이며, 남성의 보조자이며, 따라서 여성의 활동영역을 가정이라는 사적 영역으로 제한하는 주장을 반박하지 않는 경우가 많았다. 이런 경우 종교의 이름으로 왜곡된 인식은 어떠한 외면적 설득에도 변하지 않아서 사실상 올바른 의미의 총체적 변화를 기대하기 어렵게 된다. 즉 인식의 변화가 없으면 법적·정치적 권리와 같은 외적 조건의 변화 요구는 벽에 부딪히게 된다. 따라서 인식의 차원을 형성하는 종교 문제에 무관심한 여성운동은 뚜렷한 한계가 있다. 이 점에서 캐디 스탠턴의 《여성의 성서》가 공헌하는 바가 크다. 그녀가 여성의 정치적·법적 권리와 독립을 위해 일하다가 성서 문제에 관심을 갖게 된 것은 우연이 아니다. 이 책은 성서학자의 저술이 아닌, 여성이 성서를 읽고 해석했다는 점에서, 그리고 성서를 왜곡하는 남성적 편견과 여성혐오사상을 지적하고 있다는 점에서 의미와 공헌이 크다.

캐디 스탠턴이 《여성의 성서》 서론에서 명확하게 강조했듯이 "모든 개혁은 상호 의존적"이다. 인간의 현실을 이루는 다양한 차원들은 서로 깊게 연관되어 있어서 사실상 외면적으로 분리되어 있는 듯한 영역이 깊은 근원으로 들어가보면 유사한 가치관과 원리로 움직이고 있음을 알게 된다. 따라서 여성운동이 좀 더 총체적 의미로서 이루어지려면, 정치적·법적 차원만이 아니라 종교적 차원의 문제에도 관심을 기울여야 함을 《여성의 성서》는 보여준다.

성서가 인간으로서 여성의 삶을 억압하는 데 이용된 경우는 비단 미국에서만 볼 수 있는 일이 아니다. 캐디 스탠턴이 여성의 성서를 출간하기 10여 년 전에 서구문명과 함께 한국에 들어온 개신교는 한국 여성들에게 교육의 문을 열고 일부일처제 가족관을 지향하는 등 유교적 삶과는 다른 새로운 삶의 가능성을 보여줌으로써 일면 해방적 종교의 역할을 했다. 그러나 과연 기독교가 유교 가부장주의의 근원적 문제를 개혁하려고 했는가에는 의문의 여지가 있다. 예를 들어 소수 교단을 제외한 대부분의 교단에서 여성 안수를 거부한 근거는 성서였다. 어느 교단에서 여성 안수를 반대하며 제기한 보고서는 "남녀를 총괄해 성회에 법적 치권을 갖고 가르치며 처리하는 것만은 남자의 특권에 속한다는 것이 성경에 가르친 뜻이요, 모든 교회가 영구히 인정해온 신념"[20]이라고 밝힘으로써 여성의 지도자 지위 부여는 성서적으로 잘못된 것이라고 못박았다. 이처럼 21세기에 들어선 지금도 여전히 여성의 지도자적 역할을 부인하면서 여성 안수를 '성서적 근거'를 가지고 반대하는 교회들이 많은 실정이다.

4. 성서적 해방 전통의 확산을 위한 과제

개신교는 '오직 성서로만'의 종교개혁 원리에서 출발했고, 이는 개신교 전통 속에 깊이 자리잡았다. 즉 모든 신학적·실천적 윤리의 형성은 유일하고 최종적 전거인 성서에 근거한다. 이러한 맥락에서 볼 때, 미국의 지배적 특권계급을 지칭하는 이른바 와스프WASP, White Anglo Saxon Protestant 들이 성서를 인용하면서 여성운동을 제한하고자 했음을 짐작할 수 있

---

[20] 조선예수장로회 총회 제24회 회의부록, pp.85~90. 그리고 이우정 《한국 기독교 여성 백년의 발자취》, 민중사, 1985, p.108에서 재인용.

다. '오직 성서로만' 원리의 위험성은 성서가 여성을 제한하는 시각으로 읽히고 해석될 때 여성을 억압하는 강력한 무기로 쓰일 수 있다는 점이다. 페미니스트 신학이나 여성운동이 우선적으로 부딪히는 벽이 '성서'가 되는 것이다.

성서가 어떤 책인가에 대해서는 입장이 다양하게 나뉜다. 성서가 어떻게 한 권의 책으로 형성되었는가에 대한 연구도 있지만, 우리가 공통으로 인정할 수 있는 사실은 역사에서 성서는 때로는 인간을 '억압하는 기제'로, 때로는 인간에게 희망과 자유와 '해방의 전거'가 되는 역할을 해왔다는 점이다. 성서가 어떻게 여성에게 해방적인가에 대한 다양한 입장은 크게 세 가지로 나뉜다. 첫 번째, 레티 러셀과 같은 신학자에게 성서는 창조를 위한 신의 해방적 행위를 증거하는 책이었다. 러셀은 '하나님 나라'의 해방적 특성과 보편성을 연관시키면서 《신약성서》와 《구약성서》의 다양한 주제를 검증하고, '새 하늘과 새 땅'이라는 종말론적 약속이야말로 성서의 해방적 핵심이라고 결론을 내린다. 두 번째, 로즈마리 류터와 같은 신학자는 예언자들과 예수의 비판적 원리를 성서의 핵심으로 간주한다. 류터에 따르면, 예수와 예언자들이 그 당시 종교적·경제적·정치적 권력을 비판한 것과 같이 이제 기독교인들은 가부장주의적 구조를 비판해야 한다고 말한다. 비록 예수와 예언자들이 직접적으로 가부장주의를 비판하지는 않았지만, 그들의 비판양식은 가부장주의적 권력구조 역시 불의로 규정하고 비판할 수 있는 원리를 제공해준다는 것이다. 세 번째, 엘리자베스 쉬슬러 피오렌자와 같은 신학자는 성서를 고정적인 '원형 archetype'이 아닌 미래를 향한 '전형 prototype'으로 본다. 즉 해방과 구원에 대한 공동체적 비전은 성서에서 직접 도출되는 것이 아니고 성서에 의해 특징 지워진다는 의미이다. 다시 말해 신의 계시는 도출되는 것이 아니고 성서에 의해 특징 지워지는 것이다. 신의 계시는 성서 속에서 일회적으로만 나타난 것이 아니라 우리의 구원을 향해 끊임없이 계속된다. 그러므로 성서의 특정한 구절이나 전통에서가 아니라 성서의 여성들과의 연대성에서 정체성을 찾아야 한다. 쉬슬러 피오렌자에 따르면, 교회 여성들은 성서적 구조와 전통을 그저 재생산하도록 부름받은 것이 아니라 성서적 유산을 기억하고 갱신하도록 부름받은 것이다.[21]

고린도전서 14장 33~35절은 여성이 공공장소에서 노예제도 반대와 참정권을 주장할 때 그들을 잠재우는 강력한 근거로 쓰였다. 또한 에베소서 5장 21~23절은 남편에 대한 아내의 무조건적 순종을 강요하는 원리로 사람들이 이용했다. 반면, 창세기 1장 27절은 남성뿐 아니라 여성도 신의 형상으로 지음받은 존귀한 존재임을 주장할 때, 그리고 갈라디아서 3장 28절은 성차별이 반反그리스도적임을 나타내는 성서적 원리로서 인용되어왔다. 이렇게 서로 상반되는 입장에서 각기 성서가 이용되었으나 분명한 것은 기독교 핵심은 '복음Good News'이며 이는 더 이상 추상적 개념으로 배울 수 있는 것이 아니라는 점이다. 복음이 성차별주의적이라면 어떻게 여성에게 '좋은 소식'이 될 수 있는가. 복음이 인종차별주의적이라면 어떻게 백인이 아닌 이들에게, 한국에 있는 외국인 노동자들에게 '좋은 소식'이 될 수 있는가. 복음이 계층을 차별한다면 어떻게 사회·경제적 약자에게 '좋은 소식'이 될 수 있는가. 이것이 성서가 구체

---

21 이러한 논의에 대해서는 다음을 참조하라. Letty Russell, "Feminist Critique: Opportunity for Cooperation", *Journal of the Study of the Old Testament*, 22, 1982, pp.54~66; *Human Liberation in a Feminist Perspective*, Westminster Press, 1974, pp.27~33, 56~58; Rosemary Radford Ruether, *Sexism and God-Talk: Toward a Feminist Theology*, Beacon Press, 1983; Elisabeth Schüssler Fiorenza, *Brand not Stone: The Challenge of Feminist Biblical Interpretation*, Beacon Press, 1984, pp.10~55.

적 정황에서 어떻게 적용·해석되는가를 비판적으로 성찰해야 하는 이유이다.

성서는 강력한 가부장제 사회에서 남성 저자들이 쓴 것이다. 그러므로 성서의 '문자적 해석'은 여성을 대상화하고 소유화하는 것을 자연적인 것으로 간주하게 된다. 그러나 이제 기독교인들은 더 이상 성서의 이름으로 한 인간의 존엄과 평등성을 제한하는 일을 거부해야 한다. 남아선호사상은 한국 여성만의 의식 문제가 아니라, 인류 역사 속에 깊게 밴 정치적·사회적·종교적 주제이다. 인간 현실의 다양한 차원에서 남성의 우월성과 여성의 열등성에 대한 인식이 자리잡고 있는 한 남성중심주의적 가부장제는 당연한 귀결일 수밖에 없다. 따라서 성서를 어떤 눈으로 읽고 해석할 것인가는 결단을 요구한다. 또한 성서 독해와 해석은 끊임없이 갱신하고 변화해야 할 작업이다.[22] 한 개인과 집단, 계층의 이익과 특권 유지에 연연하는 성서 해석은 그러한 요소를 합리화하는 방향으로 나타나고, 좀 더 보편적인 평등과 존엄에 관심을 갖는 이들의 성서 해석은 '눌린 자에게 자유(눅 4:18)'가 되는 복음의 빛에서 이루어진다.

여성 문제는 사실상 모든 차원의 문제이다. 따라서 캐디 스탠턴이 강조한 '모든 개혁의 상호 의존성'에 대한 인식은 주요한 과제로 남아 있다. 더군다나 인간의 가장 근원적 관심과 문제를 다루는 종교 문제를 여성운동이 간과한다면 사실상 주요한 근거를 간과하는 결과를 초래할 것이라고 생각한다. 19세기 여성운동이 전개되면서 나온《여성의 성서》

---

22 캐디 스탠턴의《여성의 성서》가 처음 출간된 지 97년 만인 1992년 후속편이라고 할 수 있는《여성의 성서 주석The Women's Bible Commentary》이 나왔다. 전자는 여성을 단수[woman]로 표기했고, 후자는 성서를 읽고 연구하는 여성 간의 다양성을 나타내기 위하여 복수[women]로 표기했다는 사실은 다양성을 존중하는 페미니스트 의식의 성숙을 의미한다. Carol A. Newson and Sharon H. Rings, eds., *The Women's Bible Commentary*, Westminster John Knox Press, 1992, p.xv.

는 첫째, 모든 개혁의 상호 의존성에 대해 새로운 인식의 필요성을 갖게 하였으며, 둘째, 한 사회의 여성운동은 한 사회의 가치관과 지식체계를 형성하는 메타포 역할을 하는 종교 문제에 관심을 가져야 하며, 그러지 못할 때 근원적인 여성 문제는 다루기 어려운 결과를 낳을 것이라는 사실을 일깨워주었다. 종교는 한 개인의 정체성과 수많은 여성의 문화적 위치에 지배적 요소가 될 수 있다. 만약 종교가 한 여성의 자아 형성과 삶의 의미를 주는 가장 중요하고 직접적인 요인 중 하나라면, 여성운동은 종교 영역에 진지한 관심을 기울여야 한다. 여성운동에서 성서는 억압적 기제 역할만이 아니라 새로운 힘과 희망의 원동력이 되기도 하기 때문이다. 성서가 '억압적 힘'이 되는가 아니면 '해방적 힘'을 주는가는 어떠한 관점으로 성서를 읽고 해석하는가에 달려 있다는 점을 분명히 인식해야 할 것이다.

제9장

페미니즘과 해석학

이해는 우리 인간이 지닐 수 있는 가장 완벽한 지식이다.
- 요한 구스타프 드로이젠

1. 문제제기: 누가 헤르메스인가

최근 들어 해석학에 대한 관심이 상당히 일반화되어 '해석학hermeneutics' 이라는 용어와 그 파생적 의미를 사회과학과 인문학자들이 점점 더 빈번하게 사용하고 있다. 현대에서 해석학이라는 용어가 철학, 사회학, 역사, 심리학, 법학, 문학, 신학 등 다양한 분야에서 논의되기 시작한 것이다. 이렇게 다양한 분야에서 쓰이기 때문에 해석학이라는 용어 자체는 매우 모호한 의미로 쓰이고 간혹 서로 상충되는 의미로 쓰이기도 한다. 어떤 이들에게 해석학은 한스 게오르크 가다머Hans-Georg Gadamer나 마르틴 하이데거Martin Heidegger와 같은 20세기 철학이나 루돌프 불트만Rudolf Bultmann의 신학에서의 동향을 의미하며, 어떤 이들에게는 문학작품을 해석하는 방식을 의미하기도 한다. 또 어떤 이들에게는 자연과학과 반대되는 사회인문과학에서 '이해understanding'와 '해석interpretation'의 방식을 사용하는 분야를 지칭하기도 한다. 이러한 맥락에서 보자면 해석학이란 매우 복합적인 개념적 특성을 지닌 이론이다.

널리 알려진 바와 같이 해석학hermeneutics이라는 용어는 그리스 신화에 나오는 신들의 메신저인 '헤르메스hermes'를 포함하고 있다.[1] 헤르메스의 과제는 인간에게 신들의 결정과 계획을 전달하고 설명하는 일이었기 때문에, 신적 영역과 인간적 영역을 연결하는 역할을 했다. 신들의 메시지를 전달해야 하기 때문에 헤르메스는 신들의 특정한 표현방식에 대해, 그리고 그 메시지의 대상인 인간의 표현방식에 대해 능통해야 했다. 헤르메스는 신들의 메시지를 인간에게 번역하고 체계화하고 전달하기 전에 신들이 진정으로 전달하는 것이 무엇인지를 스스로 이해하고 해석해야만 했다. 헤르메스가 지닌 이러한 과제의 각기 다른 측면이 현대에 와서 의사소통과 담론, 이해 또는 해석 등과 같은 용어로 묘사되는 것이다.

그러나 헤르메스의 과제가 무엇인가를 면밀히 들여다보면, 해석학과 해석학에 관련된 무수한 복합적 문제에 대해 분명한 경고를 하고 있음을 알 수 있다. 지나치게 추상화되고 복잡한 해석학적 이론은 자칫하면 헤르메스의 역할이 무엇인가를 혼동하게 만들기 쉽기 때문이다. 헤르메스의 역할을 고려해 규정해보자면 해석학이란 두 영역, 즉 텍스트나 예술작품의 영역과 그것을 이해하고자 하는 사람들 사이의 관계를 검증하는 역할을 한다고 볼 수 있다.[2]

---

1 해석학이라는 용어의 어원이나 역사에 대한 상세한 논의는 다음을 참고하라. Gerhard Ebeling, "Hermeneutik", in *Religion in Geschichte und Gegenwart*, eds., Hans Dieter Betz, Don S. Browning, Bernd Janowski, and Eberhard Jüngel, 4th edition, vol.1, Mohr Sieback, 1998, pp.243~262.
2 Werner G. Jeanrond, *Theological Hermeneutics: Development and Significance*, Crossroad, 1991, p.1.

그러므로 해석학은 하나의 주체가 특정한 텍스트나 예술작품에 대해 이해하는 바를 전달하는 방식을 검증한다. 이러한 기본적 틀 안에서 해석학은 주체에게 그가 해석하고자 하는 대상에 충실할 것을 요구한다. 그러한 충실성의 중요한 측면은 그의 해석의 적절성을 훼손할 수 있는 편견을 제거하고자 하는 주체자에 대한 '자기검증의 부정적 단계 negative step of self-scrutiny'이다. 즉 해석학이란 "어떠한 방식이 우리의 텍스트에 대한 경청이 왜곡되거나 또는 이데올로기적 경청이 아닌 진정한 경청이 되도록 우리를 도울 수 있는 방식인가를 알고자 하는 것"이며,[3] 여기에서 해석학을 이해하는 데 지나치게 복잡하지 않은 다소 단순한 틀이 생긴다. 즉 해석학은 주체subject가 객체object를 적절하게 이해하는 방식이며, 그 방식에서 주체에게는 객체에 충실한 동시에 왜곡을 제거하기 위한 자기검증의 필요성이 강조된다. 이러한 맥락에서 보자면 해석학의 두 가지 원리가 형성되는데, 텍스트에 대한 '충실한 경청attentive listening'과 해석자의 편견과 왜곡을 제거하기 위한 '자기검증self-scrutiny'이 그것이다.[4]

고대에는 해석학이라는 용어가 드물게 사용되었는데 대표적인 예가 아리스토텔레스가 쓴 진술의 논리학을 다룬 책《해석에 관하여Peri Hermeneias》이다. 해석은 고대 이후 다양한 방식으로 이루어졌으나 중세 신학의 한 부분이 된 것은 르네상스와 종교개혁 이후이며 그때부터 해석학은 하나의 특정 분야로 자리잡기 시작했다. 텍스트나 예술작품의

---

[3] 해석학에 대한 하이데거의 접근 방식에 대한 글은 다음을 참고하라. Jeanrond, *Theological Hermeneutics*, p.63.
[4] Cf. William Henn OFM Cap., "Hermeneutics and Ecumenical Dialogue: BEM and Its Responses on Apostolicity", presented paper for the *Consultation on Ecumenical Hermeneutics* at Lyon, 1996.

해석이론은 쉴라이에르마하, 딜타이, 하이데거, 가다머, 하버마스 그리고 리쾨르 등과 같은 이들과 관련 있는 인식론적이며 형이상학적인 해석학적 개념을 수용한다. 또한 이러한 철학적·해석학적 이론은 바르트, 불트만, 푹스, 에벨링, 트라시와 같은 이들의 신학이나 성서 주석과 통합되어왔다.[5] 따라서 혼동을 피하기 위해서는 이렇게 고대에서 쓴 해석학의 의미와 근대 이후의 해석학의 의미를 분리해서 이해해야 한다.

1546년 트렌트 회의Council of Trent에서 재확인한 바, 가톨릭 교회는 성서를 해석·이해하는 문제에서 전통과 교회의 권위를 강조해왔다. 그러한 가톨릭의 입장에 도전하면서 개신교 종교개혁자들은 성서의 '명료성perspicuity의 원리'와 '자기충분성self-sufficiency의 원리'를 발전시켰으며, 그에 따라 성서의 명료성과 모순이 없는non-contradictory 특성을 증명할 수 있는 방식을 발전시킬 필요성을 느끼게 되었다. 그 당시 성서 해석의 가장 중요한 이론가이며 변증가로는 플라키우스 일리리쿠스Matthias Flacius Illyricus를 꼽는데, 그는 다음과 같은 두 가지 중요한 성서 해석학의 원리가 되는 주장을 한 바 있다. 첫째, 만약 성서가 적절하게 이해되지 않는다 해도 이것이 교회가 성서를 명료하게 하기 위해 외면적 해석external interpretation을 강요해야만 한다는 의미는 아니다. 즉 성서가 적절히 이해되지 못하는 것은 해석자의 불충분한 지식과 잘못된 준비를 나타낼 뿐이라는 것이다. 둘째, 루터나 멜랑히톤과 같은 종교개혁가들과 맥을 같이하는 주장으로, 성서는 내면적 일관성coherence과 연속성continuity을 지니고 있다. 따라서 플라키우스는 성서 해석자에게 특정한 성서 본문을 성서의 전체적 연속성의 관점에서 해석할 것을 요구한다.[6] 이러한

---

5   Cf. Jeanrond, *Theological Hermeneutics*, pp.207~212.
6   Kurt Müller-Vollmer, ed., *The Hermeneutics Reader: Texts of the German Tradition from the Enlightenment to the*

두 가지 성서 해석학적 원리를 제공함으로써 플라키우스는 가톨릭 교회의 권위와 전통의 제한된 규범에서 벗어나 새로운 방식을 제시했다. 이후 성서에 대한 해석학적 논의는 종교개혁과 르네상스, 계몽주의를 거치면서 '근대 해석학의 아버지'라 부르는 쉴라이에르마하에 이르기까지 더욱 확장되었다.

이렇게 역사적 변천 과정에서 이해한 해석학적 논의를 보면 이제 '누가 해석자인가'라는 문제가 가장 중요한 변수로 등장함을 알 수 있다. 즉 '헤르메스'의 역할을 독점하던 교회가 힘을 상실했기 때문에 이제는 성서를 통해 신의 메시지를 찾아서 전달하는 역할을 하는 개인의 중요성이 부각되기 시작한 것이다. 또한 쉴라이에르마하가 종교에 있어서 인간의 주관적 감정과 인간 이해의 언어적 차원의 중요성을 해석학에서 부여한 바와 같이,[7] 해석자의 주관적 경험과 감정 그리고 그들의 언어적 구조가 중요한 변수가 된다. 따라서 해석자의 왜곡이나 편견의 제거는 해석학의 가장 중요한 출발점일 수 밖에 없다. 이러한 전제로 종교개혁 이전이나 이후에 해석자의 역할을 하던 사람들이 누구였는가를 살펴보면, 해석의 주체가 언제나 남성, 세계적 장에서 보자면 유럽과 미국 중산층 남성이었음을 알 수 있다. 루터의 '만인제사장직'의 개념에서 '만인'이란 남성만을 의미했고,[8] 따라서 성서 해석의 역사는 남성 해석자의 역사라고 할 수 있다. 이러한 측면에서 볼 때 종교개혁은 여성의 입장에서는 진정한 개혁이라고 볼 수 없다.

Present, Continumm, 1997, p.2.
7   Cf. Kurt Müller-Vollmer, ed., *The Hermeneutics Reader*, pp.8~12.
8   Cf. Sheila D. Collins, *A Different Heaven and Earth: A Feminist Perspective on Religion*, Judson Press, 1974, pp.79~80.

프랑스혁명 이후 사회적으로 가시화된 페미니즘의 등장은 이러한 여성 배제적 역사의 부당성을 인식하고 여성 배제의 전통에 대한 검증을 시작하는 계기가 되었다. 또한 검증 과정과 더불어 왜곡된 성서 해석을 하지 않기 위해 필요한 해석자의 '자기검증'을 통해, 이제까지 성서 해석자가 대부분 성차별주의적 가치관을 갖고 있었다는 사실을 발견했다. 인간은 사회·정치·문화·종교적 정황에 제한되는 존재이며, 이제까지의 정황에서 통용되는 가치는 남성중심주의적 가치관이기 때문이다. 남성중심주의적 가치가 주입된 성서 해석을 통해 여성은 남성보다 열등한 존재이며, 이 세상에 악을 가져온 위험한 존재라는 여성혐오사상의 근거가 성서에 있는 것으로 해석하고 가르쳐왔다.

헤르메스의 역할을 한 번도 해보지 않은 여성, 해석의 주체가 아닌 대상으로만 인식되어온 여성, 신적 질서라는 이름 아래 부차적인 열등한 존재로서의 삶만을 강요당해온 여성, 그들이 이제 오랜 침묵을 깨고 성서를 스스로 읽으며 해석하기 시작했다. '해석받는 것'과 '해석하는 것'의 차이는 '주체로서의 삶'과 '객체로서의 삶'의 차이이다. 여성을 헤르메스의 역할에서 배제해온 것은 여성의 경험과 관점을 배제해온 것이며, 이러한 배제에 대한 인식과 이를 넘어서고자 하는 페미니스트 해석학의 출현은 성서 해석의 역사에 중요한 인식론적 전환점이 될 것이다. 이 장에서는 성서 해석의 역사의 전환점의 의미로서의 페미니스트 성서 해석학을 고찰하고자 한다.

2. 페미니스트 성서 해석학의 인식론적 출발점

1) 타자성의 정치학

페미니즘적 사고가 가장 먼저 인식한 여성의 존재 규명은 여성이 역사에서 '타자'로서 인식되어왔다는 점이다. '타자로서의 여성'에 대한 인식은 페미니즘 이론을 형성하는 데 가장 기본적인 전제로, 이러한 '타자로서의 여성'에 대한 개념을 가장 먼저 발전시킨 프랑스 실존주의 철학자 시몬느 드 보부아르는 이를 다음과 같이 표현한다.

> 남자는 그들이 차지하는 특이한 상황에 대해 책을 쓸 생각조차 안 할 것이다. 내가 나 자신을 규정하려면, 우선 '나는 여자다'라고 선언하지 않으면 안 된다. ……남자라면, 자신의 위치를 정할 때 결코 어떤 성에 속하는 개인으로 시작하지 않는다. ……그가 남자라는 것은 말할 것도 없이 자명한 일이다. ……여자란 남자가 규명하는 존재에 지나지 않는다. ……남자는 주체the subject이다. 남자는 절대적 존재the Absolute이다. 그러나 여자는 타자the other이다.[9]

'타자로서의 여성'에 대한 보부아르의 이러한 주장은 사실상 역사를 통해 입증되어서, 여성의 영역이라고 일컬어지는 '사적 영역'의 일이 아닐 때 여성은 언제나 주체로서 자신의 위치가 배제되고 부정당하는 경험을 해야 했다. 그래서 1960년에 최초의 여성신학적 논문을 발표한 발

---

9   Simone de Beauvoir, *The Second Sex*, 1949; Penguin Books, 1972, pp.12~14.

레리 세이빙은 "나는 신학도이며, 여성이다"라는 진술로 논문을 시작했다.[10] 앞서 인용한 보부아르의 글처럼 여성이 자신을 규정하려면 언제나 '나는 여자다'라는 선언을 하지 않을 수 없다. 시카고 대학에서 박사학위를 받은 세이빙은 1960년대에 신학하는 여성으로서 전통적 신학이 여성의 삶과 정황을 배제한다고 인식하고 이를 글로 발표했다. 역사 기록에서 배제된 여성, 스스로 규정하는 것이 아니라 규정받아온 여성, 학문 영역에서 배제되어온 여성, 이러한 여성의 배제적 존재 양식은 '타자성의 정치학politics of otherness'이 되어 여성을 인류의 지식 창출 과정에서 소외시켰으며, 성서의 해석과 성서적 권위, 규범성에 대한 논의에서도 배제해왔다. 그러므로 페미니스트 성서 해석학은 이러한 인식으로부터 출발해 '타자성의 정치학'을 비판하고 해체하는 작업이다.[11] 이러한 해체 작업을 통해 남성이나 여성 속에 있는 가부장주의적 편견이나 가치구조를 극복하고, 타자로서의 여성이 아닌 주체자로서의 여성에 대한 인식을 바로잡을 수 있다. 성서 해석에서 이러한 '타자성의 정치학'을 극복할 때 비로소 인간과 사회에 대한 왜곡된 이해가 아닌 통전적 이해를 할 수 있으며, 이러한 왜곡된 인식의 전이는 해석학의 출발점인 '자기검증'을 통해 가능해진다.

2) 사회정치적 행위로서의 성서 해석

성서의 역사비판historical criticism적 방식이 주는 가장 중요한 통찰은 텍스트의 삶의 정황Sitz im Leben이 그것의 실제적 형성만큼 이해를 위해 중요

---

10 Valarie Saving, "The Human Situation: A Feminine View", *Journal of Religion*, 1960, p.40.
11 여성의 '타자화'에 대한 좀 더 상세한 논의는 이 책 13장을 참고하라.

하다는 사실을 깨닫게 해준다는 점이다. 성서에 대한 전통적인 역사비판적 연구는 성서의 역사적·사회적·종교적 정황에 대해서는 살펴보지만 성서의 가부장주의적 구조에 대해서는 관심을 갖지 않았다는 비판을 받는다. 하지만 그럼에도 이 연구는 성서 이해를 역사적으로 재구성하고자 하는 페미니스트 신학적 논의에 중요한 통찰을 준다. 왜냐하면 성서 본문의 사회·역사적 정황에 대한 이해는 성서 해석과 이해에 중요한 변수가 되며, 모든 텍스트가 남성중심적인 가부장제적 문화와 역사의 산물이라고 보는 페미니스트 이론에 근거를 제시하기 때문이다. 역사비판적 방식이 남긴 가장 중요한 공헌이 있다면 성서는 인간의 역사적 산물로서 사회적·문화적 조건에 제한을 받는 텍스트이며, 이러한 맥락에 따르면 성서의 가부장주의적 배경에 대한 분석이 가능해진다는 점이다.

많은 남성 신학자들은 페미니스트 신학자들이 하는 이러한 페미니스트 분석을 객관성objectivity을 상실한 '비학문적' 행위라고 평가하곤 한다. 즉 페미니스트 분석을 보편적 주제가 아닌 '여성의 문제'로 학문 주류에서 주변화시키고 사소한 것으로 간주하려는 경향이 강하게 나타난다. 그러나 여성과 남성의 삶의 상호 연관성을 고려해본다면 여성 문제는 곧 남성의 문제이며, 따라서 '여성의 문제'는 '인간의 문제'이다. 또한 지식사회학이나 비판이론의 분석에 의하면 과학적 근거를 지닌 학문적 객관성이란 존재하지 않는다. 모든 지식은 어느 특정한 지식의 창출자가 지닌 가치관이나 사회적 정황과 무관하지 않으며, 따라서 언제나 '절대적'이 아닌 '관계적 지식relational knowledge'이다.[12]

이러한 의미에서 보자면 성서에 대한 '객관적 해석'은 불가능하다. 거

---

12 Karl Mannheim, *Ideology and Utopia: An Introduction to the Sociology of Knowledge*, 1936; Harvest/HBJ Book, 1985, pp.78~79.

기에는 언제나 해석자의 관점, 즉 해석자의 가치관과 세계관 그리고 인간관이 반영되며, 더 나아가서 그러한 성서 해석자를 둘러싼 다양한 권력구조와 연관되어 있다. 푸코는 그의 《권력/지식》[13]에서 지식과 권력의 상호 연관성을 잘 분석했다. 푸코에 따르면 진리의 중심과 권력의 중심은 일치하는데, 이러한 분석은 지식사회학에서와 마찬가지로 지식의 가치중립성과 객관성의 불가능성을 지적한 것이다. 다시 말해 권력을 지닌 이들의 규정이 객관적이고 보편적인 진리가 되며, 그 지식은 현상을 유지하고 강화하는 기능을 한다.

이러한 논의를 성서 해석학에 적용하자면 기독교 역사에서 목회적·신학적 힘을 지닌 남성이 성서를 해석했고, 그 해석은 남성중심적 가치나 현상유지적 사회구조를 강화하는 역할을 했다. 그리고 이러한 남성중심적 성서 해석이 객관적이고 보편적인 것으로 강조되어 역사에서 노예제도나 성차별주의가 성서적 타당성을 지니게 될 것이다. 이러한 맥락에서 볼 때 성서 해석은 해석자가 의도하든 하지 않든 '정치적 행위'이다. 즉 해석자는 기존의 사회구조를 유지·강화하는 해석을 하거나 그 불의성을 넘어서는 비전을 제시하는 해석을 하는 입장에 설 수밖에 없다. 성서 해석이 종교적 행위만이 아니라 기존 제도와 질서에 대한 해석자의 관점이 반영된다는 점에서 '정치적 행위'라는 것에 대한 역사적 범례는 노예제도와 성차별주의 합리화에서도 분명히 볼 수 있다. 하워드 서먼Howard Thurman은 노예로 살다가 자유인이 된 할머니의 이야기를 통해 인종차별주의적 가치가 주입된 성서 해석이 어떻게 성서의 메시지를 왜곡하는지를 잘 보여준다.

---

13 Michel Foucault, *Power/ Knowledge,* Pantheon Books, 1980.

그녀[할머니]는 말했다. "노예로 살던 시절에 주인의 목사님은 가끔 노예를 위한 예배를 베풀기 위해 오시곤 했지. 그 백인 목사님은 늘 바울서신에서 설교 본문을 택했어. '노예들은 그리스도에게 하듯이 너희들의 주인들에게 순종해야 한다.' 그 다음에 목사님은 만약 우리가 착하고 즐거운 노예가 되면 하나님께서 어떻게 축복하실지 설교하곤 했지. 나는 나를 지으신 분께 이렇게 맹세했어. 만약 내가 글자를 배우고 자유롭게 되는 날이 언젠가 오면, 절대로 성서의 그 부분은 읽지 않겠노라고 말이야."[14]

왜곡된 해석으로 성서가 불의한 사회제도를 정당화시키는 도구가 되는 이러한 예는 노예제도만이 아니다. 여성의 평등을 주장하며 참정권을 요구하던 19세기 여성운동가들에 대한 비난과 반박을 성서의 이름으로 한 일은 널리 알려진 역사적 사실이며, 지금도 가정과 교회, 사회에서 여성이 차지하는 부차적 위치를 많은 경우 성서가 정당화하고 있다. 이러한 사실을 경험하면서 19세기 여성운동가 캐디 스탠턴은 성서해석이 정치적 행위임을 주장했고,[15] 이에 대한 인식은 페미니스트 성서해석학에서 중요한 전제가 되었다.

3) 성서의 양면적 기능: 억압적 기능과 해방적 기능

성서에 대한 해석의 문제가 가시화되면서 다음과 같은 물음이 제기되었다. 성서는 어떤 책인가. 성서와 가부장주의는 어떤 관계에 있는가. 성서에 나타난 여성에 대한 부정적 언급은 어떻게 이해해야 하는가. 이러

---

14 Howard Thurman, *Jesus and the Disinherited*, Abingdon, 1949, pp.31~32.
15 Cf. Elizabeth Cady Stanton, ed., *The Woman's Bible*, 1895 & 1898; Coalition on Women and Religion, 1974.

한 물음을 통해서 페미니스트 성서 해석학은 성서가 역사 속에서 다음과 같은 두 가지 역할을 했음을 인식하게 되었다. 첫 번째는 성서의 억압적 역할이다. 성서는 신의 말씀이지만 당시의 사회·문화적 가치관이 반영된 산물이기 때문에 가부장주의적 전통이 그대로 반영되어 있다. 이러한 가부장주의적 가치관이 반영된 텍스트로 여성이나 노예와 같은 사회 소외계층의 종속적 위치가 정당화되었고, 무수한 사람들이 성서의 이름으로 고통받고 외면당했다.

여성이나 아이를 노예와 같이 남성의 소유물로 간주하는 《구약성서》의 내용을 불변의 진리로 받아들일 수 있는가 아니면 당시의 가치관이 반영된 사회·문화적 반영물로 제한하고 받아들여야 하는가 하는 물음에 대한 답은 자명하다. 페미니스트 신학자들이 성서를 선택적으로 받아들인다고 비판하지만, 사실상 현대의 목회자나 신학자들은 대부분 이미 이러한 선택적 성서 읽기selective reading를 하고 있다. 즉 신의 진리를 보여주는 성서 본문은 끊임없이 인용하지만, 유대 시대의 사회상을 나타내는 성서 구절은 설교의 본문이나 신학적 분석 대상으로 선택하지 않는다. 예를 들어 월경 중에 7일 동안 여성은 부정하다는 레위기의 본문(15: 19~30)을 현대의 목회자들이 신의 진리로 받아들이지는 않는다. 또한 오병이어의 기적에서 5000명이 먹고 남았다는 진술에 나타난 숫자가 여성과 아이를 제외한 남성만의 수이지만 그렇다고 남자만 세는 것을 신이 명시한 것으로 보는 이들은 없다. 남성만을 수로 센 것은 고도로 가부장주의적 사회였던 당시 유대사회에서 규범적 인간을 남성만으로 보는 사회상을 반영했기 때문이다. 이러한 사실로 미루어볼 때, 성서를 무조건적으로 받아들이는 것은 신이 성서를 통해 인간에게 보이고자 하는 진리를 받아들이는 것이 아니다. 오히려 신의 진리를 왜곡할 수 있는 특정한 사회·문화적 반영을 제거하는 일이 성서를 올바르게 접근하는 길이며, 이런 면에서 페미니스트 신학자들이 성서를 선택적으로 읽는다는 비판은 설득력을 갖기 어렵다.

두 번째는 성서의 해방적 역할이다. 페미니스트 성서 해석은 이러한 성서의 두 번째 역할에서 여성 평등을 위한 근거를 찾고 끊임없는 좌절과 억압의 경험을 헤치고 나올 수 있었다. 19세기 여성운동을 처음으로 전개한 여성운동가들에게 신앙적 확신을 준 것은 신이 남성뿐 아니라 여성도 신의 형상대로 지었다는 성서의 창조론이었다. 1848년 미국에서 최초로 개최된 전국여성권리대회에서 발표한 〈여성독립선언서〉에는 다음과 같이 성서의 창조론이 여권운동의 강력한 근거로 등장한다.

> 우리는 다음과 같은 사실을 자명한 진리로 받아들입니다.
> 모든 남성과 여성은 평등하게 창조되었으며,
> 창조주로부터 생명, 자유, 행복의 추구 등과 같은 인간의
> 절대적 권리를 똑같이 부여받았습니다……[16]

한편으로 여성운동은 성서를 근거로 하여 반대에 부딪혔지만, 또 다른 한편으로 성서를 통해 해방적 통찰과 투쟁의 원동력을 부여받았다. 이러한 두 가지 각기 다른 성서의 역할은 해석자가 성서를 어떻게 해석하며 어떠한 관점에서 선택하는가에 달려 있다. 성서는 인간의 보편적 정의와 평등적 가치를 제압하는 억압적 요소를 지니기도 하고, 그 억압적 구조로부터 해방을 지향하는 이들에게 강한 해방과 자유의 비전을

---

[16] Elizabeth Cady Stanton, "Declaration of Sentiments", *The Feminist Paper: From Adams to de Beauvoir*, ed., Alice S. Rossi, Columbia University Press, 1973, p.416.

제시하기도 한다. 따라서 끊임없이 제기되는 '성서는 여성에게 억압적인가 해방적인가?'라는 문제는 흑백논리가 아닌 변증법적이며 복합적인 논의구조에 따라 대답해야 한다. 페미니스트 성서 해석학을 통해, 성서의 가부장주의적 억압 전통은 신 앞에서의 정의를 선언한 '예언자적 전통' 또는 예수의 삶과 행적에서 볼 수 있는 '평등주의적 해방 전통'으로 비판하고 극복해야 한다.

3. 페미니스트 성서 해석학의 유형

계몽주의 이후 인간의 개체성에 대한 인식이 확산되었고, 인간의 자유와 평등 사상을 추구하던 프랑스혁명으로 구축된 인간으로서의 평등성에 대한 여성의 인식은 유럽에서 자유주의 페미니즘의 모체가 되었다.[17] 이러한 자유주의 페미니즘은 여성의 법적 평등과 교육기회의 균등을 주장했고, 이러한 추세와 같은 맥락에서 19세기 미국에서는 여성의 정치적 권리에 대한 요구가 사회적으로 가시화되기 시작했다. 또한 19세기에 여성운동가인 캐디 스탠턴은 1895년과 1898년 두 번에 걸쳐서 《여성의 성서》라는 책을 편집해 출판함으로써 최초로 페미니스트 성서 해석학적 시도를 하기도 한다.

이 책을 통해 캐디 스탠턴은 성서가 여성의 평등을 반대하는 성차별주의적 무기로 쓰이고 있다는 사실을 비판하며, 여성에 관해 언급한 성서 구절에 주석을 달아 여성 비하적인 성서적 주장을 극복하고자 한다.

---

17 자유주의 페미니즘을 비롯한 다양한 페미니즘에 대해서는 다음을 참고하라. 강남순, 〈페미니즘 서설〉, 《현대여성신학》, 대한기독교서회, 1994.

캐디 스탠턴을 포함한 25명으로 구성된 위원회에서 쓴 이 책은 여성의 위치에서, 여성에 관해 언급된 성서 구절을 해석한다. 이 책의 출판은 당시 커다란 반향을 일으켰는데, 이 책에서 캐디 스탠턴이 제기한 문제는 첫째, 성서는 중립적인 것이 아니라 여성 해방운동을 제지하거나 노예제도를 합리화하는 '정치적 도구'로 빈번히 이용되었으며, 둘째, 따라서 성서 해석은 정치적 행위라는 것이다. 이로서 캐디 스탠턴은 성서와 가부장주의적 가치의 연관성에 대한 문제를 최초로 제기하였다.

이렇게 출발한 페미니스트 성서 해석학은 페미니스트 신학과 마찬가지로 여성의 경험에서 출발하고 있다. 여성의 억압 경험, 억압으로부터 해방하고자 하는 투쟁 경험 등 다양한 경험이 성서 해석학의 출발점으로, 이러한 다양한 성서 해석학의 입장을 캐롤린 오식Carolyn Osiek은 거부주의적rejectionist, 충성주의적loyalist, 수정주의적revisionist, 승화주의적sublimationist, 해방주의적liberationist 양태로 분류했다.[18] 이 다섯 가지 관점은 페미니스트 성서 해석학을 다양한 각도에서 보는 데 도움을 줄 것이다.

첫 번째는 '거부주의적' 해석학으로, 이는 성서에 권위가 있다거나 성서가 유용하다고 보지 않는 입장이다. 이 해석학의 가장 대표적 여성 신학자는 메리 데일리로, 유대-기독교 전통은 본질적으로 가부장적이어서 평등을 추구하는 여성은 성서와 유대-기독교적 전통을 버리고 새로운 세계로 나아가야 한다고 주장한다. 데일리는 바티칸 제2공의회의 참관 이후 집필을 시작한 첫 번째 책인 《교회와 제2의 성》에서는 기독교 안에 변화의 가능성이 있다고 기대했으나, 두 번째 책에서는 그 기대

---

18 Carolyn Osiek, "The Feminist and the Bible: Hermeneutical Alternatives", *Feminist Perspectives on Biblical Scholarship*, ed., Adela Yargo Collins, Scholars Press, 1985.

를 완전히 포기하고 자신을 '후기 기독교post-Christian 페미니스트'로 명명한다.[19] 데일리가 수용할 수 있는 해석학적 원리는 남성이 지속해온 유대-기독교 전통과 결별한 여성들이 함께 모여 가부장주의의 악을 정복하고 부정적 힘을 극복하는 기독교 이후의 신앙을 형성하는 것이다. 이러한 거부주의적 해석학은 급진적 분리주의의 가장 극단적인 신학적 형태라고 볼 수 있다. 그러나 로즈마리 류터는 이러한 데일리의 입장을 '신영지주의neo-Gnosticism'라고 명명하면서 '여성-우월, 남성-열등'의 새로운 이원론적 구조를 형성하고자 한다고 비판했다.[20]

두 번째는 '충성주의적' 해석학인데, 이는 거부주의적 해석학과는 정반대의 입장이다. 이러한 입장을 지니는 이들에게서 성서는 신의 말씀으로서 언제나 정당성과 선을 본질적으로 지니고 있다. 그러한 성서 전통의 본질은 어떤 정황에서도 유효하며, 계시로서의 성서적 권위는 인간의 권위로 좌우될 수 없는 독립적인 것이다. 따라서 성서는 신적 권위의 궁극적 표현이며 억압적일 수 없는 것이다. 만약 성서가 억압적으로 보인다면 그것은 해석자가 야기한 것으로 성서 자체의 '메시지'가 아니라 그것을 전달하는 '미디움'이 문제라는 입장이다. 성서는 진정한 자유와 인간화를 배양하고자 하며, 그러한 계획은 인간의 의도가 아닌 신의 의도에 따른 것이어서 인간의 기준으로 평가하기 어렵다. 그런데 이러한 해석학적 원리가 어떻게 성서의 여성 종속에 관한 명시적 문장을 해석할 것인가의 문제는 여전히 남는다. 충성주의적 해석학은 전통적인 위

---

19 데일리의 첫 번째 책은 *Church and the Second Sex*, Beacon Press, 1968이며, 거부주의적 입장을 잘 나타내는 두 번째 책은 *Beyond God the Father: Toward a Philosophy of Women's Liberation*, Beacon Press, 1973이다.
20 Rosemary Radford Ruether, *Sexism and God-Talk: Toward a Feminist Theology*, Beacon Press, 1983, p.230, 280.

계주의적 질서 개념을 계시의 한 전거로 받아들이지만 그것은 내적 변혁을 필요로 한다. 왜냐하면 위계주의적 질서 개념이 가부장제적 방식으로 남용되기 때문이다.[21]

이 충성주의적 입장은 성서에 대한 단순한 이해 때문에 페미니스트 성서 해석학으로부터 쉽게 비판을 받는다. 그럼에도 페미니스트 의식이 아직 대중적으로 확산되지 못한 상황에서 많은 교회 여성들에게 이 충성주의적 해석은 여성의 존엄성의 중요성에 대해 더욱 강한 설득력을 지닐 수 있는 입장이라고 할 수 있다. 즉 성서의 본질적 메시지는 교회 내 여성들의 의식세계를 지금의 자리에서 한 걸음 앞으로 확장시키는 역할을 할 수 있다.

세 번째 페미니스트 성서 해석학의 양태는 '수정주의적' 입장이다. 이 입장은 성서를 전적으로 거부하는 거부주의적 입장과 성서 본문에 전혀 문제가 없다고 보는 충성주의적 입장의 '절충'으로 볼 수 있다. 수정주의적 해석학의 기본 전제는, 유대-기독교 전통이 지닌 가부장주의적 양식은 역사적인 것일 뿐 신학적으로 결정된 요소는 아니라는 입장이다. 즉 사회·역사적 요소 때문에 유대-기독교 전통은 남성지배적이고 남성중심적이며 차별적이 되었으나, 이러한 특성은 성서로부터 분리될 수 있는 성서 '본래적인 것'은 아니라는 입장이다. 이러한 남성중심적 차별의 전통은 개혁 가능성을 내포하고 있으며 관점의 전이도 가능해진다. 따라서 수정주의적 해석학은 유대-기독교 전통에서 간과해온 여성의 역사를 재구성하는데, 이 과정에서 역사적 자료를 재검증하고 재해석하게 된다. 고대 자료에서 여성의 긍정적 역할을 발굴하기 위해 '행

---

21 이러한 입장의 대표적 예는 다음에서 볼 수 있다. Richard and Joyce Boldrey, *Chauvinist or Feminist? Paul's View of Women,* Baker, 1976; Evelyn and Frank Stagg, *Woman in the World of Jesus,* Westminster, 1978.

간 읽기reading the between line'의 역사적 의미를 수용하고, 남성우월주의적이고 여성혐오적인 자료는 주석과 해석을 통해 문화적 영향을 밝히게 된다. 필리스 트리블Phyllis Trible이 이러한 성서 해석학적 입장을 수용하고 있으며, 그 외의 다양한 출판을 통해 이 입장을 지닌 성서 해석학적 작업이 활발히 전개되고 있다.[22]

네 번째는 '승화주의적' 입장으로, 이는 낭만주의적 페미니즘이라는 전제 속에 전통적인 남성성과 여성성의 이원론적 구분을 수용한다. 다만 전통적 입장과 다른 점은 우월한 가치가 이제 남성성이 아닌 여성성에 부여된다는 데 있다. 여성적인 것은 남성적인 영역과는 분리되어 존재하기 때문에 평등성이나 평등주의를 생각하기 어렵다는 입장이다. 이 승화주의적 입장은 여성은 생명수여life-giving의 특성을 지닌 덜 이기적인 존재이며, 폭력과 죽음을 사랑하는 남성과는 비교할 수 없다는 고도의 낙관적인 여성 이해를 바탕으로 한다. 따라서 '여성중심적 페미니즘gynocentric feminism'이라고도 할 수 있는데,[23] 여성을 모성적이고 보육적인 존재로, 남성을 선천적으로 폭력적인 존재로 보면서 남성과 여성의 분리적 성향을 강하게 띤다. 이러한 페미니즘적 입장을 전제로 한 승화주의적 성서 해석학은 성서의 상징 속에서 '영원한 여성성'을 찬양하는 데 쓰일 수 있는 자료를 발굴한다. 예를 들어 이스라엘은 신의 처녀이며 신부로서, 교회는 예수 그리스도의 신부이며 신실한 자의 어머니로서, 그리고 마리아는 이스라엘과 교회 그리고 여성적 신비feminine mystique의 상

---

22 Cf. Phyllis Trible, *God and the Rhetoric of Sexuality*, Fortress, 1978; George H. Harvard, *Women in Christian Tradition*, University of Notre Dame Press, 1973.
23 Cf. Iris Young, "Humanism, Gynocentrism and Feminist Politics", *Women's Studies International Quarterly*, 1985, p.8.

징으로 해석한다. 이러한 여성적 상징이 승화주의적 해석학이 관심을 두는 측면이다. 최근에 이르러 신과 그리스도의 여성적 이미지는 중요한 관건이 되어왔다. 즉 교부신학적 문서와 기독교 묵시문학에서 나타나는 소피아 그리스도Christ-Sophia와 성령의 여성적 상징 등이 이러한 것들이다. 이러한 영원한 여성성을 찬미하는 승화주의적 성서 해석은 기독교 문학과 성화를 통해 지속적으로 표현되어왔다.

그러나 승화주의적 성서 해석의 결정적 한계는 사회·정치적 차원으로부터 단절된 분리주의적이며 배타적인 측면이 있다는 점이다. 또한 여성과 남성의 생물학적 구분을 본질적인 것으로 받아들이는 생물학적 본질주의biological essentialism는 사실상 페미니즘이 오랫동안 극복하고자 했던 가부장주의적 여성 이해를 또 다시 수용하는 것으로 '절망과 후퇴의 정치'라는 비판을 면하기 어렵다.[24]

다섯 번째는 '해방주의적' 입장이다. 이 입장은 최근에 가장 많이 논의되고 있으며 나는 이 해방주의적 입장이 페미니스트 성서 해석학의 의미를 더욱 분명히 드러내준다고 본다. 이 해방주의적 성서 해석학은 차별구조로부터의 해방을 지향한다는 포괄적 의미에서 기존의 해방신학적 추구와 유사한 측면이 있다. 그러나 인종차별주의에 우선 관심을 두는 흑인 해방신학이나 계층차별주의에 중요한 강조점을 두는 남미 해방신학과는 달리 해방주의적 페미니스트 성서 해석학은 '가부장주의'에 따른 성차별주의에 우선적인 관심을 둔다. 이러한 상이성 때문에 기존의 해방신학적 입장과 페미니스트 입장을 유사한 것으로 보는 것은 상이한 억압구조를 '억압'이라는 보편 개념으로 묶어버림으로써 구체적

---

24 Cf. Lynne Segal, *Is the Future Female? Troubled Thoughts on Contemporary Feminism*, Virago Press, 1987, p.37.

해방의 과제를 모호하게 할 위험성이 있다.

이러한 해방주의적 성서 해석학의 전제는 사회적 존재로서의 인간으로부터 인간의 영적이고 반사회적인 구속redemption을 분리할 수 없다는 점이다. 오히려 사회·경제적 인간화는 구속의 외적 표명이라고 이해할 수 있다.[25] 이러한 성서 해석학은, 성서의 중심 메시지는 인간 해방이며, 이는 사실상 구원의 의미라는 사실을 전제하고 있다. 로즈마리 류터는 예언자들과 예수의 비판적 원리를 성서의 핵심으로 간주했고, 이러한 해방주의적 관점을 제일 먼저 전개한 레티 러셀은 성서를 창조를 위한 신의 해방적 행위를 증거하는 책으로 보았다. 특히 러셀은 미래 신의 나라의 해방적 특성과 보편성을 연관시키면서《신약성서》와《구약성서》의 다양한 주제를 검증하고, '새 하늘과 새 땅'의 종말론적 약속이야말로 성서의 해방적 핵심이라고 결론 내리기도 했다.[26] 러셀과는 다른 측면에서 해방주의적 입장을 견지하는 로즈마리 류터는 예수와 예언자들이 그 당시의 정치·경제·종교적 권력을 비판한 것과 같이 이제 크리스천들은 가부장주의적 권력구조를 비판해야 한다고 주장한다. 예수나 예언자들이 가부장주의를 표면적으로 비판하지는 않지만, 그들의 비판적 구조는 지배와 종속의 가치를 정당화하는 가부장주의적 구조를 불의로 규정하고 비판하는 해방적 원리를 제공하기 때문이다.[27]

이제 해방주의적 성서 해석학적 논의에서 가장 중요한 공헌을 한 엘리자베스 쉬슬러 피오렌자를 살펴보자. 쉬슬러 피오렌자는 우선 성서

25　Cf. Rosemary Radford Ruether, *Sexism and God-Talk: Toward a Feminist Theology*, pp.215~216.
26　Letty Russell, "Feminist Critique: Opportunity for Cooperation", *Journal of the Study of the Old Testament*, 22, 1982, pp.54~66. *Human Liberation in a Feminist Perspective*, Westminster Press, 1974, pp.27~33, 56~58.
27　Cf. Ruether, *Sexism and God-Talk*.

를 고정적 원형archetype이 아니라 변화를 향해 열려 있는 전형prototype으로 보았다. 즉 해방과 구원에 대한 공동체적 비전은 성서에서 직접 도출할 수 있는 것이 아니며 성서로 특징 지워지는 것이다. 신의 계시는 성서 속에서 일회적으로만 나타나는 것이 아니라 인간의 구원을 향해 끊임없이 지속되는 것이다. 그러므로 성서의 특정한 구절이나 전통에서가 아니라 종교가 지닌 여성과의 연대성 속에서 계시의 의미를 찾을 수 있다. 따라서 교회 여성은 성서적 구조와 전통을 그저 재생산하도록 부름받은 존재가 아닌 성서적 유산을 기억하고 갱신하도록 부름받은 존재라고 할 수 있다.[28]

쉬슬러 피오렌자는 네 가지 양태의 페미니스트 성서 해석학적 모델을 제시한다.[29] 첫 번째 모델은 '의심의 해석학hermeneutics of suspicion'이다. 성서 본문과 그에 대한 이해 사이에는 언제나 거리가 있다. 즉 언어로 어떠한 것을 말하고 의미하는 것이 그것을 읽고 해석하는 이들에게는 그들이 속한 역사·문화적 정황에 따라 다르게 나타날 수 있다. '의심의 대가들masters of suspicion'로 불리는 마르크스, 니체, 프로이트가 기존의 개념에 대한 근원적 의심에서 논의를 전개한 것처럼, 페미니스트 성서 해석학은 성서 본문과 그에 대한 해석을 의심과 비판의 관점으로 검증해야 한다. 이는 잃어버린 동전을 찾기 위해 있는 성서의 여인처럼, 가부장주의적 본문과 해석 속에서 잃었던 해방의 전통과 비전을 찾는 과정이다. '의심의 해석학'을 하기 위해서는 첫째, 해석자의 의식화와, 둘째, 조직적

---

28 Cf. Elisabeth Schüssler Fiorenza, *Bread not Stone: The Challenge of Feminist Biblical Interpretation*, Beacon Press, 1984, pp.10~15.
29 Cf. Elisabeth Schüssler Fiorenza, *Bread not Stone*, pp.15~22; idem, "Feminist Hermeneutics", *Dictionary of Feminist Theologies*, eds., Letty Russell & J. Shannon Clarkson, Westminster John Knox Press, 1996.

분석이 필요하다. 이러한 의심의 해석학은 성서 본문과 그에 대한 전통적 해석이 남성중심적이며 가부장제적인 기능을 강화하는 데 쓰였다는 전제로부터 출발한다. 왜냐하면 성서의 저자와 해석자 대부분이 남성이었기 때문이다. 이러한 의심의 해석학을 통해 남성중심적 오역, 가부장주의적 해석, 구약에서의 모성적 하나님 이미지의 발굴, 초대교회 여성의 사도직과 지도력 등을 재발견했고, 여성을 주변화하고 불가시적으로 만드는 언어를 지적하고 그에 따른 비판적 번역을 요청할 수 있다.

쉬슬러 피오렌자가 제시하는 두 번째 모델은 '선포의 해석학hermeneutics of proclamation'이다. 억압적이고 가부장제적인 성서 본문과 성차별주의적 전통은 '신의 계시'라는 권위를 결코 부여받을 수 없음을 분명히 선포해야 한다. 또한 페미니스트적인 본문이라 할지라도 가부장제적 행위를 강화하고 억압적 가치를 주입하는 데 쓰일 수 있다는 사실을 기억해야 한다. 따라서 선포의 해석학은 첫째, 성차별주의적·가부장주의적 성서 본문은 성구집lectionary과 예배, 교리문답서 등에 포함하지 말아야 하며, 둘째 인간이 자유와 통전성의 비전을 창출하는 성서의 본문은 예배와 교회의 가르침에서 적절하게 쓰이고 해석되어야 한다고 말한다.

세 번째 모델은 '기억의 해석학hermeneutics of rememberance'이다. 피오렌자에 따르면, 역사-비판적 재구성을 통해 모든 성서 전통을 재발견하고 여성의 고통과 희망의 경험을 발굴하고 기억해야 한다. 기억의 해석학은 죽은 이들의 비전과 고통, 좌절과 희망을 재주장하는 '위험한 기억 dangerous memory'이 될 수 있지만 이를 통해 과거와 현재, 미래 여성들과의 전인류애적 연대성universal solidarity을 형성할 수도 있다. 따라서 '기억의 해석학'은 역사적 재건의 이론적 모델이기도 하다.

네 번째 모델은 '창조적 실현의 해석학hermeneutics of creative actualization'이

다. 이는 끊임없이 계속되는 해방적 성서 이야기에 적극적으로 관여하는 해석학으로, 역사적 상상, 예술적 창조, 제의화ritualization의 도움으로 성서 이야기에 관여하는 해석학이다. 페미니스트 해석학이란 여성신학과 마찬가지로 비판적일 뿐만 아니라 구성적이며, 과거지향적일 뿐만 아니라 미래지향적이기도 하다. 따라서 이야기와 시, 연극과 예배, 노래와 춤 등에서 우리는 이전에 살았던 성서 속 여성들의 고통과 승리를 재발견할 수 있다.

쉬슬러 피오렌자는 자신의 해석학적 중심을 '여성 교회ekklesia gynaikon'에 두고 있다.[30] 여기서 말하는 여성 교회란 여성만의 배타적 교회가 아니라 가부장주의적 교회의 대안이 되는 정치적 개념으로서 '대화적 평등 공동체dialogical community of equals'를 의미한다. 이러한 대화적 평등 공동체를 통해 자유, 정의, 구원의 성서적 비전을 경험하며 새로운 권능을 부여받는 생명력 있는 성서 해석학이 가능해진다.

4. 변혁의 원동력으로서의 성서 해석학

개신교는 '항상 개혁하는 교회ecclesia semper reformanda'를 지향한다. 교회는 끊임없는 자기비판을 통해 좀 더 온전한 모습을 지녀야 하기 때문이다. 또한 종교개혁으로 성서에 대한 교회의 절대적 권위 주장에 도전하고, '오직 성서로만'의 원리에 따라 성서 자체가 지닌 권위의 중요성을 부각하면서 성서 해석자의 역할은 더욱 중요해졌다. 이러한 개신교적 이해에

---

30 Cf. Elisabeth Schüssler Fiorenza, *Discipleship of Equals: A Critical Feminist Ekklesialogy of Liberation*, Crossroad, 1994.

서 볼 때, 현대의 성서 해석학은 단지 주어진 성서 본문을 읽고 해석하는 것뿐 아니라 변화를 추구하는 과제를 안고 있다. 즉 '항상 개혁하는 교회'가 되기 위한 성서 해석은 '가치중립적인 것'이 아닌, 신의 나라의 이상을 이 땅에 실현하기 위한 여정에서 필요한 '변혁의 원동력'이 되어야 한다. 앞서 논의한 바와 같이 성서 해석은 종교적 행위만이 아닌 사회·정치적 행위이다. 따라서 성서 해석자가 원하든 원하지 않든 해석의 행위는 이미 기존의 현실구조에 대한 해석자의 관점을 반영하며, 그러한 관점의 반영은 직·간접적인 정치적 행위가 된다.

그렇다면 현대의 성서 해석학의 과제는 무엇인가. 나는 헤르메스의 역할을 다시 한번 떠올리면서 현대 성서 해석학의 과제를 생각해보고자 한다. 헤르메스는 자신의 역할을 수행하기 위해 신의 뜻과 의지가 무엇인지를 잘 파악함과 동시에 그 메시지를 전달하기 위해 인간이 사용하는 특정한 표현양식에 대해서도 능통해야 한다. 신의 뜻과 특정한 표현양식을 잘 파악하기 위해서는 성서 본문에 대한 진지한 경청이 필요하며, 인간의 특정한 표현양식은 그들이 연관되어 있는 세계에 대한 올바른 이해를 통해서만 파악이 가능하다. 그렇다면 현대의 성서 해석학은 정치·사회적 정황에 더욱 깊은 관심을 가져야 하며, 그 안에서 신의 뜻이 무엇인가를 파악해야 할 과제가 있다. 종교가 점점 주변화되어 가는 현대사회에서 성서의 의미가 생명력을 지니기 위해서는 현대사회의 위기와 정황에 대한 민감성을 바탕으로 방관적인 객관성에 집착하기보다는 현실적 정황에 대한 치열한 '관여로서의 해석학'이 되어야 한다. 이미 있는 것, 주어진 것에 대한 단순한 해석과 이해만으로는 인간의 삶을 변화시킬 수 있는 신의 메시지를 전달하기 어렵기 때문이다.

'다양성의 찬양'을 강조하며 이제까지 주변부에 있던 것을 의미 있는 것으로 부각시키는 데 공헌한 현대 포스트모더니즘은 비정치성과 비역사성 때문에 다음과 같은 비판을 받는다.

> 거의 상상할 수 없을 정도의 혐오감을 나타내는 전문 용어들이 그들의 문체를 지배한다. 포스트모더니즘, 담론 분석, 신역사주의, 해체, 신실용주의와 같은 유행이 그들을 현실과 유리된 지역으로 데려간다. 역사의 중력과 개인의 책임에 관한 놀라운 무력감은 공공 문제들과 공공담론에 미미하게 관심을 가지게 한다. 그 결과 우리를 가장 낙담시키는 것은 일종의 실수 연발이며, 하나의 총체로서의 사회는 방향성이나 일관성 없이 표류하고 있다. 인종차별, 가난, 생태계 파괴, 질병, 놀랍게 퍼진 무지의 문제들은 매체와 선거운동 기간 중의 별난 정치 후보자에게 떠맡겨지고 있다.[31]

포스트모더니즘에 대한 위와 같은 비판을 보면서, 현대의 해석학 논의에도 이와 같은 추상적 전문용어와 복잡한 담론 형성으로 현실과의 연관성을 상실하는 위험성이 있다고 느낀다. 특히 성서라고 하는 특정한 텍스트에 대한 해석과 그 전달을 과제로 삼는 성서 해석학이 지나치게 복잡하고 추상적인 담론을 형성하고자 할 때 탈역사적이며 탈정치적인 성향을 벗어나기 어렵기 때문이다. 따라서 어떻게 다양한 해석학적 담론을 발전시키는 동시에 프락시스에 대한 구체적 민감성을 잃지 않는가가 현대 해석학이 관심 가져야 할 중요한 과제이다.

현대사회에서 경험할 수 있는 신앙의 위협은 사실상 성과 속의 경계가 무너지는 '세속화'가 아니라 다양한 종류의 '비인간화'라고 나는 본

---

31 에드워드 사이드, 김성곤 & 정정호 역, 《문화와 제국주의》, 도서출판 창, 1995, p.516.

다. 빈부 격차로 인한 계층차별, 인종 차이로 인한 인종차별, 성에 근거한 성차별, 강대국의 신식민주의적 정치·문화 정책, 인간의 자연착취로 인한 생태계 위기 등, 다양한 비인간화와 위기 상황에서 우리가 들어야 할 신의 메시지는 무엇이며, 그러한 메시지는 어떠한 변혁의 원동력이 될 수 있는가. 또한 그러한 변혁의 여정에 성서 해석학은 어떠한 관여를 할 수 있는가. 이러한 물음은 성서 해석학적 담론에서 끊임없이 논의해야 할 문제이며, 이에 대한 답을 통해 현대 성서 해석학의 과제를 좀 더 분명하게 설정할 수 있다. 신의 나라를 이 땅 위에 건설하고자 하는 여정에서 나타나는 비인간화의 억압구조로부터 '모든 인류의 해방'이라는 공동의 신학적 과제 앞에서 성서 해석학은 구체적이고 억압적인 상황에 개입하는 '상황 지워진 관여situated commitment'로 나아갈 때 비로소 진정한 헤르메스의 역할을 수행할 수 있다.

제10장

에큐메니컬 해석학

1. 해석과 권력의 상호 연관성

해석학을 단순하게 정의 내린다면 '해석이론theory of interpretation'이라고 할 수 있다. 원래 해석학이란 용어는 그리스 신화에 나오는 신들의 메신저인 헤르메스를 지칭하는 단어를 포함하고 있다. 헤르메스의 과제는 인간에게 신들의 결정과 계획을 설명하는 것이며, 따라서 신적 영역과 인간의 영역 사이의 거리를 연결하는 역할을 한다. 이러한 신화적 이해와 유사하게 해석학이란 두 영역, 즉 텍스트나 예술작품 영역과 그것을 이해하고자 하는 사람들 사이의 관계를 검증하는 역할을 한다고 볼 수 있다.[1] 이러한 외면적 정의에 따르면 해석학은 단순해보인다. 그러나 '해석'에 대한 이론을 확립하는 것은 참으로 복잡한 것이어서 성서적 해석학,

---

[1] Cf. William Henn OFM Cap., "Hermeneutics and Ecumenical Dialogue: BEM and Its Responses on Apostolicity", a presented paper at Lyon, 1996.

신학적 해석학 또는 철학적 해석학 등의 분류를 통해 알 수 있는 바와 같이, 텍스트를 이해하고 해석하고자 하는 단순한 의도가 더 이상 단순한 것이 아님을 우리는 알 수 있다.

현대의 해석학적 논의는 해석자의 문화적, 역사적 또는 개인적 정황과 경험 안에서 이루어지기 때문에 이른바 해석 자체에만 관심을 갖던 이전과는 달리 해석의 주체인 해석자에 대한 논의 또한 주요한 변수로 간주한다. 즉 '누가' 해석을 하는가. 이러한 해석을 통해 '어떠한 결과'가 야기되는가. 또는 해석자는 '어떠한 권력' 구조 안에 서 있는가가 해석학적 논의에서 중요한 문제로 등장했다. 특히 해방신학이나 페미니스트 신학 등 이른바 역사에서 주변화되어온 이들의 소리가 부각되면서, 이제까지의 '해석'이란 한 사회에서 지배적 힘이 있는 이들이 기존 구조를 그대로 유지·강화하고자 하는 의도로 전개해왔다는 비판이 제기되기 시작했다.[2] 즉 하나의 지식체계로서의 해석학은 권력과 언제나 상관관계에 놓여 있다. 이렇듯 해석학에 대한 논의는 현대사회의 문제가 다원화되고 복잡해짐에 따라 더욱 중요한 문제로 등장했다. 그렇다면 성서적, 신학적 또는 철학적 해석학과는 다른 목적을 지닌 듯한 '에큐메니컬 해석학'이란 무엇인가.

나는 1996년 3월 13일부터 20일까지 프랑스 에큐메니컬 운동의 중심지인 리옹에 열린 '에큐메니컬 해석학 연구모임Consultation on Ecumenical Hermeneutics'에 참석했다. 이 모임은 세계교회협의회의 '신앙과 직제위원회' 산하에 있는 연구모임으로, 이미 이전에 작성한 '에큐메니컬 해석학'에 대한 문서의 초안을 중심으로 연구를 진행할 목적으로 소집되었다.

---

2 이러한 해석학적 논의는 Elisabeth Schüssler Fiorenza, *In Memory of Her: A Feminist Theological Reconstruction of Christian Origins*, Crossroad, 1983의 특히 1장과 2장을 참고하라.

지역, 교회 또는 전문 분야의 다양성을 고려해 초청한 14명과 세계교회
협의회의 '신앙과 직제위원회' 스태프들로 구성되었으며, 아침 8시부터
밤 9시까지 공식 프로그램은 물론 그 이외의 시간까지도 열띤 토론과
논쟁으로 채운 진지한 시간이었다. 나는 '동아시아 페미니스트 신학자'
라는 이중의 대변성을 지닌 사람으로 이곳에 참석했으며, 다양한 의미
에서 '에큐메니컬 해석학'적 논의가 에큐메니컬 운동에서 지니는 중요성
을 인식하는 계기가 되었다. 로마의 그레고리 대학 교수인 가톨릭 신학
자와 미국 오클라호마 필립스 신학대학 학장인 개신교 신학자의 에큐메
니컬 해석학에 대한 연구발표가 있었으며,[3] 그 외에는 이전 연구모임에
서 작성한 〈성서에 따르면……〉이라는 문서를 한 글자 한 글자 점검하
며 내용이나 형식을 수정, 첨가 또는 보충하는 작업을 했다. 이 장에서
는 여기서 발표한 논문과 문서 그리고 토론의 논의를 중심으로 에큐메
니컬 해석학에 대해 소개하고자 한다.

2. 에큐메니컬 해석학적 논의의 배경

널리 알려진 바와 같이 '신앙과 직제위원회'는 1948년 세계교회협의회
가 정식으로 형성되기 이전인 1927년 로잔에서 이미 하나의 교회일치
운동으로 시작한 세계교회협의회의 모체이다. 이러한 배경을 지닌 '신앙
과 직제위원회'에서 '해석학'이라고 하는 중요한 이슈에 관심을 갖는 것
은 놀랍거나 새로운 일이 아니다. '신앙과 직제위원회'의 역사를 보면 보

---

[3] 가톨릭 신학자가 발표한 논문은 주1에 소개했고, 개신교 신학자의 논문은 William Tabbernee, "BEM and the Eucharist: A Case-Study in Ecumenical Hermeneutics"라는 제목의 글이다.

이게 또는 보이지 않게 해석학은 언제나 중요한 이슈였으며, 특히 1960~1970년대에는 해석학에 대한 강조가 두드러졌기 때문이다. 이 문제에 대한 연구모임이 본격적으로 구성이 된 해는 1994년이었다. 이렇게 에큐메니컬 해석학 연구모임이 정식 구성되기까지 세계교회협의회에서 전개한 해석학에 대한 관심을 간략하게 살펴보자.

제2차 세계대전 동안 교회는 성서의 적절성을 재발견하기 시작했다. 새로운 '성서운동'과 같은 것이 일어났고, 이러한 분위기에서 세계교회협의회 연구분과는 현대적 삶의 다양한 영역에서 성서의 권위, 성서의 올바른 해석 그리고《구약성서》와《신약성서》의 관계 등에 대한 물음을 연구하는 여러 회의를 구성했다. 그 결과가 1949년에 나온〈성서 해석을 위한 길잡이Guiding Principles for the Interpretation of the Bible〉이다. 이는 성서 본문의 역사적 해석을 고백신학과 결합했으며, 신의 구원의 역사에 대한 증거로서《신약성서》와《구약성서》의 일치를 강조하는 보고서이다. 시대가 복잡해지면서 성서를 어떻게 이해할 것인가는 점점 중요한 문제로 부각되고 있다. 특히 성서가 쓰여진 시대와 현대는 너무나 다르기 때문에 성서 본문의 정황을 현대의 다양한 이슈에 모두 적용시키기는 쉽지 않다. 또한 성서의 해석은 언제나 해석자가 서 있는 전통에 따라 달라지기 때문에 각기 다른 전통에 있는 이들이 일치된 성서 해석을 하기는 더욱 어렵다.

이러한 자각에 따라 경전으로서의 성서Scripture와 전통Tradition의 관계에 대한 연구를 시작했으며, 그 결과가 1963년 몬트리올에서 열린 제4차 '신앙과 직제 세계대회'에서 나온〈경전, 전통 그리고 전통들Scripture, Tradition and Traditions〉이라는 보고서이다. 몬트리올 세계대회는 '올바른 해석right interpretation'은 무엇인가에 대한 연구의 필요성을 제기했고, 이에 대한 인식에 따라 연구 프로그램을 결성해 1967년 브리스톨에서 열린 '신앙과 직제위원회' 모임에서 〈에큐메니컬 운동을 위한 해석학적 문제의 중요성The Significance of the Hermeneutical Problem for the Ecumenical Movement〉이라는 제목으로 보고했다. 이 보고서는 문학비평과 역사비평을 통한 성서 주석 과정을 수용하고 그 비평으로부터 신학적 조명을 했다. 브리스톨 모임에서 그 다음 과제는 성서의 권위에 대한 연구라는 의견을 모았고, 그 연구결과는 1971년 루뱅 모임에서 〈성서의 권위The Authority of the Bible〉라는 제목으로 보고했다. 이 보고서는 성서 해석이 지닌 문제점을 잘 지적한다. 즉 성서는 각기 다른 교회들이 각기 다른 방식으로 읽고 있으며, 각기 다른 입장을 정당화하기 위해 쓰였다는 것이다. 성서 해석의 과정은 오늘날 매우 다른 조건과 정황에서 이루어지기 때문에 그 결과 역시 필연적으로 다를 수밖에 없다. 이러한 문제를 인식하면서 성서의 권위는 그것을 권위로 경험했을 때만 현존하는 현실이라는 결론에 도달했다. 즉 성서의 권위는 '관계적 개념relational concept'으로 인식되어야 한다는 것이다.

이어 1982년에 흔히 〈리마 문서Lima Text〉라고 부르는 〈세례, 성찬식, 목회BEM: Baptism, Eucharist, Ministry〉 문서가 나오면서, 상이한 고백전통으로 상이한 성서 해석이 이루어질뿐만 아니라 에큐메니컬 문서에 대한 해석도 마찬가지 현상이라는 사실을 인지하게 되었다. 그래서 에큐메니컬 해석학에 대한 물음은 '우리가 어떻게 에큐메니컬하게 신학을 할 수 있는가?'라는 주제와 연관되었다. 1993년에 '신앙과 직제 세계대회'에서 재차 해석학의 문제를 진지하게 연구하기로 결정했고, 그 결과 1994년 5월 2일부터 8일까지 아일랜드의 더블린에서, 그해 11월 24일부터 28일까지 미국 보스턴 에큐메니컬 해석학 연구모임의 결과로 〈성서에 따르면……〉이라는 문서가 도출되었다.

이렇게 에큐메니컬 해석학에 대한 관심은 긴 역사를 지니고 있다. 앞서 밝힌 바와 같이 내가 참석한 연구모임은 〈성서에 따르면……〉이라는 문서를 세분화하고 심층적으로 연구해 에큐메니컬 해석학의 원리principles와 지침guideline을 작성하는 데 목적이 있었고, 그 결과는 〈성장하는 코이노니아를 위한 해석학을 향해Towards a Hermeneutics for a Growing Koinonia〉라는 제목의 문서로 집약되었다.

3. 에큐메니컬 해석학의 주요 쟁점

앞서 밝힌 바와 같이 현대의 모든 해석학적 논의에서 가장 주요한 전제는 완전한 '중립적 해석'의 불가능성이다. 특히 에큐메니컬 해석학은 다른 해석학과 마찬가지로 텍스트texts, 상징symbols 그리고 실천practices의 세 영역에 관심을 두지만, 다른 해석학과는 달리 다양한 교회가 대화에 관여할 때 그러한 텍스트, 상징, 실천을 어떻게 해석하고 수용하는가에 좀 더 초점을 맞춘다. 그러한 해석학적 방식의 상이성 때문에 사실상 교회가 분리돼왔기 때문이다. 이러한 점에서 볼 때 중립적 해석의 불가능성에 대한 전제는 매우 중요하다. 왜냐하면 각기 다른 교리와 실천구조를 지닌 교회가 자신의 해석만을 보편적이고 객관적으로 타당한 것으로 주장할 때 에큐메니컬 운동의 목적인 '교회들의 일치'보다는 분열의 구조를 지속적으로 유지할 수 있기 때문이다.

또한 기독교 신앙은 분명 성령의 인도함으로 형성되지만 동시에 거기에 정체되지 않는 '역동적인 것'이며, 이해와 해석의 법칙이 작용하는

'역사적 과정'이라는 점이 에큐메니컬 해석학적 논의에서 분명히 인식해야 한다. 신앙이 역사적 과정이라는 사실은 노예제도나 종족 간 분리를 신앙의 이름으로 묵인한 역사를 봐도 알 수 있다. 특정한 텍스트의 왜곡된 해석을 통해 개인의 신앙을 왜곡할 뿐만 아니라, 교회 간 분리를 당연시하고, 더 나아가서 흑인, 여성, 약자에 대한 억압을 정당화해왔다. 그러므로 에큐메니컬 해석학은 첫째, 기독교 공동체의 분리를 치유하고, 둘째, 사회적이며 문화적인 경계를 넘어서는 복음을 드러내며, 셋째, 이러한 두 가지 과제가 이루어지는가를 파악하는 교회의 분별 과정을 수행하는 데 기여할 수 있다.

1) 에큐메니컬 해석학의 목표

에큐메니컬 해석학의 특정 목표는 에큐메니즘의 목표와 연결되는 것으로, 예수의 기도(요한복음 17장)에서 명시한 바와 같이 크리스천들과 그들이 모인 '교회의 일치'이다. 에큐메니컬 해석학은 이러한 일치를 가시적으로 만들고 일치의 차원을 증대한다. 그러나 '교회의 일치'는 모든 '인류의 일치'로부터 분리할 수 없는 것이다. 따라서 에큐메니컬 해석학은 성서와 사도 신앙 안의 텍스트, 상징, 실천의 범주에만 제한하지 않고, 그것을 넘어서서 인류의 일치 차원에까지 관심을 두어야 한다. 크리스천 일치의 이슈와 모든 인류의 일치에 영향을 주는 다양한 사회적·문화적·종교적 차별에 관련한 이슈의 상호 역할은 에큐메니컬 해석학이 이 두 영역의 자료를 다루어야 함을 의미한다. 실제로 에큐메니컬 해석학의 과정과 결과를 통해 교회는 서로를 분리하기보다는 함께 일할 수 있는 힘을 부여받는다. 또한 교회가 그들의 역사적 분리에도, 공통의 성서적 유산과 사도 신앙이 있다는 것은 에큐메니컬 해석학을 가능하게 하는 동시에 어렵게도 한다. 에큐메니컬 해석학을 가능하게 하는 배경은 에큐메니컬 대화 상대들이 공동의 자료가 있다는 점에 연유한다. 동시에 어렵게 하는 요인은 기독교 역사에서 이러한 자료에 대한 각기 다른 해석을 오랫동안 지녀왔다는 사실이다. 따라서 에큐메니컬 해석학은 대화 상대들이 지니는 개방성의 정신spirit of openness에서만 가능하다고 볼 수 있다.

2) 에큐메니컬 해석학의 조건

에큐메니컬 해석학은 첫째 대화적 관점, 둘째 도전 받는 것에 대한 개방성, 그리고 셋째 공통 범주의 수용 등 세가지 조건을 지닌다. 각 항목을 간략하게 살펴보자. 첫째, 에큐메니컬 해석학에 관여하는 이들은 '대화적 관점dialogical perspective'을 지녀야 한다. 에큐메니컬 해석학의 출발점은 다양한 문화적, 사회적, 지리적, 그리고 역사적 배경을 지닌 교회에서 온 대표들 간의 대화이다. 그 대표들은 각자를 대화의 동등한 상대로 생각한다. 즉 그들은 자기가 속한 교회의 입장을 대변하는 과제도 있지만, 동시에 대화 상대의 관점에서 그들의 관점을 조명해보고자 하는 의지를 지녀야 한다. 진정한 대화란 단지 정보를 교환하는 차원에 머무는 것이 아니라 전통의 해석과 이해에 있을 수 있는 편견이나 한계를 대화 상대를 통해 점검하도록 주의를 기울여야 함을 의미한다. 따라서 에큐메니컬 해석학에서 첫 번째 조건인 '대화적 관점'은 각 교회가 지닌 사회, 문화, 신학적 관심을 점검하며, 자신의 개념적 전이conceptual shift가 가능할 수도 있음을 고려해야 한다.

개념적 전이의 예를 들자면, 가부장제적 전통의 억압구조에 대한 새로운 인식을 통해 이전에 갖지 못한 새로운 평등주의적 관점을 교회가 형성하게 된다. 이러한 개념적 전이는 '교회의 일치'뿐만 아니라 모든 '인간의 일치'에 기여한다는 점에서 에큐메니컬 해석학의 주요 조건이 된다. 내가 참석한 모임에서 몇 가지 열띤 논쟁적 주제가 있었는데, 그중 하나가 바로 교회와 사회의 가부장주의적 구조에 대한 문제였다. 특히 이른바 강한 보수주의 전통을 지닌 교회에서 온 이들은 이러한 문제에 대한 언급이 전통에 위배된다고 생각했기 때문에 이 문제의 중요성을 생각하는 이들과의 논쟁 과정을 거치지 않을 수 없었다. 결국 대화적 관점은 이 가부장주의적 구조의 문제를 에큐메니컬 해석학 문서에 언급하도록 결정하게 했다는 점에서 그 모임의 참석자들은 에큐메니컬 해석학에서 '대화적 관점'의 중요성을 구체적으로 체험하게 되었다.

둘째, 도전받는 것에 대한 개방성을 지녀야 한다. 에큐메니컬 모임에 참석한 이들이 언제나 하는 경험이지만, 다양한 전통과 교리를 지닌 교회 대표들이 모일 때 가장 어려운 문제는 대부분의 대표들이 도전받는 것에 대한 거부감이 있다는 점이다. 자신이 속한 전통을 배타적으로 변호만 하려고 할 때 사실상 에큐메니즘 정신을 실현하기란 불가능하다. 에큐메니컬 해석학은 다른 해석학과는 달리 개인적으로 형성된 이론이 아니라 대화를 통해 형성된다는 특성이 있다. 따라서 서로가 자신이 속한 교회의 전통이나 이해를 끊임없이 비판적으로 점검하는 일이 무엇보다 필요하다. 바람직한 도전을 통해 교회의 전통이 파괴되는 것이 아니라 더욱 풍요로워질수 있는 기회를 갖는다는 사실을 인식해야 한다. 이러한 개방성을 지닐 때, 사실상 에큐메니컬 해석학은 교회를 '회개의 정신spirit of metanoia'으로 인도하며 이러한 회개의 정신을 통해 각 교회는 좀 더 성숙한 단계로 나아갈 수 있다.

셋째, 공통 범주를 수용해야 한다. 에큐메니컬 해석학에서의 공통 범주는 일반 범주와 특별 범주로 나뉜다. 일반 범주에서 가장 중요한 점은 첫 번째, 대화 상대가 서로에게 갖는 관용tolerance의 자세이다. 에큐메니컬 해석학의 고정에서 대화 상대는 우선 상대방이 그들 고유의 신앙적 전제에서 하는 해석과 이해 방식을 설명하고 분석하도록 허용해야 한다. 동시에 이러한 과정은 일반 해석학적 이론의 도움을 받아서 좀 더 명료한 해석이 가능해야 한다. 두 번째, 에큐메니컬 해석학에서는 서로에 대해 진지하게 듣는 것attentive listening이 중요하다. 해석의 왜곡은 듣는 이의 편견이나 이념적 전제 때문에 생길 수도 있기 때문이다. 따라서 이러한 편견이나 이념적 전제 없이 해석자의 의도를 그대로 경청하고자 하는 자세를 통해 해석의 왜곡을 피할 수 있다. 세 번째, 관점의 변화이다. 관점의 변화는 서로를 이해할 기회뿐만 아니라 자신의 입장을 점검할 기회를 준다. 에큐메니컬 해석학은 대화 상대가 자신의 해석학적 방식을 비판적 시각으로 분석하는 것을 거부하지 않고 기꺼이 들을 의지가 있어야 비로소 가능해진다. 이러한 과정을 통해 서로의 상이성과 공통성이 분명해지며, 서로가 지닌 상이성과 공통성에 대한 분명한 인식은 좀 더 넓은 에큐메니컬 대화의 지평으로 나아가게 한다. 네 번째, 에큐메니컬 해석학은 언어 사용에 있어서 명증성을 지녀야 한다. 특히 종교 언어는 상징적인 것이 많으므로 특정한 언어나 어구를 쓸 때 그것이 문자적으로 '사실적' 의미인지 또는 '상징적'으로 쓰인 언어인지 분명히 해야 한다. 예를 들어 신을 지칭하는 '하나님 아버지'란 언어는 사실의 표현이 아닌 상징적 표현임을 분명히 명시해야 한다. 페미니스트 신학적 논의에서 제기하는 것과 같이 이러한 신성의 표현에 있어서 '사실'과 '상징'의 혼란은 기독교 역사에서 무수한 왜곡을 일으켰기 때문이다. 다섯 번째, 각 대화 상대는 자신이 속한 교회의 해석이 소외된 이들에 대한 차별과 억압구조를 강화했는지 비판적으로 조명하는 행위를 허용해야 한다. 특히 인류 역사에서의 대표적 차별구조라 할 수 있는 젠더, 인종, 사회계층 그리고 문화에 근거한 차별을 자신이 속한 교회가 왜곡된 해석을 통해 강화하지 않았는가에 대해 비판적으로 점검하는 과정이 절실하게 필요하다. 이상의 다섯 가지 항목이 에큐메니컬 해석학의 형성 과정에서 공통적으로 수용해야 할 일반 범주이다.

특별 범주로는 첫 번째 경전이다. 에큐메니컬 해석학은 대화 상대가 그들의 고유한 범주와 개념으로 성서를 보고 해석하는 것을 허용해야 한다. 성서에 대한 관점을 전통적 성서 주석이나 현대적 성서 주석이 제시한 방법론 안에서 상이하게 형성할 수도 있다. 전통적 방식은 텍스트에 대한 교부적, 예배학적, 설교학적, 교리적 그리고 비유적 접근 방식을 말한다. 반면, 현대적 방식은 역사비판적이고 사회학적인 접근 방식을 말한다. 내가 참석한 리옹의 모임에서는 성서에 대한 사회비판적 접근 방식에 대해 거부감을 표시하는 참석자가 있어서 긴 시간의 논쟁을 거쳐서야 비로소 현대적 접근 방식의 수용 가능성을 에큐메니컬 해석학 문서에 삽입할 수 있었다. 그만큼 전통적 성서 접근법이 아닌 새로운 성서 이해 방식은 아직도 많은 교회가 거부하고 있다. 따라서 이러한 상이한 성서 이해를 바탕으로 출발하는 에큐메니컬 해석학은 성서 접근 방식의 다양성을 서로 인정하는 조건을 필요로 한다. 두 번째 특별 범주는, 대문자 'T'로 표기하는 전통 Tradition과 소문자 't'로 표기하는 전통 tradition이다. 대문자로 표기하는 전통이란 '절대적 의미'를 지닌 '경전'을 지칭하며, 소문자로 표기하는 전통이란 역사적으로 형성된 '상대적 의미'를 지닌 다양한 '전통'이다. 이러한 다양한 전통에는 각 교회의 전통은 물론이고 교부학, 교회사, 역사신학, 교회법, 예배학 또는 역사에서 소외된 그룹으로 형성된 페미니스트 신학, 해방신학 등도 포함된다. 세 번째 특별 범주는 상징과 실천이다. 의미meaning라고 하는 것은 문자를 통해서뿐만 아니라 구전을 통해서도 전승된다. 또한 기독교 예술이나 음악, 예배에서의 색, 성상, 제단, 십자가상 등의 상징이나 표시는 대화 상대가 서로를 이해하는 데 중요한 요소가 된다. 에큐메니컬 이러한 해석학은 해석학의 작업인 해석interpretation, 소통communication 그리고 수용reception에 다양한 자료를 의도적으로 반영해야 한다.

3) 에큐메니컬 해석학의 원리

이 글에서 에큐메니컬 해석의 원리나 지침을 모두 논의할 수는 없다. 종합해보자면, 가장 중요한 에큐메니컬 해석학의 원리는 첫째, 성서 본문 자체에 충실하고 정확한 해석accurate interpretation을 해야 한다는 것, 둘째, 철저한 자기검증을 통해 이념적 왜곡을 피할 수 있는 해석을 해야 한다는 것, 그리고 셋째, 기독교 공동체의 정체성에 관한 해석은 그 범주에 대한 물음과 권위에 대한 물음을 다루어야 한다는 것 등이다. 철학적 해석학이나 신학적 해석학 또는 성서 해석학과는 달리, 대화를 통한 에큐메니컬 해석학에서 필요한 것은 철저한 자기비판적 자세이다. 즉 자신이 속한 교회나 전통의 입장에서 자신의 해석만이 정당하다고 주장하지 않고, 자신의 해석이 지니는 오류와 왜곡을 더욱 철저히 검증해야 한다. 이는 다른 교회나 전통에 속한 이들의 해석에 귀 기울여야 함을 의미하며, 언제라도 도전받을 수 있는 개방성을 지녀야 함을 의미한다. 이러한 자기검증과 개방성을 지니지 못할 때, 성서의 올바른 메시지가 왜곡되기 쉽고, 자신의 정당성만을 위해 도구화되는 위험성이 있다. 결국 에큐메니컬 해석학을 통해 각 교회는 서로에 대한 더욱 폭넓은 이해의 지평을 열 수 있으며, 다른 전통에 대한 이해와 자기변화를 통해 에큐메니컬 운동의 가장 중요한 목표인 '교회들의 일치'와 '모든 인류의 일치'를 향해 나아갈 수 있는 길을 예비할 수 있다.

4. 남아 있는 문제

에큐메니컬 해석학 연구모임에 참석한 후 나는 에큐메니컬 운동의 의미에 대해 좀 더 면밀히 생각하게 되었다. 우선적으로 회의기간 동안 내내 마음을 사로잡았던 물음은 '에큐메니즘의 목표인 교회의 일치의 내용은 무엇이며, 얼마만큼의 일치를 우리는 기대하는가'였다. 흔히게 '일치'라는 말은 하지만 과연 일치의 구체적 내용이 무엇인지, 어느 정도의 일치를 우리는 에큐메니즘에서 기대하는지에 대해서는 분명하게 정리하기는 어려웠다. 또한 일치의 양태 문제도 진지하게 논의해야 한다고 생각했다. 즉 교단 간의 일치 unity of churches 뿐 아니라 개교회 안에서의 일치 unity of church 와 모든 인류의 일치 unity of all humankind 문제는 문화적·성적·사회계층적 분열구조에 대한 새로운 조명을 필요로 하지만 대부분의 경우는 '교회들의 일치' 문제에만 에큐메니컬 운동이 관심을 둔다는 것이다. 인간들 사이의 분열 극복과 개교회 안의 다양한 분열구조를 극복한 일치가 불가능하다면, 개교회를 넘어선 다양한 교회들 간의 일치 역시 불가능할 것 아닌가.

두 번째 딜레마로 남는 것은 '에큐메니컬 대화 상대에 대한 윤리적 판단범주를 어떻게 설정할 것인가'의 문제였다. 즉 대화 상대와의 관계에 있어서 우리는 얼마만큼 상이한 관점에 관용해야 하며, 얼마만큼 옳고 그름의 윤리적 판단을 적용해야 하는가이다. 예를 들어, 성차별주의적인 남성중심주의적 성서 해석이나 교회 전통에 대해 문제를 제기하는 사람이 그러한 구조가 아무런 문제가 없다고 느끼는 대화 상대에 대해 얼마만큼 관용하고 얼마만큼 윤리적 판단을 제시할 수 있는가의 문제는 아주 구체적으로 부딪히는 사항이다. 에큐메니즘이 서로의 상이한 입장 차이에 대한 '관용'의 차원 이상을 현실적으로 벗어나기 어렵다면, 에큐메니즘의 목표인 '진정한 일치'는 어떻게 이루어질 수 있는가. 성차별주의 문제가 이 사회와 교회 안에 심각한 문제로 제기된다는 사실조차 인정하려 하지 않는 대화 상대가 있을 때, 교회 안의 여성과 남성의 분리가 엄연히 존재하는 현실에서 교회들의 일치를 위한 우리의 '관용'은 무엇을 의미하는가. 과연 에큐메니컬 운동은 성차별주의와 같은 구조적 차별 문제를 해결하는 데 도움이 되는가. 또한 개교회 차원에서 대부분의 교회 대표는 남성인데, 어쩌다가 에큐메니컬 모임에만 여성들이 대표로 간다고 해서 구체적 정황에서 실천적 변화를 기대할 수 있는가.

세 번째 딜레마로 느껴진 문제는 에큐메니컬 문서를 '작성하는 과정'과 그 문서가 '읽히는 과정' 사이의 엄청난 거리감이다. 에큐메니컬 문서 작성은 그야말로 무수한 논쟁과 대화의 과정이며, 불일치의 아픔과 이를 극복해나가는 감동의 과정이다. 그런데 이 과정이 하나의 문서로 집약될 때는 문서형성 과정이 지닌 역동성이 전달되기보다는 문서화되고 고정된 정체성으로 밖에 전달되지 않는다는 사실이다. 따라서 '역동성'이 '정체성'으로 변형되는 거리를 어떻게 좁힐 수 있는가의 문제는 여전히 남는다. 또한 이렇게 심혈을 기울여 만든 무수한 에큐메니컬 문서들이 대부분은 실제적으로 개교회에 거의 전달되지 않는다는 문제도 있다. 이러한 사실은 에큐메니컬 운동의 실천력에 위기를 초래할 수 있다. 에큐메니컬 운동을 몇몇 직책을 맡은 사람들만의 관심이 아니라 요한복음 17장의 예수의 기도를 실천하려는 범 기독교적 운동으로 전개해야 한다면, 현재 개교회의 무관심을 극복하는 일은 심각한 문제이다. 한국 기독교의 에큐메니컬 운동이 현상유지적이고 정체화된 운동이 아니라 실천적이고 역동적인 운동으로 성숙하고 확장되기 위해서는, 양적인 교회 성장에 대한 관심만을 지닌 많은 한국 교회가 어떻게 하면 에큐메니컬 운동에 대해 관심을 갖느냐 하는 현실적 문제를 진지하게 논의하고 그에 따라 구체적이고 실천력 있는 대안을 추출해야 한다.

결국 에큐메니컬 해석학의 형성은 에큐메니즘 정신을 좀 더 구체적이고 적극적으로 실천하기 위한 작업을 위해 필요하다. 에큐메니즘의 목표를 좁은 의미의 '교회의 일치'가 아니라 "정의와 평화에서의 모든 인류의 일치"[4]라는 광의로 이해한다면, 에큐메니컬 해석학은 현대사회와 교회에서 정의와 평화에 대한 관념적 의미가 아닌 진정한 의미가 무엇인지를 규명하는 과정이어야 한다. 또한 각 교회들의 역사에서 정의와 평화에 대한 왜곡된 해석을 비판적으로 점검하는 과정이어야 한다. 이러한 개방성 정신에 근거한 에큐메니컬 해석학을 올바로 정립할 때, 비로소 교회의 일치, 교회들의 일치, 그리고 모든 인류의 일치가 가능하며, 우리는 신의 샬롬의 성서적 비전을 실현하는 길에 좀 더 가까이 다가설 수 있다.

---

4 Konrad Raiser, *Ecumenism in Transition: A Paradigm Shift in the Ecumenical Movement*, 1989; WCC Publications, 1991, p.8.

제11장

에코페미니즘과 희년사상: 유토피아적 비전

1. 에코페미니즘의 출현과 의미

현대사회에 등장한 가장 중요한 이슈 중 두 가지는 생태 문제와 여성 문제라고 할 수 있다. 이 두 가지 주제는 각기 상이한 방향에서 전개되었으나 최근 들어 이 두 문제의 공통점이 분석되고 있다. 그리고 이러한 공통점에 대한 분석을 통해 이른바 생태학적 문제와 성차별 문제의 상호 연관성을 인식하고 전개하는 연구가 바로 '에코페미니즘ecological feminism'이다. 즉 에코페미니즘은 문자 그대로 생태학ecology과 페미니즘을 연관시킨 논의로, 성차별sexism의 문제와 자연차별naturism[1]의 문제를

---

[1] 이 용어는 여성학자인 조안 그리스콤Joan L. Griscom이 만들었으며, 인종차별, 성차별, 계층차별과 함께 또 하나의 차별구조를 지칭한다. '자연차별주의'라고 번역될 수 있는 '내추어리즘naturism'은 인간의 자연지배를 나타낸다. Cf. Joan L. Griscom, "On Healing the Nature & History Split in Feminist Thought", *Women's Consciousness, Women's Conscience: A Reader in Feminist Ethics*, eds., Barbara Hilkert Anderson, et al., Harper & Row, 1985.

함께 다루고 있다. 이 장에서는 희년사상이 어떻게 에코페미니즘적 관심과 연관될 수 있는가를 조명하고자 한다.

에코페미니즘은 1970년대에 여성과 자연 사이의 연관성에 대한 인식이 고조되면서 본격적으로 등장했다. 프랑스 작가 프랑수아즈 드본느 Francoise d'Eaubonne가 만든 용어로, 에코페미니즘은 지구를 구하기 위한 생태학적 혁명을 여성이 주도해야 한다는 주장이다.[2] 물론 사실상 생태 문제에 대한 경각심을 불러일으킨 사람을 레이첼 카슨Rachel L. Carson이라고 할 수 있는데, 1962년 《침묵의 봄Silent Spring》[3]이라는 책에서 카슨은 과학적 지식과 자연과의 영적 합일을 통해 토양과 생물체 조직에 쌓인 화학살충제의 파괴적 힘을 분석하면서 생태학적 양심을 요구했다. 카슨의 책이 출판된 후 '생태학'이라는 용어는 공공의 언어로 등장하기 시작했다. 흥미롭게도 1960년대 미국 여성이 쓴 책 두 권이 미국 사회뿐 아니라 전세계 여성사에서도 중요한 사건으로 남아 있는데, 하나가 카슨의 책이고 다른 하나가 앞서 언급한 베티 프리단의 《여성의 신비》[4]이다. 이 두 책은 미국에서 생태 문제와 여성 문제를 가시화했다는 점에서 중요하다. 카슨은 자신을 '페미니스트'라고 규정하지는 않았다. 그러나 1960년대 사람들 대부분이 방관하던 인간의 자연에 대한 착취적 지배에 경종을 울린 사람이 바로 '여성'이라는 사실은 우연이 아니라고 많은 이들은 분석한다.

세계대전 이후 가라앉았던 여성운동을 새롭게 각성시킨 베티 프리

---

2 Francoise d'Eaubonne, "Feminism or Death", in Elaine Marks and Isabelle de Courtivron, eds., *New French Feminism: An Anthology*, University of Massachusetts Press, 1980, pp.64~67.
3 Rachel Carson, *Silent Spring*, Houghton Mifflin, 1962.
4 Betty Fridan, *Feminine Mystique*, 1963; Dell, 1974.

단의 책과 생태 문제에 대한 경각심을 불러일으킨 카슨의 책을 통해 사실상 현대사회의 두 가지 중요한 이슈인 여성 문제와 생태 문제를 모두 여성이 제기했다고 볼 수 있다. 동일한 시기에 여성이 제기한 이 두 가지 주제가 점차 관심을 받으면서 페미니스트들 사이에서는 여성과 자연 사이에 있는 보이지 않는 연관성에 대한 논의가 진행되었다. "쌍둥이 억압twin oppressions"[5]이라고 부르는 여성과 자연의 억압구조가 상호 연관성을 지닌 것으로서 논의되기 시작한 것이다. 이러한 에코페미니즘적 논의가 하나의 운동 차원으로 전개된 것은, 1976년 이네스트라 킹Ynestra King의 사회생태학 연구소Institute for Social Ecology 창설과, 1980년 열린 '지구에서의 여성과 생명: 80년대의 에코페미니즘'이라는 주제의 대규모 학회, 이어서 반생명적 핵전쟁과 핵무기 개발 반대를 위한 '여성의 펜타곤 행동Women's Pentagon Action'이라는 단체가 결성되면서부터이다.[6]

생태계 위기에 대한 논의가 활발해지면서 다양한 운동과 담론이 형성되었는데, 특히 이러한 생태학적 위기를 해결하고 위기의 원인을 규명하는 작업이 활발히 진행되었다. 생태학적 관심에는 두 입장이 있다. 첫째, 자연 자체보다는 인간의 생존 문제가 주된 관심이 되는 경우, 둘째, 자연이 지니는 고유의 가치를 인식하면서 자연과 인간의 상호 의존성과 가치를 새롭게 규정하고자 하는 관심에서 비롯된 경우이다. 첫 번째 입장은 '환경개량주의'라고도 하며, 자원보존, 야생보호, 도덕확장주의 등의 관심을 갖고 전개된다. 그런데 이러한 환경개량주의는 여전히 '인간중심주의적'이라는 비판을 받는다. 즉 자연이 지닌 고유의 가치를 보지 않고 여전히 자연이 인간의 필요와 요구로 규정된다는 것이다. 이러한 인간

---

5   Carolyn Merchant, *Radical Ecology: The Search for a Livable World*, Routledge, 1992, p.185.
6   Janet Biehl, "What is Social Ecofeminism?", *Green Perspectives,* 11, 1988.

중심적 가치구조는 인간의 자연착취를 야기하는 결과를 낳았으며, 이러한 위기 극복은 눈에 보이는 현상적 구조의 변화만이 아니라 가치관의 전적인 전이를 요구한다. 이러한 비판은 두 번째 입장, 즉 자연과 인간의 상호 의존적 가치를 모색하는 '심층생태학deep ecology'에서 주로 주장한다. 심층생태학은 생태계 위기의 주범을 '인간중심주의anthropocentrism'로 규정하며,[7] 환경개량주의의 한계를 지적하고 극복하고자 한다. 심층생태학적 관점에서 보면 환경개량주의의 주장은 지구를 보존하는 데 기본적으로 '필요조건'이지만 '충분조건'은 아니다. 생태계 위기 문제를 극복하기 위한 '충분조건'을 형성하기 위해서는 서구적 사유구조의 전적인 전이가 필요하다. '대립적 이원론'으로 특징지을 수 있는 서구의 사유체계가 인간과 자연의 대립적 관계를 야기했다고 보기 때문이다. 또한 계층적 위계주의, 경직된 자율성의 이해 그리고 원자적 인간 이해 등 서구의 근대사상은 생태계와 자연의 위기를 조장했기 때문에 이러한 이분법적 사유체계를 '생명중심적 평등주의biocentric egalitarianism'로 전이해야 한다. 그러나 에코페미니즘은 이러한 심층생태학의 주장에도 한계가 있음을 지적한다.

에코페미니즘의 입장에서 보자면, 심층생태학이 비판하는 서구적 사유체계의 문제점은 여러 가지 점에서 유의미하다. 그러나 생태학적 위기가 인간중심주의적 가치구조에서 연유했다고 보는 심층생태학은 좀 더 근원적 차원의 문제를 보지 못한다. 역사에서 생태계 위기를 초래한 가치구조는, 보편적 인간중심주의가 아닌 '남성중심주의'이기 때문이다. 이러한 맥락에서 에코페미니즘은 심층생태학보다 '더욱 심층적인

---

[7] Cf. John Rodman, "Four Forms of Ecological Consciousness Reconsidered", eds., Donald Scherer and Thomas Attig, *Ethics and the Environment*, Prentice-Hall, 1983.

생태학deeper than deep ecology'이다.[8] 생태학적 위기의 극복은 남성중심적 세계관으로부터의 전적인 전이를 통해 가능해진다. 따라서 에코페미니즘은 첫째, 여성과 자연에 대한 남성 지배를 비판하고, 둘째, 여성과 자연에 대한 남성중심적 편견으로부터 자유로운 가치와 윤리를 형성한다. 이러한 과제를 이루는 과정에서 인종, 계층, 연령 그리고 성의 차이로 이제까지 배제된 소리에 대한 인정뿐만 아니라 그 소리에도 관심을 갖기 시작했다. 그러므로 이제까지 주변부에 있던 가치를 수용하는 에코페미니스트적 관점은 다원적이며 포괄적이고 상황적contextual이라는 특성이 있다.[9]

에코페미니즘은 페미니즘과 마찬가지로 다양한 입장이 있다.[10] 그러나 자유주의 에코페미니즘, 문화적·사회주의적 에코페미니즘 등 다양한 이름의 각기 다른 에코페미니즘의 기본 개념은 서로 공유되어 있다. 에코페미니즘은 생태학적 위기를 초래한 세 가지 이유를 지적하고 이러한 사고구조의 변화를 요구한다. 첫째, 가치위계적 사고이다. 이러한 위계주의적 사유방식은 모든 것을 '위 아래up-down'로 규정하며, '위'에 속하는 것은 좀 더 높은 가치와 특권과 위치가 있고 '아래'에 속한 것은 그렇지 못하다고 간주한다. 둘째, 가치이원론value-dualism이다. 이는 모든 것을 두 가지 대립적인 것으로 구분하고, 한쪽은 우월한 것으로 다른 쪽은 열등한 것으로 간주하는 사고이다. 이러한 사고구조에 따라서 이성과 감정, 남성과 여성, 정신과 육체, 초월과 내재, 인간과 자연 등이 보충

---

8 Ariel Kay Salleh, "Deeper than Deep Ecology: The Ecofeminist Connection", *Environment Ethics*, 6, 1984, pp.339~345.
9 Karen Warren, "Toward an Ecofeminist Ethics", *Studies in the Humanities*, 1988, pp.140~156.
10 자유주의, 문화적·사회주의적 에코페미니즘 등 에코페미니즘의 다양한 입장에 대해서는 다음을 참고하라. Carolyn Merchant, *Radical Ecology: The Search for Livable World*, Routledge, 1992, pp.183~200.

적이 아니라 대립적인 이원론적 가치구조로 경직화되었으며, 여성과 자연은 열등한 쪽에 속하는 공통성을 지니게 되었다. 셋째, '지배의 논리 logic of domination'이다. 이는 '종속'과 '지배'를 정당한 것으로 만드는 사고로,[11] 이러한 세 가지 가치관 또는 사고가 상호 연관되어 있기 때문에 가치구조의 전이 없이 여성과 자연에 대한 억압구조는 극복하기 어렵다. 따라서 에코페미니즘은 어떠한 종류의 지배 논리도 거부하고 모든 존재물의 평등성을 주장한다는 점에서 가치관과 인식의 근원적 변화를 요구한다.

2. 에코페미니즘과 희년사상

유대교와 기독교에서 희년사상은 매우 중요한 의미를 지닌다. 그래서 기독교에서는 다양한 프로그램을 통해 희년사상의 의미를 강조해왔다. 예를 들어 한국 교회는 1995년을 희년의 해로 정하고 다양하게 희년에 대한 논의를 진행해왔는데, 이 희년에 대한 주된 논의는 통일 문제를 중심으로 전개되어왔다고 볼 수 있다.[12] 여기에서 희년사상의 현대적 의미를 다양한 종류의 억압구조로부터의 해방과 그에 따른 정의의 실천으로 보면서 논의를 전개하고자 한다. 이러한 맥락에서 볼 때, 레위기에 나타

---

11 Karen Warren, "The Power and the Promise of Ecological Feminism", *Readings in Ecology and Feminist Theology*, eds., Mary Heather Mackinnon and Moni McIntyre, Sheed & Ward, 1995, p.174.
12 희년에 대한 논의는 다양하게 전개되며 많은 학자들이 관련 글을 발표해왔다. 특히 한국 신학계의 대표적 학회인 한국기독교학회는 1995년 연례학회 주제를 '광복50년과 민족희년'으로 정했으며, 대부분의 발제에서 희년을 통일 문제와 연관해 논의했다. Cf. 한국기독교학회 편, 《광복50주년과 민족희년》, 도서출판 감신, 1995.

나는 희년사상은 특히 구속적 생태정의ecojustice의 모델을 제시한다는 점에서 중요하다.[13] 즉 희년사상은 인간, 동물, 토지 등 모든 종류의 관계에서 파생되는 불의한 구조의 '재구조화restructuring'를 제시한다는 점에서 생태정의의 모델이 된다. 이러한 희년사상은 불의를 개혁하고 바로잡기 위한 주기적인 '영속적 혁명 permanent revolution'[14]으로서의 의미를 지닌다. 희년과 연관된 안식년 제도를 통해 불균형과 불의를 야기하는 모든 것을 주기적으로 재구성하고 재구조화할 필요가 있다. 이러한 맥락에서 에코페미니즘은 희년사상과 만난다. 이 두 사상의 공통 이미지는 첫째, 불의한 구조, 차별적 구조, 억압적 구조로부터의 해방이며, 둘째, 새로운 정의로운 관계를 형성하기 위한 가치구조와 경제 분재의 재구성이라고 할 수 있다.

희년사상이 사실상 완벽한 정의의 구조를 제시하는 것은 아니다. '희년'은 '정의를 향한 메타포'일 뿐 구체적 프로그램은 아니기 때문이다. 희년은 우리에게 해방과 재구성의 필요성을 강력하게 요구하는 이미지이며 메타포라고 볼 수 있다. 우리는 주기적으로 주변의 구조와 관계를 재구성해야 하며, 이러한 재구성을 통해 완벽한 정의는 아니더라도 '정의의 근사치approximation of justice'[15]에 더욱 가까이 갈 수 있다는 것이 희년사상의 중요한 종교적 의미이다. 희년사상은 에코페미니즘이 억압적 구조로부터의 여성과 자연의 해방 그리고 관계와 인식의 재구성을 요청한다는 데서 공유점이 있다. 다양하게 연결된 불의한 구조 속에서 정의의

---

13 Cf. Rosemary Radford Ruether, *Gaia and God: An Ecofeminist Theology of Earth Healing*, Harper San Francisco, 1992, p.213.
14 Cf. Richard C. Austin, *Hope for the Land: Nature in the Bible*, John Knox Press, 1988, pp.97~114.
15 Karen Lebacqz, *Justice in an Unjust World: Foundation for a Christian Approach to Justice*, Augusburg Publishing House, 1987, p.142.

실천을 요청하는 강력한 이미지가 희년이라면, 현대의 크리스천들은 인간의 자연착취와 여성 억압구조에 대해 재점검할 필요가 있다.

그렇다면 현대적 불의는 어떠한 양태로 나타나는가. 물론 희년사상의 배경이 되는 사회에서처럼 소수가 대토지를 소유하는 제도가 현대사회에서는 없는 듯하다. 그러나 대부분의 자본이 소수에게 속한 현실을 볼 때 현대 자본주의 사회에서의 '대토지소유제도'는 좀 더 복합적인 모습으로 여전히 존재한다. 예를 들어 〈세계발전통계World Development Report〉에 따르면, 여성은 세계 노동력의 40퍼센트를 차지하지만 세계 재산의 1퍼센트만을 소유할 뿐이다.[16] 즉 세계 재산의 99퍼센트는 남성이 소유하고 있다는 것이다. 물론 이 통계에 대한 분석은 다양한 측면에서 접근할 수 있는 복합적인 것이지만, 희년사상이 요청하는 불평등한 경제구조의 재구성 측면에서 보자면 분명 뭔가 잘못된 것으로 재구성이 필요해 보인다. 이러한 경제적 불평등의 문제는 남성과 여성, 제1세계와 제3세계, 부자와 빈자 등의 분리구조를 만들고, 다양하고 복합적인 양태 속에서 억압과 차별의 가치구조를 지속시킨다. 따라서 희년의 의미를 현대적으로 적용한다면 이러한 불공평 문제를 간과해서는 안 된다.

종교, 사회, 정치, 경제, 가정 등 삶의 모든 차원에서의 '남성의 여성 지배'라고 정의하는 가부장제는 에코페미니즘이 해체하고자 하는 '지배의 논리'로 정당화되고, 강화·지속되어왔다. 이러한 가부장제적 구조로 남성중심적 세계관이 형성되었고 이는 인간, 좀 더 구체적으로 표현하자면 남성의 자연지배로 이어졌다. 희년사상은 이러한 '지배의 논리'를 해체한다. 모든 것을 새롭게 시작해야 하는 것이다. 희년사상의 급진

---

16 2016년 〈세계발전통계〉는 다음을 참고하라. http://documents.worldbank.org/curated/en/896971468194972881/pdf/102725-PUB-Replacement-PUBLIC.pdf

성은 이 사상이 현상적인 것의 연장이 아니라는 점이다. 전적으로 새로운 시작, 새로운 재구성, 새로운 관계 설정을 요청한다는 점에서 희년사상과 에코페미니즘은 '유토피아적'이다. 에코페미니즘과 희년사상의 공통점은 이러한 '유토피아적 비전'이며, 이 유토피아적 비전은 정의 추구에 없어서는 안 되는 사고라고 생각한다. 여기에서 말하는 유토피아란 현재의 불의한 구조를 극복하고자 하는 강한 변혁적 의미를 지니며, 현재와는 다른 좀 더 나은 질서를 꿈꾸는 사고이다.

최초로 이데올로기와 유토피아 개념을 함께 묶어 연구한 칼 만하임에 따르면, 사상이나 감정이 현존하는 질서에 매여 있는 이들에게서 유토피아적 사고는 실현 불가능한 것으로 보인다. 그러나 현존하는 질서와는 다른 곳에서 이러한 유토피아적 사고가 제시하는 것은 실현 가능한 것일 수도 있다. 이러한 의미에서 만하임은 유토피아의 '절대적 실현 불가능성'과 '상대적 실현불가능성'을 구분하며, 이 둘의 차이를 간과할 때 상대적·유토피아적 사고의 개혁 가능성을 억누르게 된다고 경고한다.[17] 지금의 질서에서는 불가능한지만 다른 질서에서는 가능한, 상대적으로 실현 불가능한 유토피아적 비전은 역사에서 언제나 현재를 뛰어넘는 강한 비전을 제시해왔다. 해방신학자 보니노Jose M. Bonino도 해방신학에서 유토피아의 중요성을 강조하면서 다음과 같이 유토피아의 세 가

---

17 Karl Mannheim, *Ideology and Utopia: An Introduction to the Sociology of Knowledge*, trans., Louis Wirth and Edward Shils, 1927; A Harvest/HBJ Book, 1985, pp.196~199. '유토피아'라는 말은 토마스 모어가 그의 책 《유토피아》(1516)에서 처음 만들었다. 모어는 '아무 곳에도 존재하지 않는 곳U-topia, no-place'의 의미인 이 용어를 '온전한 행복의 자리Eu-topia'를 제시하기 위해 사용했다. 그러나 만하임이 제시하는 '유토피아'는 모어의 개념과는 다르다. 만하임의 '유토피아'는 '현실도피적'이 아니라 '현실개혁적'이며, 기존의 현실이 지니는 부정적 구조를 넘어 새로운 현실을 지향하는 혁명적 의식이다. 그래서 만하임은 유토피아적 사고의 최초 모델을 토머스 모어가 아닌 토머스 뮌처에게서 찾는다. 그는 종교적 동기에 따라 사회적 혁명을 시도한, 기존의 질서를 넘어서는 새로운 현실을 꿈꾼 강한 혁명적 의식을 지닌 사람이었기 때문이다. Cf. Mannheim, *Ideology and Utopia*, pp.191~192, 211~219.

지 기능을 분석한다. 첫째, 유토피아는 다른 상황을 제시함으로써 현존하는 상황의 부정적 측면을 고발한다. 따라서 유토피아는 현존 상황에 대한 강한 저항을 의미한다. 둘째, 유토피아는 대안적 현실을 제시함으로써 '아직 실현되지 않은 가능성'을 추구한다. 셋째, 유토피아는 그러한 새로운 현실, 새로운 시작의 즉시적 실현을 기대한다.[18] 이러한 의미에서 보자면 "유토피아의 죽음은 더 이상의 목표나 프로젝트를 지니지 못하기 때문에 사회의 죽음"이라고 한 폴 리쾨르의 말처럼,[19] 진정한 유토피아적 비전은 신의 나라의 실현을 향한 모든 크리스천들의 희망을 지닌 것으로서 중요한 의미가 있다고 생각한다. 유토피아는 실현되고자 하는 꿈이며 진정한 의미의 '변화'가 주요 목적이다.

이러한 맥락에서 새로운 대안적 현실, 새로운 인식체계, 새로운 경제구성, 새로운 관계구조의 강한 요청을 담은 희년사상과 에코페미니즘은 유토피아적 비전을 지녔다고 나는 본다. 유토피아적 비전은 '아직 아닌 것'의 강한 비전이며 새로운 시작에 대한 혁명적 사고라고 할 수 있다. 이 두 사상은 현존하는 억압적 구조를 해체하고 새로운 현실에 대한 비전을 창출하는 사상이며, 희년사상이 지닌 새로운 대안적 현실의 비전을 감축하지는 않는다. 라인홀드 니버의 말대로 완벽하게 "정의로운 사회의 비전은 불가능하지만, 그 비전은 그것이 불가능하지 않다고 보는 이들만이 근접할 수 있는 것"[20]이기 때문이다.

---

18 Jose M. Bonino, *Toward a Christian Political Ethics*, Fortress Press, 1983, pp.90~91.
19 Paul Ricouer, *Lectures on Ideology and Utopia*, ed., George H. Taylor, Columbia University Press, 1986, p.xxi.
20 Reinhold Niebuhr, *Moral Man and Immoral Society*, Scribner, 1932, p.81.

3. 정의로운 세계의 실현을 위한 과제

역사에서 정의는 결코 완벽하게 실현된 적이 없다. 그렇기 때문에 정의에 대한 요구는 언제나 불의한 상황에서 발생했고, 이러한 불완전한 정의가 있는 한 성서의 희년사상은 의미가 있었다. 희년이 '50'이라는 숫자와 연관되어 있다는 것은 완벽한 정의를 실현하지 못하는 인간의 유한성 때문에 '유일회적 바로잡음'이 아니라 언제나 '주기적인 바로잡음'이 필요하다는 의미라고 본다. 즉 주기적인 '항구적 혁명'에 대한 요청이 바로 희년의 '50'이라는 수와의 연관성이라고 할 수 있다. 이러한 의미에서 보자면 50년이라는 특정한 연수가 중요한 것이 아니라, 희년의 의미는 모든 것의 재규정과 새로운 시작을 끊임없이 요구한다는 데 있다고 볼 수 있다. 즉 죄성을 지닌 불완전한 인간이 만든 어느 제도나 관계도 영속적으로 완전할 수 없으며, 끊임없는 바로잡음의 변화가 필요하다는 사실을 암시한다고 본다.

희년사상의 이러한 바로잡음에 대한 요구, 정의에 대한 요구 그리고 재구조화의 요구는 특히 생태 문제와 성차별 문제가 새로운 시작을 위한 전적인 변혁과 전이를 요구한다는 점에서 연관성이 있다. 이러한 희년의 의미가 한국 기독교에서 통일과 같은 어느 특정한 주제로만 귀속된다면 오히려 희년의 의미를 축소하는 것이라고 생각한다. 통일의 문제는 분명 중요하지만, 희년의 올바른 의미가 '옳지 못한 것의 바로잡음'이라고 볼 때 '다양한 바로잡음'이 필요하기 때문이다. 국가적 차원에서의 바로잡음, 개교회 차원의 바로잡음, 교단적 차원의 바로잡음, 그리고 개인적 차원의 바로잡음이 바로 '희년의 요청'이다. 왜냐하면 희년의 의미는 추상적인 것이 아니며 구체적인 삶 안에서 끊임없이 실천해야 하는 과제를 주기 때문이다. 교회 안에, 가정 안에 있는 불의한 관계와 구조는 방관하면서, 국가 차원의 희년의 의미만을 강조한다면 그것은 공허한 몸짓에 불과하다. 자신의 특권 포기나 변화는 외면하면서 외부 세계에만 희년의 의미를 요구한다면 그것 또한 공허한 메아리로 남을 것이다.

지배의 논리로 규정되는 옳지 않은 관계, 성에 근거한 차별의 구조, 제도 또한 그러한 억압구조를 합리화시키는 가치체계, 이 모든 것을 바로잡으려는 노력이 있어야 비록 완벽한 정의에 이르지는 못하더라도 그 정의에 보다 가까이 갈 수 있다. 현대사회에서 국가와 국가, 남성과 여성의 관계, 인간과 자연의 관계, 부유한 자와 가난한 자의 관계 등이 지닌 불의한 구조의 바로잡음은 개인적 차원뿐 아니라 종교적 차원, 그리고 국가적 차원에서의 바로잡음과 연결된다. 그러나 무엇보다도 '나'로부터 희년의 의미를 실천하려는 바로잡음의 의지가 있어야 한다. 한국 기독교가 개인적이고 집단적으로 이러한 희년jubilee의 의미를 실천하려는 강한 의지를 지닐 때, 비로소 성서가 세시하는 온전한 기쁨jubilation이 가능해질 것이다.

제12장

아시아와 한국의 페미니스트 신학

1. 학문적 관대성: 문제인가 가능성인가

오늘날 서구의 많은 페미니스트들은 1970년대 페미니즘의 지나친 단순화oversimplification와 일반화generalization 경향에 대해 매우 비판적이다. 그들은 페미니스트 이론의 초기 작업과 그것이 제시한 문화와 역사 해석에 도전한다. 초기 페미니스트들에게 학문적 비판의 가장 주요한 쟁점은 남성지배적 제반 학문 영역에서의 남성중심적 관점이었다. 이제 현대 페미니스트들은 환원주의적이고 보편화하려는 경향성이 있는 페미니스트 관점 자체에 그 학문적 비판의 화살을 돌리기 시작했다. 결과적으로 현대의 페미니스트 학자들은 보편화하는 이론을 거부하는 경향성이 있다. 즉 이제는 여성 억압의 보편적 원인을 찾는 대신, 좀 더 제한된 목적으로 더욱 구체적인 작업을 시작한 것이다. 예를 들어, 쉴라 대바니 Sheila Greeve Davaney는 페미니스트 이론의 일반화 경향을 예리하게 비판하면서 메리 데일리, 엘리자베스 피오렌자 그리고 로즈마리 류터가 규정한 '여성의 경험'에 대해 분석한다. 대바니는 그들이 여성의 경험에 대한 제한된 개념을 보편적인 것으로 일반화하는 경향이 있다고 지적하고, 억압과 해방의 경험을 포함한 "'경험 일반'이란 존재하지 않으며" 오직 특정한, 역사적으로 제한된 경험과 지식만이 있을 뿐이라고 주장한다.[1]

백인 페미니스트 신학자에 대한 백인 페미니스트의 이러한 학문적 비판은 아시아의 페미니스트 신학 형성에 시사하는 바가 크다. 아시아의 페미니스트 신학 역시 이제는 '여성 경험 일반'이라는 '공통성'에 대한 주장으로부터가 아니라, 아시아 여성들 사이의 다양한 경험과 특수성으로부터 출발해야 하기 때문이다. 그러나 그렇다고 해서 흑인, 백인 또는 황인과 같은 그룹 사이의 유사성을 간과하라는 의미는 아니다. 이른바 '여성의 경험'은 결코 보편적일 수 없는 특정한 시간과 공간 안에서, 그리고 그러한 역사적 특수 정황에서 형성되기 때문이다. 여성은 사회적 지위와 역사적 사건 그리고 개인적 차이성에 따라 각기 다른 삶을 경험한다.

제한된 경험과 관점을 일반화·보편화하는 페미니스트 신학자에 대한 비판은 매우 긍정적이고 건설적이라고 나는 생각한다. 그런 건설적인 비판을 통해 서구의 페미니스트 신학은 성숙해졌기 때문이다. 그러나 이러한 서구 페미니스트들의 건설적·학문적 비판이 동일한 엄격성으로 아시아의 페미니스트 신학에는 적용되지 않고 있다. 서구 페미니스트들은 아시아 페미니스트 신학의 검증되지 않은 보편화에 매우 관대하거나 또는 동일한 학문적 기준을 적용하지 않은 듯하다. 왜 이러한

---

1 Sheila Greeve Davaney, "The Limits of the Appeal to Women's Experience", *Shaping New Vision: Gender and Values in American, Culture*, eds., Culture, Clarissa W. Atkinson et al., UMI Research Press, 1987, p.46.

이중적 기준이 적용되는가. 그리고 이것이 아시아 페미니스트 신학이 성숙 단계로 나아가는 데 문제가 되는가 아니면 어떤 가능성이 되는가.

아시아의 페미니스트 신학은 발전 초기 단계에 있다. 따라서 페미니스트 신학은 더욱 발전하고 다양화되며 심도 있게 전개돼야 한다. 그러나 이렇게 발전 초기 단계에 있다는 사실이 어떠한 정당한 학문적 평가로부터 제외돼야 함을 의미하지는 않는다. 비판에서 제외된 신학은 '신학적 유아주의theological infantilism'에 머물고 말기 때문이다. 나는 많은 학자들이 아시아 페미니스트 신학을 형성·소개하는 데 있어서 보편화와 지나친 단순화의 경향성을 지닌다고 본다. 아시아의 페미니스트 신학자들은 비록 지리적으로 동일한 지역에 살고 있지만 경험과 관점 그리고 지식에서 차이가 있으며, 이러한 차이는 여성의 사회·정치적 참여와 개혁을 위해서도 다양한 방법과 전략을 필요로 하기 때문이다. 서구 페미니스트 신학자들이 유대-기독교 전통이라는 동일한 문화적·종교적 배경을 갖는 데 비해, 아시아 페미니스트 신학자들은 서구 페미니스트 신학자보다 다양한 역사, 종교, 문화와 전통 속에서 살고 있다. 우선 가부장주의 종식이라는 공통의 목표가 있다고 해서 그것이 페미니스트 신학자들이 그 목표에 도달하기 위해 서로 다른 다양한 관점을 가질 수 없음을 의미하지는 않는다. 어떠한 목표에 도달하는 방법은 신학자의 개인적·사회적 경험과 성향에 따라 각기 다르게 설정될 수 있기 때문이다.

내가 이러한 문제를 제기하는 이유는 아시아 페미니스트 신학이 좀 더 다양한 방식으로 발전하고 신학적으로 성숙하기를 바라기 때문이다. 또한 아시아 여성의 다원성과 다양성을 온전히 알지 못하는 이들, 특히 서구 신학자들이 아시아로부터 들려오는 다양한 소리를 들을 수 있기를 원하기 때문이다. 아시아의 페미니스트 신학을 서구에 소개할 때, 그들은 아시아 여성이 그들보다 훨씬 다양한 얼굴과 소리를 지녔다는 사실을 알지 못한다. 자신들의 얼굴은 다양하지만 아시아인의 얼굴은 하나라고 생각한다. 페미니스트 신학은 양가성, 모호성 그리고 다양성을 해석하고 그에 대해 관용하기를 권장해야 한다. 왜냐하면 전통적 신학은 단일성이나 명증성에 대한 요구로 어떤 특정한 계층이 독점해왔으며, 페미니스트 신학은 전통 신학의 그러한 측면을 비판하면서 형성된 신학적 관점이기 때문이다. 더 나아가서 페미니스트 신학은 어떠한 관점이라도 '부분적'이라는 사실을 수용해야 한다.[2] 아시아의 페미니스트 신학자들은 페미니스트 관점의 '영원한 부분성permanent partiality'을 인식함으로써 새로운 가능성을 모색해야 한다. 이러한 의미에서 아시아의 페미니스트 신학자들이 여성에 대한 억압적 구조를 반대하는 것이 아시아 여성의 경험이나 관점을 보편화함으로써 할 수 있는 것은 아니라는 사실을 분명히 인식하는 것이 필요하다. 이러한 억압에 대한 저항은 특정한 시간과 공간 안에서 우리의 정황 하에서 할 수 있다. 다른 여타 신학과 마찬가지로 아시아의 페미니스트 신학은 아시아 내의 신학자뿐만 아니라 서구 페미니스트 신학자들의 건설적 비판을 필요로 한다.

이 장에서 나는 아시아에서의 여성신학 전개에 대한 전체적 개론을 서술하지는 않을 것이다.[3] 그러나 '내부자의 눈insider's eyes'으로 아시아, 특히 한국의 페미니스트 신학의 발전 과정과 결여한 바에 관해 밝히고자

---

[2] 페미니스트 관점의 '국부성partiality'에 대해서는 다음을 참고하라. Sandra Harding, *The Science Question in Feminism*, Cornell University Press, 1986, pp.30~36.

[3] 아시아 여성 신학의 전개에 대한 개론은 다음을 참고하라. Virginia Fabella, *Beyond Bonding: A Third World Women's Theological Journey*, Ecumenical Association of Third World Theologians & Institute of Women's Studies, 1993.

한다. 아시아 페미니스트 신학의 성숙한 발전은 칭송과 갈채뿐 아니라 비판적 자기평가를 필요로 하기 때문이다. 그러므로 이 글의 목적은 한국에 초점을 두면서 아시아 여성들이 과거에 어디에 있었으며, 현재 어디에 있는가에 대한 관점을 제시하고, 앞으로 특히 신학과 교회에서 어디로 가기를 원하는가에 대해 제안하는 것이다.

2. 아시아에서의 가부장주의

아시아 대부분의 나라에서 가부장주의라는 용어는 빈번히 쓰이지 않는다. 여성에 대한 남성의 지배를 우선적으로 의미하는 가부장주의가 너무나 자연스러워 보이기 때문에 굳이 그 용어를 분석하거나 해명할 필요가 없기 때문이다. 서구와 마찬가지로 아시아에서도 오랫동안 여성의 위치는 가정이나 사회에서 남성의 지배를 받고 복종하는 자리였다. 여성의 역할은 가사영역에 제한되었고, 이는 여성의 덕, 명예 그리고 정숙을 지키기 위한 관심으로 강화되었다.

한국의 예를 들어보자. 조선의 창시자가 유교를 사회·정치적 이념으로 받아들인 이후, 유교는 구조적으로 남성만을 사회에 적절한 인간으로 만들고 여성을 사회적으로 의존하는 존재로 만드는 남계친agnation의 원리를 공식화했다. 그러나 유교가 공식적인 사회·정치 이념이 되기 이전인 고려시대에는 여성이 비교적 자신의 삶을 결정할 수 있었다. 부계제도patrilineage가 사회의 기본 단위는 아니었고, 유산은 아들과 딸에게 공평하게 분배했으며, 모계도 부계만큼 중요했고, 과부의 재혼도 이상한 일이 아니었다. 그러나 유교의 사회·정치적 수용이 한국 여성의 삶에 결정적 변화를 가져왔고, 이후 아들을 딸보다 선호하고 오직 아들만이 가계를 잇고 유산을 상속받을 수 있었으며, 결과적으로 딸은 타인을 위해 기르는 존재로 결혼 후에는 국외자 취급을 받는 대상이 되고 말았다.

결혼 후에 한국 여성은 남편의 성을 따르지 않고 자신의 성을 그대로 지킨다. 혹자는 이를 예로 들면서 한국 여성이 결혼 후 남편의 성을 따르는 서양 여성보다 더 해방되었다고 해석하기도 한다. 그러나 사실상 결혼 후 성을 그대로 갖는다고 해서 한국 여성의 정체성이 서양 여성보다 더 존중되는 것은 아니다. 오히려 결혼한 여성은 개념적으로 여전히 그 집안에 정식 구성원이 될 수 없는 국외자이며, 단지 집안의 궂은 일을 도맡는 존재라는 사실을 보여준다고 할 수 있다. 결국 여성은 결혼 후 새로운 집에서도 온전한 가족이 아니며, 자신의 집에서도 영원히 떠난 출가외인으로 취급받는 소외된 존재로 살아가야 한다. 간혹 많은 남성들의 주장처럼, 여성이 가사 영역에서 권위와 힘이 있다 해도 그들이 지닌 권위와 힘은 적적으로 남성이 조정하며 삶의 주요 결정은 언제나 남성의 몫이었다. 나는 한국이나 아시아 여성들의 현재 상황을 지나치게 단순화하기를 원하지 않는다. 그러나 여성들 대부분의 삶을 사회적 신분에 관계 없이 남성이 지배해왔다고 말하는 것은 결코 과장이 아니다.

유교적 전통이 한국사회에 미친 영향은 실로 지대하다. 정치·사회적 권위, 가족과 상호 인간관계, 직장과 교육 등에 대한 한국인의 태도는 남성우월주의 사상이 강력한 유교적 가치관으로 형성된 것이다. 더 이상 유교 경전을 읽지 않고, 유교적 제례를 단순화하거나 실행하지 않으며, 소수만이 스스로를 유교인이라고 부르지만 유교적 관습과 태도는 사람들의 구체적인 삶을 인도하고 있다. 가부장적이고 위계적인 유교는 아직도 다른 어떤 전통 종교나 철학보다 한국인에게 큰 영향을 미치고 있다. 정부의 도덕적 기본 원리, 상호 인간관계와 충성, 교육과 근면에 대한 전적인 신뢰를 포함해 한국의 근대과학 그리고 진보와 성장 개념, 윤리와 민주주의적 이상의 보편적 원리 수용 이면에는 여전히 강한 유교적 가치가 전제되어 있다.

20세기 초에 남성중심적 가치를 영속시키는 유교적 인간관계에 대한 이해와 제례가 비판을 받았는데, 주된 비판의 내용은 유교가 위계적이고 남성지배적인 인간관계를 강조함으로써 개인의 자유와 창조성을 극도로 제한한다는 점이었다. 유교는 아버지와 아들의 권위를 가장 중요하게 간주함으로써, 여성에 대한 불공평한 대우를 '자연스러운 것'으로 보이게 했다. 남편에게 종속된 부인, 가정의 모든 남자에게 종속된 딸, 상속권의 상실, 결혼법의 불공평성 그리고 족보상의 불공평성 등은 유교 전통으로 촉진된 성적 불평등의 주요한 증거이다.

현대 페미니스트들은 인간의 성숙성을 자율성, 분리 그리고 독립으로서 규정한 전통적 개념에 이의를 제기하면서 상호 관계성에 대한 인식이야말로 인간의 성숙성을 규정하는 근거여야 한다고 주장한다. 이런 측면에서 보자면, 인간 사이의 상호 관계성을 가장 주요하게 강조하는 유교적 가치를 긍정적으로 평가할 수 있다. 그러나 여기에서 주의해야 할 점은 유교적 관계는 언제나 한쪽은 권위를 행사하고 다른쪽은 복종을 강요받는 의무에 근거하며, 유교적 상호 관계성이란 언제나 위계적이며 남성중심적 전제를 근거로 형성되었다는 점이다. 불균형적 원리로부터 출발하는 상태에서 어떻게 평등성을 전제로 한 '상호 관계성'의 올바른 의미가 실현될 수 있겠는가. 여성의 존재론적·사회적·가정적 평등성 주장은 유교 문화에서는 불가능해 보인다. 유교적 가치관의 가장 근원적 전제는 남성우월주의이기 때문이다. 관계성에 대한 유교적 이해에서 여성의 복종은 필연적이다. 공자는 여성에 대해 다음과 같이 말했다.

> 여자도 인간임에는 틀림없다. 그러나 그들은 남성보다는 낮은 인간이며 결코 남성과 평등해질 수 없는 존재이다. 여성의 교육 목적은 자아 개발이나 발전이 아니라 완전한 복종을 이루기 위한 것이다.[4]

비록 여성에 대한 이러한 유교적 관점이 현대 아시아의 여러 나라에서 사라진 것처럼 보여도, 유교와 같은 아시아 전통에서의 가부장적 가치체계는 진정한 의미에서 여성해방적 관점의 도전을 받지 않았다고 본다. 아시아에서 가부장주의는 시대 변화에 따라 각기 다른 옷을 입었을 뿐 내면은 본질적 도전을 받지 않은 그 모습 그대로이다.

3. '위험한 기억'과 아시아 문화

샤론 웰치에 따르면, 해방신학은 사회·제도화된 교회와 신학의 억압적 측면에 대한 실제적 저항에서 시작된다. '위험한 기억'은 해방신학의 주요 요소이다. 위험한 기억이란 첫째, 희망, 자유 그리고 저항의 기억이며, 둘째, 고통, 갈등 그리고 배제의 기억이다.[5] 나는 이러한 '위험한 기억'이 페미니스트 신학의 출발점이기도 하다고 본다. 그렇지만 과연 우리 아시

---

4 Margaret E. Burton, *The Education of Women in China*, Revell, 1911, p.19.
5 Sharon Welch, *Communities of Resistance and Solidarity: A Feminist Theology of Liberation*, Orbis, 1985, pp.35~42.

아 여성에게 이러한 '위험한 기억'의 두 차원이 있는가를 생각해볼 때 의구심이 생긴다. 아시아 여성에게는 무수한 고통과 배제의 기억이 있지만 다른 차원인 '자유와 저항의 기억'은 없기 때문이다. 한국 전통에서 여성의 자유와 저항이라는 '위험한 기억'의 부재는 참으로 심각한 문제이다. 남편이나 아이에게 위협적인 일이 있을 때 부인으로서 또는 어머니로서 여성은 저항했지만, 한 '인간'으로서의 존엄과 자유 그리고 권리를 위한 총체적이며 지속적인 투쟁과 저항의 역사는 없다. 그렇다면 왜 아시아 여성에게는 진정한 자유를 향한 저항의 기억이 없을까. 나는 이것이 아시아 문화와 사회·정치적 정황 속에 자리잡은 다음과 같은 두 가지 특성의 결여 때문이라고 본다. 그것은 첫째, 생존의 문화the culture of survival이며, 둘째, 여성의 삼종지도三從之道의 문화이다.

1) 생존의 문화

아시아 국가들은 대부분 '제3세계' 또는 '개발도상국'으로 구분된다. 여기서 알 수 있듯이 아시아 국가들은 자국의 사회·경제적 발전을 이루기 위해 오랫동안 총력을 기울여왔다. 생존이 가장 긴급하고 중요한 이슈인 상황에서 여성과 남성의 불평등성 문제는 관심의 대상이 되기 어려웠다. 인간의 존엄성이라든가 권리와 같은 개념은 생존 문제에 시달려야 하는 이들에게는 지나치게 사치스러워 보였기 때문이다. 가정과 사회 그리고 교회에서의 위치를 개선하고자 하는 여성의 투쟁은 대부분의 남성과 여성에게서조차 관심을 촉발할 수 있는 주제가 아니었다. 더군다나 이러한 여성의 투쟁이 기존의 전통에 대한 비판적 시각에서 출발한다는 사실은 여성 문제를 부정적으로 대하는 요소가 되었다. 생존의 문화에서 과거 전통이란 정체성을 주장할 근거를 제공하는 최후의 보루이기 때문이다. 사회·경제적으로 내세울 것 없는 이들에게 과거의 전통은 자존심을 지킬 수 있는 유일한 근거이며, 이러한 전통에 도전하는 여성의 문제제기는 '위험한 것'이거나 '쓸데없는 것'으로 주변화되었다. 이것이 생존의 문화적 특성을 지닌 아시아의 상황이라고 할 수 있다. 이러한 생존의 문화에서는 보수주의가 가장 커다란 영향력을 지니기 마련이며, 기존의 관습이나 질서를 깨뜨리는 어떠한 시도도 긍정적으로 수용되기 어렵다. 따라서 여성 문제는 자연히 적절한 사회적 관심을 받지 못했다.

2) 삼종지도의 문화

아시아 국가 대부분은 여성을 의존적 존재로 간주해왔다. 일생 동안 여성의 의무는 세 가지, 즉 결혼 전에는 아버지, 결혼 후에는 남편, 그리고 남편의 죽음 후에는 아들을 따르는 삶을 사는 일이었다. 이러한 의미에서 여성은 영원한 미성년자이며, 성인에게 주어지는 가장 주요한 특성인 자율성의 개념이 여성에게는 적용되지 않았다. 여성의 존재는 일생동안 남성과 의존적 관계로 규정되었으며, 이러한 상황이 남성뿐 아니라 여성에게도 더욱 남아를 선호할 수밖에 없는 구조를 강화했다. 딸은 없어도 되지만 아들이 없는 여성은 '불완전한 존재'로 불안한 삶을 살 수밖에 없었다. 이러한 삼종지도의 문화에서 어떻게 여성이 엄청난 의존적 삶의 벽을 뚫고 독자적 존재로서의 존엄과 자유를 위해 저항할 힘을 기를 수 있겠는가. 21세기에 들어선 지금, 표면적으로 현실은 많이 달라졌다고 하지만, 이러한 남성 의존적 삶의 방식과 문화에 근원적 변화가 이루어진 것은 아니다.

여성이 이러한 종속에 순응하는 주요한 밑받침은 이념적 기제라고 할 수 있다. 특히 동아시아에서 여성 종속의 규율을 고양해온 우주론적 근거는 고대로부터 내려온 중국사상에 있었다. 널리 알려진 바와 같이 중국사상에 따르면, 우주는 두 가지 상호 작용하는 요소로 이루어지며, 이 두 가지 요소를 음陰과 양陽이라고 부른다. 음은 달과 같고 여성적인 반면, 양은 태양과 같고 남성적이다. 음은 어둡고 약하고 수동적인 반면, 양은 밝고 강하고 능동적인 특성을 지닌다. 또한 남성은 하늘의 굳건한 특성을 부여받은 반면, 여성은 땅의 양보적 특성을 지닌다. 본래는 상호 작용하며 상호 보충적 원리인 음·양의 우주론이 시간이 지남에 따라 우월과 열등의 위계적 관계로 규정되어, 결과적으로 음陰은 우주에서 열등하고 부정적인 것으로 간주되고 따라서 여성은 하늘과 같은 남성을 떠받들고 복종해야 하는 땅과 같은 존재로 인식되어왔다.[6]

이러한 우주적 원리로부터 인간 질서에서 여성의 위치는 지구와 같이 낮고 열등하며, 여성에게 적합한 행동은 순종적이고 연약하며 수동적이고 정적이어야 함을 뒷받침하는 근거가 마련되었다. 이렇게 변형된 우주론적 신념은 공자와 그 제자들의 가르침으로 수용되었고 여성의 종속을 강화하고 정당화하는 가부장적 이데올로기로 이용되었다. 하늘과 땅이 다른 것처럼 여성은 남성과 다를 뿐만 아니라 열등하다는 신념을 영구화시키는 기제로 수용해왔다. 현대에 이르러서도 남녀평등을 이야기하는 많은 사람들은 '평등하지만 다르다equal bur different'는 '허위평등주의peudo-egalitarianism' 이상을 넘어서지 못하는 경우가 많다. 이는 성차

---

6 Julia Ching, *Confucianism and Christianity: A Comparatire Study*, Kodansha International, 1977, p.117.

별주의를 의식적·무의식적으로 감춤으로써 오히려 드러난 성차별보다 더욱 위험하다. 평등하지만 다르다는 전제는 남녀의 차이difference를 차별discrimination로 만드는 모든 이념과 사회구조를 보지 못하게 만들기 때문이다.

나는 미국에서 공부할 때 음양사상에 대해 처음으로 관심을 갖게 되었다. 인간의 현실을 이분화하는 서구의 위계적·가부장주의적인 '대립적 이원론'에 대한 신학적 비판을 하면서, 그 대안적 이상을 아시아의 '보충적 이원론'으로서의 음양사상에서 찾을 수 있다는 기대감을 처음에 가졌다. 그러나 보충적 이원론으로서의 음양사상 속에 감추어진 성차별주의가 있음을 보게 되었고, 그 보충성complementarity을 아시아의 구체적 현실에서 실천해오지 않았음을 알게 되면서 큰 실망을 했다. 이러한 사실을 통해 여성이 비록 시대와 문화의 차이에 따라 다양하게 가부장주의를 경험하지만, 결국 가부장주의는 아시아나 서양에서 보편적으로 실천해온 이념이라는 결론을 내렸다. 음양사상이라는 우주론적 원리의 지지를 받음으로써 가부장주의는 동아시아에서 자연적인 것으로 간주되었다.

생존의 문화나 삼종지도의 문화에서 '혁명적 주체'로서의 여성을 찾기는 쉽지 않다. 프로이트의 분석에 따르면, 종교, 도덕 그리고 사회는 가족, 특히 남성의 아버지에 대한 관계 안에서의 갈등과 문제에서 생성되며 그러한 것을 다루는 수단이 된다.[7] 이 프로이트의 분석에 따르면 가정은 성스러운 곳이며 이는 가정의 중심이 아버지인 유교사회에도 적용된다. 일생 동안 여성이 따라야 할 세 가지 복종은 가정의 질서와 덕

---

7 Sigmund Freud, *Totem and Taboo*, trans., James Strachey, Norton, 1953, p.157.

을 보존하는 근거가 되었다. 신학자이며 철학자인 메리 데일리는 "만약 신이 남성이라면, 남성이 신이다"라고 말했다.[8] 그러나 나는 "만약 가정의 중심이 남성이라면, 세계라는 가정의 중심인 신도 남성이다"라고 바꾸어 말하는 것이 더욱 적절하다고 생각한다.

이러한 유교적 가치관이 지배적인 사회에서 페미니스트 신학의 출발점인 통전적 의미의 '위험한 기억'을 여성이 갖기란 참으로 어렵다. 아시아 여성들에게 고통과 배제의 기억은 많지만 자유와 저항의 위험한 기억은 찾기 어렵기 때문이다. 그러므로 개인으로서 또는 그룹으로서 자유와 저항의지를 창출하는 일은 매우 중요한 신학적 과제이다.

4. 신학계와 교회에서의 여성

한국에 개신교가 처음으로 소개된 해는 1884년이다. 개신교의 전래와 더불어 기독교는 한국 여성의 지위를 향상시키는 데 큰 기여를 했다. 초기 선교사들은 교육이야말로 여성이 잠재성을 개발하는 데 중요한 역할을 한다고 믿었고 이를 우선적인 선교의 과제로 삼았다. 성경학교와 더불어 교육 프로그램을 시작했고, 이를 통해 어떤 여성은 유교적 사회구조에서 사적 영역으로 제한되었던 삶을 확장할 기회를 갖기도 했다.[9]

그러나 표면적으로는 유교적 가치관에 정면도전한 듯한 기독교가 유교적 가부장주의의 근원적 차원에 도전한 것은 아니었다. 오히려 기독교의 가부장주의적 요소가 유교의 가부장주의적 요소와 결합하면서

---

8 Mary Daly, *Beyond God the Father: Toward a Philosophy of Women's Liberation*, Beacon Press, 1973, p.19.
9 이우정,《한국 기독교 여성 백년의 발자취》, 민중사, 1985, pp.20~49.

좀 더 복합적인 종교적 가부장주의가 한국 기독교에 스며들기 시작했다. 이 두 종교 사이에는 여러 가지 상이성이 있음에도 부자父子 관계를 중심적 관계성으로 설정하는 교리적 유사성이 있었기 때문이다.[10] 하나님 아버지와 아들 예수 그리스도의 관계는 유교의 부자 관계가 갖는 중요성과 매우 유사하며, 이러한 의미에서 두 종교는 '부자의 종교religion of Father and Son'이다. 따라서 한국의 기독교가 지닌 특성을 분석할 때 유교적 가치관에 대한 분석을 동시적으로 포함해야 한다. 유교적인 남성중심적 가치관에 대한 분석 없이는 한국 기독교의 구조를 파악하기 어렵기 때문이다. 유교는 한국사회를 형성해온 가장 강력한 이념체계이므로, 남한 인구의 약 30퍼센트 이상이 기독교인이라고 해도 한국의 기독교인들은 의식적 또는 무의식적으로 유교적 가치관의 영향을 받지 않을 수 없었다. 이렇게 기독교의 가부장주의적 요소와 유교의 가부장주의적 요소가 결합되면서 한국 기독교계에서 여성의 지도력 개발은 지극히 제한되었고, 여성의 지도자적 역할은 한국인의 의식구조에서 부적절하고 불편한 것으로 받아들여졌다.

따라서 한국 기독교인의 약 70퍼센트가 여성임에도, 여성은 교회나 교단의 주요 결정 기구에서 배제되어 있다. 예를 들어 한국 감리교의 경우, 여성의 목사 안수를 1931년에 허용함으로써 세계적으로 볼 때 여성 안수 문제에서 선구자적 역할을 했지만,[11] 여성 감독이나 교단의 지

---

[10] 성誠의 신학을 전개하면서 윤성범은 예수 그리스도와 하늘 아버지의 관계는 유교적 효의 개념과 유사하며, 유교에서와 마찬가지로 기독교에서도 부자 관계는 가장 중심적인 상징이라고 주장한다. Sung Bum Yoon, *Ethics of East and West: Western Secular, Christian, and Confucian Traditions in Comparative Perspective*, trans., Michael C. Kalton, 1973; The Christian Literature Society, 1977, p.16.

[11] 한국 감리교에서 1931년에 처음으로 목사 안수를 받은 이들은 한국 여성이 아닌 미국 여자 선교사 14명이었다. 미국 감리교는 1956년에 목사 안수를 허용했기 때문에 그 당시 자기 나라에서 안수를 받을 수 없었던 선교사들이 한국에서 목사 안수를 받은 것이다. 한국인 여성이 최초로 목사 안수를 받은 해

도자적 역할을 하는 여성은 전무하며 안수받은 여성 목회자들이 일할 곳조차 찾기 어려운 상황이다. 이런 사실로 미루어볼 때, 법적인 여성 지도력의 인정이 구체적 현실에서의 인정을 보장하는 것은 아니라는 결론을 내릴 수 있다. 목회자나 평신도 여성의 지도력은 극히 제한된 의미에서만 받아들여져, 왜 30퍼센트의 소수인 남성이 한국의 기독교를 이끌어가는가에 대한 분명한 이유도 모른 채 한국의 기독교 여성들은 여전히 부엌에서 하는 봉사를 예수 그리스도의 희생 개념과 동일시하면서 다양한 달란트를 사장시키고 있다.

한국 교회의 숫자적 급성장은 세계적으로 널리 알려져 있다. 그러나 1987년 1월 세계교회협의회 중앙위원회가 1988년에서 1998년을 '여성과 연대하는 교회'의 에큐메니컬 10년The Ecumenical Decade of the Churches in Solidarity with Women'으로 제정하고 교회가 여성의 문제에 더욱 적극적으로 대응할 것을 호소했을 때 한국 교회에서는 이러한 소리가 들리지 않았다. 오히려 대부분은 여성의 문제제기가 교회의 성장에 장애물이 된다고 여겼다. 그렇다면 왜 한국 교회는 여성과 남성의 평등성을 받아들이는 데 그렇게 주저하는가. 이에 대해 나는 다음과 같은 세 가지 이유를 제시하고자 한다.

1) 종교 간 경쟁

서구사회와는 달리 한국은 여러 종교가 공존하는 사회이다. 서양 선교사들이 한국에 기독교를 전래할 때, 그들은 기독교인이 된다는 것은 한

는 1955년이다. Cf. 이덕주, 《한국 감리교 여선교회의 역사: 1897-1990》, 대한기독교감리회 여선교회 전국연합회, 1991, p.354.

국의 종교와 문화 전통을 전적으로 거부할 수 있다고 가르쳤다. 특히 한국에 최후로 들어온 외래 종교로서 기독교는 다른 종교에 대한 자기방어와 변호에 예민했고, 따라서 출발부터 강한 종교적 배타주의 성향을 띠게 되었다. 이러한 성격으로 인해 한국 기독교는 기독교 전통의 개혁을 요청하는 어떠한 소리에도 귀를 막게 되었으며, 기독교 안에서 여성의 문제제기는 기독교성을 파괴하는 소리로 간주했다. 또한 타 종교와 끊임없이 경쟁 관계에 놓인 한국 기독교는 기독교에 대한 어떤 비판에도 예민하게 반응했으며, 종교다원주의와 같은 타 종교에 대한 이해가 서구보다 훨씬 강한 반대에 부딪히는 양상을 낳았다. 타 종교와 경쟁할 필요가 없는 서구의 기독교는 타 종교를 개방해도 별로 잃을 게 없었지만, 주변에 여러 다른 종교가 공존하는 한국의 경우에는 그러한 개방이 자칫 존재의 위기와 연결되기 때문이다.

예를 들어 종교다원주의와 같은 사상은 타 종교가 공존하지 않은 서구 기독교인들에게는 아무런 현실적 위협이 되지 못했지만, 한국에서는 기독교인으로서의 정체성을 흔드는 구체적 위협이 되었다. 종교다원주의를 한국 기독교의 특수성과 그에 따른 목회적 차원의 문제에 대한 고려 없이 논의한 것이 한국 기독교계에 커다란 물의를 일으킨 것이다. 이러한 한국 기독교의 특성이 한국 기독교를 서구보다 보수주의로 만드는 주요 원인이 되었다. 고착된 기독교의 정체성을 흔드는 여타의 논의를 한국 기독교는 수용하지 않았으며, 이러한 상황에서 기독교 전통의 가부장주의적 요소를 비판하는 여성의 문제제기를 부정적으로 받아들이는 것은 어찌 보면 당연한 귀결이다. 따라서 한국 기독교가 자기 이해를 좀 더 새롭게 정립하고 확장하지 않는다면 여성신학이나 교회 내 여성운동에 대한 적대감은 경감되지 않을 것이며 좀 더 성숙한 모습으로 거듭나기는 어렵게 될 것이다.

2) 교단 간 경쟁

한국 기독교는 타 종교와의 경쟁뿐 아니라 타 교단 간의 경쟁에도 적극적으로 대처했다. 타 종교 배타주의는 타 교단 배타주의와 연결되었고, 이러한 타 교단 배타주의는 한국 기독교의 성숙을 저해하는 커다란 요인이 되었다. 한계성이 있는 인간이 만드는 제도나 기구는 끊임없는 자기비판과 갱신을 요구하며, 그러한 갱신과 비판을 수용하지 않는 제도나 기구는 역사 속에서 무수한 억압적 기능을 자행하게 된다. 변화를 필요로 하지 않는 완벽한 제도나 전통이란 인간에게는 불가능하기 때문이다. 타 교단과 지나친 경쟁 속에 있는 한국 기독교는 교단적 힘과 교세를 확장하기에 총력을 기울이며 교단의 성장을 주요 과제로 삼으며, 교단 교회의 숫자에는 민감하면서도 그 교회의 질을 규정하는 여러 가지 요소에는 무관심하다. 이러한 상황에서 여성의 근원적인 문제제기는 교회 성장에 도움이 되지 않는 요소였다. 따라서 페미니스트 신학을 이단으로 규정하거나 특정한 여성만의 관심거리로 도외시하는 것이 한국 교회의 모습이었다. 눈앞에서 보이는 여성과도 하나되지 못하는 교회, 한 그리스도 안에서도 타 교단과 하나되지 못하는 교회가 어떻게 민족과 하나되고 세계와 하나가 될 수 있겠는가. 바람직한 변화를 향해 개방하는 한국 기독교의 모습은 21세기를 향해 나아가는 이 시대의 요청이기도 하다.

3) 페미니즘에 대한 적대감

앞서 논의한 바와 같이 한국 기독교의 특성을 규정하는 가장 주요한 요소 중 하나는 유교적 가부장주의와의 철저한 혼합이었다. 철저하게 남성의존적으로 삶을 사는 것을 바람직한 여성상으로 가르쳐온 유교적 가치관이 한국 기독교와 병합되어, 여성의 역할과 기능을 극히 제한된 영역에서만 받아들이는 것이 한국 기독교의 특성이다. 그리하여 전통적인 여성상을 깨뜨리는 페미니즘의 소리는 참된 인간성 회복이나 그리스도의 복음을 실천하기 위한 것이 아니라 안정과 질서를 위협하고 깨는 위험한 것으로 간주했다. 이 때문에 신학계 또는 목회 현장은 페미니즘에 대한 올바른 이해가 결여되어 있으며, 내용과 의미를 알지 못한 채 페미니즘에 대한 적대감이 쌓이고 있다.

그러나 이는 결코 한국에 국한된 현상만은 아니다. 한국뿐 아니라 아시아 여성들 대부분은 신학계나 또는 목회 현장에서 이러한 장애를 경험하고 있다. 따라서 이들 여성이 신학과 목회에서의 개혁을 위한 진정한 저항을 효과적으로 수행할 힘을 갖기란 참으로 어렵다. 또한 아시아 여성이 자유와 저항의 '위험스러운 기억'을 갖고 있지 못하다는 사실에 대한 인정은 '성 정의'를 추구하는 여성을 '길들여진 절망cultured despair'[12]에 가두는 패배주의에 사로잡히기 쉽다. 그 때문에 여성들은 다양한 불의를 경험하지만 정의를 추구하고자 할 때 엄청난 힘 앞에서 절망한다. 왜냐하면 분명한 저항의 기억이나 뚜렷한 지원 그리고 결정적 해결책이 없기 때문이다. 신학계나 목회 현장에서 여성에게 가하는 불

---

12 Cf. Sharon Welch, *A Feminist Ethic of Risk,* Fortress, 1990, pp.103~122.

의를 '불의'로 볼 줄 아는 지혜의 눈이 결여돼 있으며, 이를 개선하고자 하는 신학자나 목회자가 참으로 적기 때문이다.

5. 한국의 페미니스트 신학

한국에서 '페미니스트 신학'은 서구의 페미니스트 신학 관련 논문이 한국어로 번역되고 몇몇 서구 페미니스트 신학자들이 한국에 소개되기 시작한 1970년대에 본격적으로 등장했다. 이와 더불어 한국 신학자들도 나름대로 페미니스트 신학에 관한 논문을 단편적으로 발표하기 시작했다. 그러나 한국 여성들은 신학과 교회의 다양한 측면에 감추어진 성차별주의적 요소를 학문적으로 분석하고 규명하며, 더 나아가서 도전하고자 하는 신학과 작업을 하는 데 많은 어려움을 겪고 있다. 왜냐하면 여성들은 그들의 고유한 관심과 필요 그리고 비전을 규명하고 체계화하며 더 나아가 부당한 상황을 개혁하기 위한 학문적 작업에 필요한 훈련을 받지 못했기 때문이다. 신학은 여전히 남성의 영역으로 암암리에 규정되었기 때문에 전문적인 신학훈련을 받은 여성의 숫자나 신학한 여성의 활동이 극히 제한되어 있다는 사실은 한국의 페미니스트 신학이 올바르게 성장하기 어렵게 만드는 요인이다.

예를 들어, 신학계에서 전임으로 신학을 가르치는 여성 신학자의 숫자는 남성 신학자의 숫자와 비교가 안될 만큼 적으며, 그중에서 특히 페미니스트 신학적 관점을 가진 여성 신학자의 수는 지극히 적다. 따라서 교회와 신학계의 주된 흐름에 문제를 제기하고 변화를 시도할 만한 학문의 장에서의 인력자원 결여는 한국의 페미니스트 신학이 좀 더 심충적 차원에서 생산적으로 전개되기 어렵게 만든다. 이러한 인력자원의 부족은 서구 페미니스트 신학계와 같이 조직신학, 성서신학, 역사신학, 기독교 윤리, 기독교 교육, 실천신학 등의 여러 분야에 밀도 있는 페미니스트 신학적 관점이 반영되지 못하는 결과를 낳는다. 그 때문에 페미니스트 신학은 오래전에 등장했지만 한국 교회와 신학계의 구체적 현장에서 여성의 위치에 본질적 변화는 없었다. 이러한 상황에서 페미니스트 신학이 추구하는 '패러다임의 전이'는 교회나 신학계에서 거의 이루어지지 않는 실정이다. 남성 신학자들 대부분이 남성중심적 관점으로 짠 커리큘럼으로 신학대학에서 훈련받은 목회자들이 어떻게 목회 현장에서 여성 문제를 감수성 있게 적용할 수 있겠는가. 이러한 상황은 단순하게 극복할 수 없다. 그러나 페미니스트 신학이 좀 더 확장된 공감대를 형성하면서 신학과 교회의 패러다임 전이를 추구하고자 한다면, 이를 이론과 실천의 다양한 영역에서 전개해야 하며 페미니스트 신학의 관점이나 과제 또한 좀 더 다양하게 설정되어야 한다. 무엇보다도 여성의 신학적 훈련을 고무해야 하며, 여성이 신학계와 목회 현장에서 다양하게 일할 수 있는 풍토를 조성해야 한다. 나는 이러한 개방성을 어떻게 한국의 신학대학과 교단이 지닐 수 있을까 하는 문제가 한국 기독교의 성숙도를 측정하는 기준 중 하나가 된다고 본다.

한국 신학계와 교회에서 여성의 배제는 '자연적인 것'이었다. 여성 신학생은 많지만 여성 교수는 없어도 자연적인 것이었고, 교단 결정 기구에서 지도력을 행사하는 존재가 대부분 남성이어도 자연적인 것이었다. 하지만 어떤 현상을 자연적인 것으로 인식하면 그 현상이 '왜' 그렇게 되었는가를 더 이상 묻지 않게 된다. 한국의 에큐메니컬 운동기구에서도 이러한 여성 배제 상황은 마찬가지여서 여성국을 제외한 모든 분야의 지도력을 남성들이 주도했고, 여성 문제가 사회적으로 커다란 이슈가 되어도 한국교회협의회에서 정식 거론하지 않고 여성국에서만 관할하는 것으로 주변화되었다. 세계교회협의회가 제정한 1988~1998년의 〈여성과 연대하는 교회의 에큐메니컬 10년〉을 한국교회협의회에서 어떻게 실천하는지는 전혀 보이지 않았다. 21세기가 된 지금도 이렇게 오래전부터 세계기독교회들이 성차별을 넘어서는 연대운동을 벌여왔지만, 한국 기독교계에서는 성차별 극복이라는 가시적 변화가 보이지 않는다. 달력 속 시간은 21세기지만 한국 기독교가 지닌 '인식의 시계' 또는 '실천의 시계'는 여전히 20세기 속에 박제되어 있는 셈이다.

한국에 기독교가 들어오기 이전, 한국사회에서 여성의 자리는 사적 영역인 부엌에 제한되어 있었다. 하지만 기독교가 한국에 들어와서 놀라운 성장을 이룩한 이후에도 교회에서 여성의 자리는 여전히 부엌이다. 한국 교회 여성들의 모임인 각 교단의 여선교회나 여전도회 또는 여신도회 등의 연중 활동서를 보면 대부분 부엌 활동과 연결되어 있다. 숫자적으로 우세한 여성 신도들이 교회 결정 기구에서는 배제된 채 전통적으로 여성의 영역으로 간주된 부엌에만 머물고 있는 것이다. 따라서 법적으로 여성이 장로나 목회자가 된다 해도 구체적 현장에서의 차별은 결코 사라지지 않았다. 한국 기독교의 성차별에 대한 인식론적 회개가 이루어지지 않으면, 한국 교회는 아무리 양적으로 성장해도 결코 질적으로 성숙한 기독교가 될 수 없다.

이러한 상황에서 한국 여성은 신이 남성뿐 아니라 여성에게도 준 다양한 달란트가 무엇인지 알려고 하지도 않은 채 남성을 위해 봉사하는 부차적 역할만을 감당해왔다. 예수가 가르친 희생적 사랑의 의미를 남성에 대한 무비판적 봉사와 동일시하면서 한국 교회 여성들은 잠재적 능력을 묻어두었다. 기독교가 들어오기 전에는 유교의 중심 개념인 효의 이름으로 희생을 강요당했으며, 이제는 예수의 '희생적 사랑'이라는 이름으로 희생을 강요당한다. 나는 여기에서 효나 희생의 고귀한 의미를 약화시키려는 것이 아니다. 그러나 어떠한 덕이 자발적이지 않은 채 강요될 때 고귀한 의미는 왜곡되고 만다. 한국의 남성은 유교적 가부장이었고, 기독교인이 된 남성은 이제 유교·기독교적 가부장Confucian-Christian patriarchs이 되었다. 이러한 의미에서 볼 때, 한국사회에서의 여성의 위치는 기독교로도, 1970년대 이후 등장한 페미니스트 신학으로도 본질적인 변화가 일어나지 않았다. 그렇다면 한국의 페미니스트 신학이 신학과 교회에서 여성의 평등성을 획득하기 위해 수행해야 할 과제와 피해야 할 요소는 무엇인가.

첫째, 한국의 페미니스트 신학은 이론과 실천을 이분화하는 경향을 피하고, 페미니스트 신학의 이론적 분석과 실천을 종합하는 데 힘을 기울여야 한다. 개혁의 다양한 차원에 대해 언제나 고려해야 하는데, 적어도 개혁의 두 차원, 즉 주관적 차원과 객관적 차원에 대한 인식은 중요하다. 주관적 차원의 개혁이란 의식, 이론 그리고 원리의 개혁을 의미한다. 그리고 객관적 차원의 개혁이란 법률, 언어 그리고 규칙과 같은 객관적 구조의 개혁이다. 이 두 차원은 본질적으로 상호 연관되어 있다. 그 동안 한국의 페미니스트 신학은 객관적 차원의 개혁을 좀 더 강조했고, 신학의 다양한 분야에서 페미니스트 신학적 관점이 반영된 신학적 논의가 제대로 전개되지 못했다. 이렇게 페미니스트 신학을 신학이나 목회적 차원에서 올바르게 소개하거나 적절하게 논의하지 못했기 때문에 한국은 페미니스트 신학에 대한 이해 없이 단순한 부정적 편견만 고착화되는 실정이다.

개혁을 위한 이론을 형성하고 여성과 남성의 불평등성을 이론적으로 분석하는 일은 참으로 중요하다. 사회·정치적 또는 종교적 제도는 가부장주의라는 가치체계로 움직이기 때문에 이에 대한 이론적 비판과 분석을 통해 지속적인 공감대를 형성하는 중요한 근거를 마련할 수 있기 때문이다. 한국의 현실세계는 남성우월주의의 원리에 따라 구성되어 있다. 이러한 의미에서 우리의 이념적 구성의 중심에 도전하기 위해 이론적 근거를 형성하는 일은 한국 페미니스트 신학 발전에 매우 중요한 요소이다. 억압에 대한 비판이론 없이 감성만으로는 장기적인 투쟁을 지속할 지지대를 확보하지 못한다. 여기에서 나는 유명한 흑인 페미니스트 오드리 로드Audre Lorde가 감정과 분석을 연결하는 작업의 중요성을 강조한 데[13] 공감한다. 감정과 분석의 연결은 감정이 사상을 형성할 수 있는 과정이기 때문이다. 즉 억압에 대한 경험과 감정을 억압에 대한 분석과 이론화 작업에 연결시키는 것은 억압의 구조를 극복하기 위해 중요하다. 나는 여기서 한 걸음 더 나아가 감정과 분석, 감성과 이성 그리고 이론과 프락시스가 상호 연관되어 있으며, 연관되어야 한다고 강조하고 싶다.

둘째, 한국의 페미니스트 신학은 한국의 종교와 전통문화 속에서 페미니스트 신학의 형성을 위한 대안의 근거를 찾는 과정에서 종교나 문화를 '낭만화'하고 '이상화'하는 경향을 피해야 한다. 그러한 이상화와 낭만화를 통해서는 그 속에 숨은 성차별주의를 감지하기 어려우며, 따라서 여성에게 필요한 비전과 희망의 방향이 잘못 설정될 수 있기 때문이다. 페미니스트 신학자들은 페미니스트 신학적 자원을 모색하는 데

---

13 Audre Lorde, "Uses of the Erotic: The Erotic as Power", *Sister Outsider: Essays and Speeches*, Crossing Press, 1984.

기독교뿐만 아니라 다른 종교나 문화의 가부장적 요소에 대해서도 비판적 촉각을 세워야 한다. 그뿐만 아니라 그러한 전통을 신학적 근거로 설정하고자 할 때, 과거와의 '불연속성'과 '연속성'을 주의 깊게 검증해야 한다. 예를 들어 지금과는 전혀 다른 정치·사회적 구조를 지닌 고대사회에서의 여성이 현대를 살아가는 여성에게 어떠한 이상과 모델 역할을 하는지에 대한 주의 깊은 비판적 검증이 필요하다. 또한 어떠한 범주까지의 자료를 '기독교 신학'의 근거로 수용할 수 있는가에 대한 논의도 필요하다. 무엇이 기독교 신학을 기독교 신학이게 만드는가에 대한 좀 더 분명한 범주가 설정되어야 한다. 만약 최소한의 동의로 규정한 범주를 벗어나는 신학이라면, 굳이 기독교 신학의 이름 아래 넣을 필요가 없기 때문이다. 그러나 바로 그러한 종교나 전통의 가부장주의 때문에 오랫동안 억압을 경험해온 한국 여성에게 낭만화는 그들이 경험해온 억압의 근원적 원인을 규명하기 어렵게 만든다.

나는 아시아나 한국의 종교와 전통 속에 은닉된 해방적 요소를 발굴하는 작업의 중요성을 평가절하하려는 것이 아니다. 그러나 많은 경우 이러한 발굴은 기존의 가부장주의적 가치구조를 지속시키는 역할을 한다. 예를 들어, 어떤 아시아 페미니스트 신학자들은 아시아의 종교나 문학작품 속에 등장하는 다양한 여신에 근거해 페미니스트 신학을 형성하고자 한다. 그러나 사실상 이러한 여신들은 아들을 낳는 것과 같은 가부장적 기대를 충족하기 위해 존재하는 경우가 많다. 단지 여신이라는 이유로 이상화하고 낭만화하는 것은 바람직한 페미니스트의 신학적 추구가 아니다. 많은 여성들은 여성신의 존재가 여성은 본질적으로 '어머니'이며 사랑하고 양육하는 일에 선천적으로 남성보다 더 적합한 존재라는 관점을 확장시킨다는 생각을 받아들이는데, 이에 대해 에이드리

언 리치Adrienne Rich는 다음과 같이 비판한다.

'양육적 성품'을 여성의 특수한 강점으로 고정시키는 것은 여성 문제를 위험스럽게 단순화시킬 수 있다. 양육적 성품은 새로운 인간성을 창출하기 위해 더욱 사회에 제시할 수 있는 것일 뿐이다. ……여성의 고유한 힘이나 여성의 우월성에 대한 주장은 여성의 실존적 모호성, 여성의식의 연속성, 그리고 여성 각자 속에 있는 창조적 힘과 동시에 파괴적 힘의 잠재성을 고려해야만 한다.[14]

페미니스트 신학이 아시아의 문화적·종교적 전통을 낭만화하는 것은 결코 해방적이지 않다. 음·양에 대한 앞의 논의에서 볼 수 있듯이 인간의 현실을 남성적인 것과 여성적인 것으로 이분화하는 시도는 성 역할이라는 고정관념을 우주적으로 합리화할 뿐이다. 나는 '여성신'의 고양도 이러한 문제를 야기하며, 여성 억압의 근원적 원인을 모호하게 만드는 위험한 시도라고 본다. 페미니스트 신학에서 필요한 것은 남성신에 대한 대응counterpart으로서의 여성신이 아니라, 신 개념의 근원적 변화이기 때문이다.

셋째, 아시아와 한국의 페미니스트 신학은 '여성의 경험'을 지나치게 단순화하거나 낭만화하지 않고 '여성 경험의 다중성multiplicity'을 볼 수 있어야 한다. 예를 들어, 몇몇 아시아 페미니스트 신학자들은 아시아 여성의 고난과 예수의 고난이 지닌 본질적 차이에 대한 분석 없이 둘을 동일하게 본다.[15] 이 두 고난을 동일한 것으로 간주하는 시도는 일면 여

---

14 Adrienne Rich, *Of Woman Born: Motherhood as Experience and Institution*, Norton, 1986, p.283.
15 Chung Hyun Kyung, *Struggle to be the Sun Again*, Orbis, 1990, pp.53~57.

성의 고난을 긍정적으로 수긍하는 것으로 인식될 수 있다. 그러나 이렇게 아시아 여성의 경험을 지나치게 단순화하거나 낭만화하는 시도는 매우 위험하다. 아시아 여성의 고통은 선택이 아니라 외적 요인에 따라 강제된 것이며, 무엇보다도 페미니스트 신학적으로 분석하는 고난은 주로 아시아의 다양한 사회·종교적 전통의 가부장적 요소에서 기인하기 때문이다. 이는 가부장주의로 야기된 여성 고난의 근원을 모호하게 만들며, 그로 인해 가부장주의적 이익을 뒷받침하기 쉽다. 분명히 예수는 '여성에 대한 남성의 지배'라고 하는 가부장주의로 십자가 고난을 당한 것은 아니다. 또한 인간을 구원으로 인도하는 예수의 십자가 고난과는 달리 여성의 고난은 극복하고 제거해야 하는 문제이다. 따라서 여성은 고난과 더불어 살아서는 안 되며, 고난을 헤치기 위한 투쟁을 포기해서는 안 된다. '예수의 고난'과 '여성의 고난'을 동일시하는 왜곡된 확신은 여성이 극히 제한된 선택에 만족하도록 만들거나 구체적 현실에서 문제를 분명하게 볼 수 없게 만들 수 있다 나아가서 불의한 고난에 대항하는 자유와 저항의 '위험한 기억'의 창출을 막을 수도 있다.

아시아 여성의 경험을 단순화할수록 아시아 여성의 삶, 관점, 창조성과 신학의 다양한 차원을 보기 어렵게 된다. 페미니스트 신학은 이러한 다양성이 자유와 해방을 향한 중요한 움직임이라는 점을 인정해야 한다. 아시아 여성들이 여성 억압의 근원적 원인과 억압구조를 개혁하기 위해 집단적으로 또는 개인적으로 일하는 것이 무엇을 의미하는가를 이해하기 위해서는 우리의 상황과 문제에 대한 단순한 설명 이상의 어떤 것이 필요하다. 따라서 페미니스트 신학이 구체적 현실에서 어떠한 실천력 있는 대안적 신학을 제시하기 위해서는 다음과 같은 논의가 필요하다. 페미니스트 신학이 기독교 공동체에 실제적으로 어떠한 영향을 미칠 수 있는가. 페미니스트 신학자들은 실제적으로 어떠한 미래를 기대하는가. 그리고 페미니스트 신학은 어떠한 방식으로 우리의 구체적 현실 속에서 정의로운 사회 창출을 위해 기여할 수 있는가. 나는 이제 한국이나 아시아의 페미니스트 신학이 이러한 물음에 대해 진지하게 숙고해야 한다고 본다. 이러한 진지한 숙고를 통해 목회와 신학의 모든 분야에서 심도 있는 페미니스트 신학연구가 활발하게 진행된다면, 신학계와 교회의 패러다임 전이가 비로소 가능해질 것이다.

오랫동안 다양한 양태로 형상화되고 고착된 가부장주의적 가치관과 제도 속에서 페미니스트 신학적 관점을 갖는다는 것은 분명 '정의에 대한 예민한 감수성'을 필요로 한다. 그러한 감수성은 어떠한 종류든지 불의를 경험한 이들이라면 지니고 있게 마련이다. 독일 신학자 도로테 죌레는 우리가 신에 대해 말하고자 한다면 먼저 '정의'에 대해 말해야 한다고 주장한다.[16] 성차별주의를 '불의'라고 규정하고 더 정의로운 평등적 관점을 지닌 신학을 추구하는 한국과 아시아 여성신학은 앞으로도 넘어서야 할 벽이 무수히 많다. 전통적인 종교와 문화적 편견의 벽뿐 아니라 기독교 내의 신학계와 교회 안에서의 벽을 넘어서는 과제를 이루기 위해서 여성은 고통과 배제의 기억뿐 아니라 자유와 저항의 '위험한 기억'을 스스로 창출해야만 한다. 이러한 '자유와 저항의 기억'이 페미니스트 신학의 추진력이 되며, 위험한 기억의 창출을 통해 신의 정의와 평등이 신학과 교회 안의 여성에게 참다운 복음의 의미로 다가설 수 있는 미래를 우리가 꿈꿀 수 있기 때문이다.

---

16 Dorothee Sölle, *Nicht Nur Ya und Amen*, Rowohlt Taschenbuch Verlag, 1983, p.8.

제13장

페미니즘, 포스트모더니즘 그리고 포스트식민주의 시대의 신학

> 여자의 비극은, 부단히 본질적인 것으로서 자기를 확립하려는 기본적 요구와, 여자를 비본질적인 것으로서 형성하려는 상황의 요청 사이에서의 갈등이다.
> - 시몬느 드 보부아르

> 내가 생각하는 곳에서 나는 존재하지 않고 내가 존재하지 않는 곳에서 나는 생각한다.
> - 자크 라캉

> 어느 민족도 아름다움과 지력과 힘을 독점하지 않는다.
> - 에메 세제르

1. 모호성과 불확실성의 시대에 '타자화'된 존재로 신학하기

많은 이들이 현대를 '포스트post 시대'라고 규정한다. 포스트모던부터 시작해서 포스트콜로니얼, 포스트이데올로지컬, 포스트리버럴, 포스트구조주의, 포스트휴머니즘 또는 포스트페미니즘 등 무수한 이름이 포스트란 말과 함께 등장한다. 그렇다면 왜 이러한 다양한 이름의 '포스트'가 나오게 되었는가. 각기 다른 의미를 지칭하면서도 이들에게 공통된 특성이 있다면, 그것은 모호성과 불확실성이다. 포스트 시대란 고유의 독자적이고 분명한 특성을 지녔다기보다는, 그것이 호명하는 것과의 단절과 연속, 부정과 긍정의 관계 속에서 규정되는 시대이기 때문이다. 이러한 단절과 연속, 부정과 긍정의 특성 때문에 '포스트-'로 규정되는 이 시대는 '역설적 시대paradoxical age'일 수밖에 없다.¹ 이러한 맥락에서 보자면 이 시대가 어떠한 시대인가를 분명히 언술한다는 것은 언제나 모호성을 띠며 미래를 예견하는 것 또한 불확실해진다. 그렇다면 모호성과 불확실성의 시대에 신에 대한 언술인 신학하기는 어떠한 의미가 있을까. 더구나 중심부가 아닌 주변부에 속한 '타자화'된 존재로서 신학을 한다는 것이 우리의 구체적 삶에 어떠한 의미를 부여할 수 있을까. 이러한 물음으로 이 글을 시작하고자 한다.

이 장은 이 시대를 페미니즘과 포스트모더니즘 그리고 포스트식민주의 시대로 규정하면서, 이러한 시대에 신학한다는 것이 어떠한 의미와 과제를 지닐 수 있는가를 모색하는 시도이다. 이 글에서는 '한국인, 여성, 신학자'라는 나의 자기규정에 따라 논의를 전개하고자 한다. 물론 이러한 사회·문화적 표지marker를 나를 드러내는 '영원한 표지'로 차용하는 것은 아니다. 다만 이 글의 논의가 지닌 특정한 정황에서의 '정황적 표지'로 차용할 뿐이다. '한국인, 여성, 신학자'라는 나의 자기표현은 이미 이 글의 주제인 페미니즘과 포스트모더니즘 그리고 포스트식민주의 담론에서 제기하는 문제의 층을 보여준다. 즉 역사 속에서 '타자'로 규정된 이들의 사회·정치적 '타자성의 표지'이다. 타자는 '나는 누구인가?'라고 묻게 되며, 중심부적 존재와의 '다름'을 통해 자기를 규정한다. 이러한 맥락에서 '한국인, 여성, 신학자'라는 표지는 서구인이 아닌non-Western 한국인으로서, 남성이 아닌non-man 여성으로서 이중적 식민지성을 표현하는 동시에 주변인으로서의 통찰을 통해 포스트 시대에 신학함의 의미를 풀어나가고자 하는 의도이다. 더 나아가서 이러한 자기규

---

1 Terrence W. Tilley, et al., *Postmodern Theologies: The Challenge of Religious Diversity*, Maryknoll, 1995, pp.vi~vii.

정은 나의 '타자성'을 보이는 동시에 나의 관점이 구체적 삶의 조건을 초월할 수 있는 보편적 시각이 아닌, 상황에 따라 제한된다는 사실을 밝히는 의미이기도 하다.

나는 이 글에서 페미니즘과 포스트모더니즘 그리고 포스트식민주의 담론이 한국에서 페미니스트 신학담론을 형성하고자 하는 신학적 작업에 어떠한 통찰을 주는가에 대해 모색하고자 한다. 이러한 과정을 통해 불확실성과 모호성의 시대에 신학하기가 지닐 수 있는 의미를 추구하고자 한다. 이 시대의 신학이 구체적 삶의 정황으로부터 유리된, 관념적인 것일 때 우리는 공허함을 극복하기 어렵다. 끊임없이 삶에 대한 우리의 물음에 답하고자 노력하는 신학이 될 때, 또한 인간 해방의 지평을 확장하는 일에 참여하는 신학이 될 때, 비로소 우리는 불확실성과 모호성과 씨름하는 이 시대의 신학이 될 수 있는 희망의 근거를 찾을 수 있다.

2. 현대의 변혁담론: 페미니즘, 포스트모더니즘, 포스트식민주의

이 장에서 나는 포스트모더니즘의 '포스트'를 한국어로 번역하지 않고 발음 그대로 표기하고자 한다. 그동안 이 '포스트'는 '후기' 또는 '탈'로 번역되었는데 두 번역이 모두 적절하지 못한 것처럼 보이기 때문이다. '포스트모더니즘'은 사상가에 따라서 모더니즘과의 연속성을 강조하는 경우도 있고 단절성을 강조하는 경우도 있기 때문에, '후기' 또는 '탈'로 번역할 경우 포스트모더니즘의 성향을 모두 포괄하는 의미를 지니기 어렵게 된다. 또한 포스트콜로니얼리즘은 식민주의로부터의 해방이라는 의미를 우선 내포하지만, 문자적 의미로 '식민주의 이후post-colonialism'가 반드시 '탈식민주의de-colinialism'를 의미하는 것은 아니므로 '포스트식민주의'라고 쓰는 것이 더 타당하다. 그리고 '페미니즘'은 흔히 '여성주의'로 번역되는데, 이는 현대 페미니즘의 다양한 특성과 지향성을 모두 포괄할 수 없을 뿐만 아니라 때로는 부정적 오해를 불러일으킬 수도 있어서 원어 그대로 음역한 페미니즘이라고 쓰고자 한다.[2] 이 장에서는 페미니즘, 포스트모더니즘 그리고 포스트식민주의 자체에 대한 연구라기보다는 그러한 사상이 주는 신학적 의미를 모색하고자 한다. 그러므로 각 사상에 대한 개별적 연구항목보다는 그러한 사상의 복합적 관계를 정리하는 것이 논의를 위해 먼저 필요하다. 따라서 여기에서 논의하는 페미니즘, 포스트모더니즘, 포스트식민주의에 대한 서술은 그러한 주제와 서술 지면의 제한을 전제한 이해라고 보면 될 것이다.

1) 페미니즘

21세기를 맞이한 시점에서 한국사회와 기독교계에서 가장 낙후되고 외면하는 주제가 있다면 그것은 바로 페미니즘이다. 페미니즘이라는 용어는 포스트모더니즘[3]과 같이 분명한 이해보다는 혼돈스러운 오해를 주

---

2 포스트모더니스트 중에서 모더니즘과의 단절성 또는 연속성을 주장하는 이에 대한 논의는 다음을 참고하라. Fredric Jameson, *Postmodernism, or the Culture Logic of Late Capitalism*, Duke University Press, 1991. 또는 이소영 & 정정호 편역, 〈이론의 정치학―포스트모더니즘 논의에서의 이데올로기적 입장들〉, 《페미니즘과 포스트모더니즘: 새로운 문화정치학을 위하여》, 한신문화사, 1995.
3 '포스트모던'이라는 말은 아놀드 토인비가 제시한 역사철학적 개념이다. 포스트모더니즘은 건축 분야에서 처음 등장해 1970년대 이후 공식적으로 사용했다. 포스트모더니즘은 다양한 분야의 논의를 망라하므로 개념을 종합적으로 이해해야 한다. 포괄적으로 포스트모더니즘에 대해 정리한 논의로는

는 주제이다. 그러나 포스트모더니즘과는 달리 페미니즘은 구체적인 남성과 여성 간 관계의 문제에서부터 정치, 경제, 사회, 문화, 종교 등 다양한 차원을 포괄하는 광범위한 주제임에도 부정확하고 감정적으로 쓰이고 있다. 페미니즘에 대한 올바른 이해는 집중적 연구가 이루어진 후에나 가능하지만, 많은 이들은 페미니즘을 상식적 수준에서 파악할 수 있는 것으로 결론을 내리기도 한다. 또한 페미니즘에 감정적으로 반응하는 이유는, 페미니즘에 대한 논의가 남성과 여성 간 관계의 불공평성이나 불의함에 대한 비판에서 출발하기 때문에 남성이 직접적으로 공격받는다고 느끼기 때문이기도 하다. 역사에서 새로운 사회적 변혁운동이 출현할 때마다 그 운동 참여자들은 기존의 구조와 제도에 대한 변혁을 요구했다. 따라서 페미니즘 운동은 이전의 구조 안에서 안정되게 사는 이들에게는 위협이 되거나 이미 누리는 기득권을 포기해야 하는 번거로움을 감수해야 하기 때문에 적극적 지지보다는 부정적 반대에 강하게 부딪혀왔다. 이러한 상황에서는 어떤 종류라도 기존 구조에 변화를 요구하는 사상이나 운동을 하는 이들은 고독한 투쟁을 하게 된다.

그러나 페미니즘은 이제 선택이 아닌 당위의 문제로, 이미 포스트모더니즘보다 오래전에 서구사회는 물론 신학계와 목회 차원에서도 주요한 문제로 주목을 받고 있다. 이는 여성 스스로 성차별이 의미하는 부당성과 비기독교성을 인식하고, 그에 따른 구체적이고 다양한 변화를 지속적으로 요구한 결과이기도 하다. 또한 어떤 종류의 차별도 신의 정

다음을 참고하라. Ihab Hassan, "Postface 1982: Toward a Concept of Postmodern", *The Dismemberment of Orpheus: Toward a Postmodern Literature,* University. of Wisconsin Press, 1982. 안드레아스 후이센, 이소영 & 정정호 편역, 〈포스트모더니즘의 위상 정립을 위해〉, 《페미니즘과 포스트모더니즘: 새로운 문화정치학을 위하여》, 한신문화사, 1992.

의라는 빛에서 보면 정당화될 수 없다는 사실, 그리고 성차별주의야말로 역사에서 가장 오래되고 깊숙이 뿌리 박힌 차별과 억압구조임을 갈파한 의식 있는 남성 신학자와 목회자들의 인식전환의 결과라고도 볼 수 있다. 아직도 서구 기독교계에서 페미니즘이 넘어야 할 벽은 높다. 그러나 신학과 목회의 장에서 지도력의 대부분을 남성이 유지하는 한국 기독교계와 비교하면, 여성의 지도력 수용과 페미니즘적 주제에 대한 교단적 인식의 차원은 서구의 기독교가 훨씬 앞서가고 있다. 한국의 기독교계는 무수한 현대적 이슈를 신학적·목회적 차원에서 논의해왔지만, 페미니즘 문제에 대해서는 정식으로 관심을 두지 못했다. 그 이유는 복합적 논의를 거쳐야 하겠지만, 단순하게 보자면 첫째, 한국사회와 기독교계의 보수성, 그리고 둘째, 페미니즘에 대한 오해 때문이라고 나는 본다.

그렇다면 페미니즘이란 무엇이며 왜 신학적 논의에 등장해야 하는가. 이 장에서 우선적으로 이른바 '기독교 페미니즘Christian feminism'이라고 명명할 수 있는, 즉 기독교 전통 안에서 페미니즘의 이념과 목적에 동의하는 성서적 근거와 그 기독교 페미니즘이 지향하는 바를 간략하게 살펴보기로 한다. 기독교 페미니즘은 "모든 인간은 신의 형상대로 지음받았으며 따라서 존엄성을 지닌다"는 전제에서 출발한다. 따라서 기독교 페미니즘은 여성의 필요와 상황에 좀 더 큰 강조를 둔다. 그러나 궁극적으로 보면, 페미니즘은 여성만의 권익을 주장하는 것이 아니라 여성과 남성 모두의 온전한 삶을 추구한다. 이러한 의미에서 페미니스트란 '성별에 관계 없이 한 사회에서 여성과 남성 사이의 사회, 경제, 정치, 종교적 정의를 회복하고자 노력하는 사람'이다. 따라서 모든 여성이 페미니스트는 아니며 또한 페미니스트가 굳이 여성만일 필요도 없다.

이러한 이념에 동조하는 사람은 남성이건 여성이건 모두 페미니스트이다. 스위들러는 유명한 〈예수는 페미니스트였다〉[4]라는 논문에서 예수를 따르려는 모든 기독교인은 예수의 페미니즘 정신도 함께 따라야 함을 역설했다. 이러한 페미니즘은 인간을 개체적 존엄성을 지닌 존재로 이해한 기독교적 인간 이해에 상응하는 것으로, 모든 인간은 외적이고 생물학적인 조건 때문에 차별받을 수 없다는 인간존엄사상에 근거하고 있다. 또한 기독교 페미니즘은 성서적 '샬롬'의 비전을 실현하고자 하는 운동이다. '샬롬'은 경제적 정의를 의미하기도 하지만 경제적 차원 이상의 관계에서 평화를 지향하기도 한다. 다시 말해 샬롬은 인간이 신과의 관계에서, 자신과의 관계에서, 타인과의 관계에서, 자연과의 관계에서 평화를 이루며 사는 것이다. 그런데 이 평화는 단지 '적대성의 부재'가 아니라 올바른 평등 관계, 정의로운 관계에 근거한 평화이다.[5] 따라서 이러한 샬롬의 비전을 추구하는 기독교 페미니즘은 결코 교회파괴적이거나 가정파괴적일 수 없다. 이러한 맥락에서 페미니즘을 이해한다면, 현대의 신학적 논의에서 페미니즘적 주제는 인간의 구원과 해방에 관심을 두는 요소로 진지하게 수용될 수 있다.

2) 페미니즘과 포스트모더니즘

페미니즘과 모더니즘 그리고 포스트모더니즘은 복합적 관계에 있다. 우선 페미니즘의 근대적 출현은 계몽주의 사상에 뿌리를 두며, 계몽주의 사상에 힘입어 여성이 인간으로서의 권리와 평등을 주장하게 되었다.

---

4 Leonard Swidler, "Jesus was a Feminist", *Catholic World*, 1971, pp.177~183.
5 Nicholas Wolterstorff, *Until Justice and Peace Embrace*, William B. Eerdmans, 1983, pp.69~70.

이러한 초기 페미니즘의 입장을 '자유주의 페미니즘'이라고 부른다. 사실상 모든 페미니즘은 여성의 인간으로서의 권리와 평등을 주장하는 이러한 자유주의 페미니즘 사상을 공통적인 전제로 삼는다고 할 수 있다. 그리고 모더니즘의 출현과 더불어 본격적으로 전개되기 시작한 초기 페미니즘은 현대의 남성과 여성의 차이보다는 남성과 여성의 인간으로서의 공통성을 강조했다. 이렇듯 봉건주의 해체 이후 모더니즘이 지향한 인간 해방의 메시지는 페미니즘 형성에 중요한 근거가 되었으며, 구체적으로 프랑스혁명사상은 페미니즘 출현을 가시화하는 데 영향을 주었다. 비록 프랑스혁명의 주창자들이 '모든 인간의 평등'을 외칠 때 그 '모든 인간'의 범주에 여성이 포함되지는 않았지만, 혁명사상은 의식 있는 여성의 평등사상을 촉진할 수 있는 충분한 사상적 근거를 제공했다.

그러나 페미니즘 이론이 다양하게 전개되고 발전하면서 모더니즘 사상과 이론이 지닌 남성중심적 객관성과 보편주의 개념에 대한 비판이 제기되었다. 모더니즘이 주창하는 이론의 객관성과 보편성은 사실상 남성의 경험과 관점만을 근거로 형성된 것으로, 인간 보편이 아닌 여성을 배제한 남성중심주의를 전제한다는 것이다. 이러한 허위 보편주의와 객관성의 이데올로기를 통해 여성은 '남성이 아닌 존재'로 타자화되었고, 여성의 경험과 관점은 정상이 아닌 '비정상deviant'으로 규정되었다. 또한 모더니즘의 이성에 대한 극도의 신뢰는 감성과 육체성의 경멸로 이어졌고, 이는 다시 여성과 자연의 경멸로 이어져왔다는 분석이 나오면서 모더니즘의 남성중심주의와 이성중심주의, 그에 따른 이원론적 세계관과 인간관은 신랄한 비판의 표적이 되었다. 바로 여기에서 페미니즘과 포스트모더니즘의 공통점을 찾을 수 있다. 물론 비판의 강조점은 다르지만 포스트모더니즘이 제기하는 왜곡된 '허위보편화false universalization', 학문의 '중립성과 객관성' '거대담론grand narrative'의 억압적 측면 등에 대한 비판은 페미니즘에 매우 긍정적인 영향을 미쳤다. 따라서 포스트모더니즘의 '다양성 찬양celebration of difference'은 주변부에 있던 여성과 제3세계인 등, 이른바 중심에서 배제된 존재를 유의미하게 만드는 긍정적 측면이 있다. 또한 이러한 다양성 찬양은 이제까지의 '백인, 중산층, 남성' 주도적 중심부를 해체할 수 있는 강력한 근거가 될 수 있다.

그러나 페미니스트 관점에서 포스트모더니즘을 볼 때 전적으로 동조할 수 없는 몇 가지 측면이 있기 때문에 포스트모더니즘에 대한 페미니스트들의 평가는 다양하다. 앞서 밝힌 바와 같이 페미니즘과 포스트모더니즘이 모더니즘에 대한 비판적 관점을 공유한다는 점, 그리고 남성중심주의를 탈중심화할 수 있는 이론적 근거를 제시한다는 점에서 포스트모더니즘을 긍정적으로 보는 페미니스트 입장도 있다. 반면, 포스트모더니즘은 페미니즘을 위한 이론이 될 수 없다는 입장도 있다. 그리고 마지막으로 이 둘의 입장을 수정·보완하는 입장도 있다. 긍정적 수용의 입장은 앞서 살펴보았지만 포스트모더니즘을 페미니스트 관점에서 볼 때 다음과 같은 딜레마가 있다.[6] 첫째, 포스트모더니즘의 '거대이론grand theory' 거부이다. 거대이론에 대한 비판은 왜곡된 보편화에 대한 중요한 비판은 되지만 성차별주의나 가부장제 같은 총체적 분석을 요하는 거대이론의 타당성까지도 부정하게 만들 수 있다는 문제가 발생한다. 즉 포스트모더니즘의 총체적 근거를 제시했지만 역사 속에서

---

6 포스트모더니즘에 대해 정식으로 비판한 하버마스의 포스트모던 논쟁은 다음을 참고하라. 위르겐 하버마스, 김욱동 편, 〈모더니티와 포스트모더니티〉, 《포스트모더니즘의 이해》, 문학과지성사, 1990. 구드룬 클라트, 김경연 & 윤종석 편역, 〈모던과 포스트모던에 관한 논쟁: 장 프랑수아 리요타르와 위르겐 하버마스〉, 《포스트모더니즘의 도전》, 다민, 1992. 강남순, 〈포스트모더니즘과 여성 신학〉, 《현대여성신학》, 대한기독교서회, 1994.

지속되어온 성차별주의, 인종차별주의, 식민주의 같은 사회적 불의에 대한 '보편적 이론화' 작업까지 무효화할 수 있다는 의미이다. 결국 포스트모더니즘의 총체적 이론, 즉 '대서사grand narratives'에 대한 거부는 페미니즘의 이론적 범주를 정당화하는 근거까지 거부하게 되는 한계가 있다. 나아가, 진리의 '일원성'이 아니라 '다원성'을 주장함으로써 '절대성'에 대한 모든 주장을 거부하는 논리는 상대주의에 빠질 수 있는 위험성을 지닌다. 페미니즘은 포스트모더니즘처럼 모더니즘의 왜곡된 총체적 이론은 비판하지만 성차별주의나 가부장제 같은 억압구조에 대한 총론은 필요로 하기 때문이다. 즉 페미니스트 분석은 대서사와 소서사, 총론과 각론을 모두 필요로 한다.

둘째, 포스트모더니즘의 다양성 찬양은 '중심부'에서 배제해온 '주변부'를 유의미한 존재로 만들었다는 긍정적 요소가 있다. 그러나 다양한 문화 속에 은닉된 차별과 억압구조, 권력과 문화-시기창출의 관계를 비판할 여지를 남겨두지 않았다는 부정적 측면도 있다. 따라서 다양성을 부각시키고자 하는 포스트모더니즘의 다원주의는 여성을 단지 다른 그룹 중 하나로 전락시키는 결과를 낳았고, 사실상 여성을 인정하는 것이 아니라 절대적 무관심, 무비판적 균형성equivalence, 또는 단순한 상호 교환 가능성interchangeability으로 전락시킨 '차이에로의 환원'일 뿐이라는 비판을 받는다.[7] 이는 포스트모더니즘 담론의 주류를 형성하는 데리다, 리오타, 로티, 푸코 등이 지닌 역사와 정치 그리고 문화의 중요 요소인 '성별의 차이gender difference' 문제에 대한 무감각하고 몰이해적인 특성

---

7   Craig Owens, "The Discourse of Others: Feminists and Postmodernism", *Anti Aesthetic: Essays on Postmodern Culture*, ed., Hal Foster, Bay Press, 1983, p.58.

에서 볼 수 있다.[8] 포스트모더니스트들의 이러한 비정치적·비역사적 특성에 대해서는 페미니스트뿐만 아니라 포스트 식민담론의 선두 주자인 에드워드 사이드Edward Said도 다음과 같이 비판한다.

> 거의 상상할 수 없을 정도의 혐오감을 나타내는 전문 용어들이 그들의 문체를 지배한다. 포스트모더니즘, 담론 분석, 신역사주의, 해체, 신실용주의와 같은 유행들이 그들을 현실과 유리된 지역으로 데려간다. 역사의 중력과 개인의 책임에 관한 놀라운 무중력감은 공공 문제들과 공공담론에 미미하게 관심을 가지게 한다. 그 결과 우리를 가장 낙담시키는 것은 일종의 실수의 연발이며, 하나의 총체로서의 사회는 방향성이나 일관성 없이 표류하고 있다. 인종차별, 가난, 생태계 파괴, 질병, 놀랍게 퍼져 있는 무지의 문제들은 매체와 선거운동 기간 중의 별난 정치 후보자에게 떠맡겨지고 있다.[9]

결국 포스트모더니즘이 치달을 수 있는 상대주의의 위험성, 사회·정치적 무관심, 또는 현실참여 의식 결여는 포스트모더니즘 담론에서 가장 경계해야 할 요소이다. 이상의 논의에서 볼 수 있는 바와 같이, 페미니즘과 모더니즘, 포스트모더니즘의 관계는 매우 복합적이다. 페미니즘은 모더니즘과 포스트모더니즘이 각기 다른 양태로 지닌 해방적 요소에서 이론적 근거를 삼기도 하지만, 또 다른 측면에서는 그것의 여

---

8 크리스틴 디 스테파노, 이소영 & 정정호 편역, 〈차이의 딜레마들—페미니즘, 모더니티, 그리고 포스트모더니즘〉, 《페미니즘과 포스트모더니즘: 새로운 문화정치학을 위하여》, 한신문화사, 1992, pp.368~369.
9 에드워드 사이드, 김성곤 & 정정호 역, 《문화와 제국주의》, 도서출판 창, 1995, p.516.

성 억압적 구조에 대해 민감하게 비판한다. 따라서 페미니즘이 모더니즘이나 포스트모더니즘을 전적으로 수용하거나 또는 전적으로 거부하는 것은 사실상 적절하지 않다. 두 사상은 동전의 양면과도 같이 각기 다른 해방적 차원, 그리고 차별과 억압구조를 강화할 수 있는 가능성을 동시에 지니고 있기 때문이다. 그런데 서구에서 현대를 포스트모던 시대라고 규정하는 것이 한국사회에도 적절할까의 문제는 여전히 남는다. 이미 계몽주의를 개인적이고 사회적인 차원에서 철저히 경험한 서구인들이 그 한계를 넘어서기 위해 형성한 포스트모더니즘 담론을 한번도 이성과 합리적 구조를 완전히 실현해보지 않은 한국사회에서 그대로 적용할 수 있는가. 이성적 능력을 철저히 실현해본 이들이 주장하는 감성의 중요성과, 이성적 능력을 실현해보지 못한 한국사회에서 이성의 한계나 감성의 중요성을 논하는 것은 차원이 다르다.

　한국인은 근대화의 시작과 더불어 이미 포스트모던 시대의 시작을 경험했다.[10] 따라서 프리모던premodern, 모던 그리고 포스트모던 상황을 동시에 살아간다. 더구나 한국사회의 근대사는 서구와는 달리 "합리성이 빠진 도구화의 근대사였고, 수단 방법을 가리지 않는 수단주의만이 활개친 역사"[11]였다. 이러한 역사를 지닌 한국사회의 여성은 특히 유교적 가족주의 이데올로기에서 인간의 개체적 존재로서의 존엄성을 인정받을 수 없었고, 삼종지도의 종속적 삶을 다양한 양태로 요구받았다. 이러한 특성은 근대 이전에만 존재하는 것이 아니라 지금도 여전히 살아 있어서 한국인들은 봉건, 근대, 포스트모던의 경험과 가치를 동시적으로 다양하게 요구받는 삶을 살아가고 있다. 이러한 맥락에서 볼 때,

---

10　김찬호 & 오택민 외, 《여백의 질서》, 도서출판 일굼, 1993, p.471.
11　조혜정, 《글 읽기와 삶 읽기》 2, 도서출판 또하나의문화, 1994, p.117.

한국에서의 페미니즘과 모더니즘, 포스트모더니즘 관계 규정은 서구사회에서보다 더 복합적인 비판적 논의를 필요로 한다. 한편으로 우리는 봉건주의적 구조를 벗어나서 개체적 인간으로서의 존엄성을 존중하는 모더니즘의 철저한 합리성과 이성적 능력을 실현해야 하며, 또 한편으로는 포스트모더니즘의 이론적 근거를 통해 왜곡된 감성, 왜곡된 관계 설정을 바로잡는 이성과 감성의 조화, 개체적·관계적 존재로서의 인간이라는 포괄적 이해를 형성해야 할 필요가 있다.

3) 페미니즘과 포스트식민주의 그리고 심층 포스트식민주의

한때는 중국을, 그 다음에는 일본을 그리고는 서양을 종주국으로 삼아 온 한국의 역사를 생각해볼 때, 사실상 포스트 식민담론은 한국사회에서 참으로 중요한 신학적 주제이다. 제2차 세계대전 이후 식민주의가 공식적으로 사라졌지만 사실상 경제·문화적 영역에서의 식민지적 구조는 여전히 사라지지 않았기 때문이다. 제2차 세계대전이 종결된 1945년 이후 유럽 중심의 '식민주의의 역사는 사실상 미국의 역사'[12]로 전이된다는 분석에 의거할 필요 없이 현대의 세계는 미국 중심의 식민주의적 구조가 문화·정치·경제적 차원의 보이지 않는 지배로 매우 강력하게 확산해 있다. 이러한 사실 인식, 즉 식민지가 정치적 독립을 이룬 후에도 여전히 많은 나라가 '서양의 지배체제' 속에 살아간다는 인식으로부터 현대 탈식민담론은 출발한다.

알제리 정신과 의사이며 알제리 해방투쟁에 참여하다가 1961년 사

---

12 마사오 미요시, 〈국경 없는 세계인가?: 식민주의로부터 초국적주의로〉, 《창작과비평》, 1993, p.350.

망한 프란츠 파농Frantz Fanon은 《대지의 저주받은 자들》에서 식민지인으로서의 타자화와 의식의 식민지화 그리고 식민적 주체에 대한 논의를 정신질환을 분석하는 경험을 통해 설득력 있게 전개함으로써 포스트 식민담론의 대표 중 한 사람으로 등장한다. 또한 예루살렘에서 태어나서 미국에서 고등교육을 받고 현재 미국 대학에서 영문학, 비교문학 교수직을 맡고 있는 에드워드 사이드는 1978년 출판해 현대적 포스트 식민담론을 조직적으로 전개한 《오리엔탈리즘Orientalism》[13]에서 권력과 문화의 관계에 대한 의식을 분명하게 분석하고, 그러한 분석을 통해 식민지 시대를 통해 형성된 서구중심적 지적 체계가 어떻게 전 세계 지식체계를 지배하는가에 대한 포괄적 조명을 통해 포스트 식민담론을 본격적으로 전개한다. 현대의 식민주의란 영토의 지배와 같은 보이는 힘이 아니라 지식체계를 통해 좀 더 광범위하고 체계적으로 확산해왔다고 사이드는 분석한다.

사이드를 통해 새롭게 부각된 오리엔탈리즘은 '지정학적 지식을 미학적·학문적·경제적·사회학적·역사적·문헌학적 텍스트로 배분하는 것'이며 '서구가 오리엔트에 관계하는 방식으로서 서양인의 경험 속에 동양이 차지하는 특별한 지위이자 주체인 서양이 동양을 타자화하는 과정에서 생긴 산물'이다. 따라서 이는 "동양을 지배하고 재구성하며 위압하기 위한 서양의 스타일"이다.[14] 이러한 오리엔탈리즘을 비판적으로 분석하면서 사이드는 현대의 지식체계를 통한 제국주의적 구조에 저항하는 포스트 식민담론을 구성했다. 사이드의 오리엔탈리즘에 대한 비판은 동양을 정체화된 신비한 이미지로 조작한 서구에 대한 비판이기

---

13 에드워드 사이드, 박홍규 역, 《오리엔탈리즘》, 교보문고, 1991.
14 에드워드 사이드, 박홍규 역, 《오리엔탈리즘》, 교보문고, 1991, p.16, 32.

도 하지만, 그대로 수입하는 동양인에 대한 비판이기도 하다. 따라서 탈식민주의 담론은 "비단 식민지 시대뿐 아니라 독립 후에도 계속 남아 파괴적 영향력을 행사하는 식민지 잔재를 탐색해 정체를 밝혀내고 대항하자는 인식에 근거한다"[15]고 할 수 있다.

식민주의에 대한 저항의 궁극적 관심은 진정한 인간 해방이다. 이러한 맥락에서 페미니즘은 포스트 식민담론과 만난다. 서구적 제국주의에 저항함에 따라 여성은 자신의 억압적 상황에 대해서도 저항하는 근거를 마련했다. 식민지 세계에서 이중으로 억압받는 존재는 여성이라는 인식이 일어나면서, 여성이 서구 식민주의와 자기 문화 안의 가부장주의적 억압구조에 저항하기 시작했다. 19세기 초 민족주의자인 라자 라무한 로이Raja Ramuha Roy는 18세기 자유주의 페미니즘의 시조라 할 수 있는 메리 울스톤크래프트의 영향을 받아 인도 여성의 권리 확보를 위한 초기 운동을 시작했다.[16] 이와 같이 서구 제국주의로부터의 해방운동인 탈식민주의는 제3세계에서 여성 해방운동인 페미니즘의 중요한 근거가 되었다.

제국주의로부터 독립하기 위해서는 민족적 단합과 저항이 필요하다. 또한 독립이 이루어진 다음에는 자체 내의 낡은 정통성과 다양한 양태의 불의를 제거하기 위한 자기성찰적 저항이 사회 안에서 이루어져야 하는데, 그 가장 대표적 예가 페미니즘이다.[17] 포스트 식민담론에서 중요한 것은 비판의 대상이 식민 종주국뿐만 아니라 압박을 받은 식민지인들도 포함된다는 사실이다. 예를 들어 식민지인들이 식민성을 내면

---

15 김성곤, 〈탈식민지 시대의 문화〉,《외국문학》 1992. 31호, p.14.
16 Cf. Kumari Jayawardena, *Feminism and Nationalism in the Third World*, Zed, 1986.
17 에드워드 사이드, 김성곤 & 정정호 역,《문화와 제국주의》, 도서출판 창, 1995, pp.384~385.

화하고 있다는 점이나 자국 내 여성과의 관계에서 다른 양태의 제국주의적 구조를 스스로 수용한다는 점을 분석할 수 있다. 페미니스트 분석에 따르면 여성과 식민지는 공통점이 있다. 이에 대해서는 앞으로 좀 더 자세히 분석하겠지만 간단히 요약하자면, 첫 번째 식민지와 여성은 타자화된다는 사실이다. 이 특성은 식민지와 여성은 '자연화naturalization'된다는 두 번째 공통점과도 연결된다. 사이드의 《오리엔탈리즘》에서도 분석한 바와 같이 식민 종주국은 스스로를 식민지와 구별함으로써 정체성을 찾는다. 즉 문명과 자연, 미개한 나라와 문화국가, 문화인과 원시인, 선진국과 후진국 등으로 이분화해 자신과 '다른 것'으로 식민지를 규정함으로써 정체성을 형성한다. 여기에서 자본주의와 결탁된 제국주의는 스스로를 '문명'으로, 식민지를 '자연자원'으로 취급해 착취한다. 이러한 자연화 과정을 통해 식민지화의 핵심인 착취 관계가 유지되는 것이다.

그런데 이러한 구조는 여성의 경우에도 그대로 적용할 수 있다. 즉 식민지인과 마찬가지로 여성을 '자연'으로 취급해왔는데 이러한 점에서 '어머니 자연Mother Nature' 등 자연의 여성적 상징화는 많은 문제점을 야기한다. 에코페미니스트인 자넷 비엘Janet Biehl은 에코페미니즘이 여성을 자연과 동일시함으로써 여성 해방 주장의 대상이 된 억압적 사회로 퇴보하기를 바라는 식이 되었다고 비판한다. 또한 다나 해러웨이Donna Haraway는 '어머니 자연'은 희생자로서 여성의 집단적 위상을 함축하기 때문에 철저히 제거해야 한다고 밝힌다. 자연과 여성을 동일시하는 것이 지니는 긍정적 측면이 있음에도 여전히 페미니즘이 비판하고 극복해야 할 이원론과 생물학적 본질주의를 그대로 받아들인다는 점에서 나 역시 위의 두 학자의 입장에 동조하며 이러한 동일시를 긍정적으로 보지 않는다.[18] 이러한 여성의 '자연화' 과정에서 무수한 여성들이 다양한 양태의 착취구조를 경험한다. 이는 독일의 식민 지배자들이 아프리카와 아시아 여성들을 '자연화'시킴으로써 백인인 독일 여성을 '문명화된' 시민적 숙녀로 승격시켰다는 연구에서도 볼 수 있다.[19] 다음은 여성과 식민지의 두 번째 공통점을 잘 드러낸다.

> 여성과 정복된 주민은 마치 (남성) 임금노동자와 자본가로 구성된 본래 사회에 속해 있지 않은 듯이 취급되어, 필수 불가결한 생산 조건 또는 물, 공기, 흙처럼 '자연자원'인 양 다루어지는 것이다.[20]

이러한 맥락에서 보자면 인종차별주의, 성차별주의, 군국주의의 원인은 여성과 식민지인들의 식민화구조에서 찾을 수 있는데, 이러한 억압구조는 '지배와 종속'의 논리로 움직이기 때문이다. 또한 페미니스트 분석은 파농과 같은 포스트식민주의 지도자의 남성 쇼비니즘을 드러낸다.[21] 즉 식민지 남성이 피식민지로만 화살을 돌려 비판하고 자기 안에 있는 억압성을 간과하는 경우가 드러난다. 식민주의로부터의 해방과 독립 이후에도 여성이 여전히 가부장주의적 억압과 신식민주의적 억압으로부터 벗어나고 있지 못하는 이유에 대해 질문함으로써 페미니스트들은 포스트 식민담론에 대해 더욱 심층적으로 논의하게 된다. 이러한 페

---

18 Cf. Janet Biehl, *Rethinking Ecofeminist Politics,* South End Press, 1991, p.3. Cf. Donna Haraway, Sinians, *Cyborgs and Women: The Reinvention of Nature,* Free Association Books, 1991.
19 C. V. 벨로프 외, 강정숙 역, 《여성, 최후의 식민지》, 한마당, 1987, pp.16~17.
20 C. V. 벨로프 외, 강정숙 역, 《여성, 최후의 식민지》, 한마당, 1987, p.17.
21 Paula Giddings, *When I Enter: The Impact of Black Women of Race and Sex in America,* Routledge, 1984, pp.321~322.

미니스트 분석을 통해 남성 지도자의 포스트 식민담론에 은닉된 다른 양태의 식민주의, 이 경우에는 가부장주의적 식민주의를 철저하게 보는 계기가 된다.

이러한 맥락에서 볼 때, 나는 페미니스트 관점으로 형성된 포스트 식민담론을 '심층 탈식민주의deep postcolonialism'[22]라고 부르고자 한다. 좀 더 총체적인 포스트 식민담론은 서구적 식민주의에 대한 비판뿐 아니라 성이나 인종 또는 사회적 계층에 따라 다른 인간을 타자화하는 다양한 종류의 식민주의에 대해서도 비판해야 하며, 외적으로 뿐만 아니라 자기 안의 식민주의나 내면화된 식민성까지도 철저하게 비판의 대상으로 삼아야 한다는 의미를 지닌다. 내가 '심층 포스트식민주의'라는 용어에서 강조하는 점은 이렇게 포스트 식민담론이 논의의 주제와 범주 설정에서 보다 포괄적인 확장을 해야 한다는 요청성을 나타내기 위함이다. 또한 타인의 제국주의 요소는 지적하면서 '남성중심주의'와 같은 '자기 안의 제국주의' 요소를 보지 못하는 '반半포스트식민주의'의 위험에 빠지지 않기 위함이다. 그러므로 포스트식민주의가 페미니즘과 만날 때 더욱 총체적인 탈식민의 과제를 완성할 수 있으리라 본다. 페미니즘적 시각을 수용한 포스트 식민담론은 인간 해방의 지평을 좀 더 확장하고자 하는 포스트 식민담론의 완성이며, 철저한 포스트식민주의는 외적 요소뿐 아니라 자기 안의 제국주의적 지배 구조에 대해서까지 저항할 때 비로소 가능해진다.

---

22 나는 이 용어를 생태학적 논의에 등장하는 '심층생태학'에서 빌려 왔다. '심층생태학'은 생태학보다 심층적 차원의 문제를 다룬다는 점에서 나온 용어인데, '심층 탈식민주의'는 기존의 포스트식민주의 담론에 페미니스트 관점을 적용함으로써 좀 더 철저한 포스트식민주 담론을 형성한다는 의미가 있다.

3. 페미니즘, 포스트모더니즘 그리고 포스트식민주의 담론으로 인식한 문제

1) 타자화

페미니즘의 성서라고 일컬어지는 《제2의 성》을 쓴 시몬느 드 보부아르는 가부장주의적 사회에서 타자로서의 여성을 분석함으로써 페미니스트 이론을 형성하는 데 중요한 공헌을 했다. 보부아르는 여성의 타자적 삶의 상황을 다음과 같이 표현했다.

> 남자는 그들이 차지하는 특이한 상황에 대해 책을 쓸 생각조차 안 할 것이다. 내가 나 자신을 규정하려면, 우선 '나는 여자다'라고 선언하지 않으면 안 된다. ……남자라면, 자신의 위치를 정할 때 결코 어떤 성에 속하는 개인으로 시작하지 않는다. ……그가 남자라는 것은 말할 것도 없이 자명한 일이다. ……여자란 남자가 규명하는 존재에 지나지 않는다. ……남자는 주체the subject이다. 남자는 절대적 존재the Absolute이다. 그러나 여자는 타자the other이다.[23]

사실상 '자아/타자self-other'라는 주제는 헤겔을 시작으로 후설, 하이데거, 사르트르, 야스퍼스 등 실존철학자들에게서 여성 문제가 아닌 인간 존재의 보편적 상황에 근거해 논의해온 주제이다.[24] 그런데 보부아

---

23 Simone de Beauvoir, *The Second Sex*, 1949; Penguin Books, 1972, pp.12~14.
24 자아/타자에 대한 페미니스트 분석은 보부아르에 이어 메리 데일리도 논의하는데, 실존주의 철학자와 보부아르 그리고 데일리로 이어지는 자아/타자 분석에 대한 자세한 해석은 다음을 참고하라.

르는 이러한 실존주의적 맥락에서 가부장주의적 문화와 개인적 삶에서 여성과 남성이 어떻게 각기 다른 존재양식을 지니는가를 분석했고, 그 결과 여성은 스스로 자신의 주체가 되는 남성과 달리 언제나 '타자'로 인식되었다는 결론에 이르렀다. 이러한 여성 존재에 대한 분명한 이해로 페미니즘 이론 형성에 근원적인 분석이 가능해졌다. '주체로서의 남성'과 '객체로서의 여성', 즉 타자화된 여성 간의 관계에 존재하는 것은 우월과 열등이며, 이는 곧 '우월성은 종속을 정당화한다'는 '지배의 논리'[25] 로 이어진다. 지배의 논리는 성, 인종, 민족, 사회·경제적 위치 등에 따른 인간 지배를 정당화하는 논리이며 이원론적 구조에서 표명된다. 여기에서 이원론을 간결하게 표현하자면 다양한 것을 'A / Not-A'의 구조로 단순하게 귀속시키는 이론이다. 즉 모든 것은 'A'이든가 'Not A'라는 것이다. 이러한 구조에서는 연속보다는 분열이, 포괄보다는 배제가 지배적이다. A에 속하는 것은 모든 규범의 기준이 되고, A의 범주에 들어가지 않는 것은 'Not A,' 즉 타자가 된다. 여성은 남성중심적 사회에서 언제나 '비 남성'인 타자였다. 주변화된 존재, 타자화된 존재로서의 여성에 대한 인식은 페미니즘적 조명 후에 가능해졌으며, 페미니즘은 어떻게 여성의 이러한 타자성을 극복하는 인식론적 전환을 이룰 수 있는가에 관심을 가져왔다.

그런데 이러한 타자 개념은 포스트 식민담론에서도 주요한 주제로 등장하여, 식민지인과 피식민지인의 관계에서 피식민지인들은 주변화되고 타자로 규정되었다. 포스트 식민담론을 전개한 프란츠 파농은 식민

Josephine Donovan, *Feminist Theory: The Intellectual of American Feminism*, Frederick Ungar Publishing Co. 1985, p.5.

25 Karan Warren, "The Power and Promise of Ecological Feminism", *Environmental Ethics*, 12. 3, 1990, p.132.

주의에 따른 식민지인의 타자화를 다음과 같이 표현한다.

식민주의는 타자에 대한 체계적 부정이고, 타자에 대한 어떤 인간적 속성도 허용하지 않으려 하기 때문에 그것은 피지배 민족으로 하여금 항시 "실제로 나는 누구인가?"라는 질문을 되씹도록 만들고 있다.[26]

종주국이 주도하는 식민지인의 타자화는 이제 더 이상 정치적 차원에서 이루어지지 않는다. 그러나 여전히 서구중심적 지적 체계를 통한 새로운 식민주의는 이른바 제3세계의 나라를 지배하고 있다. 앞서 논의했듯이 이러한 새로운 식민주의로부터 해방담론을 펼치는 사이드는《오리엔탈리즘》에서 어떻게 서양인이 동양을 타자화하는가를 훌륭하게 분석했다. 오리엔탈리즘은 서구가 오리엔트에 관계하는 방식으로서 서양인의 경험 속에 동양이 차지하는 특별한 지위이자 주체인 서양이 동양을 타자화하는 과정에서 생긴 산물이다. 동양은 "유럽인의 마음속 가장 깊은 곳으로부터 반복되어 나타나 타인의 이미지 images of the Other"이며 더 나아가서 동양은 "유럽(곧 서양)이 스스로를 동양과 대조가 되는 이미지, 관념, 성격, 경험을 갖는 것으로 정의하는 데" 도움이 되었다. 푸코가 논의한 '담론'의 지배 현상에 상당한 통찰을 얻은 사이드는 하나의 담론으로서 오리엔탈리즘은 살아있는 정치권력과 직접적 대응 관계에 있지 않고, 오히려 다양한 권력과의 불균형적 교환 과정에서 생산되며 그 과정에서 존재한다고 분석한다. 이러한 담론은 "제도, 낱말, 학문, 이미지, 주의, 주장, 나아가 식민지 관료제도나 식민지적 스타일"[27]로 형성된다.

즉 오리엔탈리즘이란 동양을 지배하고 재구성하며 위압하기 위한

---

26 프란츠 파농, 박종열 역, 《대지의 저주받은 자들》, 광민사, 1979, p.201.
27 에드워드 사이드, 박홍규 역, 《오리엔탈리즘》, 교보문고, 1991, p.13.

서양의 스타일이다. 이러한 오리엔탈리즘은 동양을 "활동성이 전혀 없는 자연현상"이거나 "단순히 '그곳there'이라는 식으로 표시될 수 있는 장소"로 만든다. 우선적으로는 페미니즘으로 그 다음에는 포스트 식민담론으로 본격 논의가 시작된 타자로서의 주변부인에 대한 인식은 포스트모던 담론에서도 주요한 주제로 등장한다. 특히 에드워드 사이드의 《오리엔탈리즘》의 발상에 가장 중요한 영향을 미쳤던 푸코의 사상은[28] 권력과 지식의 창출 관계, 중심부와 주변부의 문제 등에 대해 문제를 제기했다. 즉 '백인, 중산층, 남성'이 형성한 계몽주의의 총체적이고 보편주의적인 이론은 결국 이 범주에 속하지 않는 다수를 타자화시켰다. 포스트모던 담론은 중심부와 주변부의 구조를 밝히고 중심부의 탈중심화를 주장함으로써 주변부 집단의 소리를 부각시키고자 하는 시도를 한다는 점에서는 긍정적 평가를 받는다.

이렇게 페미니즘과 포스트모던, 포스트 식민담론 등에서 다양한 방식으로 제기한 타자의 문제는, 특히 한국의 여성 문제를 분석하는 데도 중요한 주제가 된다. 최초로 페미니즘을 이론화한 서구 여성들은 근대주의의 남성중심주의에 따른 타자화만을 경험하지만, 비서구인으로서의 한국 여성은 서구중심주의와 한국사회의 남성중심주의에 따라 주변화되어 이중으로 타자화를 경험하기 때문이다. 알버트 메미Albert Memmi는 《식민지와 피식민지》에서 이러한 타자의 특성을 세 가지로 분석한다.[29] 첫째, 타자는 언제나 아닌 것, 결여된 것, 결핍된 것, 부족한 것

---

28 에드워드 사이드에게 중요한 영향을 미친 푸코의 저서로는 다음을 참고하라. 푸코, 이광래 역, 《말과 사물》, 1966; 민음사, 1987. 푸코, 박홍규 역, 《감시와 처벌》, 1975; 강원대출판부, 1989. 푸코, 이규현 역, 《성의 역사》, 1976~1983; 나남, 1990.
29 Albert Memmi, *The Colonizer and the Colonized*, Beacon Press, 1967, pp.82~83.

으로 간주된다. 이러한 특성은 앞서 논의한 바와 같이 서구인과 비서구인Western/non-Western등의 용어에서 분명해진다. 둘째, 타자는 불투명한 인간성을 지닌 불투명한 존재이다. 셋째, 타자는 개체가 아닌 익명적 집합체의 일부로 간주된다. 타자는 개체적 존재라기보다는 하나의 집단으로 이해된다는 점에서 '복수형의 표지the mark of the plural'가 붙는다. 각기 개성을 지닌 존재가 아니라 모두 비슷한 존재로 보이는 것이다. 서구적 식민주의에 따른 동양의 타자화는 다양한 종교, 전통, 문화를 지닌 아시아 여러 나라들을 단일한 동질 집단으로 만들었으며, 사이드가 잘 분석한 오리엔탈리즘은 서구인뿐만 아니라 아시아인 스스로도 자신을 하나의 동질 집단으로 규정한다. 서구인이 형성한 오리엔탈리즘은 '우리는 각기 다양한 얼굴을 가졌지만, 그들, 아시아인들은 얼굴이 하나다'라는 사고구조를 지속시켜왔다.

　이는 영어로 된 저서를 보면 쉽게 찾아볼 수 있다. 여성 문제를 분석할 때 서구 여성들은 스스로를 '미국 여성' 또는 '유럽 여성' 등의 동질 집단으로 규정하지 않는다. 왜냐하면 미국이나 유럽이라는 세계 안에서도 여성들이 서로 상이하다는 인식 때문이다. 그런데 종교적으로나 문화적으로 그들보다 훨씬 다양한 특성을 제각기 지닌 아시아 여러 나라의 여성은 스스로를 '아시아 여성'으로 동질 집단화시킨다. 서구 여성들은 다양한 얼굴을 가졌지만 아시아 여성들은 경험도 단일하고 얼굴도 하나라는 이해를 서구 여성들도 하고 아시아 여성들 스스로도 한다. 이 점이 지닌 위험성은 '오리엔탈리즘의 역수입'이라고 할 수 있으며, 아시아 여성 스스로가 역동적 존재가 아닌 정형화된 실체로서 타자화시키는 데 기여하게 된다. 결국 스스로의 다양성을 단일성으로 귀속하는 것은 식민지인의 의식을 반영한다. 이는 서양과 동양이라는 서구인의 지리학적 구분이 사실상 생물학적 또는 형이상학적 차이로까지 확장되며,[30] 이러한 방식으로 타자를 창출하는 것은 지식의 과정에서 확고한 객관적 진리가 되어버린다. 서구인이 창출한 '오리엔트the Orient'는 서구 세계 권력의지의 부산물이며, 따라서 오리엔탈리즘은 "동양을 지배하고 재구성하며 위압하기 위한"[31] 서구적 양식 가운데 한 가지이다.

이제까지 살펴본 바와 같이 주변화된 타자를 다시 규정하는 일은 페미니즘과 포스트식민주의 그리고 포스트 근대담론에서 중요한 주제가 된다. 그런데 이러한 타자의 재규정에 있어서 가장 중요한 첫 단계는 자신이 특정한 방식으로 타자화되었다는 사실에 대한 분명한 인식이다. 이러한 인식이 있은 후에야 비로소 타자화된 존재로서의 식민성에서 벗어나 고유한 주체적 존재를 형성할 수 있기 때문이다. 한국의 남성은 서구적 식민주의에 의한 타자화를, 여성은 서구적 식민주의와 가부장주의적 식민주의에 의한 이중의 타자화 인식을 통해 스스로 분명한 주체성을 확보하는 것이 시급하다. 또한 외적 식민주의뿐 아니라 스스로 내면화된 식민성에 대한 성찰도 중요하다. 자기 안에 내면화된 식민성에 대한 비판과 성찰 없이 외적인 식민주의 요소에 대한 비판만으로는 엄밀한 의미에서 '포스트 식민화'는 불가능하기 때문이다. 또한 한국 남성은 비非서구인으로서 타자화되지만, 남성으로서 여성을 타자화하는 존재가 될 수 있다는 사실에 대한 성찰과 자각이 필요하다. 마찬가지로 여성은 타자화된 존재로서의 삶을 당연한 것으로 고착시키고 안주하게 하는 요소가 있는가에 대한 성찰 과정이 있어야 비로소 총체적인 '포스트 식민지화' 과정에서 적극적인 참여자가 될 수 있다.

---

30 Memmi, *The Colonizer and the Colonized*, p.71.
31 에드워드 사이드, 박홍규 역, 《오리엔탈리즘》, 교보문고, 1991, p.16.

2) 허위보편주의

푸코는 유명한 저서 《권력/지식》[32]에서, 과학적 지식의 생산이 권력 관계와 밀접하게 연관되어 있다고 주장하면서, 서구사회 담론 중 가장 논쟁적 요소로 등장한 것은 진리의 중심과 권력의 중심이 일치한다는 점이라고 분석한다. 푸코에 따르면, 과학은 현실을 해명하는 데 쓰이는 것이 아니라, 현실을 생산하고 통제하고 규범화하는 데 쓰인다. 이러한 인식은 조금은 다른 각도이지만 지식의 가치중립성이나 객관성에 근원적으로 도전하는 지식사회학의 토대를 마련한 마르크스의 이데올로기론에서도 지적한다.[33] 마르크스는 한 사회의 지식은 그 사회의 지배계층이 형성하며, 그렇게 형성된 지식은 피억압자에게 '허위의식'을 심어줌으로써 억압적 현실을 있는 그대로 보지 못하게 만든다. 즉 권력을 지닌 이들의 규정이 객관적이고 보편적인 진리가 되며, 그 지식은 강력하게 현상을 유지하고 강화할 목적으로 절대화된다. 그래서 어떤 상황에 따라 규정된 것조차도 변동될 수 없는 생물학적 요소나 형이상학적 현상으로 고착화됨으로써 이의를 제기하기 어렵게 만든다. 이러한 예는 남성성과 여성성에 대한 전통적인 학문 규정에서도 찾아볼 수 있다. 즉 여성성과 남성성이 사회·문화적으로 형성되었다는 사실보다는 생물학적 또는 존재론적 특성으로 이들을 규정함으로써 거부할 수 없는 자연적인 것으로 인식하게 만들었다.

---

[32] Michel Foucault, *Power/Knowledge,* Pantheon Books, 1980.
[33] 마르크스의 이데올로기론에 대한 분석은 다양한 글이 있으나 페미니스트 관점과 연관한 분석은 나의 학위논문에서 비교적 상세히 다룬다. Cf. Kang Nam-soon, "Ideology and Utopia: Taoist and Feminist Theological Responses to the Ideological Structures of Confucianism and Christianity", Ph.D. dissertation, Drew University, 1993.

계몽주의 이후 본격적으로 등장한 지식의 보편성, 가치중립성에 대한 포스트모더니즘의 도전은 페미니스트들도 제기하는데, 이들은 지식 생산을 특정 문화와 세계관, 가치관이 내재된 사회활동으로 간주한다. 그래서 가장 분명한 보편주의를 지향하는 과학지식조차도 현실의 해명을 목표로 하지만, 현실에 대한 인식과 해석은 해석자의 문화에 따라 결정되는 인간 사고의 산물이다. 따라서 모더니즘 이후 지식에서의 보편성은 사실상 보편적인 것이 아니라 중산층 백인 남성중심적 사고의 이데올로기를 반영하며, 이는 가치중립적이거나 보편적일 수 없는 '상황적'인 것으로 이해된다. 즉 보편주의는 '서구, 중산층, 남성'의 관점을 모든 인간의 보편적 관점과 동일시하고, 그럼으로써 '서구, 중산층, 남성'의 범주에서 벗어나는 비서구인, 빈민층, 여성 등을 구조적 타자의 위치로 놓는다. 여성의 입장에서 보자면 인간적인 것은 곧 '남성적'인 것이며, 이러한 규범적 남성과 다른 여성의 생물학적 '차이'는 '차별'을 정당화하고 자연스러운 것으로 만드는 근거로 이용된다. 여성이 규범적 인간인 남성으로부터 구별되는 생물학적 차이가 사회, 정치, 경제적이며 종교적인 차별을 자연적인 것으로 지식화하는 것이다. 이러한 허위보편주의는 이제까지 논의한 바와 같이 페미니즘과 포스트모던, 탈식민담론에 따라 각기 다른 양태로 비판을 받는다.

그러나 허위보편주의에 대한 도전이 곧 상대주의의 지향을 의미하는 것은 아니다. 이는 지식의 창출자가 처한 특정한 사회적·역사적·정치적 상황 속에 지식이 관련되어 있다는 주장으로, 이러한 '상황지워짐'에 대한 강조와 '상대주의'는 같은 맥락에서 이해해서는 안 된다.[34] 이는

---

34 지식의 보편성에 대한 도전은 이미 지식사회학에서도 제기해왔다. 지식 창출자의 가치관이나 입장과 무관한 지식이나 사회적 정황과 관계되지 않은 진정한 지식은 없다는 전제에서 지식사회학은 출발한

지식 창출자가 각기 특정한 사회적·역사적·정치적 맥락으로 제한돼 있음을 인식하는 것이며, 따라서 지식과 현실이 모든 분야에서 통용될 수 있는 보편성을 지닌다는 입장을 더 이상 수용하지 않음을 의미한다. 이러한 맥락에서 보자면, 존재, 자연, 이성의 권능 등이 보편적이라는 주장은 설득력을 잃으며, 단일성이 아닌 복수성과 차이성을 찬양하게 된다. 보편주의의 거부는 차이와 상황지워진 지식에 더욱 주목할 것을 요구하며, 계급, 인종, 성, 민족성의 차이를 보편주의적 접근 방식으로는 허용할 수 없다는 전제 아래 지적·학문적 포용성을 요구한다.

3) 왜곡된 토착주의

포스트 식민담론 이후 하나의 거대담론으로 부상한 담론이 있다면 '민족주의' 또는 '토착주의nativism'라고 할 수 있다. 이러한 경향은 식민지 이후에 자신을 찾기 위한 하나의 필수 과정으로 볼 수 있다. 민족주이 또는 토착주의적 특성을 지닌 이러한 자기 찾기의 단계는 '재정치화' 과정으로 이해할 수 있다. 그러나 이러한 단계가 지나치게 길어져 항구적인 것이 될 때 본질주의적 담론을 항구화하는 위험성이 있다. 따라서 이러한 토착주의 또는 민족주의 담론에 대한 비판적 시각이 필요하다. 민족주의나 토착주의는 공동사회 회복이나 정체성 형성 등을 가능하게 함으로써 탈식민지화 투쟁을 촉진하는 중요한 역할을 할 수 있다. 그러나

다. 이러한 전제는 모든 지식은 관계적 지식relational knowledge이며 관찰자의 입장과 관련해 형성될 수 있고, 지식을 받아들이는 사람은 그 지식에서 무엇이 진실이고 허구인지를 분별하는 과제를 지닌다는 결론에 이른다. Karl Mannheim, *Ideology and Utopia: An Introduction to the Sociology of Knowledge*, 1936; A Harvest/HBJ Book, 1985, pp.78~79.

이러한 정황의 항구화는 대부분 철저한 배타주의를 피할 수 없으며, 오히려 더욱 제약적일 수 있다. 따라서 민족주의나 토착주의는 "관용적이고 다원적인 비전을 가진 세계에 대한 대안"이 될 수 없으며,[35] 포스트 식민지화의 목표인 해방 가능성을 여는 새로운 대안이 되기가 어렵다. 포스트 식민담론의 주요 인물인 에메 세제르Aimé Césaire는 흑인으로서 자신의 과거와 역사, 자신의 토착적 정체성에 몰입한 후 토착주의가 지닌 한계를 인식했다. 즉 "자신의 정체성인 흑인성을 방어적으로 주장하는 것"만으로 해방적 지평을 여는 데 충분하지 않으며, "흑인성은 승리의 집합 장소에 기여하는 하나의 요소에 불과하다"고 인식했다. 세제르는 이러한 인식 후에 "어느 민족도 아름다움과 지력과 힘을 독점하지 않는다"고[36] 함으로써 좀 더 열린 해방의 지평으로 나아간다.

문화의 다원성은 우리 삶과 역사에서 분명한 사실이며, 이러한 의미에서 사실상 "우리 고유의 전통이란 것은 어제 어디서나 그러했듯이 날조"[37]라는 언술이 가능하다. 특히 페미니즘적 관점에서 볼 때 민족주의적 토착주의에 대한 비판적 조명이 필요한 까닭은 '우리 것'을 추구한다는 이념 아래 여성을 가부장주의적 가치구조에 붙잡아 두려는 경향이 강하게 드러나기 때문이다. 예를 들어, 딸의 눈을 멀게 하면서까지 우리 것을 찾는다는 영화 〈서편제〉에 대한 비평문에서 조혜정은 사실상 〈서편제〉나 〈씨받이〉와 같은 영화는 한국 고유의 어떤 것을 그리기보다는 서양 사람들의 구미에 맞는 신비하면서도 야만적인 면을 부각한 오리엔탈리즘의 산물이라고 지적했다. 따라서 조혜정은 "그런데 그 영화 속에

---

35 에드워드 사이드, 김성곤 & 정정호 역, 《문화와 제국주의》, 도서출판 창, 1995, p.402.
36 에드워드 사이드, 김성곤 & 정정호 역, 《문화와 제국주의》, 도서출판 창, 1995, pp.403~404. 480.
37 마사오 미요시, 〈국경 없는 세계인가?: 식민주의로부터 초국적주의로〉, 《창작과비평》, 1993, p.372.

우리가 있었는가? 그런 작품 속에는 지금 우리가 절실하게 하고자 하는 이야기가 별로 담겨 있지 않다"[38]고 결론 내린다. 또한 조혜정은 토착주의적 가치관이 여성을 언제나 전통의 희생물로 그리는 데 대해 다음과 같이 경고한다.

> 웅녀와 심청과 춘향의 이미지는 이 땅의 여성을 인고의 여신으로 승화시킴으로써 남성중심적 체제의 부속물로 남겨두는 데 한 몫을 톡톡히 해왔다. 민족주의 담론이 성 담론을 묶어버리는 전형적 텍스트이다. 여기서 한 '주체', 식민지 사회의 지배층 남성을 해방시키는 담론이 반드시 그 외의 '주체들'을 해방시키는 것은 아니며, 그들을 더욱 억압하는 담론일 수도 있음을 상기할 필요가 있다.[39]

나는 페미니스트 관점에서 제기한 이러한 문제를 한국의 포스트 식민담론에서 중요한 주제로 부가해야 한다고 본다. 사이드는 제국주의가 남긴 '최악의 선물'은 사람들이 스스로를 오직 "백인이거나 흑인이거나 서구인이거나 동양인일 뿐이라고 믿도록"[40] 했다는 데 있다고 지적한다. 한국인이기 때문에 '동질 집단'이라는 전제 아래, 현대적 표상이 아닌 주로 전통적 과거 한국문화와의 동질성을 추구하는 것으로 한국인의 정체성을 찾으려는 민족주의적 토착주의는 결국 지나치게 '안일한 자기 찾기'라는 비판을 피할 수 없다.

이러한 토착주의를 야기하는 것은 사실상 서구 식민주의적 오리엔

---

38 조혜정, 《글 읽기와 삶 읽기》 2, 도서출판 또하나의문화, 1994, p.275.
39 조혜정, 《글 읽기와 삶 읽기》 2, 도서출판 또하나의문화, 1994, p.258
40 에드워드 사이드, 김성곤 & 정정호 역, 《문화와 제국주의》, 도서출판 창, 1995, p.565.

탈리즘을 역수입하는 구조에 있다. 이런 맥락에서 사이드는 오리엔탈리즘은 "동양에 대한 추상 개념, 특히 '고전적' 동양문명을 표상하는 여러 문헌에 근거한 추상 개념이 현대 동양의 여러 현실로부터 직접 나오는 증거보다도 언제나 바람직하다고 하는 도그마"[41]라고 지적한다. 이러한 오리엔탈리즘의 특성은 토착주의적 신학을 형성하고자 하는 이들에게서도 쉽게 볼 수 있다. 토착주의적 접근 방식을 지닌 이들은 한국적 또는 아시아적인 것을 주로 현대가 아닌 근대 이전의 문화에서 추출한다. 그러나 사실상 한 인간의 정체성은 고대 또는 현대와 같은 특정한 시대에만 제한될 수 없다. 또한 자신의 인종이나 성별 또는 국가로만 제한되는 것도 아니다. 한 인간의 삶을 이루는 무수한 요인, 성별, 인종, 사회·정치적 정황, 종교, 가정, 교육, 세계관, 가치관 등이 한 사람의 정체성을 형성하며, 다양한 요소들의 끊임없는 교류를 통해 인간의 문화와 역사는 이어진다. 이러한 맥락에서 사이드는 탈식민담론 이후 제3세계에서 등장한 국수주의와 복고주의에 대해 다음과 같이 비판한다.

부분적으로 제국으로 인해 모든 문화가 서로 연결되어 있다. 그 어느 문화도 단일하거나 순수할 수는 없고, 모든 문화는 혼혈이며, 다양하고, 놀랄 만큼 변별적이며, 다층적이다. ……방어적이고 보수적이며 심지어는 편집증적인 국수주의가 유감스럽게도 어린이들과 청소년들이 '자신들의' 문화의 독창성을 숭상하고 찬양하는 (대개는 타 문화를 비하시키면서) 교육 현장에서 가르쳐지고 있다.[42]

---

41 에드워드 사이드, 박홍규 역,《오리엔탈리즘》, 교보문고, 1991, p.480.
42 에드워드 사이드, 김성곤 & 정정호 역,《문화와 제국주의》, 도서출판 창, 1995, p.41.

이러한 비판을 통해 사이드는 서구의 제국주의와 제3세계의 국수주의나 토착주의가 서로를 파괴한다고 경고하며, 따라서 자기 문화에 대한 과대 평가가 탈식민주의적 대안이 될 수는 없음을 분명히 밝힌다. 오히려 이전의 제국과 식민지 그리고 동양과 서양의 '공동 경험'과 '중복 영역'을 발견함으로써 두 영역의 화해를 지향한다.

사이드는 자신의 문화비평이 제국주의 문화로 인해 상실한 조국에 대한 향수와 정체성의 탐색이라고 규정한다. 그러나 사이드의 정체성은 우리 것만 좋다고 주장하는 토착주의적 민족주의를 통해 형성되는 것이 아니라, 이전의 제국과 이전의 식민지 그리고 동양과 서양의 화해, 두 영역의 '겹치는 경험'과 '겹치는 영토'의 인식을 통해 형성된다. 앞서 논의한 바와 같이 사이드는 포스트식민주의 이후의 토착주의를 통한 정체성 형성 경향에 대해 심각한 문제를 제기한다. 왜냐하면 그러한 토착주의는 우리 것과 그들의 것을 철저히 분리하며, 자신의 목소리를 들리게 하기 위한 생각에만 급급한 나머지 세계가 서로 '혼합된 곳'이라는 사실을 잊기 때문이다. 더 나아가서 강력한 형태의 해방과 계몽의 내러티브는, '분리'가 아닌 '통합'의 내러티브이기 때문이다. 이러한 맥락에서 사이드가 가장 좋아한다는 빅토르 위고의 글은 탈식민담론 이후의 페미니스트 신학적 모색에 중요한 통찰을 준다.

> 모든 땅을 자신의 고향으로 보는 사람은 이미 강한 사람이다. 그러나 전 세계를 하나의 타향으로 보는 사람은 완벽하다. 상냥한 사람the tender soul 은 이 세계의 한 곳에만 애정을 고정시켰고, 강한 사람은 모든 장소에 애정을 확장했고, 완전한 인간은 자신의 고향을 소멸시켰다.[43]

이러한 자세는 정체성을 버리는 것이 아니라 "인간의 경험으로 쓰여진 기록을 모든 다양성과 특수성 속에서 파악하는 일"[44]을 통해 형성할 수 있게 한다.

종합해보면, 서구적 식민지배에 대한 저항 이후 정체성 회복을 위해 부각되는 민족주의나 토착주의적 논의가 결정적 문제가 되는 것은 첫째, 오리엔탈리즘의 역수입일 경우, 둘째, 가부장주의나 계층주의와 같은 인간 억압적 전통까지 미화시킬 경우, 그리고 셋째, 동양과 서양, 남반구와 북반구의 무수한 교류와 관계 속에서 또한 현대사회의 다양한 정보와 급진적 시대변화의 경험을 통해 형성되는 정체성을 정형화하고 현재적 삶과는 거리가 먼 것으로 왜곡시킬 경우이다. 현대가 아닌 고대의 근거만으로 정체성을 형성하고자 하는 것은 결코 포스트식민주의를 위한 항구적 대안이 될 수 없다. 현재가 아닌 과거 속 이미지를 기반으로 정체성을 형성하고자 하는 행위는 이미 우리 속에 있는 다양한 현대적 요소를 애써 부인하는 결과를 야기할 뿐이다. 결국 현대의 포스트식민담론이 좀 더 철저한 사회과학적 시각으로 외부뿐 아니라 우리 속에 은닉된 다양한 양태의 식민주의적 구조나 오리엔탈리즘 구조를 해체하게 될 때, 비로소 포스트 식민담론이 좀 더 철저하게 인간 해방의 지평으로 확장될 수 있을 것이다.

---

43 Hugo of St. Victor, *Didascalicon*, Jerome Taylor tran., Columbia University Press, 1961, p.101. 에드워드 사이드, 김성곤 & 정정호 역,《문화와 제국주의》, 도서출판 창, 1995, p.564에서 재인용.
44 에드워드 사이드, 김성곤 & 정정호 역,《문화와 제국주의》, 도서출판 창, 1995, p.565.

4. 포스트모더니즘과 포스트식민주의적 관점에서 본 페미니스트 신학

1) '한국적' 페미니스트 신학은 가능한가: 왜곡된 토착주의와 보편주의의 위험성

'최후의 식민지'[45]인 여성은 남성중심적 보편주의 신학을 통해 자신의 삶이 언제나 유리되는 경험을 해왔다. 그래서 남성의 시각만이 아닌 여성의 경험과 시각에서 출발하는 신학담론을 형성하고자 하는 시도를 통해 기존의 신학과 구별하는 용어로 '신학'이 아닌 '페미니스트 신학'이라는 차별성을 두기 시작했다. 1970년대 이후의 페미니스트 신학적 글에서 '여성의 경험'이란 용어는 가장 빈번하게 등장했으며, 가부장주의에 의한 억압 경험을 여성의 '보편적 경험'이라고 규정하는 데 아무도 이의를 제기하지 않았다. 그러나 페미니스트 신학이 초기 발이 단계를 지나 성숙 단계로 다양하게 전개되면서 페미니스트 신학 그룹 안에서 자기성찰적 비판이 일기 시작했는데, 그 비판은 '여성의 경험'의 보편화 경향에 대한 비판이었다. 페미니스트 이론을 기본적으로 수용하는 페미니스트 신학은 전통 신학이나 서구 모더니즘이 강하게 지닌 보편주의 성향을 여성을 타자화시키는 남성중심주의적인 것으로 예민하게 비판해왔다. 이제 스스로 '서구, 중산층, 여성'의 경험을 모든 여성의 경험으로 보편화시킨다는 것이다. 예를 들어 미국의 페미니스트 학자 쉴라 대바니는 메리 데일리, 로즈마리 류터 그리고 엘리자베스 피오렌자의 '여

---

45 C. V. 벨로프 외, 강정숙 역, 《여성, 최후의 식민지》, 한마당, 1987 참조.

성의 경험' 개념을 분석하면서 그들이 제한된 경험을 모든 여성의 보편적 경험으로 주장한다고 비판했다. 또한 억압의 경험이든 해방의 경험이든 '보편적 경험experience in general'은 존재하지 않으며, 오직 역사적으로 '상황 지워진 경험situated experience'과 지식이 있을 뿐이라고 강조했다.[46]

서구 페미니스트 신학 그룹 안에서의 이러한 자기성찰적 비판은 한국이나 아시아에서 페미니스트 신학담론을 형성할 때 여러 가지 점에서 시사하는 바가 크다. 앞서 논의한 바와 같이 모더니즘의 대서사에 대한 비판과 더불어 소위 '보편주의universalism'의 보이지 않는 당파성과 권력지향적 억압성은 분명히 존재한다. 포스트모던 그리고 포스트 식민담론 이후 이러한 보편주의적 대서사의 한계는 분명했고, 페미니스트 신학 또한 이러한 비판에 귀 기울이기 시작했다.

이러한 자기성찰적 비판 이후 서구 페미니스트 신학자들의 우선적 인식은, 가부장주의에 따른 억압을 모든 여성이 동일하게 경험하지는 않는다는 사실이었다. 즉 '억압 보편oppression-in-general'은 존재하지 않는다. 여성은 인종에 따라 다르며, 동일한 인종 안에서도 사회적 위치, 교육적 배경 또는 실존적 지향성 등 다양한 요인에 따라 다양한 양태로 삶을 경험을 한다. 따라서 나는 이제 한국이나 아시아의 페미니스트 신학적 담론 형성에도 이러한 무비판적인 보편주의적 성향에 대한 자기성찰적 비판을 철저하게 적용해야 한다고 본다. 우선적으로 페미니스트 신학을 하는 이들이 짚고 넘어가야 할 문제는 과연 '한국적' 또는 '아시아적' 페미니스트 신학이 가능한가라는 물음이다. 가능하다면 한국적 또는 아시아적 페미니스트 신학의 내용은 무엇이며, 그것이 보편화되고

---

46 Sheila Geeeve Davaney, "The Limits of the Appeal to Women's Experience", *Shaping New Vision: Gender and Values in America Culture*, eds., Clarissa W. Atkinson et al., UMI Research Press, 1987, p.46.

정형화될 수 있는가에 대한 자기성찰적 물음이다. 특히 포스트모던 또는 페미니스트 식민담론 이후 이러한 주제는 중요하게 부각되고 있다.

비서구세계에서 페미니스트 신학을 하는 이들이 신학 앞에 '페미니스트'라는 수식어를 첨가함으로써 남성 신학자가 주도하는 전통적 신학과 다른 자신을 표현하는 것처럼, 한국의 페미니스트 신학도 그저 페미니스트 신학이 아니라 '한국' 페미니스트 신학, 또는 '아시아' 페미니스트 신학이라는 표현을 첨가해야 한다. 즉 서구의 페미니스트 신학자와는 달리, 비서구세계의 페미니스트 신학자는 이중의 타자적 자기표현을 하는 셈이다. 이러한 사실은 긍정적 측면과 부정적 측면을 지닌다. 우선 긍정적 측면은, 주변부적 존재인 이들이 강하게 자기주장과 차별성을 드러내기 시작했다는 점이다. 우리는 '남성'이 했던 신학과 다른 '여성'이 하는 신학이고, 서구 여성과 다른 '한국' 또는 '아시아' 여성의 페미니스트 신학이다. 이제까지 규정만 당해온 타자화된 집단으로서의 '비서구 여성'이 이제 스스로를 규정한다는 사실은 분명 의미가 있다. 이는 서항 집단이 최초로 취할 수 있는 단계이다.

그런데 좀 더 깊이 들여다보면 거기에는 스스로 중심부와 다름으로써만 규정당했고, 식민지적 논리로 스스로를 규정하는 타자화된 이들의 특성이 여전히 내면화되어 있다는 부정적 측면을 간과하기 어렵다. '비서구 여성'으로서의 자기규정을 항구화하는 것은 우리 스스로의 내면화된 식민성일 수 있다. 내가 정형화된 한국적 또는 아시아적 페미니스트 신학 형성에 대해 문제를 제기하는 이유는 다음과 같다.

첫째, 한국적 또는 아시아적 특성은 몇 가지 개념으로 정형화될 수 없으며 정형화되어서도 안 되기 때문이다. 한국적 또는 아시아적이라는 특성은 정체된 것이 아닌 끊임없는 변화의 과정에 있는 역동적 개념이기 때문이다. 더욱이 한국은 근대화 이행 과정 이후 이른바 서구문명을 통한 근대화 과정을 거쳤으며, 그 이전에도 언제나 중국을 중심으로 한 주변국과의 교류를 통해 다양한 문화를 수용해왔다. 따라서 다음과 같은 문제가 생긴다. 이미 오래전부터 우리 속에 있는 서구적 요소를 전혀 무시한 채 순수한 한국적·아시아적 특성을 구별해낼 수 있는가. 아시아의 다양한 정치·사회적 정황과 문화전통을 동질 집단의 것으로 단일화할 수 있는가. 또한 한국 안에서도 다양한 종교적 전통을 받아들이는 사회적 위치의 사람들을 모두 하나로 묶는 범주가 실질적으로 가능한가.

앞서 논의한 바와 같이 사이드는 오리엔탈리즘의 가장 근원적 특성은, 동양과 서양 사이에 본질적 차이가 있다는 존재론적 또는 인식론적 흑백논리라고 지적한다. 서양은 동양을 그들과 '다름'으로만 규정해왔으며 그렇게 하고 싶어한다는 것이다. 동양을 그들과 다른 세계로 규정함으로써 서양의 자기정체성이 확립된다. 그들은 동양인도 자신들과 마찬가지로 실존적 고민을 하고 동일한 물음으로 투쟁한다는 사실을 보고 싶어 하지 않으며, 동양인 스스로도 그들을 서구인과 '다름'을 통해 자기규정하고자 한다. 그렇다면 과연 한국적 또는 아시아적이라는 것은 무엇인가. 중국 문명과의 끊임없는 교류를 통해 형성되었고, 일제의 식민지를 거쳤으며, 근대화 과정 이후 서구문명과의 밀접한 교류를 통해 형성된 한국문화에 순수한 '한국적'인 특성은 무엇인가. 총론으로서의 한국적 또는 아시아적 페미니스트 신학 형성은 사실상 우리의 당면한 문제에 대한 통찰보다는 관념적 논의를 통해서만 가능하다. 왜냐하면 한국적 또는 아시아적 페미니스트 신학을 형성하고자 할 때는 한국과 아시아 여성의 다양한 경험이나 상황을 신비화하고 단순화시키는 경향성을 벗어나기 어렵기 때문이다. 그러한 신비화나 단순화는 여성이 직면하는 다양한 구체적 문제에 관심을 두지 않는다. 예를 들어 한국 여성의 경험을 '한'이라고 규정하는 것이 일반적 경향이다. 과연 이러한 '한'의 개념이 현대를 살아가는 한국 여성의 경험을 올바로 대변할 수 있는가. 조혜정은 현대 한국사회를 살아가는 50대 중산층 여성의 경험 구조는 아파트 평수에 비례하는 '욕심'과 '능력'이라는 용어로 표현된다고 밝힌다. '한'이라고 하는 영어로 번역되기 어려운 용어로 현대 자본주의적 가치관을 철저하게 따르는 삶을 살아가며 자녀들과 함께 무한 입시전쟁을 치르는 다수 한국 여성들의 다양한 경험을 나타내기는 어렵다는 것이다.[47] 더구나 서양에 비해 아시아는 역사적으로나 지리적으로 또는 문화·종교적으로 보편성을 갖기 어려우며, 한국 역시 종교, 문화, 사회적 위치 등 다양한 상황 때문에 모든 여성을 하나의 동질 집단으로 규정하는 것은 무리가 된다.

둘째, 총론으로서의 페미니스트 신학담론은 성차별주의와 같은 분명한 이데올로기적 구조를 분석할 때만 가능할 뿐 초역사적·관념적 기제로서는 무의미하기 때문이다. 포스트모던 또는 포스트 식민담론과 서구 페미니스트 신학자의 자기성찰적 비판을 통해 우리가 분명히 알 수 있는 점은 거대담론 또는 '대서사grand narrative'는 철저한 검증을 통해서만 의미를 지닌다는 것이다. 즉 모더니즘의 대서사가 억압적·배타적 허위보편주의에 빠진 것과 같은 양상을 피하기 위해서는 철저한 검증이 필요하다. 또한 그러한 검증된 대서사와 더불어 역사와 상황에 충실한 '소서사small narrative' 쓰기가 무엇보다도 절실히 필요하다는 사실을 충

---

[47] 조혜정,《글 읽기와 삶 읽기》2, 도서출판 또하나의문화, 1994, pp.109~110.

분히 인지해야 한국 또는 아시아 페미니스트 신학담론이 성숙해질 수 있다. 왜냐하면 현대사회는 더 이상 농경사회적 단순함을 지닌 사회가 아니라 무수한 정보망을 통해 다양한 차원의 정보가 교차하며, 수없이 전문화된 영역에서 각기 다른 문제가 쏟아져 나오는 사회이기 때문이다. 다원화된 현대세계에서 이 사회를 총망라하는 대서사를 쓴다는 것은 현실을 왜곡할 수 있는 위험한 작업임에 틀림없다. 이러한 의미에서 현대세계에서 신학하기는 '총론'만이 아니라 무수한 '각론'을 쓰는 일이다. 이제 리오타의 주장처럼 '대서사'가 아닌 '소서사'에 충실해야 할 단계이다.

결국 한국 또는 아시아에서의 신학담론이 계속 동양과 서양, 한국과 서구의 이분법을 넘어서지 못하면 만성화된 식민지성으로 인해 우리는 끊임없이 스스로를 타자화시키게 될 것이다. 타자화된 존재는 자신을 '다름'으로밖에 규정하지 못하기 때문이며, 이러한 제한된 규정은 결국 언제나 존재를 유아기적으로 이해해 성숙 단계로 나아가기 어렵기 때문이다. 정형화된 아시아적 또는 한국적 페미니스트 신학을 끊임없이 모색할수록 오히려 우리의 다양성을 단일성으로 귀속하여 신학적 유아주의theological infantilism에 머물게 되고 만다. 페미니스트 신학이 활발하게 꽃피우는 서구의 페미니스트 신학 그룹이 생산하는 신학적 글을 보면 자신의 영역에서 무수한 소서사를 성실하게 쓰고 있음을 알 수 있다. 나는 그들의 영역의 다양성, 접근 방식의 다양성, 학문적 방법론의 다양성, 목소리의 다양성, 운동의 다양성을 참으로 부러워한다. 아무도 그들의 작업을 '미국적' 페미니스트 신학이라든지 '서구적' 페미니스트 신학이라고 명명하는 시도를 하지 않는다. 그들 안에 존재하는 너무나 다양한 소리를 모두 내세우려고 하기 때문이다. 만약 그러한 정형화를 시도

한다면 곧바로 '어떻게 당신의 그러한 제한된 신학적 담론이 서구 여성 전체의 다양성을 총괄할 수 있다고 생각하는가'라는 신랄한 비판과 지적을 받을 것이다. 그들은 특정한 일반화와 보편화 경향이 학문에서 가장 경계해야 할 요소임을 기본으로 인지하고 있기 때문이다.

21세기에 들어선 지금, 이제는 모든 것을 총괄하는 보편적인 '한국적·아시아적' 페미니스트 신학이 아닌, 끊임없이 급변하는 구체적 상황에 개입하는 '상황 지워진' 페미니스트 신학을 다양하게 형성해야 할 단계에 들어섰다. 서구 모델로부터 해방된 초기 단계에서는 뭔가 다른 한국적·아시아적인 요소를 추구하는 데 많은 힘을 기울였다. 그러나 이제 그렇게 서구의 페미니스트 신학과 '다름'으로만 우리를 규정하는 단계는 넘어서야 한다. 우리의 역사적·사회적 상황에 충실한 페미니스트 신학담론을 형성해야 하며, 이러한 사회·역사적 상황은 이미 무수한 서구 세계와의 교류를 통해 형성되었다는 사실을 분명히 인식해야 한다. 이러한 상황 지워진 신학은 우리의 득이한 상황을 재현하게 하지만, 그것이 정형화되어 전체적 대표성을 떤다고는 아무도 주장할 수 없다. 그 내용은 이른바 서구의 페미니스트 신학과 공통된 관심사일 수도 있고 상이할 수도 있는 것이다.

아시아 또는 한국 페미니스트 신학자 사이에서도 그러한 상이성과 공통성이 역시 존재한다는 사실을 수용하는 것은 중요하다. 많은 경우 한국적 또는 아시아적 페미니스트 신학이라는 이름 아래 펼쳐지는 신학담론에서 강한 허위보편주의적 색채를 보게 된다. 따라서 아시아나 한국에서 페미니스트 신학을 펼치는 이들이 이러한 보편화 성향에 대해 좀 더 예민한 성찰을 해야 한다. 서구와는 다른 아시아 여성의 독특성을 이렇게 본질화시켜 버린다면, 페미니스트 신학은 구체적 역사성과 일상성의 문제에 뿌리내리지 않은 '메타 담론'에만 머물게 된다. 결과적으로 아시아 또는 한국의 페미니스트 신학적 담론은 여성의 다양하고 개성 있는 얼굴을 '하나'로 만드는 결과를 낳는다. '복수형의 표지'가 붙은 한국 여성들, 아시아 여성들로서의 타자일 뿐, 다양한 삶의 정황에서 문제에 부딪히며 씨름하는 고유명사적 존재로서의 여성을 인식시키는 것은 불가능하다. 에드워드 사이드는 서구의 "뉴스 영화나 뉴스 사진에서 아랍이 언제나 군중으로 나타난다. 개성도 인격도 개인의 경험도 문제가 되지 않는다"고 지적하면서 단일한 동질 집단으로서만 취급되는 식민주의적 구조에 대해 밝힌다. 나는 이러한 현상을 이른바 소위 '한국적' 또는 '아시아적' 신학에서도 볼 수 있다고 본다. 그러한 신학 속에서 표현하는 '한국인과 아시아인'은 언제나 단일한 집단으로서의 의미만을 지닐 뿐 구체적 역사성을 지닌 다양한 '한국인과 아시아인'의 모습은 찾기 어렵다.[48]

셋째, 정형화된 메타 담론으로서의 한국적 또는 아시아적 페미니스트 신학에서는 동양과 서양, 그리고 한국(아시아)과 서구의 이분법적 흑백논리를 벗어나기 어렵기 때문이다. 동양과 서양은 철의 장막으로 완전히 분리된, 정체된 세계가 아니다. 역사에서 동양과 서양은 다양한 교류를 통해 중복되는 부분이 너무 많기 때문이다. 흔히 동양적 또는 서양적이라고 규정하는 특성은 사실상 어느 문화에나 존재해왔다. 유교 전통과 도교 전통, 아리스토텔레스 전통과 플라톤 전통, 현실주의와 이상주의 등으로 나타나는 거대한 문화적 두 축의 양면성은 사실상 어느 문화에서나 찾을 수 있었다. 한국문화도 오랫동안 중국문화의 영향을

---

[48] Cf. 에드워드 사이드, 박홍규 역, 《오리엔탈리즘》, 교보문고, 1991, p.459.

받았으며, 백여 년에 걸친 근대와 과정을 거치면서 이른바 서구문화의 영향을 깊숙이 받았다. 그래서 한국인 대부분이 공교육 과정을 통해 우리 자신을 서구가 갖지 않은 어떤 것으로만 규정하는 것은 불가능해졌다. 오랫동안의 역사적 축적을 무시하거나 부인하면서 이미 우리 안에 있는 이른바 서구적 요소를 마치 우리가 아닌 것으로 규정하는 것은 자기기만이며 관념적 유희로 전락할 위험성이 있다. 이러한 의미에서 고정화된 '한국적'이라는 개념은 철저하게 모호하다. 또한 대부분은 '한국적'이라는 내용의 현재가 아닌 근대 이전에만 관심 갖는 경우가 많아서 끊임없이 변화하는 현대가 아닌, 여전히 봉건적인 세계관에 사로잡힌 사고일 위험성이 있다. 이는 한국의 전통과 문화를 이상화 내지 신비화하는 '오리엔탈리즘의 역수입'으로, 오히려 역동적인 한국의 모습과 한국인의 정체성을 제한하고 경직시킬 수 있다. 나는 한국의 전통 안에 있는 반민주적 요소나 성차별주의적 요소를 어떤 식으로든 '한국적'이라는 명목으로, 또는 한국 고유문화라는 이름으로 미화하고 이상화하는 일은 한국의 페미니스트 신학에서 가장 경계해야 할 부분이라고 본다.

다양한 정보매체가 지배하는 현대에서 인터넷을 통한 무수한 정보와 문화 교류는 이미 동양과 서양이라는 지리적 구분을 철저히 무효화시켰다. 포스트식민주의 담론은 서양에 대한 환상을 버리는 동시에 동양에 대한 환상 역시 버려야 한다고 경고한다. 사이드의 지적대로 동양과 서양의 구분은 사실상 정치적 조작으로서 허구이며, '서양의 동양 지배양식'이다. 이러한 맥락에서 볼 때, 근대 이전의 문화양식 속에서 추구하는 정형화되고 정체화된 한국적인 어떤 것의 추구는 결국 우리의 생생한 현실을 무시할 뿐만 아니라 현재 우리가 당면한 여러 문제를 신비화하고 단순화하는 오류를 범한다. 결국 '한국적' 또는 '아시아적'이라는 이름으로 이상화 내지 신비화되는 것이 있다면, 그것은 위험한 토착주의로 빠질 수 있으며 이를 초월하는 것이 현대를 살아가는 한국 신학자들에게 필요하다.

전형적이고 고정된 '한국 여성' '제3세계 여성' '아시아 여성' '억압받는 여성'이라는 이미지의 여성은 없다. 보편적 개념으로 말할 수 있는 '한국적'이며 '아시아적'인 것은 없다는 의미이다. 다만 우리는 각기 다양한 한국과 아시아에서의 페미니스트 신학을 말할 수 있을 뿐이다. 간혹 서구 페미니스트 신학자들과 공통점이 있을 수도 있고 차이점이 있을 수도 있다. '한국, 아시아 여성'이라는 이름 아래 특수 상황이나 특성이 정형화된 보편적인 것으로 신비화·이상화되는 경향을 가장 경계해야 한다. 후기 구조주의자 찬드라 모헌티C. Mohanty가 제3세계 여성에 대한 이상화를 강력히 경고한 바와 같이,[49] 이러한 이상화는 여성이 직면하는 억압과 차별 상황을 구체적 언어로 전달하지 못하고 왜곡할 뿐만 아니라 그러한 억압을 극복할 실천적 대안 찾기를 포기하는 행위이다.

중요한 것은 한국과 아시아 여성의 입장을 이상화하는 것이 아니라, 가부장주의적 이데올로기를 유지하는 다양한 모습을 지닌 권력구조를 해체하는 작업이다. 그러한 가부장주의적 권력구조는 시대에 따라 다양한 옷을 입고 외적 형태를 변형하며 여성의 삶을 왜곡해온 구조를 말하는데, 그러한 요소가 한국적 또는 아시아적이라는 이름으로 미화·은폐되어서는 안 된다.

사이드의 분석대로, 식민주의로부터의 해방 이후 토착적 정체성에 대한 추구는 피할 수 없는 단계였다. 그러한 토착성의 추구를 통해 그동

---

49 Chandra Mohanty, "Feminist Encounters: Locating the Politics of Experience", *Copyright,* 1, 1987, pp.30~44; "Under Western Eyes: Feminist Scholarship and Colonial Discussion", *Feminist Review,* 30, 1988, pp.30~44.

안 식민주의로 인해 타자화된 존재로 상실한 자기 고유의 정체성을 형성할 힘이 생기기 때문이다. 그러나 어떤 경우든 토착주의가 유일한 대안은 아니라는 사실을 기억할 필요가 있다.[50] 고정 불변의 '토착적인 것'을 추구함으로써 다른 세계와의 의사소통을 단절할 수 있으며, 해방이 하나의 과정이지 봉쇄된 목표가 아니라는 사실을 망각하게 되기 때문이다. 서구 페미니스트 신학으로부터 자유로운 여성의 정체성 주장은 토착적인 한국적·아시아적 페미니스트 신학의 추구 단계를 반드시 필요로 한다. 이는 타자화된 주변부인이 처음으로 스스로 자기 규정을 하는 정체성의 형성 단계로서 필수적이다.

그러나 그러한 초기 단계가 영속적이어서는 안 된다. 정체된 전형적인 한국적인 것, 전형적인 한국 또는 아시아 여성은 존재하지 않는다. 그것은 서구의 제국주의적 가치관으로 형성된 오리엔탈리즘의 기대를 충족하는 역할을 할 뿐, 실제로 살아가는 다양한 얼굴의 한국 또는 아시아 여성의 존재를 지칭하는 것은 아니다. 특히 독자가 영어를 말하는 사람일 경우, 현대와는 동떨어진 정형화되고 정체되고 신비하고 야만스럽기까지 한 여성을 한국 또는 아시아 여성으로 묘사한다. 누구의 모습이 전형적인 한국 또는 아시아 여성인가. 어떠한 경험을 한국 또는 아시아 여성의 '정통 경험authentic experience'이라고 분류할 수 있는가. 그러한 범주에 맞지 않은 여성은 한국 또는 아시아 여성이 아닌가.

따라서 한국과 아시아에서의 페미니스트 신학담론은 토착주의적인 정체된 담론이 아닌 좀 더 보편적인 해방담론이 되고 구체적 현재의 역사적 정황에 뿌리 내린 담론이 되어야 한다. 한국 또는 아시아 여성은

---

50 에드워드 사이드, 김성곤 & 정정호 역, 《문화와 제국주의》, 도서출판 창, 1995, p.401.

더 이상 베일에 가린 '복수형의 표지'를 지닌 타자화된 존재가 아니다. 개별 여성의 개성과 다양성을 집단화된 표지 속으로 넣어버린 아시아적·한국적 신비화의 베일을 벗어야 한다. 그리하여 여성의 구체적인 정치·역사적 상황에 개입하는 다양한 변혁담론을 펼치는 것, 이것이 한국과 아시아 페미니스트 신학담론이 수행해야 할 과제이다. 이러한 구체적인 사회·역사적 정황에 뿌리내린 페미니스트 신학담론이 활발하게 전개될 때 여성들 사이의 공통성을 발견할 수 있고, 이러한 발견을 통해 억압을 은폐한 '권력지향적 허위보편주의'가 아닌 가부장주의적 권력구조를 해체해 좀 더 넓은 해방의 지평으로 나아가기 위한 '해방적 보편주의'를 실현할 수 있게 된다.

한국과 아시아 여성들은 자신 속의 토착주의적 보편주의 경향에 대해 자기성찰적 시각을 가져야 한다. 이러한 자기성찰적 비판 이후, 한국과 아시아 신학자들이 성실하게 자기 영역과 구체적 경험으로부터 무수한 각론을 진지하고 성실하게 쓰는 작업이 절실하게 필요하다. 한국과 아시아의 상황을 자신의 신학 속에 모두 총괄할 수 있다고 생각하는 것, 또한 자신의 '상황 지워진' 신학적 담론을 한국적 신학 또는 아시아적 신학 등 한국과 아시아의 보편적 신학담론으로 명명하는 것은 또 하나의 내면화된 식민지적 억압기제가 될 수 있음을 포스트모던과 탈식민담론이 분명히 경고한다. 이러한 성실한 각론(소서사, 작은 이야기)을 생산해낼 때, 비로소 동양과 서양의 이분법적 구도에서가 아니라 그들과 우리의 유사성과 상이성을 볼 수 있으며, 다양한 억압과 차별구조를 극복할 전략을 형성하게 될 것이다.

2) 휴머니즘적 페미니스트 신학의 모색

페미니즘의 다양한 관점을 구분하는 방법은 여러 가지가 있다. 대표적 구분은 내가 다른 곳에서 밝혔듯이[51] 자유주의, 마르크스주의, 급진주의 그리고 사회주의 페미니즘이며, 이와 다른 구분 방식으로는 휴머니즘적humanist 페미니즘과 여성중심적gynocentric 페미니즘이 있다.[52] 여성중심적 페미니즘은 여성과 남성의 이분법적 구조를 그대로 받아들이면서, 남성적인 것에 우월적 가치를 부여하던 전통적 가치와는 정반대로 여성의 경험에 내재된 가치의 우월성을 강조하는 페미니즘이다. 이 여성중심적 페미니즘은 남성지배적 제도에 내재된 공격성이나 개인주의와 같은 가치를 거부하며, 여성과 남성의 분리주의적 성향을 강하게 띤다. 여성을 모성적이고 보육적인 존재로, 남성을 선천적으로 폭력적인 존재로 보는 본질주의적 이해를 바탕으로 한 이 여성중심적 페미니즘은 "수동적이고 반동적이기까지 한 정치를 고무시킬 위험이 있는데, 왜냐하면 그것은 여성을 정치투쟁의 전선 외곽에 자리매김할 것이기 때문"이며, 그러한 관점은 '절망과 후퇴의 정치'라는 비판을 받기 때문이다.[53] 인간은 남성과 여성이라는 성sex으로만 규정을 받는 것이 아니라 사회적 계층, 인종, 종교 등 다양한 삶의 요소로부터 규정을 받으므로, 이러한 생물학적·성적 측면만으로 구분하는 것은 다양한 억압과 차별구조에 대

---

51 페미니즘을 자유주의, 마르크스주의, 급진주의 그리고 사회주의로 나누는 방식이 가장 널리 알려진 구분이며, 이러한 다양한 페미니즘의 공헌과 한계에 대해서는 다음 책에서 개괄적으로 다루었다. 강남순, 〈페미니즘 서설〉, 《현대여성신학》, 대한기독교서회, 1994.
52 Iris Young, "Humanism, Gynocentrism and Feminist Politics", *Women's Studies International Forum*, 8.3, 1985, pp.173~183.
53 Lynne Segal, *Is the Future Female? Troubled Thoughts on Contemporary Feminism*, Virago Press, 1987, p.37.

한 인식을 결여할 수 있다.

반면에 휴머니즘적 페미니즘은 남성과 여성이라는 '다름'은 필연이 아닌 우연이며, 여성과 남성 모두 인간으로서 창조적이고 지적인 활동을 통해 자기발전을 추구해야 하는 존재로 이해한다. 이러한 이해는 여성과 남성의 분리의 지평을 넘어서 공동의 선을 향해 함께 나아감을 강조한다. 보부아르의 지적대로 여자가 남자보다 우수한가 열등한가 또는 동등한가에 대한 논쟁과 증명은 사실상 무의미한지도 모른다. '논쟁을 위한 논쟁'으로 남기 쉬운 까닭이다.[54] 오히려 여성과 남성 간의 우월성, 열등성, 평등성이라는 추상적 개념에 대한 논쟁을 넘어 이제는 새로운 출발을 하지 않으면 안 된다. 이러한 의미에서 여성중심적 페미니즘의 한계는 분명하다. 여성중심적 페미니즘이 지닌 한계는 첫째, 전통적 이원론적 위계구조를 역전했을 뿐 여전히 이원론적 구조를 지향하며, 둘째, 여성 억압의 다양한 형태에 대한 인식이 결여되어 있고 따라서 개혁을 위한 대안을 제시하기 어렵다는 데 있다.

페미니즘이나 페미니즘의 신학적 표현인 페미니스트 신학의 개혁적 힘은 여성 억압에 대한 다양한 접근과 그러한 다양성 자체에 있다. 왜냐하면 그러한 다양성은 여성으로 하여금 다양한 지배구조에 대한 관점을 볼 수 있게 할 뿐만 아니라 여러 차원에서 도전하도록 해주기 때문이다. 이러한 의미에서 보자면 페미니스트 신학은 하나의 교리화되고 정형화된 체계가 아니라 매우 다양하고 때로는 서로 모순되는 관점으로 형성되는 신학이다. 또한 더 이상 여성문화와 남성문화라는 이분법적 구분이나 여성 경험의 우월성과 남성 경험의 열등성에 대한 논의를 지

---

54 Simone de Beauvoir, *The Second Sex*, 1949; Penguin Books, 1972, p.28.

속하는 것은 의미가 없다. 이러한 의미에서 하러웨이의 "나는 여성, 보육 기능 그리고 남성의 추한 전쟁에 물들지 않은 여성만의 어떤 본성 등을 이상화하는 비이성적인 이야기를 추종하는 것이 현재의 역사적 조건에서는 무책임한 짓이라고 믿는다"[55]라는 주장에 동의한다.

이제 우리에게 필요한 것은 어떻게 여성과 남성이 조직적으로 제도화된 여성 배제의 현실, 의식적으로 내면화된 여성 비하의 인식을 개혁할 수 있는가에 대한 진지한 관심이다. 이러한 맥락에서 휴머니즘적 페미니스트 신학을 지향하고자 하며, 휴머니즘적 페미니스트 신학은 여성과 남성의 이분법적 논리의 지속적인 주장보다는 남성을 포함한 여성의 인간화를 실현하기 위한 담론을 형성하고자 하는 것이라고 볼 수 있다. 페미니스트 신학에서 중요한 것은 여성의 조건을 이상화하는 것이 아니다. 오히려 신학과 목회의 장에 있는 가부장주의적 이데올로기를 해체하는 것이며, 해체 후의 새로운 대안을 제시하는 구성적 작업을 하는 것이다. 여성은 남성과 내비됨으로써 정체성을 찾는 것이 아니라 오히려 남성과의 동맹 과정에서 재정의하고 변혁의 기제를 마련하기 위한 노력을 해야 한다. 여성과 남성은 영속적으로 갈등하는 대립적 존재가 아니라 삶의 다양한 차원에서의 연속성과 상호 의존성을 나누는 존재이기 때문이다. 또한 어떠한 지배적 상황에서 사실상 '순수 피해자'란 없다.[56] 즉 여성과 남성 모두는 지배적이고 위계주의적인 구조에 다양하게 연관되어 있으며, 이러한 가부장주의의 역사적 틀 속에서 사회화되었고 성차별주의라는 비인간적 가치구조에 따라 각기 다른 양태로 삶의 왜곡과 비인간화를 경험해왔다. 여성이 가부장주의적 가치관의 우선 피해

---

55 Donna Haraway, *Simians, Cyborgs and Women: The Reinvention of Nature*, Free Association Books, 1991, p.107.
56 Murray Bookchin, *The Ecology of Freedom: The Emergence and Dissolution of Hierarchy*, Cheshire Books, 1982.

자라는 인식은 분명 중요하다. 그러나 피해자로서의 인식을 넘어서서 새로운 신학적 담론을 형성하기 위해서는 여성중심적 페미니즘의 입장보다는 휴머니스트 페미니즘의 의식적 수용이 절실히 필요하다.

이러한 휴머니스트 페미니스트 신학의 활발한 전개 이후 나는 페미니스트 신학의 '신학적 용해'를 희망한다. 페미니스트 신학을 통해 제기한 '배제'가 아닌 '포괄적' 신학의 요청을 신학의 모든 분야에서 근원적으로 수용하기 위해, 즉 탈가부장주의적 관점을 신학의 모든 분야에서 모든 신학자들이 수용하기 위해 페미니스트 신학의 신학적 용해는 필연적이다. 포스트모던 담론과 포스트 식민담론의 경고를 우리가 귀담아 듣는다면, 이제 페미니스트 신학은 여성 경험의 중심성이나 여성의 정체성만이 아니라, 페미니스트 신학의 용해성과 확산에도 관심을 기울여야 한다. 이제 여성은 남성과 다름으로서만 스스로를 규정하는 '타자의 신학'을 넘어서, 신학적 표상가치와 실천가치의 근접, 이론과 프락시스의 근접을 향해 나아가야 한다.

이러한 점에서 모호성과 불확실성의 시대에 신학을 하는 이들에게 필요한 것은 다양한 억압과 지배구조에 저항하는 여정에 결합하는 일이라고 생각한다. 서구적 식민주의와 가부장주의적 식민주의로부터의 해방은 신학과 사회 안의 식민주의를 발견하는 것뿐만 아니라, 자기 속에 내면화된 식민지성까지 봐야 한다. 포스트모던 담론과 포스트 식민담론이 주는 신학적 통찰은 지배와 피지배의 구조가 합리성, 보편주의, 타자화 등 다양한 방식으로 유지돼왔다는 것이며, 신학은 이제 이러한 지배와 피지배구조에 도전함으로써 구조를 폭로해야 한다는 것이다. 이러한 인식과 폭로는 소위 '신의 나라'의 실현을 위한 여정이며 인간 해방으로의 여정이다. 그러나 해방 원리를 추구하는 데 있어서 '단일한' 대안적 패러다임은 또 다른 새로운 지배도구로 이용될 가능성이 있다는 것도 포스트모던 담론과 포스트 식민담론이 주는 중요한 통찰이다. 이제 변혁에 대한 요구는 자아와 타자 모두에게 해야 한다. 그래서 상이한 관점을 지닌 여성과 동일한 신학적 관점을 지닌 여성과 남성 간에 끊임없는 협력 관계가 형성되어야 비로소 모호성과 불확실성의 포스트 시대에 신학함의 의미가 살아 있게 된다.

5. 평등, 포괄, 정의의 신학의 구성

21세기에 들어서서 이전 세기와는 전적으로 다른 다양한 변화가 일어났다. 그러나 유일하게 커다란 변화를 경험하지 않은 영역이 있다면 바로 여성의 상황일 것이다. 프랑스혁명 이후 여성의 불평등성 문제가 다양한 차원에서 지속적으로 제기되었고 여러 가지 눈에 보이는 성취를 이룬 것은 사실이다. 그러나 여전히 여성의 상황은 악화되고 있다. 예를 들어 여성은 세계 인구의 절반을 차지하며 세계 노동력의 40퍼센트를 차지하고 있으나, 소득은 남성의 10분의 1밖에 되지 않고, 세계 재산은 오직 1퍼센트를 소유하는 실정이다.[57] 한국의 상황을 봐도 여성 기독교인이 전체 기독교 인구의 약 70퍼센트를 이루는데, 목회와 신학 현장의 지도력은 30퍼센트의 남성들이 수행한다. 이러한 상황에서 여성의 활동

---

57 2016년에 나온 젠더 간의 차이에 대한 구체적 자료와 분석은 다음을 참조하라. http://reports.weforum.org/global-gender-gap-report-2016/the-case-for-gender-parity/. 그리고 http://www3.weforum.org/docs/GGGR16/WEF_Global_Gender_Gap_Report_2016.pdf. 또한 2016년 〈세계발전통계〉는 다음을 참고하라. http://documents.worldbank.org/curated/en/896971468194972881/pdf/102725-PUB-Replacement-PUBLIC.pdf

이 눈에 띄자 페미니즘에 대한 반격은 민족주의, 토착주의, 근본주의 또는 복음주의의 옷을 입고 가정과 사회, 교회 그리고 신학계에서 강력하게 퍼졌다. 또한 외국문화의 침투로 인한 불안감은 '우리 것'이 좋다고 하면서 유교의 가부장주의적 효로 돌아가는 운동을 벌이는 신보수주의의 등장을 부채질했다. 더욱이 많은 여성들은 더 이상 인간으로서의 자유나 평등의 추구가 아닌 '섹시한 여자 이데올로기'[58]에 관심을 돌리고 있다. 이 밖에도 자녀의 입시전쟁에서 성공하려는 수많은 한국 여성들의 희생적 노력과 헌신은 여성을 철저하게 사적 존재로만 규정하는 현대판 '현모양처 이데올로기'를 강화했다.

이러한 상황에서 올바른 신학하기란 무엇을 의미하는가에 대한 비판적 성찰이 필요하다. 자아실현의 부정이 여성에게 '죄'라는 신학을 가르치지만,[59] 과연 신학하는 여성에게 자아실현의 장은 어디에 있는가를 진지하게 씨름해야 한다. 이러한 여러 딜레마에 직면한 한국 여성의 상황을 보면서 페미니즘, 포스트모더니즘 그리고 포스트식민주의 시대 신학의 과제는, 첫째, 타자화된 존재로서의 평등의 신학, 둘째, 배제된 존재로서의 포괄의 신학, 그리고 셋째, 억압된 집단으로서의 정의의 신학을 추구하는 것이다. 이러한 신학적 요청 앞에서 여성신학은 남성중심주의의 탈중심화와 서구적 식민주의와 가부장주의적 식민주의로부터의 해방, 그리고 역사성과 일상성에 근거한 신학적 담론을 재구성하는

---

58 예를 들어 "섹시 넘버원"이라는 립스틱이 45일 만에 50만 개가 팔렸다고 하는데, 이는 한국의 젊은 여성들이 자신을 섹시하게 보이게 하는 데 굉장한 관심이 있음을 시사한다.《조선일보》, 1995년 3월 25일자 참고.
59 세이빙은 최초의 페미니스트 신학적 논문이라는 평가를 받는 글에서 '자만pride'이라는 전통적 죄의 개념이 여성에게는 적절하지 않으며, 오히려 "자아의 부정이나 자아를 개발하지 않는 것"이 죄의 개념으로 적용될 수 있음을 주장했다. Valarie Saving, "The Human Situation-A Feminine View", *Womanspirit Rising: A Feminist Reader in Religion*, ed., Carol Christ and Judith Plaskow, Harper & Row, 1979.

각론의 신학을 전개해야 하며, 더 나아가 자기성찰적 비판력에 근거한 신학하기를 멈추지 말아야 한다.

페미니스트 관점에서 자신이 속한 사회와 공동체 속에서 새로운 변혁을 모색하고자 하는 이들이 자신을 '남성'이 아닌 '여성'이라고 했을 때, 그 의미는 더 이상 가부장주의적 남성중심주의로 '타자화된 자아'를 가리키지 않는다. 또한, 서구인이 아닌 '한국인' 또는 '아시아인'이라고 했을 때, 그 의미는 더 이상 서구중심적 식민주의로 규정된 타자적 식민지인을 가리키지 않는다. 오히려 반대로 남성과 여성의 세계, 동양과 서양의 두 세계에 다 속해 있음을 의미하며, 두 세계의 겹치는 영역과 상이한 영역을 더 잘 이해하고자 노력함을 나타낸다. 자신의 정체성을 순수 '여성이자 한국인 또는 아시아인'에서만 찾겠다는 의미가 아니라, 좀 더 보편적인 해방적 지평을 향한 공동체적 이상에 적극적으로 동조할 수 있는 시각을 지녔음을 의미해야 한다.

결국 '여성'이라고 하는 것은 타자화된 희생자로서만이 아니라 타자화의 경험을 적극적 창조의 차원으로 승화시키는 존재, 즉 '자기성찰적 주변부인'이 되고자 하는 의지를 나타낸다. 자기성찰적 주변부인이 되겠다는 것은 우리 것에만 관심을 갖겠다는 태도가 아니라 어느 문화도 단일하게 순수할 수는 없다는 사실을 인식하고자 하는 자세이다. 또한 이는 모든 문화가 끊임없이 상호 교류하고 상호 영향권 아래 형성되었다는 사실의 인식이며, 남성과 여성, 서양과 동양 등 '두 영역'의 공동 경험과 인류 해방이라는 공동 과제의 '상황 지워진 참여'로 나아가고자 하는 의미를 담고 있다.

포스트 시대의 신학하기란 타자적 삶에서 끊임없이 있어온 '앎과 삶' '이론과 프락시스' '사유와 존재' '표상가치와 실천가치' '담론과 실천

사이의 엄청난 거리를 좁히려는 끊임없는 노력이다. 그래서 더 이상 주변부적 존재가 '내가 존재하는 곳에서 생각하지 않고, 내가 생각하는 곳에서 존재하지 않는' 자아분열적 삶이 아닌, '존재하는 곳에서 생각하고, 생각하는 곳에서 존재하는' 삶을 실현할 수 있는 사회를 향한 샬롬의 비전을 추구하는 '낮꿈 꾸기'의 신학하기가 되어야 한다. 이러한 '낮꿈 꾸기'의 신학하기가 불확실성과 모호성의 포스트 시대에 신학함의 의미이다.

참고문헌

강남순,《현대여성신학》, 대한기독교서회, 1994.
김경연 & 윤종석 편역,《포스트모더니즘의 도전》, 다민, 1992.
김성곤,〈탈식민지 시대의 문화〉,《외국문학》, 1992, 31호.
김애영,《한국여성신학의 지평》, 한울, 1995.
김욱동 편,《포스트모더니즘의 이해》, 문학과지성사, 1990.
김찬호 & 오택민 외,《여백의 질서》, 도서출판 일굼, 1993.
김하태,《동서철학의 만남》, 종로서적, 1985.
메이브 하란, 하기찬 역,《세상은 내게 모든 것을 가지라 한다》, 도서출판 둥지, 1992.
바버라 J. 맥해피, 손승희 역,《기독교 전통 속의 여성》, 이화여대출판부, 1995.
박봉배 & 이원규 편저,〈전통문화의 변용과 기독교〉,《한국사회의 교회》, 도서출판 나단, 1989.
박순경,《한국민족과 여성신학의 과제》, 대한기독교서회, 1992.
박준서 & 장상,《성서와 여성》, 감리교여선교회연합회, 1989.
손승희,《여성신학의 이해》, 한국신학연구소, 1989.
안상님,《이야기 여성신학》, 대한기독교서회, 1992.
에드워드 사이드, 박홍규 역,《오리엔탈리즘》, 교보문고, 1991.
_____, 김성곤 & 정정호 역,《문화와 제국주의》, 도서출판 창, 1995.
오강남, 기독교사상편집부 편,〈유교와 기독교의 만남〉,《한국의 문화와 신학》, 대한기독교서회, 1992.
윤성범,《효》, 서울문화사, 1973.
이경숙,《구약성서의 여성들》, 대한기독교서회, 1994.
이덕주,《한국 감리교 여선교회의 역사: 1897-1990》, 대한기독교감리회 여선교회 전국연합회, 1991.

이소영 & 정정호 편역,《페미니즘과 포스트모더니즘: 새로운 문화정치학을 위하여》, 한신문화사, 1995.
이우정,《한국 기독교 여성 백년의 발자취》, 민중사, 1985.
이원규,《한국 교회의 현실과 전망》, 성서연구사, 1994.
이은선,《포스트모던 시대의 한국 여성신학》, 분도출판사, 1997.
이제민,《교회 - 순결한 창녀: 제2차 바티칸 공의회와 한국 천주교회》, 분도출판사, 1995.
정현경,《다시 태양이 되기 위하여》, 분도출판사, 1995.
조요한, 〈한국에 있어서의 유교와 기독교의 만남〉,《한국문화와 기독교윤리》, 문학과지성사, 1986.
조혜정,《글 읽기와 삶 읽기》, 도서출판 또하나의문화, 1994.
중국철학회 편, 〈왜 유학에서는 권리존중의 윤리관이 형성되지 못했는가?〉,《중국의 사회사상》, 형설출판사, 1992.
최영실,《신약성서의 여성들》, 대한기독교서회, 1997.
최준식,《한국종교 이야기》, 한울, 1995.
클라우스 슈밥, 장대환 역,《21세기 예측》, 매일경제신문사, 1995.
한국여성신학회 편,《한국여성의 경험》, 대한기독교서회, 1995.
_____,《성서와 여성신학》, 대한기독교서회, 1996.
_____,《교회와 여성신학》, 대한기독교서회, 1997.

Austin, Richard C, *Hope for the Land: Nature in the Bible*, John Knox Press, 1988.
Babour, Ian, *Ethics in an Age of Technology*, The Gifford Lectures, Vol, H, Harper San Francisco, 1993.
Bennett, Anne McGrew, *From Woman-Pain to Woman-Vision: Writings in Feminist Theology*, Ed, Mary E, Hunt, Fortress Press, 1989.
Biehl, Janet, "What is Social Ecofeminism?" *Green Perspectives*, 11, 1988.
_____, *Rethinking Ecofeminist Politics*, South End Press, 1991.
Bloch, Ernst, *Das Prinzip Hoffnung*, Suhrkamp Verlag am Main, 1959.
Boldrey, Richard and Joyce Boldrey, *Chauvinist or Feminist?: Paul's View on Women*, Baker, 1976.
Bonino, Jose M, *Toward a Christian Political Ethics*, Fortress Press, 1983.
Bookchin, Murray, *The Ecology of Freedom: The Emergence and Dissolution of Hierarchy*, Cheshire Books, 1982.
Brock, Rita Nakashima, *Journey By Heart: A Christology of Erotic Power*, Crossroad, 1991.

Brueggeman, Walter, *The Prophetic Imagination*, Fortress Press, 1978.

Burton, Margaret E, *The Education of Women in China*, Revell, 1911.

Cady Stanton, Elizabeth, "Declaration of Sentiments", *The Feminist Papers: From Adams to de Beauvoir*, Ed, Alice S, Rossi, Columbia University Press, 1973.

_____, ed, *The Woman's Bible*, 1895 & 1898; Coalition on Women and Religion, 1974.

Cady Stanton, Elizabeth, Susan B, Anthony, and Matilda Joslyn Gage, *History of Woman Suffrage*, Vol, 1. 1848~1861. 1881; Armo Press, 1969.

Carr, Ann E, *Transforming Grace, Christian Tradition and Women's Experience*, Harper & Row, 1988.

Carson, Rachel, *Silent Spring*, Houghton Mifflin, 1962.

Chafe, William H, *The American Woman: Her Changing Social, Economic, and Political Roles, 1920-1970*, Oxford University Press, 1972.

Chan, Wing-tsit, *The Great Asian Religions: An Anthology*, Macmillan, 1969.

Ching, Julia, *Confucianism and Christianity: A Comparative Study*, Kodansha International, 1977.

Christ, Carol, "Shy Women Feed the Goddess: Phenomenological, Psychological, and Political Reflections", *Womenspiritrising: A Feminist Reader in Religion*, Ed, Carol Christ and Judith Plaskow, Harper & Row, 1979.

Chung, Hyun Kyung, *Struggle to be the Sun Again*, Maryknoll, Orbis, 1990

Clark, Elizabeth, "Religion, Rights, and Difference: The Origin of American Feminism 1848-1960", Institute for Legal Studies, Working Papers 2, 1987.

Clark, Robert S, and S, D, Gaede, "knowing Together: Reflections on a Holistic Sociology of Knowledge", *The Reality of Christian Learning: Strategies for Faith-Discipline Integration*, Ed, Harold Heie and D, Wolfe, St, Paul, Christian College Constrium, 1987.

Collins, Adela Yargo, ed, *Feminist Perspectives on Biblical Scholarship*, Chicago, Scholars Press, 1985.

Collins, Sheila D, *A Different Heaven and Earth: A Feminist Perspective on Religion*, Valley Forge, Judson Press, 1974.

Cone, James, *God of the Oppressed*, The Seabury Press, 1975.

Cornell, Robert W, *Gender and Power: Society, the Person, and Sexual Politics*, Stanford University Press, 1987.

Cox, Harvey, "Big Day in Back Day", *Christianity and Crisis*, 20, 1989.

Daly, Mary, *Church and the Second Sex*, Beacon Press, 1968.

_____, *Beyond God the Father: Toward a Philosophy of Women's Liberation*, Beacon Press,

1973.

_____, *Gyn/Ecology: The Metaethics of Radical Feminist Philosophy*, Beacon Press, 1984.

_____, *Outercourse: The Be-Dazzling Voyage*, Harper SanFrancisco, 1992.

Davaney, Sheila Greeve, "The Limits of the Appeal T\to women's Experience", *Shaping New Vision: Gender and Values in American Culture*, Eds. Clarissa W. Atkinson et al, Ann Arbor, UMI Research Press, 1987.

Degler, Carl N, *At Odds: Woman and the Family in America from the Revolution to the Present*, Oxford University Press, 1980.

Dornbusch, Sanford M, and Myra H, Strober, eds, *Feminism, Children, and the New Families*, Guiford, 1988.

Donovan, Josephine, *Feminist Theory: The Intellectual Traditions of American Feminism*, Frederick Ungar Publishing Co., 1985.

Driver, Tom, *Patterns of Grace: Human Experience as Word of God*, Harper & Row, 1977.

Dronbusch, Sanford M, and Mura H, Strober, eds, *Feminism, Children, and the New Families*, Guilford, 1988.

Eugene, Toinette M, "Moral Values and Black Womanists", *Feminist Theological Ethics: A Reader*, Ed. Lois K, Daly, Louisville, Westminster/John Know Press, 1994.

Fabella, Virginia, *Beyond Bonding: A Third World Women's Theological Journey*, Ecumenical Association of Third World Women Theologians & Institute of Women's Studies, 1993.

Foucault, Michel, *Power/Knowledge*, Pantheon Books, 1980.

Freud, Sigmund, *Totem and Taboo*, Trans, James Strachey, Norton, 1953.

Fridan, Betty, *The Feminine Mystique*, W, W, Norton & Co., 1963.

Fromm, Erich, *The Heart of Man: Its Genius for Good and Evil*, 1964.

Geertz, Clifford, "Religion as a Cultural System", *The Interpretation of Cultures*, Basic Books, 1973.

Giddings, Paula, *When and Where I Enter: The Impact of Black Women on Race and Sex in America*, Routledge, 1984.

Gilligan, Carol, *In a Different Voice: Psychological Theory and Women's Development*, Harvard University Press, 1982.

Gornick, Vivian and Barbara K, Moran, *Woman in Sexist Society: Studies in Power and Powerless*, Basic Books, 1971.

Griffith, Elizabeth, *In Her Own Right: The Life of Elizabeth Cady Stanton*, Oxford University Press, 1984.

Griscom, Joan L, "On Healing the Nature/History Split in Feminist Thought", *Women's*

Consciousness, Women's Conscience: A Reader in Feminist Ethics, Eds, Barbara Hilkert Anderson, et al, Harper & Row, 1985.

Habermas, Jürgen, *Knowledge and the Human Interest*, Trans, Jeremy J, Shapiro, Beacon Press, 1971.

Haraway, Donna, *Simians, Cyborgs and Women: The Reinvention of Nature*, Free Association Books, 1991.

Harding, Sandra, *The Science Question in Feminism*, Ithaca, Cornell University Press, 1986.

_____, *Whose Science? Whose Knowledge? Thinking from Women's Lives*, Ithaca, Cornell University Press, 1991.

_____, ed, *Feminism and Methodology: Social Science Issues*, Indiana University Press, 1987.

Harrison, Beverly Wildung, *Making the Connection: Essays in Feminist Social Ethics*, Beacon Press, 1987.

_____, "The Fate of the Middle 'Class' in Late Capitalism", *God and Capitalism: A Prophetic Critique of Market Economy*, Eds, J, Mark Thomas and Vernon Visick, A-R Editors, 1991.

Harvard, George H, *Women in Christian Tradition*, Notre Dame, University of Wisconsin Press, 1982.

Hassan, Ihab, "Postface 1982. Toward a Concept of Postmodernism", *The Dismemberment of Orpheus: Toward a Postmodern Literature*, University of Wisconsin Press, 1982.

Herzog, Frederick, "Liberation Hermeneutics as Ideology Critique", *Interpretation* 27, 1974.

Heyward, Carter, *The Redemption of God: A Theology of Mutual Relationship*, University Press of America, 1982.

Hochchild, Arlie with Anne Machung, *The Second Shift: Working Parents and the Revolution at Home*, Viking Penguin, 1989.

Hodgson, Peter C, and Robert H, King, eds, *Christian Theology: An Introduction to Its Traditions and Tasks*, Fortress Press, 1982.

Holloway, Richard, ed, *Who Needs Feminism: Men Respond to Sexism in the Church*, SPCK, 1991.

hooks, bell, *Feminist Theory: From Margin to Center*, Boston, South end Press, 1984.

Jaggar, Alison, "Feminist Ethics: Projects, Problems, Prospects", *Feminist Ethics*, Ed, Claudia Card, Lawrence, University Press of Kansas, 1991.

Jameson, Fredric, *Postmodernism, or the Cultural Logic of Late Capitalism*, Duke University Press, 1991.
Jayawardena, Kumari, *Feminism and Nationalism in the Third World*, Zed, 1986.
Jeanrond, Werner G, *Theological Hermeneutics: Development and Significance*, Crossroad, 1991.
Kang, Nam-Soon, "Androgyny" & "Misogyny", *Dictionary of Feminist Theologies*, Eds, Letty Russell and J, Shannon Clarkson, Louisville, Westminster/John Knox Press, 1996.
Keller, Catherine, "Feminism and the Ethic of Inseparability", *Weaving the Visions: New Patterns in Feminist Spirituality*, Ed, Judith Plaskow and Carol Christ, Harper & Row, 1989.
Keller, Evelyn Fox, *Reflections on Gender and Science*, Yale University Press, 1985.
Kendall, Laurel and Mark Peterson, ed, *Korean Women: View from the Inner Room*, East Rock Press, 1983.
Kendall, Laurel, *Shamans, Housewives, and Other Restless Spirit: Women in Korean Ritual life*, University of Hawaii Press, 1985.
King, Ursula, ed, *Religion & Gender*, Blackwell, 1995.
King, Winston L, *Introduction to Religion*, Harper & Row, 1954.
Kitty, Eva F, and Diana T, Meyers, eds, *Women and Moral Theory*, Rowman & Littlefield, 1987.
Kraditor, Aileen S, ed, *Up from the Pedestal: Landmark Writings in the American Women's Struggle for Equality*, Quadrangle Books, 1968.
Küng Hans and Julia Ching, *Christianity and Chinese Religions*, Doubleday, 1989.
Küng, Hans, et al, *Christianity and the world Religions: Paths to Dialogue with Islam, Hinduism, and Buddhism*, Trans, Peter Heinegg, Doubleday, 1986.
Küng, Hans, *The Church*, Sheed & Ward, 1967.
Kuhn, Thomas, *The Structure of Scientific Revolution*, University of Chicago Press, 1962.
Larrabee, Mary J., ed, *An Ethics of Care: Feminist and Interdisciplinary Perspectives*, Routledge, 1993.
Lebacqz, Karen, *Six theories of Justice: Perspectives from Philosophical and Theological Ethics*, Augsburg Publishing House, 1987.
_____, *Justice in an Unjust World: Foundations for a Christian Approach to Justice*, Augsburg Publishing House, 1987.
Legge, James, trans, *The Four Books: Confucian Analects, the Great Learning, The Doctrine of the Mean, and the works of Mencius*, Paragon, 1966.

Lerner, Gerda, *The Creation of Feminist Consciousness: From the Middle Ages to Eighteen-seventy*, Oxford University Press, 1993.

Long, Edward, *A Survey of Recent Christian Ethics*, Oxford University Press, 1982.

Lorde, Audre, "Use of the Erotic: The Erotic as Power", *Sister Outsider: Essays and Speeches*, Freedom, Crossing Press, 1984.

Lutz, Alma, *Created Equal A Biography of Elizabeth Stanton, 1815-1902*. John Day, 1940.

MacGregor, Geddes, *Corpus Christi: The Nature of the Church According to the Reformed Tradition*, Westminster Press, 1958.

Mannheim, Karl, *Ideology and Utopia: An Introduction to the Sociology of Knowledge*, A Harvest/HBJ Books, 1985.

Marks, Elaine and Isabelle de Courtivron, eds, *New French Feminism: An Anthology*, University of Massachusetts Press, 1980.

Memmi, Albert, *The Colonizer and the Colonized*, Beacon Press, 1967.

Merchant, Carolyn, *Radical Ecology: The Search for a Livable World*, Routledge, 1992.

Metz, Johann Baptist, Faith in History and Society: Toward a Practical Fundamental Theology, Seabury Press, 1980.

Mill, John Stuart, *The Subjugation of Women*, J, M, Dent, 1965.

Mohanty, Sandra, "Feminist Encounters: Location the Politics of Experience", *Copyright*, 1. 1987.

_____, "Under Western Eyes: Feminist Scholarship and Colonial Discussion", *Feminist Review*, 30. 1988.

Moltmann, Jürgen, *The Church in the Power of the Spirit: A Construction to Messianic Ecclesiology*, Harper & Row, 1977.

Morton, Nelle, *The Journey is Home*, Beacon Press, 1985.

Mueller-Vollmer, Kurt, ed, *The Hermeneutics Reader: Texts of the German Tradition from the Enlightenment to the Present*, Continuum, 1997.

Neville, Robert Cummings, "Forward", *The Religious Dimensions of Confucianism*, L, Taylor, State University of New York Press, 1990.

Newson, Carol A, and Sharon H, Ringe, eds, *The Women's Bible Commentary*, Westminster/John Knox Press, 1992.

Niebuhr, Richard, *The Social Sources of Denominationalism*, The World Publishing Company, 1929.

_____, *Responsible Self*, Harper & Row, 1963.

_____, *Radical Monotheism and Western Culture*, Harper & Row, 1970.

Noddings, Nel, *Caring: A Feminine Approach to Ethics and Moral Education*, University

of California Press, 1984.
Nozick, Robert, Anarchy, State, and Utopia, Basic & Books, 1974.
Ogletree, Thomas W, *The Use of the Bible in Christian Ethics*, Fortress Press, 1983.
Okin, Susan Moller, *Women in Western Political Thought*, Princeton University Press, 1979.
_____, *Justice, Gender and the Family*, Basic Books, 1989.
Owens, Craig, "The Discourse of Others: Feminists and Postmodernism", *Anti-Aesthetic: Essays on Postmodern Culture*, Ed, Hal Forster, Bay Press, 1983.
_____, "Toward a New Theology of Sexuality", *Redefining Sexual Ethics: A Sourcebook of Essays, Stories, and Poems*, Ed, Susan E, Davies and Eleanor H, Haney, The Pilgrim Press, 1991.
Rawls, John, *A Theory of Justice*, Harvard University Press, 1971.
Raiser, Konrad, *Ecumenism in Transition: A Paradigm Shift in the Ecumenical Movement*, 1989; WCC Publications, 1991.
Rich, Adrienne, *Of Woman Born: Motherhood as Experience and Institution*, W, W, Norton & Co., 1976.
Ricouer, Paul, "The Symbol Gives Rise to Thought", *Ways of Understanding of Religion*, Ed, Walter H, Capps, MacMillan, 1972.
_____, "Religion, Atheism, and Faith", *The Conflict of Interpretations: Essays in Hermeneutics*, Northwestern University Press, 1974.
_____, *Lectures on Ideology and Utopia*, Ed, George H, Taylor, Columbia University Press, 1986.
Ruether, Rosemary, *Sexism and God-talk: Toward a Feminist Theology*, Beacon Press, 1983.
_____, Women-Church: Theology and Practice, Harper & Row, 1985.
_____, "Politics and the Family: Recapturing a Lost Issue", *Christianity and Crisis*, 29, 1980.
_____, *Gaia and God: An Ecofeminist Theology of Earth Healing*, Harper San Francisco, 1992.
Russell, Letty M, *Human Liberation in a Feminist Perspective*, Westminster Press, 1974.
_____, "Feminist Critique: Opportunity for Cooperation", *Journal of the Study of the Old Testament*, 22, 1982.
_____, *Church in the Round: Feminist Interpretation of the Church*, Westminster / John Knox Press, 1993.
Saiving, Valarie, "The Human Situation: A Feminine View", *Journal of Religion*, 40,

1960.

Salleh, Ariel Kay, "Deeper than Deep Ecology: The Ecofeminist Connection", *Environmental Ethics* 6, 1984.

Schillebeeckz, Edward, *The Church with a Human Face: A New and Expanded Theology of Ministry*, Crossroad, 1985.

Schreiter, Robert J, "Makes of the Church in Times of Transformation", *The Church with AIDS: Renewal in the Midst of Crisis*, Ed, Letty Russell, Westminster/John Knox Press, 1990.

Schüssler Fiorenza, Elisabeth, *In Memory of Her: A Feminist Theological Reconstruction of Christian Origins*, Crossroad, 1983.

_____, *Bread Not Stone: The Changing of Feminist Biblical Interpretation*, Beacon Press, 1984.

_____, *But She Said: Feminist Practices of Biblical Interpretation*, Beacon Press, 1992.

_____, *Discipleship of Equals: A Critical Feminist Ekklesia-logy of Liberation*, Crossroad, 1994.

_____, *Jesus: Miriam's Child, Sophia's Prophet*, Continuum, 1995.

_____, "G*d at Work in Our Midst: From a Politics of Identity to a Politics of Struggle", *Feminist Theology*, 13, 1996.

Schüssler Fiorenza, Francis, *Foundational Theology: Jesus and the Church*, Crossroad, 1985.

Segal Lynne, *Is the Future Female?: Troubled Thoughts on Contemporary Feminism*, Virago Press, 1987.

Sölle, Dorothee and Fulbert Steffensky, *Not Just Yes and Amen: Christians with a Cause*, Fortress Press, 1974.

Stagg, Evelyn and Frank, *Woman in the World of Jesus*, Westminster, 1978.

Suchocki, Marjorie Hewitt, *God, Christ, Church: A Practical Guide to Process Theology*, Crossroad, 1989.

Swidler, Leonard, "Jesus Was a Feminist", *The Catholic World*, 1971, pp.177~183.

_____, "Is Sexism a Sign of Decadence in Religion?", Eds., Judith Plaskow and Joan Arnold Romero, *Women and Religion*, Atlanta, Scholars Press, 1974.

Tanner, Lesile B, *Voices From Women's Liberation*, W. W. Norton & Co., 1976.

Thorne, Barrie and Marilyn Yalom, *Rethinking the Family: Some Feminist Questions*, Northeastern University Press, 1992.

Thurman, Howard, *Jesus and the Disinherited*, Abingdon, 1949.

Tilley, Terrence W,, et al, *Postmodern Theologies: The Challenges of Religious Diversity*,

Maryknoll, 1995.

Tillich, Paul, *The Protestant Era*, Trans, James Luther Adams, University of Chicago Press, 1948.

_____, *Dynamics of Faith*, Harper & Brothers Publishers, 1957.

Trible, Phillis, *God the Rhetoric of Sexuality*, Fortress, 1978.

Van Leeuwen, Mary Stewart, et al, *After Eden: Facing the Challenge of Gender Reconciliation*, Grand Rapids, Wm, B, Eerdmans Publishing Co., 1993.

Vaughan, Judith, *Sociality, Ethics and Social Change: A Critical Appraisal of Reinhold Niebuhr's Ethics in the Light of Rosemary Radford Ruther's Works*, Lanham, University Press of America, 1983.

Warren, Karen, "Toward an Ecofeminist Ethic", *Studies in the Humanities*, 1988.

_____, "The Power and the Promise of Ecological Feminism", *Readings in Ecology and Feminist Theology*, Eds, Mary Heather MacKinnon and Moni McIntyre, Sheed & Ward, 1995.

Welch, Sharon, *Communities of Resistance and Solidarity: A Feminist Theology of Liberation*, Orbis, 1985.

_____, *A Feminist Ethic of Risk*, Fortress, 1990.

Wilson-Kastner, Particia, et al, *A Lost Tradition: Women*, Ed, Carol H, Poston, W. W. Norton, 1975.

Wollstonecraft, Mary, *Vindication of the Rights of Women*, Ed, Carol H, Poston, W. W. Norton, 1975.

Wolterstorff, Nicholas, *Until Justice and Peace Embrace*, William B, Eerdmans, 1983.

Wren, Brian, *What Language Shall I Borrow?: God-Talk in Worship: A Male Response to Feminist Theology*, Crossroad, 1991.

Yoon, Sung Bum, *Ethics of East and West: Western Secular, Christian, and Confucian Traditions in Comparative Perspective*, Trans, Michael C, Kalton, Christian Literature Society, 1977.

Young Iris, "Humanism, Gynocentrism and Feminist Politics", *Women's Studies International Forum*, Vol, 8. No, 3, 1985, pp.173~183.

Young, Pamela Dickey, *Feminist Theology/Christian Theology: In Search of Method*, Fortress, 1990.